AF489568

García Vargas, Alejandra

   Sentidos de ciudad : poder, desigualdad y diferencia en narrativas audiovisuales de Jujuy / Alejandra García Vargas. - 1a ed . - Ciudad Autónoma de Buenos Aires : Miño y Dávila, 2020.

  340 p. ; 23 x 15 cm. - (Antropología, estudios culturales y relaciones de poder / Caggiano, Sergio; Figurelli, Mónica Fernanda; 3)

ISBN 978-987-47358-4-3

1. Estudios Culturales. I. Título.

CDD 306

Edición: Primera. Agosto de 2020

ISBN: 978-987-47358-4-3

© 2020, Miño y Dávila srl / Miño y Dávila editores sl

Diseño: Gerardo Miño
Composición: Eduardo Rosende

Página web: www.minoydavila.com

Mail producción: produccion@minoydavila.com
Mail administración: info@minoydavila.com

En España: Miño y Dávila Editores s.l.
P.I. Camporroso. Montevideo 5, nave 15
(28806) Alcalá de Henares, Madrid.

En Argentina: Miño y Dávila s.r.l.
Tacuarí 540. Tel. (+54 11) 4331-1565
(C1071AAL), Buenos Aires.

colección

Antropología,
estudios culturales
y relaciones de poder

dirigida por Sergio Caggiano y Fernanda Figurelli

*La colección se propone recoger y difundir trabajos que
aporten al vasto campo de estudios del poder desde
la antropología y los estudios culturales. El horizonte
problemático que la orienta se estructura en torno a una
concepción relacional del poder, que lo entiende como
un ejercicio productivo y abierto a la dinámica histórica,
sin formas y contenidos predefinidos. Orientarse por una
concepción relacional conlleva sostener el desafío de
superar la división entre lo macro y lo micro, indagando
cómo las configuraciones de poder se entretejen
dinámicamente desde los intercambios cotidianos. Conlleva
también el interés por múltiples escalas de análisis y por
las complejas conexiones y articulaciones entre ellas,
por el modo en que lo global y lo local se producen a
partir de relaciones sociales concretas. Recogiendo líneas
de indagación de la tradición antropológica y de los
estudios culturales, también ocupa un lugar destacado
dentro del horizonte problemático de esta colección el
análisis de categorías y clasificaciones sociales con las que
organizamos nuestros mundos heterogéneos.*

*La colección se abre a distintas áreas y tipos de trabajo:
investigaciones empíricas o bibliográficas que revisan
aportes o limitaciones en los estudios del poder y
procuran una mirada original para su comprensión,
que abordan los procesos de producción y reproducción
de diferencias y desigualdades en torno a distintas
dimensiones como clase social, género, etnicidad,
nacionalidad, edad, etc., que indagan las relaciones de
poder involucradas en las categorías de percepción del
mundo o que problematizan las formas de poder ligadas
a las propias prácticas de investigación y formación en
nuestros campos disciplinares, entre otras.*

Alejandra García Vargas

Sentidos de ciudad

Poder, desigualdad y diferencia en narrativas audiovisuales de Jujuy

*Para Moncho y Anaclara, por la amorosa producción cotidiana
del espacio que elegimos compartir*

Índice

Presentación

Comenzando el siglo XXI los gobiernos progresistas, o de centro izquierda, de Venezuela, Brasil, Bolivia, Ecuador, Uruguay y Argentina han intentado, a través de la reforma de las legislaciones que regulan los medios de comunicación, una mayor participación en la producción y distribución de materiales culturales, en principio, para ampliar la cantidad de voces con llegada extendida a la sociedad. La constitución brasileña de 1988 enarboló el principio que los medios de comunicación no pueden caer bajo el dominio de monopolios u oligopolios. Este compromiso político de la restauración democrática, con ecos en toda Sudamérica, que los partidarios de estos gobiernos electos veían como una parte instrumental del proceso de superación de las políticas de las dictaduras, formó parte de un controversial esfuerzo para superar la desigualdad en Latinoamérica. Los triunfos electorales posteriores a ese ciclo, y maniobras parlamentarias, que nuevamente colocaron en las residencias presidenciales a accionistas de corporaciones oligopólicas, ponen en evidencia el desafío que los gobiernos populares constituyeron para las burguesías dominantes. En un giro netamente conservador, el electorado en la Argentina dijo tener memoria del neoliberalismo pero optó por Mauricio Macri; en Ecuador Lenin Moreno se planteó como el continuador de las políticas populistas de Rafael Correa, pero luego inició el trámite para cambiarse de nombre; Sebastián Piñera, otro gran empresario, volvió al poder en Chile y en Brasil Dilma Rousseff no logró resistir a un golpe (institucional) de Estado (y como por si eso fuese poco, encarcelaron a Lula da Silva con una causa armada por los detentores del poder). Más que vientos de cambio se trató de un verdadero vendaval.

Hubo un tiempo que fue hermoso, o estuvo cerca de serlo. Quizás mucho más cerca que otros momentos de la historia argentina. Desde el retorno al sistema democrático, sin dudas. ¿Qué pasó que en pocos años todo pareció volver al punto de partida? Algunos explican que en época de crisis las propuestas políticas progresistas son acompañadas por el electorado, mientras que en momentos de estabilidad o bonanza económica las pasiones se enfrían, la cabeza se resetea y los pueblos se sienten seducidos por discursos pro libertad de mercado, hoy envasados con un bello marketing empresarial que de vender productos sabe bastante. ¿La respuesta debe ser buscada en una explicación que concluya en los "ciclos" exclusivamente? No creo en los determinismos del estilo "ya tuvimos varios años de gobiernos de tal o cual signo político, ahora le tocará a los otros". Porque a esa explicación le falta sustento, es fundamentalista, suena al "origen del hombre" contado en la Biblia. Le falta un entendimiento general de los procesos que, por ejemplo, poco a poco llevan a las mayorías a creer lo contrario que creían ayer u olvidar aquello que juraron nunca olvidar.

Hoy juegan un rol esencial en esta distribución / imposición de saberes y opiniones los medios masivos de comunicación. Y, como empresas, esos medios se encuentran en pocas manos. Es decir, solo basta para que sus dueños, que tienen mucho poder, difundan determinadas ideas, para modificar el clima social en derredor de un gobierno o sector político/social. Asimismo, nada de esto es lineal, ante esta propuesta de los que mandan está la de los trabajadores de la comunicación popular y comunitaria, la cual intenta promover un diálogo democrático, crítico y plural. Desde ya que decir todo esto es mucho más sencillo que desentrañarlo, indagarlo, mediante una investigación. Para eso está el trabajo profundo de Alejandra García Vargas, aquí presentado como libro.

Este libro se sustenta en una sólida investigación de doctorado, en la que se utilizan diversos recursos metodológicos de forma rigurosa (como el análisis bibliográfico y audiovisual y las entrevistas), con una voluntad polémica que hoy se echa de menos. Destaco el trabajo teórico realizado, recordándonos que los Estudios Culturales pueden sernos útiles para el análisis audiovisual.

La autora elabora tipologías y clasificaciones que clarifican la exposición del análisis. Elementos que podrían iluminar los estudios audiovisuales realizados en otras partes de la Argentina y que trabajan con corpus similares (programas o films que repiten el mismo tono en los debates y perspectivas sobre historia regional, las elucubraciones contrafácticas y las diferentes configuraciones de la "identidad").

Se trata de una investigación que abordó las interpretaciones y representaciones sobre la ciudad de San Salvador de Jujuy en un corpus audiovisual local. Una parte importante de esos contenidos fueron producidos bajo el amparo de la Ley de Servicios de Comunicación Audiovisual (n° 26.522). Aunque pasible de críticas por izquierda, la LSCA pateó el tablero de la distribución de espacios radioeléctricos en la Argentina. Hizo poner nerviosos a los poderosos, y eso siempre es bueno. La ley abrió una serie de discusiones que estaban vedadas hasta hace poco tiempo, los alcances en la regulación de la propiedad de los medios masivos y la participación de aquellos alternativos en el espectro, como los más importantes. Una ventana de esperanza para aquellos comunicadores que nos formamos en el dilema de "acomodarnos" ideológicamente en un medio grande o vivir de changas (o, prácticamente lo mismo, dedicarnos a la docencia). Hoy hemos vuelto a la Edad Media. Aunque guardamos una luz de esperanza, recordamos que algunas cosas que actualmente vemos de lejos fueron posibles hace muy poco.

El trabajo de Alejandra se aloja en el terreno de los estudios de caso que brindan elementos para reflexionar sobre los procesos socioculturales y comunicacionales. Como ella misma lo advierte temprano, elude dos riesgos: 1) dar información sobre un caso que no aporta a una discusión más amplia, 2) utilizar al "caso" como mera ilustración de la teoría. Su investigación posee un sustento teórico fuerte (aunque, como muchos hemos tenido que hacer durante el proceso de volver libro una tesis, las referencias teóricas se han reducido para una divulgación con llegada a un público más amplio) que se inserta decididamente en un debate contemporáneo mediante los programas, series, films y productos audiovisuales que analiza, con la construcción social del espacio urbano como objetivo. Es uno de los puntos más importantes de su estudio la diferenciación entre las cartografías audiovisuales como sentido de ciudad con raíz y como ciudad de los trajines. Dos tipos de construcción que, aunque son de plano completamente diferentes, no están exentas de aristas polémicas.

No voy a reproducir aquí el lamento típico de quienes vivimos en el interior del país, sobre el ser soslayados, dado que es inconducente y ubica a gran parte de los argentinos en un papel de víctimas a la espera de una redención mágica (que parecería alimentar la resucitación de esporádicos y espontáneos proyectos de traslado de la Capital al interior). Por lo contrario, quiero recalcar que la rigurosidad de la investigación de Alejandra, presentada en este libro, la coloca en un lugar de referencia de los estudios de comunicación argentinos. Lo hizo en y desde Jujuy, lo cual sin dudas le imprimió un sello local. Sin caer en patéticos localismos defensivos (que sí detecta en audiovisuales de su corpus), ella inscribe su indagación en el amplio campo de la comunicación.

El trabajo de campo lo realizó entre 2011 y 2015, a eso se deben las aclaraciones de la "coda" sobre los súbitos cambios en las plataformas de acceso a los contenidos digitales durante el gobierno de Cambiemos. El reemplazo de la Autoridad Federal de Servicios de Comunicación Audiovisual (AFSCA) por el Ente Nacional de Comunicaciones (ENACOM) y las modificaciones mortíferas de la LSCA, supusieron la modificación completa del contexto en que Alejandra hizo su investigación. O bien, como ella destaca, se trata de "una restauración de las situaciones y condiciones productivas anteriores a la LSCA". Un regreso del gélido clima, muy distinto del cálido tiempo que fue hermoso.

Javier Campo
Tandil, marzo de 2020

Prólogo

> *"El viaje no termina jamás. Solo los viajeros terminan. Y también ellos pueden subsistir en memoria, en recuerdo, en narración… el objetivo de un viaje es solo el inicio de otro viaje"* (Saramago)

Conocer es un viaje que, como otros, aparece hoy teñido de colores múltiples que tejen un discurso –como base material– que captura, aquí y ahora, un saber/poder –siempre escurridizo– sobre un proceso. Un libro, de alguna manera, es un viaje-discurso en la voz de un viajante y, en este caso, nos convoca una y otra vez a pensar los nuevos comienzos en las travesías del conocer las ciudades contemporáneas en su complejidad y particularidad.

Un libro es la memoria de un viaje: el resultado particular de una elaboración artesanal que fracciona, selecciona y clasifica con la intención de mostrar la experiencia del conocer de la cual se nutre un recorrido, a la vez que monta la escena construida en su totalidad. Recordando a Walter Benjamin, "retomar en la historia lo que es el principio del montaje" es "erigir las grandes construcciones con los más pequeños elementos, confeccionados con perfil seco y cortante, para descubrir en el análisis del pequeño momento singular el cristal del total acontecer". Quizás ésta sea una de las claves más creativas del trabajo ya que remite a una forma de construcción del objeto desde la indicialidad/circularidad como pista epistémica. Esta "manera de hacer" se manifiesta como la forma de organizar el escrito que va aportando, desde diferentes indicios, una perspectiva de totalidad que excede al propio objeto, abriendo el campo de indagación sobre los fenómenos de sentidos de ciudad en un mapa mayor de complejidades sociales y comunicacionales de nuestra contemporaneidad.

"La(s)" ciudad(es) y "los" medios-mediaciones, aparecen como el primer encuadre de interpretación para arribar a las actuales modalidades del hacer y del decir la ciudad: como lo señala la autora, "abordar las ciudades a partir de las narrativas televisivas producidas localmente posibilita una localización estratégica que multiplica las relaciones posibles entre el espacio social de la TV y la producción social del espacio". Guy Debord ya señalaba algunas décadas atrás que "ciudad y comunicación" se funden en el urbanismo contemporáneo provocando un montaje en el que las imágenes no representan nada sino que son el resultado de la acumulación del capital. El presente libro nos convoca a pensar dicho vínculo, constituyendo un aporte fundamental para comprender las relaciones sociales y de poder que nos estructuran socio-subjetivamente, en el espacio físico, social y mediatizado de la vida urbana actual. Y ambivalentemente, nos da también "pistas" para pensar las injerencias del espacio social mediatizado en la reorganización material y perceptiva del territorio, es decir, en las experiencias y vivencias presentes de las imágenes y sentidos de ciudad.

Por todo ello, la producción de conocimiento desde lo que la autora, recuperando a Harvey, denomina "geografías del poder" es la clave de lectura que nos sumerge en ese viaje por las memorias de una ciudad del norte argentino. Pero a la vez, nos narra la constitución de una espacialidad sedimentada en los sentidos propuestos de un espacio en tensión y conflicto constante (y constitutivo) de las relaciones –desiguales y diferenciales– de poder que se dan en el territorio nacional. El libro pinta y expone los paisajes en continuo movimiento (histórico, urbanístico, narrativo) de la conformación de los sentidos de ciudad en San Salvador de Jujuy que revela un tipo de conflictividad poco tematizada como objeto de estudio en el campo de las Ciencias Sociales y Humanas contemporáneas.

Y como todo viaje está estructurado en torno a la experiencia del viajante, la autora va aunando su trayectoria de formación y práctica profesional a la construcción y reflexión del fenómeno estudiado: realiza un trabajo artesanal en el que la conexión mano-cabeza evidencia, al decir de Sennett, "la exploración de las dimensiones de habilidad, compromiso y juicio de una manera particular". Y en ello radican los múltiples aportes que van emergiendo de la exposición y análisis a lo largo del libro. Expresan, por un lado, el fundamento de la distribución actual de las formas de conformar la ciudad como un todo social, y por el otro, dibuja los contornos y los limites/exclusión del sentido hegemónico de ciudad, tanto en las formas de organización urbana como en las formas de organización audiovisual. Construye el montaje que permite leer la multiplicidad y complejidad de las figuras del adentro/afuera; del centro/periferia; el otro externo/interno; etc. que caracterizan el paisaje urbano del norte en nuestra actualidad. Las relaciones entre sentidos de ciudad y geografías del poder que la autora va exponiendo a lo largo de su trabajo, captan –casi plásticamente–, las cartografías de inclusión –social, audiovisual, estatal y gubernamental– que materializan y evidencian formaciones sociales de alteridad.

Este libro nos lleva por un viaje que nos permite comprender que "la diferencia y la desigualdad" son el "resultado de las relaciones de poder en el proceso de producción social del espacio urbano" y de la especificidad de los procesos de comunicación y mediatización, en su materialización reproductiva o transformadora. En definitiva, el objeto-libro aparece como ese tejido, concienzudo y soñado, que muestra la constante tensión de reconocer el trabajo y el producto como parte de un mismo proceso, es decir, un trabajo artesanal. Y esa tensión que vibra a lo largo de toda la obra, nos convoca a nuevas travesías del conocer.

Belén Espoz
Córdoba, julio de 2020

Introducción

Lumbre. San Salvador de Jujuy a la luz de la televisión y al calor de la LSCA

> Hace tiempo, en el cable, vi fragmentos de un documental.
> Y *lo que vi me desenterró –como un hueso incrustado en la
> tierra– una percepción, latente, amasada por los años pero
> nunca dicha hasta ese momento.* Durante los días siguientes
> esperé descubrir la repetición de las imágenes. Quería ver
> la totalidad del relato. *Había algo, ahí, en el tono y el paisa-
> je, que me interpelaba.* (...) Nunca pude saber el nombre del
> documental (...) Por lo tanto, *estaba frente a un puñado de
> imágenes* que mostraban a un hombre, el entrevistado, y
> una cámara que lo seguía en una recorrida en auto por su
> ciudad natal. (...) Trataba de adivinar el nombre y la activi-
> dad del tipo (¿un sobreviviente?). Y el lugar. (...) Entonces el
> hombre, ahora en movimiento, con el recuerdo de esa vaca
> en los ojos, largando una bocanada de humo, *dijo algo que
> yo leí en letras blancas y a la velocidad que pasan los subtítu-
> los; y que, a pesar de la fugacidad, se me grabó con la contun-
> dencia del fuego: Cada pedazo de pared de esta ciudad lleva,
> como una piel, las huellas de mi historia.*
> Hernán Ronsino (2013, pp. 15; 157-158, mi énfasis)

¿Qué significa estar ubicada en lugares particulares, cuando ese lugar es una provincia argentina de frontera, cuando tal ubicación se interroga a partir de los sentidos de ciudad que ofrecen narrativas audiovisuales locales, y cuando esa pregunta busca analizar una configuración cultural conmocionada por el debate en torno a la redistribución del poder de visibilizar el orden social y sus conflictos mediante programas televisivos?

Este libro aborda la conflictividad de lo social expresada en las interpretaciones heterogéneas, históricas, conflictivas y contingentes sobre San Salvador de Jujuy que construyen diversos actores, en desiguales condiciones, para comprender su experiencia urbana. Los *sentidos de ciudad*, como parte del sentido común o como formas coherentes que lo combaten, participan de las disputas culturales en torno a las relaciones y posiciones sociales.

La perspectiva teórica se basa en la literatura que enfatiza el carácter de producción social del espacio, resalta el carácter constituyente de la cultura en ese proceso y vincula a ambos con específicas geografías del poder. Desde allí, se especifica la mirada al espacio urbano y a los paisajes audiovisuales contemporáneos, para analizar los *sentidos de ciudad* circulantes en San Salvador de Jujuy entre 2011 y 2015, durante el período de debate sobre los servicios de comunicación audiovisual, y su relación con la cultura nacional argentina, asociados a las políticas públicas para la televisión digital.

Metodológicamente, se realiza un ejercicio interpretativo que reúne diversas estrategias en el marco del análisis cultural, para dar cuenta de las articulaciones entre espacios, temporalidades y ejes de identificación de actores/actrices sociales, a partir de materiales concretos provenientes de programas televisivos locales y de trabajo de campo realizado durante ese período.

Los programas televisivos elegidos operan como punto de ingreso a ese ejercicio y combinan como características compartidas el período de realización o circulación y la audiovisualización de espacios públicos de la ciudad de San Salvador de Jujuy; mientras que ofrecen heterogeneidad en géneros, financiamiento, plataformas o canales de circulación. El trabajo de campo se orientó a registrar y analizar narrativas que combinaran itinerarios sociobiográficos y profesionales y representaciones sobre la ciudad, la región y la nación, e incluyó entrevistas en profundidad a los realizadores y realizadoras de los programas seleccionados; entrevistas a audiencias destinatarias del Plan Mi TV digital y visionado compartido de los programas con jóvenes estudiantes universitarios.

Ese conjunto principal de materiales permitió identificar y analizar narrativas o imágenes complementarias citadas, referidas o editadas por ellos, o bien coexistentes en las pantallas televisivas accesibles localmente al momento de producción y/o programación de los programas seleccionados. El conjunto de materiales así reunido se contrastó entre sí.

El análisis indica que ubicar, cartografiar, urbanizar y edificar son ejercicios de la imaginación social local que participan de los conflictos culturales asociados al establecimiento de un sentido común (audio)visual sobre la ciudad otorgando poder de manera sistemáticamente desigual a quienes la habitan. Es así que los sentidos de ciudad de estas narrativas descentran y multiplican los paisajes urbanos disponibles, disputando el ejercicio del poder simbólico, pero al mismo tiempo reafirman formas sedimentadas de visualización de la heterogeneidad y la desigualdad sociales, participando activamente en los procesos de formaciones nacionales y provinciales de alteridad en un marco de multiculturalismo neoliberal.

Itinerario

Este libro se organiza en una introducción, cinco capítulos en los que se despliega el análisis, las conclusiones y una coda final.

Por claridad expositiva, la introducción se organiza en dos partes, que creemos que están integradas teórico-metodológicamente. La primera parte ofrece los aspectos conceptuales de la arquitectura teórico-metodológica. La segunda parte explora el lugar relativo de San Salvador de Jujuy en las específicas geografías del poder de las que participa a partir de una síntesis crítica de información, con el objetivo de ligar las posiciones relativas de la ciudad y sus habitantes con la circulación del audiovisual televisivo en procesos que son a un tiempo urbanos, provinciales, nacionales y globales. El ejercicio de síntesis crítica de este capítulo observa a la ciudad desde cierta distancia, ya que opera sobre la contrastación de indicadores sociodemográficos o económicos con el objetivo de describir aspectos generales de la historicidad espacializada de San Salvador de Jujuy para vincularlos al proceso de urbanización del capital (Harvey, 2005) y su relación con las dinámicas de circulación de las industrias culturales como parte de las geografías del poder y la desigualdad en la producción cultural contemporánea.

El capítulo 1 da inicio al análisis y especifica la pregunta "¿qué significa estar ubicados y ubicadas en lugares particulares?" para asociarla a la producción de la cultura y la cultura de la producción (televisiva local) a partir de entrevistas en profundidad con cinco realizadores y una realizadora. Este capítulo encuentra en la figura de la "ciudad mediatizada" acuñada por Raquel Paiva y Muniz Sodré (2004) –quienes retoman la *ciudad letrada* de Angel Rama (1998) para pensar las tramas sociotécnicas contemporáneas del ejercicio del poder simbólico– la principal clave interpretativa para abordar las diversas posiciones de enunciación desde las que San Salvador de Jujuy es audiovisualizada, y brinda un interesante contrapunto con las distancias de ese conjunto de posiciones respecto a las de quienes participan del proceso de circulación como audiencias. Ese conjunto de contrastes superpuestos que habilita observar la ciudad mediatizada muestra la desigual distribución del poder de definición de *sentidos de ciudad* que brinda la audiovisualización televisiva, desigualdad que se articula a través de y en relación con diversos ejes ordenadores de la diferencia –entre los cuales la consideración de las formaciones provinciales y nacionales de alteridad pero también la atención a las homologías (fundamentalmente, de clase, de género y de generación), resultan clave–.

El capítulo 2 especifica el vínculo entre formaciones nacionales de identidad y sentidos de ciudad para abordar los modos y significaciones de la nación y su relación con la experiencia de la estatalidad en las narrativas televisivas analizadas, a partir de las estrategias de audiovisualización de símbolos de representación oficiales argentinos, y especialmente de aquellos que se producen con la bandera nacional, como elemento vinculado a la ciudad en el conjunto de los programas del corpus. El capítulo surge como resultado de la recurrente presencia de este emblema en los programas analizados.

Esas formaciones nacionales de alteridad y esas experiencias de la estatalidad implican mapas paisajísticos compartidos y repertorios de características para la definición de lo urbano sintetizados en sentidos de ciudad que se construyen parcialmente a partir del contraste con otros sitios. Los *sentidos de ciudad* del material analizado señalan "los otros espaciales de la ciudad" y esa otredad se superpone (en coincidencia o contraste) con las producidas para imaginar los espacios de la nación.

El capítulo 3 explora los *ejercicios de pareo* (Lindón, 2008) en el material analizado, e indica que San Salvador de Jujuy se recorta contra los Andes (como un otro "natural" que la define como ciudad) y contra otras ciudades (que se presumen modélicamente "argentinas") para participar de esas formas visuales y experienciales de la imaginación nacional y provincial relacionando paisaje y naturaleza al interior de mapas sedimentados.

Si bien los sentidos de ciudad se oponen a la naturaleza y a otras ciudades, también establecen relaciones con ellas en términos de geografías culturales amplias que permiten pensarlas como partes coexistentes, escalas o puntos de caminos, ya no por oposición sino por continuidad. En el material analizado, los Andes y varias ciudades argentinas alimentan los ejercicios de pareo imprescindibles para definir sentidos de ciudad para San Salvador de Jujuy, pero esos mismos lugares son, además, espacios coexistentes en relaciones mutuas y continuas que los definen. La segunda parte del capítulo 5 aborda las maneras en las que la capital jujeña es parte de ciertos mapas mayores con los que se articula o a los que articula: es "puerta", "escala", "periferia", "punto de partida" o "punto de llegada". Es decir, los sentidos de ciudad apelan a figuras que definen a San Salvador de Jujuy vinculándola a espacios mayores que la contienen. La ciudad es parte de conjuntos estructurados en relaciones simétricas o complementarias, de paridad o de centralidad/marginalidad pero de completa coexistencia.

Definidos *contra* otras experiencias espaciales y *como parte* de geografías amplias, los sentidos de ciudad permiten observar que, en tanto lugar, San Salvador de Jujuy es un momento en la intersección de relaciones sociales (Massey, 1995). Esas relaciones incluyen las formas de la imaginación social productivas de un reparto diferencial de actores vinculados a tiempos y espacios tanto en las homologías o contrastes entre la ciudad y otros sitios como en su distribución al "interior" de aquellos límites que la definen. De esa manera, los sentidos de ciudad construyen una verdadera topología social urbana al definir actores, espacializarlos y vincular ese conjunto de espacios precisos, habitados o transitados por actores igualmente precisos, con temporalidades diversas (y, lógicamente, también precisas).

Los capítulos 4 y 5 se detienen en esa capacidad constructiva de topologías sociales que tienen los sentidos de ciudad de narrativas televisivas, abordando las específicas maneras de condensación de los polos del eje metafórico centro/periferia (Silva, 2000; Segura, 2015) en el material analizado: para el primero, el centro del centro (la plaza Belgrano) y el territorio físico y simbólico que se constituye a su alrededor, y para la segunda, el área de los trajines callejeros de la antigua terminal de ómnibus (en pleno funcionamiento al momento de la realización de los programas y del trabajo de campo).[1] Cada uno de esos capítulos

---

1. Como sostiene Armando Silva (2000 [1992]), el esfuerzo de segmentación por categorías para dar cuenta de la imaginación social sobre la ciudad en este tipo de abstracciones sólo es operativo si puede dar cuenta de experiencias que emergen de la misma vida social (por ejemplo, a partir de materiales concretos). El autor ofrece, como parte de un conjunto de siete isotopías que ordenan su experiencia metodológica práctica de abordar las topologías sociales de la ciudad, el eje centro-periferia. Esta propuesta metodológica se repone con mayor detalle en el apartado de revisión sobre estudios culturales urbanos latinoamericanos que se incluye en la parte I de esta introducción.

observa esos lugares de referencia principal y continua para la espacialización diferencial de actores, actividad productiva de dos formas que son complementarias en la percepción hegemónica del espacio de San Salvador de Jujuy. Es así que el capítulo 4 trabaja sobre un sentido de ciudad "con raíz", relevando las maneras en las que el espacio central de la ciudad se produce audiovisualmente en relación principal (aunque no exclusiva) con el ejercicio de una tradición selectiva que la liga a la colonia y a las guerras de la independencia, en una operación que presenta metonímicamente a una específica "porción" de la ciudad como si fuera la ciudad en su conjunto, como parte del ejercicio de dominación hegemónica que propone la propia cultura que ese recorte presenta como centro del mundo y que postula al territorio al que la asocia como "el centro de un grupo que se vuelve mundo para todos los integrantes" (Silva, 2000, p. 128).

El capítulo 5, por su parte, explora los "márgenes" de este "centro" en las prácticas y relaciones *abigarradas* que se concentran espacialmente en las áreas de los trajines callejeros y que completan de ese modo la trama de interpretación necesaria para la definición de un sentido de ciudad hegemónico (Antezana, 2009; Kingman Garcés, 2016). Sin embargo, tanto centro como márgenes conllevan y potencian posibilidades de contestación y disputa que se inscriben (en este caso, audiovisualmente) sobre esos sentidos preferentes, o que proponen otros espacios para desestabilizarlos.

El conjunto de capítulos culmina en las conclusiones, donde se sintetizan las acciones producidas por los sentidos de ciudad asociados a narrativas televisivas locales como parte del proceso de urbanización de la conciencia (Harvey, 1989): cartografiar, urbanizar, edificar y ubicar son ejercicios de la imaginación social que participan de los conflictos culturales asociados al establecimiento de un sentido común (audio)visual sobre la ciudad otorgando poder de manera sistemáticamente asimétrica a quienes la habitan.

La coda final se propone como ejercicio de apertura de líneas de fuga vinculadas al cambio de políticas audiovisuales asociadas al gobierno de la Alianza Cambiemos, a la luz del recorrido realizado.

La ubicación (me) importa: televisión digital en una capital provincial

En el epígrafe de esta introducción, cité una novela que me produjo cierta inquietud mientras realizaba la investigación que condujo a este libro. En *Lumbre*, Hernán Ronsino (2013) explora –como parte de un conjunto de zonas de penumbra que incluye el ambiente azulado propiciado por los rayos catódicos– los espacios de la visión y la producción televisiva en una ciudad pequeña del área pampeana argentina. El autor expone su teoría de las asimetrías de poder vinculadas a la circulación del audiovisual en términos del fusilamiento masivo de las audiencias locales por parte de los guionistas metropolitanos. Actualiza en su argumento la teoría de la "bala mágica",[2] argentinizándola mediante la imagen criolla del escopetazo en una cacería de perdices:

> Los guionistas de televisión disparan cada día contra esos cuerpos que ahora descansan o terminan de comer fruta –atentos a la semilla o el carozo–, detrás de las persianas cerradas. Hay algo de fusilamiento masivo. Porque las palabras del guionista se desparraman en el aire, como las municiones que se usan para cazar perdices. (Ronsino, 2013, pp. 31-32)

En otro capítulo, que titula expresamente "Televisión", el autor acude a la descripción de la experiencia de ser entrevistado en el plató del canal de cable local, siendo un guionista metropolitano. En ese estudio, todo es modesto, muy diferente a los *sets* que imaginamos para la "ciudad mediatizada" que describen Paiva y Sodré (2004), y en una distancia reafirmada por la sobrecorrección en el discurso del conductor del programa. Las instalaciones televisivas se superponen a usos anteriores del edificio, conocidos por quienes habitaron la ciudad por largo tiempo.

En las frases que abren esta introducción, Ronsino (2013) vuelve recurrentemente a la experiencia del narrador (a la sazón, el propio guionista) como televidente, en la fascinación –y el alto grado de identificación– que le produce la visión de un fragmento de un documental donde un sobreviviente habla de su ciudad natal. El entretejido entre unos "tonos y paisajes que desentierran

---

2. También denominada teoría de la aguja hipodérmica, esa postura implica que los mensajes de los medios masivos inciden en los públicos de manera directa, a partir de un proceso lineal que "inocula" mensajes precisos (Moragas, 1986).

percepciones" con una ciudad periférica, la televisión local y los guionistas metropolitanos que elabora Ronsino se relaciona con la búsqueda de este libro, y al mismo tiempo presenta literariamente parte de las posiciones contra las cuales se escribe. Esa trama coincide y se aleja, alternativamente, de los vínculos entre la vida social de la televisión (Abu-Lughod, 2006) y la producción social del espacio (Lefebvre, 2013) que revela el análisis de materiales precisos, cuyas disonancias y consonancias forman parte de una configuración cultural (Grimson, 2011).

Mientras cuenta la historia de un crimen en un contexto social crítico (Argentina en el entresiglo XX-XXI), *Lumbre* trama las relaciones espacializadas y espacializantes entre cultura y poder, desde la cotidianeidad de la televisión y la politicidad de la vida cotidiana. Es así como la localización de este relato en una ciudad no-metropolitana y la circulación de contenidos audiovisuales como punto de fuga para pensar el propio lugar intersecan escalas espaciales y diversas dimensiones de la heterogeneidad y de la desigualdad sociales desde diferentes escenas que hacen a los momentos de la comunicación televisiva y a su relación con la producción social del espacio. A lo largo de la novela, la acción plantea diversos escenarios: el hogar como un punto de encuentro entre las audiencias y los programadores y guionistas locales o metropolitanos (y, en ellos, con los productos televisivos transnacionales y sus hacedores en general); el *set* de televisión como espacio de las prácticas cotidianas de una televisión local que se distancia de aquellas realizadas en los enclaves centrales de las industrias culturales; los espacios referidos por narrativas en la pantalla como "series sintagmáticas" separables y recordables (Machado y Vélez, 2013), en este caso, un documental cuyo título se busca en el flujo repetido de las transmisiones de las decenas de señales del cable disponibles; una escena relevante en ese programa cuyo nombre no se conoce pero que se busca en la pantalla para identificar en él los fragmentos recordados no sólo por lo que brinda esa edición precisa sino, y sobre todo, por lo que en ese *tono* o en ese *paisaje* se reconoce como posibilidad de reflexión o como identificación con el propio lugar de quien mira la televisión, esto es, por su capacidad de interpelación. Ese conjunto heterogéneo de lugares se despliega a partir de la búsqueda de un puñado de imágenes y un conjunto de palabras transcriptas como subtítulos que narran una experiencia urbana.

Ronsino (2013) reúne en la trama de su novela experiencias espaciales y televisivas: piensa en el poder y la desigualdad para abordar localizadamente la conflictividad de lo social, y lo hace –en parte– desde y a través de los procesos de circulación televisiva que se desarrollan en una localización periférica de las industrias culturales transnacionales. La distancia que emerge de las búsquedas e identificaciones del guionista-narrador cuando recuerda sus propias experiencias como audiencia y la imagen del fusilamiento con la que piensa las de los sectores populares forma parte de esas desigualdades y esos poderes: el narrador busca en la programación del cable "un puñado de imágenes" de un determinado documental (y no otro) para confirmar su propia experiencia de nostalgia y de extrañamiento asociada a las transformaciones de su ciudad natal (y sus relaciones con la crisis de inicio del siglo XXI en Argentina). En cambio, las audiencias de los barrios de su propia ciudad de origen no realizan búsqueda alguna, sino que son *fusiladas* diariamente por guionistas metropolitanos, durante siestas agobiantes, en hogares donde se pelan frutas pegajosas.

La novela, entonces, describe heterogeneidades y desigualdades que se multiplican al ritmo de diversas relaciones que hacen al proceso de circulación televisivo (situado en tiempo y espacio). Este aspecto de la trama coincide con mi indagación general sobre los diversos y desiguales modos en los que las narrativas audiovisuales sobre ciudades refieren a la producción social del espacio, ya que la televisión "vuelve obvio el hecho de que los mismos textos culturales tienen importancias diferentes en contextos distintos" (Abu-Lughod, 2006, p. 72). Los mundos que esos textos intersecan sólo pueden comprenderse dando cuenta de los diversos espacios y tiempos por los que circulan. La naturaleza ideológica de las narrativas televisivas, que actúan hegemónicamente a favor de determinados proyectos,

> nos lleva a pensar en el modo en que los aspectos con que contamos para considerar una cultura como local no son en sí rasgos neutrales a ser interpretados, sino el resultado –a veces contradictorio– de otros proyectos de poder más locales dignos de ser analizados. (Abu-Lughod, 2006, p. 72)

Abordar las ciudades a partir de la circulación de narrativas televisivas producidas localmente posibilita una localización estratégica que multiplica las relaciones posibles entre el espacio social de la TV y la producción social del espacio. Sostengo que esa posibilidad analítica no se restringe al seguimiento de la multisituacionalidad transnacional, sino que también permite indagar las relaciones entre *sentidos de ciudad* y *geografías del poder* en otras escalas que intersectan variadas experiencias en un lugar determinado.

Denomino *sentidos de ciudad* a las interpretaciones heterogéneas, históricas, conflictivas y contingentes sobre el espacio urbano, que construyen diversos actores, en desiguales condiciones, para comprender su experiencia urbana. Tales interpretaciones coproducen las específicas *geografías del poder* de las que, al mismo tiempo, forman parte (es decir, están dentro de un juego de interconexiones múltiples y se localizan en mapas de poder a los que, a su vez, alimentan) (Massey, 1995).

He procurado construir una estrategia para indagar en tales relaciones a partir de narrativas sobre el espacio urbano asociadas a programas televisivos producidos en San Salvador de Jujuy. El punto de ingreso al análisis propuesto descansa en la hipótesis de que estas representaciones sobre las ciudades dependen de la experiencia espacial, social y audiovisual de los actores que las producen. Dado que el espacio es un producto social –o sea, un conjunto de relaciones históricas y conflictivas– el abordaje de las distancias entre productores/as, textos, circuitos y audiencias (entre sí y entre todos esos momentos) que revelan estos sentidos de ciudad (muchas veces, discrepantes) suma posibilidades al análisis de la pregunta crítica sobre cultura y poder que abre esta introducción.

Las diversas figuras ofrecidas por narrativas audiovisuales sobre la ciudad como espacio social refractan y al mismo tiempo construyen conflictos profundos de la sociedad jujeña vinculados al proceso de producción social del espacio. Interrogada de manera contextualista, esa condensación de elementos permite interpretar, a partir de materiales concretos, tanto el trabajo ideológico de establecimiento de "topologías" sociales como el de los lugares que ocupan esas mismas narrativas en San Salvador de Jujuy.

Es así que mediante el análisis de *sentidos de ciudad* propongo dar cuenta de articulaciones entre espacios, temporalidades y ejes de identificación de actores producidas por narrativas audiovisuales locales, como parte constitutiva de una serie de situaciones sociales de diverso tipo que se acumulan y condensan en una coyuntura.

Siguiendo la trama de sus procesos productivos y las posibilidades de conversación que abren con sus públicos, los sentidos de ciudad que ofrecen estos programas al narrar la capital jujeña se multiplican y expanden al ritmo de la *vida social de la televisión*, mostrándonos parte de las configuraciones sociales y territoriales –y los conflictos sobre el poder a ellas asociados–, del modo en que se presentan cuando se las interroga a partir de la circulación de estas narrativas, concebida –a su vez– como parte de la experiencia urbana y audiovisual de sus productores, productoras y televidentes.

Es así que los programas televisivos producidos localmente resultan un "espacio interpretativo" relevante y disponible de representaciones que circulan socialmente (Reguillo, 2008, p. 13), y por lo tanto permiten el abordaje de una coyuntura de multiculturalismo neoliberal (Hale, 2002) que relativiza la concepción universal de los procesos de globalización o de mundialización de la cultura, y al mismo tiempo recupera tanto la importancia de los lugares *locales* para comprender las dinámicas sociales (Massey, 1991) como su participación desigual(ada) en diversas geografías del poder (Massey, 1995). Esto es, la *ubicación* importa (Grossberg, 1996; Restrepo, 2012): ser audiovisualizado/a o poder audiovisualizar(se) se relaciona con localidades geoculturales estructuralmente asimétricas (globalmente, tales asimetrías se establecen entre el norte próspero y el sur del mundo; nacionalmente, entre en las capitales nacionales sede de los grupos concentrados y de los gobiernos federales; provincialmente, en entornos urbanos o rurales con diverso peso jurisdiccional y administrativo). Finalmente, esas posibilidades están asociadas a localizaciones institucionales (en productoras metropolitanas o periféricas que a su vez pueden ser públicas, privadas o privadas sin fines de lucro) y se vinculan con los lugares de enunciación (hablar *con*, hablar *por*, hablar *desde*, hablar *de*, hablar *sobre*).

Metodológicamente, la relevancia asociada a la atención al espacio próximo refiere a la posibilidad de trabajar en las especificidades históricas o sociales en diálogo con procesos empíricos situados y significativos. En este sentido, uno de los desafíos de este libro es producir un conocimiento teóricamente fundado y socialmente relevante, que dialogue con y enriquezca a la memoria teórica y metodológica del campo de la comunicación/cultura desde una ubicación precisa. Esto es, que al construir un objeto fuertemente localizado eluda dos riesgos asociados al "caso": el peligro de proveer de abundante información sobre el entorno próximo sin aportar a la inteligibilidad de los procesos socioculturales y comunicacionales y/o a su crítica sistemática, y la tentación de reducir la tarea empírica a la ilustración de categorías o teorizaciones previas.

San Salvador de Jujuy es la ciudad capital de una provincia argentina de frontera ubicada en la región surandina, a mil seiscientos kilómetros de la capital nacional (Buenos Aires). Su condición *liminar* permite pensar el poder y la cultura desde una posición "excéntrica" a la tradición dominante de los estudios sobre ciudades latinoamericanas, y potenciar la capacidad crítica del *teorizar* de los Estudios Culturales (Hall y Mellino, 2011, p. 30). La articulación de varias escalas en el espacio urbano de la capital jujeña –entre las que podemos mencionar la relación de exclusión del proyecto nacional que Manzanal (1999) describe como *desarticulación profunda*; las características de ser la capital de una provincia de frontera que recibe un flujo permanente (aunque fluctuante) de migrantes bolivianos (Sala, 2005); la dinámica excluyente con el conjunto provincial que Karasik (2005) describe como un proceso histórico de *drenaje de la población* de las tierras altas hacia las áreas de desarrollo capitalista más dinámicos; la profunda desigualdad social que se verifica en el territorio urbano (García Vargas, 2009); y la fuerte exposición a las dinámicas culturales globales vinculadas al turismo a partir de la declaración de la Quebrada de Humahuaca como Patrimonio de la Humanidad por UNESCO en 2003 (Troncoso, 2009)– la vuelve un sitio especialmente fértil para el análisis cultural, ya que esta serie de superposiciones de experiencias espacio-temporales en situación de frontera nacional multiplica la intensidad e historicidad de su desigualdad social y su heterogeneidad humana y, por lo tanto, de las disputas hegemónicas para representarla en clave de interculturalidad (Briones, 2008; Caggiano, 2005), diversidad o discrepancias (Carman, 2006; Massey, 2005a; Segura, 2015).

El período durante el cual se produjeron o difundieron los programas televisivos (2011-2013), se realizó el trabajo de campo (2011-2016) y la tarea analítica (2011-2016) asocia la riqueza de tal *liminaridad excéntrica* y desigualada de esta ciudad a dos condiciones contextuales relevantes, vinculadas a la decisión de trabajar con estas narrativas en un momento en el que la televisión se apaga mientras se encienden otras pantallas.

En primer lugar, aún en una ecología de medios caracterizada por la transmedialidad y la convergencia, la I Encuesta Nacional de Tecnologías de la Información y la Comunicación (ENTIC) realizada en 2011, señaló a la televisión como la tecnología de la información y la comunicación más presente en los hogares urbanos de Argentina, en todas las regiones y en todos los niveles de ingreso. En el caso específico de Jujuy, el relevamiento indicó que el 94,9% de los hogares poseía televisor, porcentaje que se elevaba a 96,9% para el aglomerado San Salvador de Jujuy-Palpalá.[3]

En ese sentido, es importante notar que en la idea del "fin de la televisión" (Gilder, 1992; Negroponte, 1995), e incluso en la de su mutación vinculada a las transformaciones en las experiencias interactivas de las audiencias (Islas, 2010; Scolari, 2008) suele generalizarse las prácticas ligadas a los usos de la audivisualidad[4] y la audiovisualización[5] de los y las analistas –o, al menos, los de quienes habitan áreas urbanas y acceden a formas de conexión fluidas– al conjunto de la sociedad y de las regiones geográficas. De ese modo, se invisibiliza[6] la heterogeneidad y desigualdad de esas prácticas y –quizá, sobre todo– la distancia entre las situacio-

---

3. Por otra parte, el elevado nivel de hogares con acceso a más de treinta canales indica la alta penetración del cable en el país (forma de distribución de señales paga). En este caso, se observa mayor variación entre diferentes quintiles de ingreso, y entre las provincias de la región y el total nacional. Esa heterogeneidad –y las desigualdades y diferencias en las que se estructura– tienen especial impacto en la vida cotidiana. La información corresponde a una *cartografía de las* TIC *disponibles en los hogares de las provincias argentinas de Salta y Jujuy*, realizada a partir del análisis del cruce de datos relevados por la primera Encuesta Nacional sobre Acceso y Uso de Tecnologías de la Información y la Comunicación (ENTIC) de 2011, con aquellos que provienen de la Encuesta Anual de Hogares Urbanos (EAHU) del mismo año. Para ampliar, ver García Vargas, Golovanevsky y Chachagua (2015).

4. Denomino "audiovisualidad" a la relación con las prácticas de producción y uso de la audiovisualización, al conjunto de competencias necesarias para producirla y comprenderla en una comunidad determinada. Audiovisualidad designa "eso" que hacemos con la audiovisualización.

5. Se utiliza "audiovisualización" para hacer referencia al uso de determinadas imágenes, palabras, sonidos y estrategias de montaje (y no otros) que permiten mostrar/ver en un específico material determinados temas, actores/ actrices sociales, espacios, tiempos y/o relaciones entre ellos) (e *inaudiovisualización* a la ausencia de imágenes, sonidos y montajes sobre determinados temas, actores/actrices sociales, espacios, tiempos y/o relaciones en esos u otros materiales).

6. Se denomina "visibilización" al proceso social de poner en agenda y/o debate público determinados temas, espacios, actores/actrices sociales, relaciones, etc. (e invisibilización, al proceso de no hacerlo).

nes desiguales en los momentos de producción y de reconocimiento de narrativas audiovisuales. Tal posición niega, por un lado, la pregnancia de los medios tradicionales; luego, la importancia determinante de las tecnologías vinculadas a la conexión entre los dispositivos digitales y las redes de telefonía o distribución de flujos de contenidos en ese tránsito sociotécnico y su relación con las condiciones de acceso a los circuitos que aseguran la distribución amplia de esos contenidos. Esto es, la problemática del acceso material a las tecnologías se inscribe en mapas históricos de desigualdades nacionales y regionales, y también en aquellos que se trazan diariamente en la lucha y resistencia contra ellas.

En segundo lugar, ese proceso de multiplicación y transformación (desigual) de las pantallas y de los públicos convive con la inminencia del apagón analógico de la televisión (por entonces previsto para 2019 en Argentina). Durante el trabajo de campo, esas variaciones se sobrepusieron con el período de transformación normativa y organizativa de los medios operada por la conjunción de la sanción de la Ley 26.522 de Servicios de Comunicación Audiovisual (LSCA), el decreto 1148/09 regulatorio de la Televisión Digital Abierta (TDA) y las modalidades de implementación de ambos, asociados a numerosas políticas públicas.

Tres de los programas analizados en este trabajo han sido financiados por fondos públicos destinados a la promoción de contenidos federales, y los cuatro inscriben su proceso productivo en la consideración del tiempo que va desde el anuncio y posterior sanción de la LSCA (en octubre de 2009) hasta las sustanciales modificaciones a esa norma que introdujeron los decretos 13, 236 y 267 en diciembre de 2015, completados luego con otros decretos durante 2016 y 2017.[7]

---

7. El anuncio de la decisión política de sancionar una Ley de Servicios de Comunicación Audioviusal que reemplazara la norma entonces vigente creada durante la última dictadura militar se produjo durante el climax del conflicto en torno a la Resolución 125 en 2008. La resolución 125 fue un proyecto de regulación de las retenciones móviles vinculadas al agro (especialmente a la soja) sostenido por el Poder Ejecutivo Nacional durante la presidencia de Cristina Fernández de Kirchner. El proyecto condujo a un fuerte enfrentamiento entre el gobierno y el sector agropecuario, que rechazó la propuesta con un *lock out* con el que paralizó la circulación de productos agropecuarios por las rutas argentinas (Basualdo y Arceo, 2009). La confrontación condensó en el enfrentamiento entre el conjunto de ese sector (heterogéneo) autoidentificado como «el campo» y el «gobierno». La resolución 125 no fue aprobada por un voto, correspondiente al entonces vicepresidente Julio Cobos (parte de la alianza que condujo a la presidenta al poder). El acontecimiento po-

Durante el período de realización y emisión de los programas analizados (2011-2013), las políticas de fomento de la producción asociadas a la Ley de Servicios de Comunicación Audiovisual (LSCA) interpelaron las prácticas sedimentadas de la comunidad audiovisual local, tanto en términos de las condiciones generales de posibilidades de producción como en la reflexión sobre los contenidos producidos y su relación con los que circulan habitualmente en las pantallas televisivas. Esas interpelaciones se dieron en un marco también cambiante y crecientemente visibilizado sobre la definición, percepción y valoración estatales del lugar de los medios y los servicios de comunicación audiovisual (especialmente, la televisión) en relación con "*la* cultura nacional" (habitualmente, en singular) abiertamente politizado. Al mismo tiempo, esas mismas preocupaciones implicaron la generación de políticas de asistencia para acompañar la migración al entorno digital de la televisión de aire analógica y el visionado de la TDA en parte de las audiencias (aquella considerada como "población prioritaria") (García Vargas y otrxs, 2014).

Todas estas consideraciones sostienen la decisión de indagar los vínculos entre narrativas audiovisuales, configuraciones culturales y producción social del espacio urbano a partir de un corpus que combina tres importantes características en común –la audiovisualización de espacios públicos de San Salvador de Jujuy, la localización, y el período de registro y producción, en tanto dimensiones de la situacionalidad compartida–, con la heterogeneidad en géneros, en formatos y en otros componentes de las condiciones y situaciones productivas (por ejemplo, las formas del financiamiento o la relación con las instituciones que regulan los circuitos de distribución). Los programas seleccionados son la serie de ficción *El viaje, 9 días buscando Norte* (Vargas, 2011); el unitario documental *San Salvador de Jujuy, Murmullo que aturde* (Ricciardi, 2011); la serie documental *Maestros del Norte* (Ogando, 2011) y la temporada 2012 del *magazine* cultural semanal *Jujuy Profundo* (Calvetti, 2012).[8]

La combinación de elementos homogéneos y heterogéneos en los programas seleccionados buscó concordancias y discrepancias significativas en el material, que permitiesen analizar un "sentido

---

larizó la opinión pública y los medios argentinos de referencia dominante (Vidal-Beneyto, 1986) operaron fuertemente a favor de «el campo» durante el proceso (cfr. Becerra y López, 2009).

8. Al final del libro se presenta una tabla sintética que resume las características de los programas que se describen a continuación.

común" sobre la ciudad y las disputas hegemónicas en torno a su construcción, consolidación y sostenimiento.

Las narrativas construidas por, o asociadas a, los programas seleccionados brindan, entonces, un interesante punto de *abordaje situado* de las dinámicas de la comunicación/cultura contemporánea en una coyuntura de transformación particular. En los términos indicados, permiten comprender tanto a la ciudad como a la cultura, pues interrogan las disputas en torno a qué significa estar ubicado o ubicada en lugares particulares, qué distintas modalidades de pertenencia son posibles y de qué diversas formas se vinculan las personas entre sí y con el mundo. Esa pregunta amplia, que recoge la inquietud de Grossberg (1996) sobre la dimensión espacial en los estudios culturales, consiente interrogar, a partir de materiales específicos:

- El proceso de representación y definición de la ciudad (cómo se compone en cada caso la trama intertextual; cómo se muestra, define y representa la ciudad; quiénes muestran; quiénes dicen; cómo muestran y cómo dicen; cómo acceden estas representaciones a circuitos de circulación pública; cómo son interpretadas).
- Las relaciones entre interculturalidad y ciudad (qué tipo de relaciones interculturales se proponen y cómo se las vincula con el espacio y la experiencia urbanas).
- Las "topologías sociales" de la ciudad (cómo se perciben y valoran las áreas que la constituyen y cómo se espacializan los actores sociales representados tanto en el ámbito urbano como en sus relaciones con otros lugares).

Se propone, entonces, que los *sentidos de ciudad* –y los vínculos hipotéticos que postulo entre ellos y una precisa configuración sociohistórica– tienen en los programas televisivos producidos localmente una posibilidad de recreación singular por los múltiples niveles y dimensiones analíticas que ofrecen para la tarea interpretativa de una configuración cultural. Las maneras en las que la producción social del espacio urbano se presenta cuando es interrogada a partir de narrativas televisivas locales permite explorar la articulación de al menos tres de esos niveles y dimensiones:

- La politicidad de la experiencia urbana y su vínculo con la producción audiovisual de la cultura (y las culturas de la producción audiovisual) en cuanto procesos espacializados y espacializantes que participan en formaciones nacionales y provinciales de alteridad (Agüero y García, 2010; Álvarez Leguizamón, 2010; Arancibia, 2014; Briones, 2005; Burgos y García Vargas, 2008; García Vargas, 2004; Karasik, 2005; Martín-Barbero, 1998; Orquera, 2010; Rabey y Jerez, 2010; Román Velázquez, 1999; Sarlo, 1999; Segato, 2007).

- La constitución de series de imágenes y sonidos sedimentados y emergentes en las configuraciones audiovisuales contemporáneas (Sorlin, 1980; Benjamin, 2011 [1931]; Berger, 2005 [1978]) y su relación con el sentido común (audio)visual (Caggiano, 2012) desde la precisa intersección de escalas y relaciones que ofrece la audiovisualización de una ciudad no-metropolitana en un marco de multiculturalismo neoliberal alimentado por industrias culturales transnacionales (Bayardo y Lacarrieu, 1999; Brunsdom, 2007; Chamorro, 2011; Miller, 2012; Masrany, 2016; Paulinelli, 2005; Rose, 2016a, 2016b; Yúdice, 2002; Zhang Zhen, 2007).

- La relación de ambos aspectos con la diversidad de formas de producción social del espacio y las temporalidades que implican el abordaje de los procedimientos interpretativos y de sus situaciones y condiciones sociales de producción en clave de hegemonía (Carman, 2006 y 2011; García Vargas, 2006; Lacarrieu, 1988; Lindón, 2008; Segura, 2015; Silvestri, 2011; Visacovsky, 2001).

Como ya he señalado, trabajo sobre materiales específicos, y con una concepción del espacio que lo concibe como producto de relaciones sociales, constituido a través de interacciones, que es condición primaria para la heterogeneidad y es siempre político (Massey, 2005b). Esa combinación resulta de interés para observar la potencia de los mapas y paisajes dominantes –como planos sedimentados que posibilitan (o imposibilitan) percibir, decir y representar la ciudad– en la tarea de estructurar aquellos que resultan hegemónicos, y sin perder de vista en qué medida las significaciones dominantes y un paisaje material ya existente abren y cierran posibilidades de acción y de coacción para su transformación por diversos actores. Por eso, los "sentidos de ciudad" discrepantes que ofrece la televisión resultan una vía de acceso situada para el análisis de la diversidad de experiencias de lo urbano, de su inestabilidad y dinamismo, y de su profunda imbricación con la desigualdad y el poder en Jujuy (Hall, 1995; Massey, 1994; Rose, 1995; Segura, 2015).

La mayor parte de las relaciones transnacionales, migrantes y barriales –pero también las comunitarias y familiares– se da en entornos ambientales urbanos específicos y situados. La ciudad (en tanto experiencia espacio-temporal) conecta, articula y reúne pero también desconecta, fragmenta y separa. Las narrativas televisivas ofrecen contradicciones similares, al amplificar la visibilidad y resonancia de determinados discursos y apreciaciones sobre la ciudad, pero también por su participación desigualada en las geografías amplias de las industrias culturales transnacionales y de los flujos de comunicación nacionales y provinciales, participación que se da desde entornos urbanos específicos, a los que a su vez co-produce mediante complejas prácticas de enmarcamiento y filtrado.

De manera que el tipo de intersecciones y mediaciones que presentan las situaciones sociales que analizo en este libro requiere abordar procesos que implican espacios y trayectos extensos crecientemente transnacionalizados, pero que al mismo tiempo se (re)territorializan porque están situados espacial y temporalmente y marcados por la desigualdad de base de la modernidad-mundo (Ortiz, 1996). Esas ubicaciones espacio temporales son progresivamente urbanas, aunque el lugar relativo que cada ciudad ocupa en el "tablero de la liga de ciudades" global, construido y alimentado por las dinámicas de la producción cultural transnacional (y por diversas instituciones y actores) sea diferente (Robinson, 2004 y 2006; Robinson en García Vargas y Román Velázquez, 2006).[9]

---

9.   Jennifer Robinson (entrevistada por García Vargas y Román Velázquez, 2006) sintetiza coloquialmente en la figura del "tablero de la liga de ciudades" el efecto jerarquizante que produce la consideración teórica de las ciudades globales (como es planteada, entre otros autores y autoras por Saskia Sassen, 2001) y la dificultad que la extensión de ese encuadre produce en la recuperación y relectura de enfoques comparativos capaces de analizar las diferentes modalidades de la experiencia y las dinámicas urbanas en el contexto global. Para contrarrestar ese efecto, la geógrafa sudafricana propone observar a todas las ciudades como "ordinarias" y recuperar las modalidades de conocimiento que ligan la producción teórica al trabajo empírico sobre los diversos emplazamientos de un mundo crecientemente urbanizado. Para un desarrollo más amplio de los puntos mencionados brevemente aquí (relativos a "un mundo de ciudades" y a la categoría de "ciudad ordinaria"), puede consultarse Robinson (2004 y 2006, respectivamente). Una síntesis crítica de esos conceptos realizado por la propia autora puede revisarse en la entrevista publicada por la revista tucumana *Población y Sociedad* citada al inicio de esta nota.

Las maneras de acceder a esos espacios mediante el análisis cultural ha sido seguir el hilo que enhebra la circulación de sentidos de ciudad a través de diferentes momentos del proceso comunicacional mediatizado de cuatro programas televisivos producidos localmente. Entiendo que esa elección me ha permitido observar la variedad de discursos y registros que construyen sentidos de ciudad, y las características de sus ubicaciones sociales. Ha sido una forma de ligar el espacio social de la televisión a la problemática general de la producción social del espacio a través de los sentidos de ciudad producidos por la televisión, intentando matizar la desoladora imagen del fusilamiento masivo de las audiencias populares por parte de los guionistas metropolitanos que expresara Ronsino en *Lumbre* (aunque sin olvidar la radical agudeza con la que esa imagen denuncia las relaciones de poder implicadas en la circulación mediatizada).

Mi camino para encontrar esos matices se ubica en el campo de la comunicación/cultura, y abreva en una apuesta interpretativa contextualista (basada principalmente en los estudios latinoamericanos críticos sobre cultura y poder, los estudios culturales británicos y la geografía feminista), cuya arquitectura teórico-metodológica repongo en la parte I de esta introducción, en la que además presento en detalle los materiales con los que se trabajó. Allí describo la tarea de articulación (Slack, 1996) que sostiene el trabajo con materiales específicos, explicitando las decisiones teóricas que guiaron el trabajo empírico.[10] La primera parte de este capítulo cierra con una coda reflexiva sobre las relaciones entre la producción audiovisual y el trabajo de campo como praxis reveladoras de la relación entre la politicidad de la cultura y la producción social del espacio en áreas no centrales de Argentina, un país en el que la confrontación capital/provincias estructura continuamente la interpretación sociopolítica de la desigualdad.

En la segunda parte de la introducción se analizan algunas características contextuales e históricas vinculando a la producción televisiva con las condiciones de vida en San Salvador de Jujuy.

---

10. Como sostiene Slack (1996), la articulación es un concepto crítico para entender cómo los teóricos culturales conceptualizan el mundo, lo analizan y participan en darle forma. Siguiendo a Hall, la autora indica que se trata de "una práctica informada teóricamente de rearticular relaciones a través de las fuerzas sociales que constituyen estructuras articuladas en coyunturas históricas específicas" (Slack, 1996, p. 122).

I.
Comunicación/ciudad
(por estudios culturales)

> No se trata de describir apartándonos, sino de construir un saber
> que nos incluya, que no podría dejar de incluirnos. La relación co-
> municación/cultura es un salto teórico que presupone el peligro
> de desplazar las fronteras. Pero, justamente, de eso se trata: de
> establecer nuevos límites, de definir nuevos espacios de contacto,
> nuevas síntesis. En vez de insistir en una especialización reducto-
> ra, se propone una complejidad que enriquezca.
> Héctor Schmucler (1997, pp. 150-151)

En la biblioteca de las teorías sociales y de la significación que alimentan la investigación en comunicación es posible encontrar una constelación de autores de adscripciones disciplinares (auto o hetero atribuidas) heterogéneas. La multiplicidad de autores y autoras visitados hace que Caggiano (2007) indique que, en lugar de "padres", el campo de la comunicación (estrictamente, el de la comunicación/cultura) cuente con "tíos fundadores". Lejos de percibir esa heterogeneidad como limitación, tiendo a comprenderla como una posibilidad contextual de movimiento que alienta la exploración teórica y metodológica. Alejandro Grimson (2011, p. 47), entre otros referentes, indica que esa potencialidad marcó su formación inicial y determinó parcialmente su apertura disciplinar y su rechazo al "monoteísmo metodológico".

En esa misma y heteróclita biblioteca encontramos un conjunto de libros que se ocupan de la comunicación adscribiéndose explícitamente a este campo. Y en los estantes latinoamericanos de este grupo, una mirada rápida a los títulos revela que son numerosas las menciones que lo imaginan a través de metáforas espaciales y asociadas al movimiento. En ellos, la comunicación se ofrece como un *mapa de rutas*: caminos que unen puntos históricamente disciplinados y reconocibles de las ciencias sociales, desde y sobre Latinoamérica. Este mapa de rutas incluye tanto localizaciones particulares como trayectos y posiciones intermedias.

Ahora bien, ¿qué significa que una parte de la investigación en comunicación social pueda pensarse como un *mapa de rutas*, y qué consecuencias o posibilidades teórico-metodológicas ofrece? Concretamente, ¿cuáles son las rutas que permitirían recorrer la conflictividad y el poder de Salvador de Jujuy desde el análisis cultural de narrativas televisivas locales?

Vanina Papalini (2010) indica que, en términos prácticos, el conocimiento situado en el campo de la comunicación demanda resolver reflexivamente las tensiones que se producen al enfrentar los desafíos metodológicos. Deseo inscribirme en ese camino reflexivo, relatando conceptualmente cómo construí una aproximación teórico-metodológica interpretativa. Propongo la imagen del mapa de rutas, inspirada en los títulos de la biblioteca latinoamericana de la comunicación/cultura recién señalados, como figura que permite ordenar (relativamente) el relato sobre la producción de ese camino. Mapear el trayecto es una forma contextualista de explorar la biblioteca, de recorrer un estado de la cuestión articulando tales categorías, conceptos y líneas de abordaje en una reflexión situada sobre el conocimiento que se intenta producir, sin pretensiones de universalismo.

La perspectiva teórica de este libro se basa en la literatura que enfatiza el carácter de *producción social* del espacio (Harvey, 2005 [1997]), resalta el carácter *constituyente de la cultura* en ese proceso (Williams, 1997) y vincula a ambos con específicas *geografías del poder* (Massey, 1995). Desde allí, especifico la mirada al espacio urbano y a la industria cultural contemporánea, para analizar la conflictividad de lo social en los *sentidos de ciudad* ofrecidos por narrativas audiovisuales locales circulantes en San Salvador de Jujuy. Ese marco permite trabajar en la zona de confluencia disciplinar que suele nombrarse como *Estudios Culturales*.

Dentro de este *piso* fértil y amplio de los Estudios Culturales, propongo la elaboración de un conjunto teórico-metodológico que puede agruparse alrededor de la idea de *configuración* como principio clave de interpretación situada y contextual, y que me permitirá considerar a los procesos de significación del espacio urbano jujeño como parte constitutiva de la articulación de una serie de situaciones sociales de diverso tipo (económicas, políticas, culturales) que se acumulan y condensan en una coyuntura. Ese proceso configuracional y significativo puede interpretarse a través del análisis cultural de los "sentidos de ciudad" que se producen y reconocen en los procesos de comunicación de narrativas audiovisuales locales.

La atención al espacio próximo de la ciudad capital de una provincia del noroeste argentino posibilita trabajar en las especificidades históricas o sociales en diálogo con procesos empíricos situados. Pero tal posibilidad no implica un "encapsulamiento" en tiempo y espacio, sino que la vincula a la problematización de la desigualdad en la intersección de escalas implicadas tanto en la capacidad de movimiento como en las posiciones relativas de actores y regiones, ya que implica considerar no sólo relaciones de copresencia, sino también aquello que se excluye o está ausente.

El lugar de los Estudios Culturales en un abordaje comunicacional posible de las ciudades

Por la amplitud de experiencias que la denominación *Estudios Culturales* evoca (Richard, 2010), es necesario mencionar que recurro a la vertiente que se nombra habitualmente como *Estudios Culturales Ingleses* (Zubieta, 2000; Grimson, 1999) o *Escuela de Birmingham* (Hall y Grossberg, 1996 [1983] –quienes interponen cierta distancia irónica con la idea de "Escuela"–; Mattelart y Mattelart, 1997; Grimson y Varela, 1999; Mattelart, 2010; Grossberg, 2012).

Preliminarmente, resulta necesario discutir al menos dos críticas recurrentes a la biblioteca y las investigaciones que se encuadran bajo ese espacio. En primer lugar, la posición crítica que ejemplifica la caracterización de Alexander (2000, p. 44) de esta línea de trabajo como "programa débil" de la Sociología Cultural. En segundo término, el debate en torno al "etiquetado" de las prácticas académicas y su vínculo con la colonialidad del saber (Mato, 2001; Rivera Cusicanqui, 2010).

En el primer caso, Alexander (2000) critica a la Escuela de Birmingham la ambigüedad sobre el mecanismo a través del cual la cultura se vincula a la estructura y a la acción sociales. Al contrario, considero que esa caracterización no atiende al trabajo efectivo de estos teóricos. Lejos de concebir mecánicamente la cultura o sobresimplificar la acción cultural en dos posiciones dicotómicas (dominación/resistencia) previamente definidas y sin conflictos ni movimiento en cada una o entre ellas, la perspectiva ofrece algunas líneas definitorias que pretendo actualizar en este libro, y que podrían resumirse en la síntesis, propuesta por Hall (1996), de "marxismo sin garantías". Esas líneas configuran un marco que puede pensarse a través de la figuras de la articulación (Hall y Grossberg, 1996; Slack, 1996), de la configuración cultural (Grimson, 2011; 2014) o de la dialéctica contexto/coyuntura (Grossberg, 2012). Se trata de las siguientes:

a) La politicidad de la cultura en clave de *hegemonía* (Grimson y Caggiano, 2010; Hall, 1996). Puede definirse a la hegemonía como un proceso social dominante (aunque nunca exclusivo) que Williams (1997) describe como "un complejo efectivo de experiencias, relaciones y actividades que tiene límites y presiones específicas y cambiantes" (p. 134).

El autor (Williams, 1997) señala que la hegemonía "es siempre un proceso (…) jamás puede ser individual (…) [y] (…) no se da de modo pasivo como una forma de dominación" (p. 134). Esa calidad de proceso continuo y conflictivo implica que deba ser "continuamente renovada, recreada, defendida y modificada. Asimismo, es continuamente resistida, limitada, alterada, desafiada por presiones que de ningún modo le son propias", por ello la hegemonía lleva consigo la necesidad de agregar "los conceptos de contrahegemonía y de hegemonía alternativa, que son elementos reales y persistentes de la práctica" (Williams, 1997, p. 134).

La hegemonía es, entonces, un juego de límites y presiones de carácter continuo y su análisis no cancela, niega ni omite las específicas tensiones entre estructura y agencia que allí se producen, sino que demanda abordarlas en las específicas relaciones que ofrecen en determinada coyuntura.

b) La noción de *articulación* como concepto crítico de dimensiones teóricas, metodológicas y epistemológicas (Hall y Grossberg, 1996; Morley, 2005; Slack, 1996;) que podríamos definir algo rápidamente como un juego situado, conflictivo y desigual de correspondencias y contradicciones entre los elementos heterogéneos y no infinitos de una configuración hegemónica. La noción de articulación permitió la transformación de "los estudios culturales desde un modelo de comunicación (producción – texto – consumo; codificar/decodificar) hasta una teoría de los contextos" (Grossberg, 1993, p. 4).

Entiendo que las "mediaciones" propuestas por Jesús Martín-Barbero (1998) realizan operativamente ese movimiento en Latinoamérica. Es decir, producen un tipo de análisis que reúne conjuntos de actores, de objetos, de momentos comunicacionales, en espacios y tiempos precisos para dar cuenta de una configuración cuyas conexiones no son naturales ni tampoco inevitables, por lo que pueden ser rearticuladas. La articulación no es sólo una conexión, sino el proceso de crearla (Slack, 1996; Howley, 2010). Como todo proceso, es histórico y conflictivo. Se trata de la posible unión de dos elementos que no se ignoran completamente aunque tal vinculación no se produce *exclusivamente* como efecto de la mirada o el punto de vista de un observador o intérprete (como acontecería en la figura de la *constelación* benjaminiana). Al mismo tiempo, no están determinadas por algo exterior y "básico", sino que cuestionan las reivindicaciones de relaciones necesarias (garantizadas), pero también las de ausencia de relaciones necesarias (también garantizada), a favor de relaciones no necesariamente necesarias. Esa posición implica que las relaciones son reales, que hay una realidad material, en la que es imposible separar un modo "real" de uno discursivo ya que la realidad es "una articulación compleja de muchos tipos diferentes de elementos o acontecimientos" (Grossberg, 2012, p. 40).

c) El *contextualismo* (Restrepo, 2010) y la *coyunturalidad* (Grossberg, 2006), reunidos metodológicamente en el análisis situacional, entendido como "una exploración dialogada con los procesos empíricos" (Grimson, 2011, p. 35) en la que diversas cuestiones epistemológicas y teóricas, como por ejemplo la pregunta por la relación sujeto-estructura, se resuelven casuísticamente ya que lo que efectivamente existe son situaciones en las cuales esas relaciones varían significativamente (por ejemplo, el análisis de la circularidad que pone en práctica Ginzburg, 1996 [1976], o las ya mencionadas *mediaciones* de Jesús Martín-Barbero, 1998). Los Estudios Culturales producen un "conocimiento situado" que Grossberg (2012) explica en términos de "un mapa producido por la trayectoria que se sigue, un mapa que 'fabrica' lo real" (p. 33)

Esa forma de operar es probablemente una de las causas del desasosiego de Alexander (2000) cuando critica a la Escuela de Birmingham en términos de las definiciones sobre las relaciones entre cultura y sociedad, sin atender a las consideraciones que se producen vastamente en la obra de estos autores, porque esas definiciones no se reducen a explicaciones singulares ni se ubican como perspectivas o categorías previas sino que se producen en términos de mapas informados por una "autorreflexividad rigurosa acerca de los modos en que 'caminamos' a través de los mundos en los que siempre estamos involucrados" (Grossberg, 2012, p. 33).

Por lo tanto, las relaciones entre cultura y sociedad se analizan en una coyuntura, que Grossberg define como

> una descripción de una formación social como fracturada y conflictuada, sobre múltiples ejes, planos y escalas, en búsqueda constante de equilibrios o estabilidades estructurales momentáneos a través de una variedad de prácticas y procesos de lucha y negociación. (2006, p. 4)

La idea de "coyuntura" implica focalizar las especificidades históricas sin renunciar a explicar ordenamientos amplios, lo que permite comprenderlas y eludir tanto el provincianismo como la subsunción de lo localizado en dinámicas o modelos explicativos generalizantes.

Indiqué al inicio de este apartado que el conjunto teórico-metodológico invocado implica, en segundo lugar, la problematización de la geopolítica del conocimiento vinculada al etiquetado de las prácticas epistemológicas en los sitios de producción con efecto de "centro" (Rivera Cusicanqui, 2010). En el último punto de definición del campo de los Estudios Culturales se responde parcialmente tal inquietud, ya que la producción contextualista permite salir del dilema mediante la propuesta de Nelly Richard (1997) de indicar el lugar de enunciación: hacer estudios culturales *desde* y *sobre* Latinoamérica.

Producción social del espacio y configuraciones culturales: los puntos clave de la configuración teórico-epistemológica

Con *producción social del espacio* nos referimos al espacio como resultado de procesos y prácticas materiales que producen y reproducen la vida social (Harvey, 2005 [1997]). La noción de proceso alude a formas y condiciones específicas en las que estos procesos y prácticas se producen. La actividad de producción/reproducción de la vida social, por su parte, indica que la configuración del espacio conlleva conflictos sociales de distinta naturaleza (Lefebvre, 1991).

La sedimentación histórica de estos procesos enmarca ciertas prácticas (incluidas las significativas que le son inherentes) para el uso del espacio en una ciudad, que es heterogéneo y conflictivo (Caggiano, 2012). Al mismo tiempo, esos usos espacializan (Segura, 2015). En ese sentido, Jess y Massey (1995) proponen recuperar el postulado marxista sobre la historia para pensar que "es la propia gente la que hace los lugares, pero no siempre en circunstancias que ella misma haya elegido" (p. 134).

Con *sentidos de ciudad* (García Vargas, 2006) nombramos la posibilidad de acción de los practicantes del espacio urbano, en su dimensión significativa. Retomamos en esa categoría el concepto de "sentido del lugar" que Rose (1995) incorpora para dar cuenta de cómo los diversos sitios resultan significativos porque son el foco de emociones y sentimientos personales y colectivos, experiencias que a su vez están insertas en configuraciones más amplias de relaciones sociales.

Por la extensión de los debates y posiciones en torno al "sentido" en las Ciencias Sociales en general, y en el campo de la comunicación en particular, es necesario explicitar el "sentido de los sentidos (de ciudad)" en este trabajo. Entendemos que los *sentidos de ciudad* son heterogéneos, pueden ser diferentes y procurarse simultáneamente en varias escalas, y forman parte de un contexto mayor que los vincula con un conjunto específico de relaciones de poder, sociales e históricas, observables en una *configuración cultural*.

Es así que los sentidos de ciudad se relacionan con la producción social del espacio porque permiten abordar la tensión entre la interpretación recibida sobre la ciudad y la *experiencia urbana práctica* (Segura, 2015) de quienes la habitan, ya que remiten a las sentimientos y razones cotidianos sobre la ciudad de hombres y mujeres situados social y espacialmente en geografías del poder (Massey, 1995), quienes al mismo tiempo (re)producen esas asimetrías.

Los sentidos de ciudad toman forma o son conformados, en gran medida, por las circunstancias sociales, culturales y económicas en las que se encuentran las personas y, al mismo tiempo, espacializan sus experiencias, ya que producen espacios. Es así que se producen y circulan en una trama de relaciones de poder, desigualdad y resistencia espacializada y espacializante a la que a su vez alimentan. Remitimos a esa trama mediante la noción de "configuraciones culturales" (Grimson, 2011).

Las *configuraciones culturales*, para Grimson (2011), son campos de posibilidad (sobre pasado y futuro; sobre lo que está dentro y lo que está afuera; sobre *outsiders* y miembros); tienen una lógica de interrelación entre las partes; e implican una trama simbólica común (algunos principios de división del mundo, y una lógica sedimentada de la heterogeneidad). En una *configuración cultural*, "las clasificaciones son más compartidas que *los sentidos de esas clasificaciones* (...) Por ello, la disputa acerca del *sentido de las categorías* clasificatorias es una parte decisiva de los conflictos sociales" (Grimson, 2011, p. 185).

Los *sentidos de ciudad*, al clasificar y ordenar el espacio urbano, sus actores y relaciones, permiten observar conflictos centrales de la sociedad y la cultura contemporáneas. Dado que consideramos que la cultura masiva es una dimensión constitutiva de lo social, proponemos analizarlos en narrativas audiovisuales de producción local. Se entiende a las narrativas audiovisuales como el "saber, oficio y práctica que comparten los productores y las audiencias" (Rincón, 2006, p. 94). El autor sostiene que la narrativa es una matriz de comprensión y explicación de las obras de la comunicación. Se afirma la narratividad como una racionalidad intrínseca que busca hacer legibles los mensajes a través de estrategias de organización del discurso audiovisual; como formas del relato que comparten procedimientos comunes y referencias arquetípicas vinculantes a partir de los referentes conocidos. Las narrativas audiovisuales televisivas, por su parte, son centrales en la organización del saber social, por su pregnancia y accesibilidad.

Es así que la configuración propuesta permite *vincular la identidad al espacio*, y notar el carácter procesual de ambos términos, ya que –al decir de Hall (1995) las relaciones que se han superpuesto durante el tiempo en un lugar producen una intensa "sensación de vida" (p. 180), de modo que aunque un lugar no sea literalmente necesario para pensar la cultura, parece ofrecer una especie de "garantía simbólica de pertenencia" (p. 180) que alienta las identificaciones. Rose (1996) señala tres maneras "básicas" de conexión entre sentidos de lugar e identidades, que operarían a partir de identificarse *con* un lugar (la "garantía simbólica de pertenencia" mencionada por Hall); identificarse *contra* un lugar (por ejemplo, "no soy de aquí"); y no identificarse para nada con él (es decir, que ese lugar resulte irrelevante para las identificaciones de una persona).

La ligazón propuesta dialoga con la geografía crítica feminista, que problematiza las bases de la concepción universal de los procesos de globalización y defiende la importancia de lo local para comprender las dinámicas sociales, articulando los espacios próximos de la cotidianeidad a dinámicas espaciales más amplias, que además sean capaces de reflexionar sobre la inequidad del desarrollo global, en términos de geografías del poder. En ese sentido, Doreen Massey sostiene que:

> El poder es una de las pocas cosas de las que raramente se ve un mapa. Sin embargo, una geografía del poder (...) sustenta buena parte de lo que experimentamos en cualquier área local. Y es sobre las intersecciones de todas estas geografías que tal "lugar" adquiere tanto su singularidad como su interdependencia con cualquier otro sitio. (1995, p. 71)

Al mismo tiempo, un aspecto constitutivo de los "sentidos de ciudad" es territorial, se trata del establecimiento de la diferencia social a través de la demarcación de límites espaciales, que son contingentes y precarios pero revelan estructuras subyacentes de poder. Gillian Rose (1995) sostiene que "el ejemplo más obvio de la forma en que las relaciones de poder pueden estructurar sentidos del lugar se da en casos donde uno de ellos se vuelve tan dominante que oscurece otras interpretaciones, quizá más importantes, sobre el mismo lugar" (p. 100).

Por contraste, puede ilustrarse la vinculación entre sentidos del lugar y geografías del poder con el "Mapa invertido" de Joaquín Torres García (1943), cuya efectividad se explicaría porque subvierte el *sentido del lugar* dominante sobre Sudamérica.[11]

Esta configuración teórica permite comprender *la diferencia y la desigualdad como (uno de los) resultado(s) de las relaciones de poder en el proceso de producción social del espacio urbano.* La situación se ha expuesto al conceptualizar los sentidos de ciudad y su relación con las configuraciones culturales, pero cabe recordar que los sentidos de ciudad (múltiples y diversos) están profundamente vinculados a la desigualdad social y revelan cuál será el más poderoso en cada caso, cuál deberá luchar para poder

---

11. El cuadro de Torres García es profusamente utilizado por los estudios decoloniales, de manera que vale hacer aquí un pequeño desvío para indicar la importancia de esa herencia en la problematización de la geopolítica del conocimiento, y al mismo tiempo señalar, tal como sostiene Restrepo (2012), que los Estudios Culturales "constituyen un proyecto intelectual y político diferenciable [de los estudios decoloniales], ya que se caracterizan por el contextualismo radical y el antirreduccionismo en torno a la cultura-como-poder y poder-como-cultura, donde lo intelectual tiene una vocación política, busca intervenir y transformar, pero no se circunscribe a una política de denuncia del eurocentrismo y de la colonialidad" (p. 191).

expresarse y por qué algunos son negativos para algunos actores. Del mismo modo, las temporalidades también son diversas en los procesos que las construyen (Chaterjee, 2008).

Este es un libro sobre *la ciudad*. Existe una vasta cantidad de propuestas que trabajan el entorno barrial como espacio de comprensión de lo urbano (Grimson, Ferraudi Curto y Segura, 2009), escala que parece la más apropiada para las aproximaciones etnográficas (Carman, 2006 y 2011; Segura, 2006). Esa escala es frecuente en las valiosas etnografías urbanas sobre ciudades jujeñas producidas en la Facultad de Humanidades y Ciencias Sociales de la Universidad de Jujuy (entre otros, García Moritán, 1997; Rabey y Jerez, 2000; Bergesio, Golovanevsky y Marcoleri, 2009; Gaona, 2016). También resulta el entorno central en el campo de la historia social argentina, y se problematiza especialmente durante su proceso de reconfiguración posterior a la última dictadura (Armus, 1990; Romero y Gutiérrez, 1995).

En otros registros, como el de los "imaginarios", el barrio como escala de comprensión de lo urbano es consistente a los entornos que García Canclini (1999) describe como "ciudades diseminadas" (p. 82), cuyas características de dispersión, heterogeneidad y masividad impiden una experiencia del conjunto de la ciudad. Sin embargo, el mismo autor contrapone a esa ciudad-hecha-de-fragmentos la ciudad "informacional o comunicacional" (p. 82), que a través de sus narraciones restituye la idea de *mundo en común* ofrecida por la cultura masiva contemporánea.

El abordaje propuesto *permite comprender la ambigüedad constitutiva de la ciudad* (Gorelik, 1998): ser una (en tanto territorio ocupado u horizonte posible de interpretación) aun siendo múltiple (en tanto espacio diversa y desigualmente experimentado e interpretado, como sostiene Segura [2006]).[12] Del mismo modo, frente al intento de unificación y uniformización

---

12. En un breve punteo de la historia de la antropología urbana en Argentina, Grimson (2015) señala dos grandes tendencias en los últimos años: la Antropología *en* la ciudad (casi inabarcable en cantidad de producción); y la Antropología *de* la ciudad, que para el autor se nutre de diversas perspectivas que marcan la emergencia de una nueva generación de antropólogos. Esa Antropología *de* la ciudad, si bien diversa, retoma miradas totalizadoras en términos heurísticos combinándolas con historia teórica sobre el espacio social de la ciudad. Es el modo de trabajo, por ejemplo, de Ramiro Segura (2015) quien en un espacio urbano específico introduce los distintos puntos de vista que allí conviven. Se trata de un tipo de mirada que es posible recrear abordando la ciudad a partir de narrativas televisivas.

hegemónicos de las percepciones del espacio existe una radical heterogeneidad (temporal, simbólica, pasional, entre otras) que se traduce en las formas en que la experiencia personal y grupal permite la apropiación y la significación de la ciudad. Estas tensiones revelan la dimensión política del espacio, como proceso conflictivo de producción, ya que múltiples posiciones en idéntico tiempo conllevan necesariamente conflictos, en una suerte de heterogeneidad que se articula y puede reconocerse al interior de un proyecto común, sedimentado (Massey, 1999).

De la diversidad de medios a través de los cuales se expresan los *sentidos de ciudad* y que forman parte de una determinada *configuración cultural*, elegimos trabajar a partir de la circulación de un conjunto de narrativas audiovisuales de producción local, que nos permiten abordar productivamente una serie de preocupaciones teóricas, epistemológicas y metodológicas sobre los procesos de producción social del espacio urbano, resaltar su dimensión significativa, y posicionarnos en una perspectiva propia. Específicamente, ese conjunto de narrativas opera como "objeto que concentra la atención inicial":

> El objeto que concentra la atención *inicial* nunca es un acontecimiento aislado (un texto o lo que fuese) sino un ensamblaje estructurado de prácticas –una formación cultural, un régimen discursivo– que ya incluye tanto las prácticas discursivas como las no discursivas. Pero incluso tal formación debe situarse en formaciones superpuestas de la vida cotidiana (como un plano organizado de poder moderno) y de estructuras sociales e institucionales. Es decir que, en última instancia, no puede haber una ruptura radical entre el objeto o acontecimiento inicial de estudio y el contexto en el que este se constituye. (Grossberg, 2012, p. 42)

En ese sentido, la circulación de estas narrativas audiovisuales permite abordar *la tensión entre la vivencia urbana y el trabajo crítico con los textos* que cohabitan en nuestra noción de "sentidos de ciudad". Dentro de esta perspectiva, la obra de Benjamin sobre ciudades resulta una herencia reconocible. En esta lectura nos distanciamos de la idea extendida del análisis de *la* ciudad en Benjamin, que restringe su aporte ya que se limita a las (por cierto, maravillosas) observaciones del *flâneur* sobre París, en lugar de compararlas con sus consideraciones sobre Berlín, Nápoles y Moscú para percibir la descripción situada de mundos urbanos únicos (*las* ciudades de Benjamin en plural, cfr. Kohan, 2004). En segundo término, nos alejamos de las interpretaciones en las que la identificación entre ciudad y texto se presume directa (Bolle,

2007), ya que Benjamin articula la representación de espacios y temporalidades y la relación entre experiencia, vivencia y mediación textual como actitud posible del análisis cultural frente a las ciudades (Kohan, 2004). Pero, además, el materialismo benjaminiano atiende a ese conjunto articulado (de representaciones, experiencias, vivencias y mediaciones) como parte de las prácticas productivas del espacio ligadas a las construcciones, a los usos y a los consumos de las figuras sobre ciudades que circulan en una trama sociotécnica común, vinculada al capitalismo, a la que al mismo tiempo constituye. Ese vínculo teórico y epistemológico complejo entre niveles que habitualmente se plantean de manera separada también se encuentra en los estudios latinoamericanos críticos sobre cultura y poder. Las tres herencias mencionadas (Birmingham, los estudios latinoamericanos sobre cultura y poder, Benjamin) se reúnen en un "zócalo" que puede nombrarse materialismo cultural.

En síntesis, nuestro estudio propone dar cuenta, a partir de materiales audiovisuales concretos, de las dinámicas de la significación en la producción social del espacio en y de una ciudad *ordinaria* (Robinson, 2006; García Vargas y Román Velázquez, 2006) inscripta en *formaciones nacionales de alteridad* (Briones, 2008) que la ubican en una posición excéntrica, permite *tensar las relaciones y articulaciones –histórica y socialmente construidas– con diferentes sitios y escalas,* y en ese movimiento alienta una *agenda de investigación* que reconoce *diferentes formas de ser urbanes* en Latinoamérica y en Argentina. El capítulo 2 liga una descripción crítica de San Salvador de Jujuy a los procesos de urbanización del capital y de la conciencia (Harvey, 2005), en términos de intersección histórica de relaciones sociales que cohabitan y producen específicas geografías del poder e igualmente específicos paisajes mediáticos (Appadurai, 2001).

Mapas clásicos y parecidos de familia en la producción latinoamericana sobre ciudades del campo de la comunicación/cultura[13]

La vinculación entre ciudad, cultura y política, germinal en la experiencia iberoamericana por el papel de las ciudades en la estructuración del territorio de uno y otro lado de la relación co-

---

13. En este apartado retomo y actualizo el trabajo realizado en García Vargas (2015).

lonial, se reflexiona desde los proyectos intelectuales que acompañaron los procesos emancipatorios y el lento camino de organización de los estados nacionales latinoamericanos hasta nuestros días, en un recorrido continuo de diálogo cambiante con la producción sobre ciudades de otros continentes.[14]

En este apartado tomaremos una parte de esa experiencia de reflexión sobre lo urbano, recortada en el tiempo, en el espacio y en el tipo de abordaje, y la relacionaremos con el campo de la comunicación social, para abordar críticamente sus potencialidades, límites y alcances. Al hacerlo, ponemos en acto un ejercicio interpretativo que da cuenta de la forma de operar que planteamos como método. Esto es, partimos de la lectura de un conjunto de textos en los que encontramos puntos en común para relacionarlos a través de ejes específicos que nos permitan atender al sentido que producen para esta investigación y para el campo de la comunicación/cultura. El recorte temporal elige detenerse en textos que se produjeron durante los procesos de recuperación democrática en los países latinoamericanos y la primera parte de la década de 1990. El recorte espacial se limita a los países hispanoparlantes, en la convicción de que la traducción tardía e incompleta de autores brasileños al habla hispana y la escasa circulación de textos en esa lengua en nuestro país nos llevaría necesariamente a omitir partes significativas de su producción. El recorte por énfasis de interés se limita a ciertos tópicos que percibimos como transversales en los estudios culturales urbanos, y que a su vez conectan con nuestra propuesta de abordaje a través de los sentidos de ciudad.

a) Mapas clásicos para un campo en formación

Entre los textos hispanoamericanos que han circulado vastamente por el continente, y a partir de esa trascendencia han sido traducidos a otros idiomas, se encuentran: *Latinoamérica, las ciudades y las ideas* (1977) de José Luis Romero, *La ciudad letrada* (1984) de Ángel Rama, *De los medios a las mediaciones*

---

14. De manera paradigmática, en el caso de Argentina, el trabajo de Sarmiento tanto en la reflexión sobre el vínculo de las ciudades con el par explicativo civilización/barbarie de Facundo (Sarmiento 1986 [1845]; Feinman, 1986; Svampa, 1994) como en la relación de la capital con la organización del estado nacional en Nueva Argirópolis (Sarmiento, 1850). Lucrecia Martel (2010) actualiza una sensible relectura del último texto citado en su documental conmemorativo del bicentenario argentino titulado "Argirópolis".

(1987) de Jesús Martín-Barbero, *Culturas híbridas* (1992) y *Consumidores y ciudadanos* (1995) de Néstor García Canclini, y *Una modernidad periférica* (1988) de Beatriz Sarlo. En poco tiempo, esos textos adquirieron categorías de "clásicos" en los estudios del campo de la comunicación social dedicados a la ciudad y lo urbano, trabajos que acompañan y enriquecen la renovada intensidad que el tema adquirió para las ciencias sociales en general a partir de los procesos de restauración democrática de las dos últimas décadas del siglo XX.

Luego, ingresan dos autores que se inscriben en el filo de lo clásico, con circulación inmediata y lectura recurrente entre los estudiosos de la comunicación latinoamericanos. Se trata de Armando Silva, con *Imaginarios urbanos* (publicado por primera vez en 1992), y Rossana Reguillo Cruz con *En la calle otra vez. Las bandas: identidad urbana y usos de la comunicación* (1991), y su posterior *La construcción simbólica de la ciudad* (1996), de menos circulación y lectura que el primero. Ambos, se inscriben abiertamente en el campo de la comunicación.

Hacia y desde el 2000, es casi imposible resumir la enorme cantidad de textos sobre la ciudad y lo urbano que pueblan el continente. Esa fertilidad quizá sólo pueda abordarse en clave nacional. Por ejemplo, entre los aportes que se produjeron en Argentina que resultan de especial interés para mi abordaje se cuentan los libros de Gorelik (1998), Lacarrieu (1998), Svampa (2001), Carman (2006) y Segura (2015). Se trata de producciones de distintos ámbitos disciplinarios que se incorporan rápidamente a la discusión del campo de la comunicación.

Por otra parte, durante todo este tiempo y hasta la actualidad, los autores y autoras que hemos mencionado como "clásicos" –excepto José Luis Romero– siguieron produciendo textos sobre ciudades.

Como anuncié, me detendré en este apartado en los dos primeros grupos mencionados, retomando algunos aportes de los demás en el transcurso del análisis, ya que sistematizarlos requeriría un proceso de lectura y descripción dentro de marcos nacionales que abra el diálogo a la comparación continental o regional.

*b) Mapas urbanos en el pensamiento latinoamericano durante
     la restauración democrática*

Mirados en conjunto, los estudios "clásicos" del primer período de trabajo sobre ciudades en el campo de la comunicación presen-

tan varios puntos transversales, de los que me interesa destacar
la periodización, la localización y la idea de mezcla o encuentro
cultural. Como veremos, esas preocupaciones adquieren diferentes matices en distintos autores, pero se retoman continuamente.

Periodización histórica

Latinoamérica, las ciudades y las ideas, cuya primera edición
data de 1976, se constituye en una suerte de punto de partida
ineludible en este período de estudios sobre ciudades del continente. La centralidad original del libro de José Luis Romero puede
rastrearse, entre otras vías, por la manera en que se retoma en los
demás autores citados. Por ejemplo, Jesús Martín-Barbero (1998)
reconoce este estatuto mediante el largo diálogo que emprende
con este libro en la tercera parte de *De los medios a las mediaciones* (titulada "Modernidad y massmediación en América Latina").
El texto de Romero propone una historia en tiempo largo de
las ciudades del continente, a partir de ciertos puntos de contacto en la forma de *vivir-juntos* en las ciudades que atraviesan las
diversas historias nacionales. Luis Alberto Romero, en el prólogo
a la edición de 1986, señala que la clave interpretativa principal
del libro reposa sobre la posibilidad de pensar a América Latina
en conjunto a partir de "la unidad del estímulo, derivada del hecho colonial, y la diversidad de las respuestas" (Romero, 1986, p.
XV). En ese sentido, este libro es una historia de América Latina,
que en todo caso se escribe a partir de sus ciudades.
Romero (1986) sistematiza formas de lo urbano latinoamericano desde la conquista hasta mediados del siglo XX. Para hacerlo, propone una tipología cronológica que ordena a las ciudades
del continente en base a seis períodos (desarrollados en seis de
los siete capítulos del libro). Esos tipos son: ciudades "de las fundaciones" (siglo XVI); "ciudades hidalgas de Indias" (siglo XVII);
"ciudades criollas" (últimas décadas del siglo XVIII-primeras del
siglo XIX); "ciudades patricias" (desde las independencias hasta
1880); "ciudades burguesas" (1880-1930) y "ciudades masificadas" (1930-1964).
La periodización propuesta por Romero (1986) se reproduce
en buena parte de los textos posteriores sobre ciudades latinoamericanas sin demasiada discusión. La única que escapa relativamente a estas etapas es Sarlo (1999), ya que trabaja sobre el
período 1920-1930, alterando el corte que toma Romero (1986)

–y recupera Martín-Barbero (1998)– de 1930 como clave de una "unificación visible" vinculada al proceso de incorporación de los países de la región a la modernidad industrializada y al mercado internacional.

Pero estos textos ya también clásicos realizan el movimiento contrario al emprendido por el historiador argentino, ya que desagregarán, para cada ciudad o para un conjunto, las características que vuelven únicos estos procesos, prestando atención a determinados períodos (el de las "ciudades masificadas" en el caso de Martín-Barbero [1998], el de 1920-1930 en el de Sarlo [1999], el de la contemporaneidad en el de García Canclini [1990 y 1999]). Ya no es una historia social que aborda procesos económicos, sociológicos y culturales en conjunto en tiempo largo, si no que se trata de intereses más localizados y en un lapso acotado.

Localización metropolitana en capitales nacionales

También permeó hacia la producción latinoamericana "clásica" (salvo el caso específico de Sarlo [1999], que con persistencia heredada de los Estudios Culturales ingleses se ocupa sólo de Buenos Aires, como también lo hacen otros textos de García Canclini, de corte más antropológico, sobre México DF)[15] el abordaje en conjunto de las ciudades latinoamericanas, y la atención a las capitales nacionales como sitio privilegiado del pensamiento urbano latinoamericano.

En ninguno de los textos posteriores que aquí se han citado se ignorará ni rechazará la conciencia de la *dominación colonial* como rasgo unificador clave de la comprensión de lo latinoamericano.

Las matrices históricas de la massmediación en América Latina que propone Martín-Barbero (1998) confluyen hacia la experiencia urbana en un registro que abreva fuertemente en la interpretación de las ciudades masivas de José Luis Romero (2001):

> (L)as historias de los medios de comunicación siguen –con raras excepciones– dedicadas a estudiar la "estructura económica" o el "contenido ideológico" de los medios, sin plantearse mínimamente el estudio de las mediaciones a través de las cuales los medios adquirieron materialidad institucional y espesor cultural, y en las que se oscila entre párrafos que parecen atribuir la dinámica de los cambios históricos a la influencia de los medios, y otros en los que éstos son reducidos a meros instrumentos pasivos en manos

---

15. Por ejemplo, García Canclini, Castellanos y Mantecón (1996).

de una clase dotada de casi tanta autonomía como un sujeto kantiano. (Martín-Barbero, 1998, p. 223)

Tanto la idea de mediación de Jesús Martín-Barbero (1998) como su propuesta de pensar en términos de matrices la comunicación social confluyen en la importancia de la ciudad, porque esas mediaciones se materializan en ella y le dan espesor a la experiencia cultural industrial.

Ahora bien, estas ciudades latinoamericanas, que resultan clave para pensar una historia de América Latina, no son las únicas experiencias urbanas del continente. Sin embargo, la producción que comentamos elude en su trabajo a otras ciudades: aquellas que no son capitales nacionales, o –al menos– puertos que permiten la vinculación con otros países y la inserción en el mercado mundial. Estas ciudades son ignoradas u olvidadas, y su *ser-urbanas* se simplifica mediante el rótulo del "tradicionalismo" que se esgrime como clave explicativa de las sociedades del "interior" de los países. Este tipo de operaciones –de vasta circulación en las ciencias sociales del continente– es especialmente intenso en relación con las ciudades, ya que éstas suelen acoplarse a la innovación y la modernidad. Al circunscribir al "interior" provincial, en general –y a sus ciudades, en particular–, al vasto e impreciso campo de lo tradicional, se cancela la necesidad de formas específicas de comprensión de sus actores, espacios y relaciones.

Desde esta perspectiva, *llegar* al "interior" implica un viaje prolongado en el espacio pero también en el tiempo. Esta figura del extrañamiento –y la condena al pasado que ella implica– recorre la producción científica (i.e. la idea de "interior tradicional" de la sociología argentina, ejemplarmente el trabajo de Gino Germani [1969]), artística (i.e. el proceso de desplazamiento del héroe en "Los pasos perdidos" de Alejo Carpentier (2008) o la descripción de una ciudad polvorienta y detenida en el tiempo, y hasta el mismo título, de la novela "El lugar perdido" [Huidobro, 2007]) y periodística (i.e. cualquiera de los relatos de partidos de fútbol jugados en las provincias de la Argentina y transmitidos en vivo por canales televisivos de distribución nacional y sede en Buenos Aires).

Entre los textos que hemos trabajado en la primera parte de este apartado, la exclusión/extrañamiento mencionado se especifica de diversos modos.

José Luis Romero tematiza esta versión de las "sociedades tradicionales" para el caso de las ciudades no-capitales del continente mediante su adscripción a la categoría de "ciudades estancadas" que el autor trabaja en el capítulo sobre "Las ciudades burguesas", en el que aborda el entresiglo XIX-XX (1880-1930) (Romero, 1986, p. 250). Aquí las ciudades de provincias –salvo unas pocas, generalmente puertos– se oponen a las capitales en el contrapunto "transformación/estancamiento". Para el autor, las ciudades que quedaron al margen de la modernización "conservaron su ambiente provinciano", que describe del siguiente modo:

> No cambiaron cuando otras cambiaban, y esa circunstancia les prestó el aire de *ciudades estancadas.* Muchas de ellas lograron, sin embargo, mantener el ritmo de su actividad mercantil al menos dentro de su área de influencia, pero mantuvieron también su estilo de vida tradicional sin que se acelerara su ritmo. Las calles y las plazas conservaron su paz, la arquitectura su modalidad tradicional, las formas de la convivencia sus normas y sus reglas acostumbradas. Ciertamente **el horizonte que ofrecían no se ensanchó**, cuando en otras ciudades parecía crecer la posibilidad de la aventura, de la fortuna fácil y el ascenso social. Por contraste las ciudades ajenas a las eruptivas formas de la modernización pudieron parecer más estancadas de lo que eran en realidad. (Romero, 1986, p. 258, mi énfasis).

El mismo autor, luego, abunda en estas características:

> Lo típico de las *ciudades estancadas o dormidas* no fue tanto la intacta permanencia de su trazado urbano y su arquitectura como la *perduración de sus sociedades.* De hecho, se conservaban en ellas los viejos linajes y los grupos populares tal como se habían constituido en los lejanos tiempos coloniales o en la época patricia. Poco o nada había cambiado y, ciertamente, *nada estimulaba la transformación* de la estructura de las clases dominantes, ni la formación de nuevas clases medias ni la diversificación de las clases populares. (...) Todo lo contrario ocurrió en las ciudades que, directa o indirectamente, quedaron incluidas en el sistema de la nueva economía. Las viejas sociedades comenzaron a transmutarse. (Ibíd., p. 259, mi énfasis).

Jesús Martín-Barbero (1998), directamente, enmudece en relación a ciudades no capitales. Que están excluidas, además, de los *imaginarios urbanos* de Armando Silva (2000), y de la *modernidad periférica* de Sarlo (1999).[16]

Lo que produjo esta exclusión es una serie de consecuencias de diferente tipo. Parte de los trabajos sobre estas (otras) ciuda-

---

16. En el caso del texto de Sarlo (1999), con una perspectiva que produce su propia centralidad si se lee en el marco nacional.

des retoman acríticamente la producción de los que aquí hemos denominado "clásicos" eludiendo la distancia que existe entre las experiencias urbanas metropolitanas y las no-metropolitanas. El efecto, en ocasiones, es catastrófico. Otros, directamente los eluden y caen en la tentación provinciana (en Reino Unido se hablaría de "parroquial") de intentar explicar sus ciudades sobre la base de su clausura (en este caso, teórica), en una abundancia descriptiva que no quiere –o no puede– sistematizar conclusiones en un horizonte teórico más problemático o más profundo. La producción más interesante, en cambio, dialogará tensamente con esos resultados, y propondrá sus propias mediaciones locales de los avances teóricos y las propuestas metodológicas del propio continente.

Como vemos, la situación –y sus consecuencias– son parecidas al diálogo desigual que se establece entre la producción teórica de los países centrales y la de los países periféricos. Agravada, en este caso, por la situación de doble dependencia, que parece también duplicar la dimensión *colonizada* de la producción académica de y sobre ciudades no capitales de Latinoamérica. Esto es, una forma específica de jerarquización del conocimiento sobre ciudades asociada a la configuración del *colonialismo interno* (Stavenhagen, 1963; González Casanova, 2006).

MEZCLA Y RITMO URBANOS

José Luis Romero (1986) emprende en su análisis el relevamiento de una erudita biblioteca sobre ciudades latinoamericanas, en la que conviven textos de la literatura, la historia, la sociología y el ensayismo. En su obra, priman los ejemplos referidos a las ciudades de Argentina, México, Brasil, Perú y Colombia, aunque también se ocupa de las de otros países latinoamericanos. En cada caso, establecerá diferencias dicotómicas entre experiencias urbanas, y a veces –la mayoría– sobre la estructura social de cada una. Prisionero de su tiempo, en el libro es persistente la preocupación por la "aculturación", consistente con el esfuerzo dicotómico en la sistematización. Si hay "ciudades en movimiento y ciudades estancadas", "oligarquías y extranjeros ignorantes" habrá también, por supuesto, enfrentamientos polares entre "cultura" y "no cultura" y un pensamiento que implica procesos de dominación del tipo "aculturación" por parte de una sobre otras.

Es constante, en la producción posterior, el esfuerzo por alterar esa pretensión dicotómica, ya que justamente las ideas de "culturas híbridas" (García Canclini, 1990) o "cultura de mezcla"

(Sarlo, 1999) vienen a confrontar estos supuestos y a acentuar el carácter de mezcla (sobre el de dicotomía con posición dominante) en la experiencia urbana. En el mismo sentido, Ángel Rama (2008) propuso pensar Latinoamérica en términos de "transculturación". Nos preguntamos en qué medida este esfuerzo se realiza "en hueco" sobre el telón de fondo del libro de Romero (1986), o al menos sobre las ideas generales en las que reposa, también, su libro.

Esas formas de la mezcla revelan otro *parecido de familia* entre estos clásicos: la atención que prestan a la producción cultural industrial como clave de bóveda de las mixturas producidas por –y productoras de– la vida urbana a partir de fines del siglo XIX. El tema es de especial relevancia en el libro de Jesús Martín-Barbero, en el que se reúnen la preocupación recién mencionada de atender un período dentro del siglo XX y la idea de las industrias culturales como co-constitutivas de la dinámica social. La idea de matrices culturales históricas que propone Martín-Barbero confronta la ligazón de los estudios comunicacionales latinoamericanos con la tradición estructural-funcionalista norteamericana, a un tiempo que renueva críticamente sus vínculos con los abordajes semióticos de la ideología, al cuestionar la raíz elitista de enfoques que no problematizan las formas del reconocimiento del discurso mediático.

Mapas imaginarios y territorios de la experiencia

Armando Silva Tellez publica en 1992 el gran libro de los imaginarios urbanos en Latinoamérica, que luego tendrá diez reediciones y varias reimpresiones.[17] El abordaje de Silva pone nombre a una tradición que recoge ciertas preocupaciones ya esbozadas en trabajos anteriores. Fundamentalmente, lleva al centro del debate la posibilidad de acceder al conocimiento de la ciudad mediante las imágenes que en ella –y también sobre ella– circulan, como una fuente principal e ineludible de la conflictividad urbana.

La renovación fundamental en la propuesta de Silva (2000) es la sistematización –mediante una encuesta– de la construcción de lo imaginario en la ciudad desde la perspectiva de los propios habitantes, que se suma a un análisis propio de diferentes imágenes

---

17. Néstor García Canclini (1999) también visita el espacio de lo imaginario en diversos textos.

y espacios visuales de las ciudades. Esa superposición entre análisis propios de lo visual-urbano (vidrieras, grafitis, sitios emblemáticos de las ciudades) y sistematización e interpretación de las consideraciones de los ciudadanos y ciudadanas de las ciudades que estudia (Bogotá y San Pablo) se combinan en un dispositivo metodológico complejo –que abreva fundamentalmente en una opción amplia de la semiótica–, que reúne en un solo libro varias alternativas de gran riqueza. Es el caso, por ejemplo, del contraste entre *mapas* y *croquis*, que permite pensar las diferencias entre la dimensión instituida de la representación espacial y la dimensión instituyente de las prácticas territoriales sobre esos sitios.

Por su parte, si tomamos como referencia inicial los textos que hemos mencionado como *mapas clásicos* en el apartado anterior, aquí puede observarse un desplazamiento que va desde *la ideología* hacia *lo imaginario*. Movimiento que participa del realizado por la teoría social vinculada a la sociología y el análisis de la cultura de ese momento (la caída del Muro de Berlín) dentro y fuera del continente.

Las prácticas territoriales esbozadas en el trabajo de Silva (2000) como contrapunto de los imaginarios urbanos, son en cambio el foco central del trabajo de Rossana Reguillo Cruz (1996), que por otro lado indica similares preocupaciones teóricas sobre la necesidad de conjugar experiencias y representaciones para dar cuenta de lo urbano latinoamericano.

Además, en *La construcción simbólica de la ciudad*, Rossana Reguillo (1996) renueva la producción sobre ciudades latinoamericanas en otros aspectos. En primer lugar, porque se ocupa de una ciudad no-capital: Guadalajara. Pero también por la atención a actores urbanos en acción y relación a partir de un desastre ambiental que pone al descubierto la trama desigual de esa ciudad.

Son esas mismas preocupaciones teóricas, metodológicas y temáticas las que se señalan en su producción sobre las territorialidades conflictivas de los jóvenes (Reguillo Cruz, 1991), que alcanza mayor difusión y circulación en el continente.

La dimensión histórica resulta relevante para ambos autores, que la mencionan en términos parecidos a los investigadores que en este trabajo hemos mapeado como "clásicos" en diferentes referencias, pero la periodización en ambos remite al presente conflictivo de las ciudades latinoamericanas. Ambos autores realizan estudios fuertemente coyunturales, tomando el tiempo presente y sus conflictos para el análisis cultural de Latinoamérica, con un énfasis explícitamente comunicacional.

En términos de "escala", el texto de Reguillo (1996) es el primero (entre los trabajos de vasta difusión por el campo académico de la comunicación latinoamericana, y producido desde y para ese espacio de pensamiento como primer destinatario) que llama la atención sobre la dimensión barrial. Es así que la autora mejicana propone una tarea de análisis en dos niveles: el primer nivel será el barrio; el segundo, la ciudad. De esa manera, encontrará en el barrio la representación metonímica de la ciudad, y describirá a partir de ese enclave los grandes problemas que atraviesan a la ciudad de Guadalajara en su conjunto. Esta fuerte territorialización –y el juego de escalas que produce– altera, enriqueciéndola, la triple localización que mencionáramos en los "clásicos": tenemos, entonces, un lugar que se compone complejamente entre el barrio, la ciudad, el Estado nación y el espacio latinoamericano. Más adelante, y en sus indagaciones sobre la adscripción juvenil a las *maras* y otros colectivos vinculados al tráfico de estupefacientes, Reguillo (2012) pondrá la quinta dimensión: la transnacionalización global (en este caso, de la actividad económica a lo *ilegal*).

Armando Silva, por su parte, presenta otra novedad en la localización. En este caso, lo novedoso proviene de la construcción de una red de ciudades en la voluntad de abordar distintas capitales latinoamericanas y propiciar, con ello, la comparación. Las ciudades que trabaja Silva (1992) son Bogotá y San Pablo, las capitales de Colombia y Brasil. La primera parte de su libro, titulada "De la ciudad vista a la ciudad imaginada", reúne el análisis semiótico del autor de varias dimensiones urbanas de estas dos ciudades, para construir lo que él denomina los "cruces fantasmales" entre San Pablo y Bogotá. Con un rico repertorio de recursos metodológicos, el autor describe los imaginarios urbanos de estas capitales, a través del análisis de distintos tipos de textos (relatos, noticias, imágenes de circulación pública, grafitis, vidrieras, etc.).

En la segunda parte ("De las imaginaciones urbanas a la ciudad vivida") el autor colombiano propuso como método la aplicación de un formulario de entrevistas, a la manera de una encuesta que permitiese evaluar la proyección cualitativa de ciudadanos y ciudadanas de Bogotá y San Pablo mediante la evocación y los usos. Después de publicar su libro, Silva extendió su proyecto a las culturas urbanas de América Latina, mediante un programa patrociado por el Convenio Andrés Bello y llevado a cabo por autoridades locales o universidades públicas de catorce países. La localización, entonces, se muestra en el caso de Silva como la construcción de una red de experiencias imaginarias que se trabajan en varios puntos a la vez. Parte de la riqueza de su abordaje es justamente la sinergia que producen esas experiencias imaginarias urbanas puestas en relación.

Tanto el trabajo de Silva (1992) como el de Reguillo (1991; 1996) se inscriben explícitamente en el campo de la comunicación social.[18] Esa adscripción se lee claramente en la justificación teórica. Reguillo (1996) toma como uno de los cuatro ejes teórico-metodológicos a "la comunicación en tanto constitutivo de la intersubjetividad" (p. 19). La autora mejicana es, además, licenciada y Maestra en Comunicación Social por ITESO. Silva, por su parte, es fundador del área de Comunicación Visual de la Universidad Nacional de Colombia, en la que ha enseñado y dirigido el Instituto de Estudios en Comunicación.

Las búsquedas de estos autores para un posicionamiento dentro de ese campo, sin embargo, serán diferentes en los vínculos que establecen con otras áreas del conocimiento social. En el caso de Reguillo (1996), la preocupación entronca principalmente con la Antropología. En el de Silva, con la semiótica y la estética. Ambos, a su vez, buscarán respuestas en la Psicología. En el primer caso, para preguntarse por la constitución de subjetividades desde la comunicación y la acción colectiva. En el segundo, para adentrarse en la ligazón con el imaginario lacaniano.

Estamos hablando de textos de los tempranos años de la década de 1990 y ya tenemos un área de estudios delimitada e institucionalizada dentro del campo de la comunicación social, un área que en buena medida fundaron (voluntaria o involuntariamente) los textos "clásicos" de Martín-Barbero (1998) y Sarlo (1999) que hemos mencionado en el apartado anterior.

---

18. Entre los textos que aquí hemos mencionado como "clásicos", el de Romero no se escribe pensando en el campo. El de Jesús Martín-Barbero adscribe inmediatamente –y se produce en ligazón con– la comunicación social. El de Sarlo se lee en el campo, más allá de su inscripción efectiva en él. En cambio, los textos de Reguillo y Silva ya buscan la luz directamente desde el campo institucionalizado, desde el campo académico de la comunicación.

Ciudad/televisión (por programas producidos localmente)

En el primer apartado de este capítulo se recorrió una serie de localizaciones teórico-epistemológicas para unir los estudios sobre ciudades y los del campo de la comunicación/cultura desde materiales bibliográficos específicos. El camino de los Estudios Culturales que se trazó entre los dos conjuntos permitió entrever el diseño de este apartado, si se quiere más metodológico.

Como se dijo, la biblioteca sobre ciudades en Latinoamérica es interdisciplinaria, abierta y compleja. Si se la vincula con la producción social del espacio –en tanto proceso histórico y conflictivo–, y desde el campo de la comunicación/cultura –como lugar de lectura– señala ciertas recurrencias. Los textos recorridos tienen en común una periodización histórica que brinda sentido a los pasados de las ciudades a través de una selección de momentos en común que reúnen transversalmente a las naciones del subcontinente. Se mencionó, además, que entre esos hitos del pasado resulta central la problematización de la incidencia de la cultura masiva como elemento configurador de la experiencia urbana en su carácter de "arena cultural" (Romero, 1998; Gorelik y Areas Peixoto, 2016). El conjunto bibliográfico seleccionado problematiza el carácter de intersección de escalas conviviendo en lo local urbano (Massey, 1993), que superpone la dimensión espacial a los efectos de la interseccionalidad (Crenshaw, 1991) en la construcción de la desigualdad y la diferencia a partir de grandes líneas o ejes ordenadores de la heterogeneidad social. En conjunto, la atención a la cultura masiva, a la periodización y a las intersecciones mencionadas producen una serie de categorías que sintetizan el carácter disonante o discrepante de la experiencia urbana (Massey, 2005a; Segura, 2015), no como *anomalía* sino como característica a ser explorada, descripta y/o analizada en cada urbe (García Canclini, 1990; Martín-Barbero, 1998; Sarlo, 1999; Rama, 2008).

Pero también se ha mencionado la ligazón de estos estudios con el trabajo de Benjamin y el de los Estudios Culturales británicos para indicar que ese análisis proviene de materiales concretos y situados (Kohan, 2004; Zubieta, 2000).[19] De modo que hay una base teórico-epistemológica que busca en la materialidad de la

---

19. Se trata, además, de un aporte latinoamericano a la reflexión sobre lo urbano y sobre los procesos comunicacionales vinculados a la cultura masiva.

experiencia urbana su relación con las configuraciones sociales. Se trata, entonces, de un tipo de abordaje que parte de materiales concretos, producidos y circulantes en una coyuntura a la que al mismo tiempo dan forma (Grossberg, 2003; Hall, 1995; Hall y Grossberg, 1996; Kaliman, 2010; Slack, 1996).

El primer desafío metodológico, entonces, refiere a la selección de aquellos materiales que operan como *punto de ingreso* al análisis crítico de las geografías del poder y los sentidos de ciudad, en tanto *nervaduras* que guían el análisis de la producción social del espacio urbano de la capital jujeña desde una opción contextualista (Grimson, 2011; Restrepo, 2010).

La imbricación entre las imágenes en general y al audiovisual en particular con los procesos de producción social del espacio y de la cultura masiva indica que las narrativas audiovisuales producidas localmente constituyen un reservorio relevante y disponible de representaciones sobre la ciudad y lo urbano en una específica coyuntura. Por eso, se trata de materiales que permiten abordar la tensión entre la interpretación recibida sobre la ciudad y la experiencia urbana práctica que informan las emociones y razones cotidianas sobre la ciudad de hombres y mujeres situados social y espacialmente. Es decir, toman forma en las específicas circunstancias sociales, culturales y económicas en las que se encuentran las personas, aunque no se limitan a reproducirlas, sino que también producen otras nuevas. Es así que las narrativas televisivas se producen y circulan en una trama de relaciones de poder, desigualdad y resistencia espacializada y espacializante, a la que a su vez alimentan. Los sentidos de ciudad se conforman a partir de elementos diversos e incluyen tanto los recuerdos y las experiencias cotidianas *personales* de la interacción y la relación con otros y otras como el sentido común sedimentado sobre lugares, personajes y relaciones. La narración permite "elaborar –de manera comunicable a otro– fragmentos de esas complejas conexiones entre lo inconmensurable de lo vivido" (Lindón, 2008, s/p).

Como sostiene Vila, las narrativas y las categorías se relacionan y una parte importante de la connotación de las categorías que utilizamos para describir a actores sociales sería "el producto de la sedimentación de las múltiples narrativas acerca de nosotros mismos y los 'otros' que utilizamos para dar cuenta de la realidad que nos rodea" (1997, pp. 132-133). La audiovisualización expande y multiplica las relaciones existentes entre narrativas, experiencia urbana y categorías.

A su vez, entre la tecnología de la televisión y las formas heredadas o emergentes de otros tipos de actividad social y cultural se da una complicada interacción (Williams, 2011). Por eso, en el caso de las experiencias audiovisuales sobre ciudades, algunas observaciones que provienen del análisis de narrativas cinematográficas resultan aplicables a unitarios documentales y de ficción, y las que se trabajan en relación con la prensa o la radio, a los programas de noticias o de interés general. Además, el carácter visual de la TV puede vincularse con la fotografía. Del mismo modo, surgen nuevas relaciones entre este medio tradicional y las experiencias transmedia, hipermedia y/o multipantalla.

Sorlin (1980) destaca la importancia del cine para el análisis social, resaltando el vínculo con las mentalidades y representaciones como situación material y vívida de las expresiones ideológicas propias de una formación social. En ese camino, postula que las representaciones cinematográficas resultan una fuente de las percepciones visuales que impactan en la configuración y difusión de los estereotipos visuales propios de una formación social. El análisis de Sorlin (1980) toma como parte de la genealogía de las configuraciones visuales contemporáneas, que se observan principalmente en las pantallas de televisión y cine, el papel de las fotografías. Para ello, recupera el carácter sedimentado del repertorio de imágenes que circulan en determinado momento de determinada sociedad. El autor postula, entonces, la capacidad de estructuración histórica dominante de dichas configuraciones visuales a partir de una breve historización del uso de la fotografía en pequeñas comunidades y grupos, para extender luego su argumento al conjunto de lo social. Esa capacidad de estructuración refiere tanto a la *perpetuación* como a la *constitución* de imágenes. Para el primer caso, dice el autor: "el grupo familiar confirma su existencia a través de una imagen" (Sorlin, 1980, p. 27); para el segundo, destaca que "al lado de las series visuales ya admitidas aparecen otras visiones" (p. 28).

La apreciación de Sorlin (1980) puede relacionarse con el uso de la fotografía alternativa que propusiera Berger (2005) retomando el planteo de Sontag y vinculándolo a la memoria: las imágenes (habla de fotografías) se parecen a la memoria en cuanto no existe una sola manera de acercarnos a la cosa recordada, la memoria no es el final de una línea sino que numerosos puntos de vista o estímulos convergen y conducen hasta ella. El autor señala que el contexto de aparición de la imagen fotográfica debería señalar y dejar abiertos diferentes accesos a las imágenes. Del mismo modo, puede pensarse que es posible construir un sistema radial en torno al audiovisual, de modo que éste pueda ser visto en términos que son simultáneamente personales, políticos, económicos, dramáticos, cotidianos e históricos.

Berger (2005) asegura que la función de cualquier modalidad de fotografía alternativa es incorporarse a la memoria social y política (constituyendo otras visiones). Entendemos que las representaciones audiovisuales trabajan con la memoria de modo no idéntico pero análogo en cuanto cabe postular esa posibilidad de radialidad para su análisis. Al mismo tiempo, su existencia y exhibición articulan las redes de la memoria y de la interpretación de lo social, ampliando o reduciendo sus enclaves emancipatorios.[20]

En conclusión, el análisis de Sorlin (1980) resulta un importante punto de apoyo para indicar que las imágenes no se analizan aquí como *develadoras* de algo que de otro modo permanecería oculto, sino como *parte de la construcción que sostiene, promueve o interpela a la dominación*, que –en tanto ejercicio del poder hegemónico– no es (solamente) una instancia *latente* (Ferro, 1980), sino que es producida activamente por una serie de dispositivos diversos. Cada producción audiovisual es un hecho social que nos indica que hay una historia que la rodea y constituye, un proceso de materialización de diferentes líneas que la configuran. Es por eso que los programas producidos localmente permiten el análisis del sentido común (y los eventuales sentidos alternativos) sobre la ciudad, y sus relaciones con la producción social del espacio.

Los programas televisivos narran brindando un ordenamiento posible, es decir, criterios para la producción, reunión, selección y forma de exhibición de imágenes y sonidos, situación que potencia la dimensión de "metáfora del poder" ya presente en las fotografías (Edwards, citada por Caggiano, 2012): visibilizan lo invisibilizado e invisibilizan lo visible. El autor indica que es en

---

20. Una diferencia, no menor, con lo dicho por Berger (2005) en relación con la fotografía refiere a las posibilidades que tiene la audiovisualización (sobre la visualización de la fotografía analógica) de incorporar como parte de una nueva audiovisualización aquellos fragmentos de audiovisualizaciones anteriores o coexistentes que resulten de interés para dar forma al nuevo conjunto.

esa capacidad productiva donde se despliega el carácter político de las disputas visuales.

La decisión de trabajar sobre narrativas audiovisuales televisivas reposa en que éstas son centrales en la organización del saber social, por su pregnancia y accesibilidad. La trama argumental produce un ordenamiento de la realidad, seleccionando los eventos que contribuyen significativamente a la historia que se construye, y poniéndolos a disposición de las audiencias. Para hacerlo elige, registra, ordena, jerarquiza y categoriza tiempos, espacios, actores y actrices sociales. Es decir, que mientras audiovisualiza/inaudiovisualiza participa activamente en la dinámica general de visibilización/invisibilización de lo social. Las narrativas televisivas locales construyen, participan, sostienen y perpetúan el *sentido común visual* ya que, como sostiene Caggiano (2012), "[l]as apariencias y las apariciones (los dispositivos y modalidades sociales de ver y de mostrar) juegan un papel vital en la creación y recreación de las comunidades y grupos en los cuales nos imaginamos" (p. 288).

La televisión, específicamente, narra mediante imágenes y sonidos mientras constituye (junto a otras instituciones y actores, y ella misma como parte del ambiente comunicacional que habitamos) el inmenso reservorio audiovisual de imágenes y categorías sobre tiempo, espacio, objetos y actores que delinea las geografías del poder de las ciudades contemporáneas. Se trata de un tipo de reservorio que está producido, programado y emitido o puesto en línea para ser compartido ampliamente. Lejos de terminar con ese reservorio, las nuevas modalidades de puesta a disposición de esas narrativas multiplican posibilidades que se añaden o superponen a la búsqueda de público masivo expuesto a los contenidos conjuntamente en términos temporales (característica de las emisiones de tipo *broadcasting),* dejando a disposición lo emitido en plataformas que permiten navegar "a la carta" en prácticas de consumo reticulares mediadas por las redes digitales.

Omar Rincón (2006) define a las narrativas audiovisuales como "el saber, oficio y práctica que comparten los productores y las audiencias, saber que posibilita la inteligibilidad de lo comunicado, experiencia que permite generar comunidad de sentido [sobre la ciudad]" (p. 95, mi agregado). El autor sostiene que la narrativa es "una matriz de comprensión y explicación de las obras de la comunicación" (Rincón, 2006, p. 95). Esa definición afirma la narratividad como una racionalidad intrínseca que busca hacer legibles los mensajes a través de estrategias de organización del discurso audiovisual; como formas del relato que comparten procedimientos comunes y referencias arquetípicas vinculantes a partir de los referentes conocidos. En el caso de las narrativas televisivas locales sobre la ciudad, esas referencias combinan las imágenes sedimentadas de tiempos, espacios, objetos y actores vinculadas a la representación de la ciudad (y por lo tanto relativas a la experiencia urbana de quienes producen y reconocen esas narrativas) con otras nuevas.

La decisión para conformar el corpus se produjo, entonces, en base a la selección de programas televisivos que audiovisualizaran la ciudad de San Salvador de Jujuy, y específicamente sus espacios públicos, producidos localmente y emitidos o puestos a disposición en línea entre 2011 y 2013.

Se trata de materiales que manifiestan prácticas específicas de sus realizadores y realizadoras; materiales que –al proponer, enmarcar y filtrar definiciones y redefiniciones de tiempo, espacio y actores, y relacionarlos con determinados objetos– "definen" tanto a la ciudad y a sus espacios urbanos como a sus otros espaciales (el "campo", la "naturaleza", otras ciudades) en tanto objetos singulares que al mismo tiempo alimentan la imaginación social sobre la ciudad y lo urbano; materiales que están situados, y por lo tanto participan y se ubican de maneras particulares en los "mapas amplios" urbanos, provinciales, nacionales y transnacionales por los que circulan y a los que al mismo tiempo conforman.

Ahora bien, estas narrativas audiovisuales televisivas de producción local se proponen como el *punto de ingreso al contexto*, ya que el trabajo del contextualismo implica "delinear la configuración que rodea a ese hecho social y lo constituye" (Grossberg, 2012, p. 43).

En términos metodológicos prácticos, uno de los puntos de partida empíricos para la construcción de un corpus que combina narraciones audiovisuales con las de las y los realizadores que las produjeron abreva en la definición de la comunicación televisiva como un proceso de articulación de diferentes momentos (producción, distribución/circulación y reconocimiento) de discursos significativos, que se conectan y encadenan pero que mantienen una modalidad específica (Hall, 1996 [1978]). El estudio de dicho proceso implica notar la materialidad de estas prácticas, que incluye tanto una particular infraestructura técnica como la ubicación relativa de los actores involucrados dentro de las relaciones de producción y el contexto social, y demanda analizar la variedad de marcos de interpretación del mundo que se ponen en juego para producir y comprender los discursos mencionados.

Pero el proceso de comunicación televisiva propuesto por Stuart Hall (1996) en *Codificar-decodificar* se ofrece como un punto de partida para abordar una configuración más amplia, estrategia que el mismo autor desarrollara a lo largo de su obra. Su potencia ordenadora se capitaliza en términos de producción del material necesario para el análisis interpretativo de los contextos. Esto es, en este libro el material empírico proviene de entrevistas en profundidad a productores y productoras, de una experiencia de visionado conjunto del material con estudiantes universitarios, y de las propias producciones audiovisuales que reúnen a ambos conjuntos; material que se suma a la sistematización de un conjunto amplio de información secundaria, notas de prensa, sistematización de entrevistas y trabajo de campo con audiencias de la televisión digital destinatarias del Plan Mi TV digital y con diversos materiales audiovisuales anteriores o coexistentes al momento de la producción o emisión de los programas seleccionados y que operan como "fondos de contraste" necesarios para la interpretación de las efectivas maneras de producción de sentidos de ciudad en estas narrativas, y también como contexto (audiovisual) de estos programas. Esta modalidad de sistematización del trabajo parte del modelo producción-texto-consumo, pero ese modelo no se traduce en la estructura de la presentación de resultados (esto es, en este documento) sino que los emergentes del trabajo analítico emprendido sobre ese conjunto de materiales se ordenan a partir de diversos ejes que los atraviesan y que refieren intertextualmente unos a otros y, sobre todo, al contexto social compartido de las diversas experiencias urbanas que implican.

En este capítulo ya se ha señalado que la noción de articulación permitió la transformación de "los estudios culturales desde un modelo de comunicación (producción – texto – consumo; codificar/decodificar) hasta una teoría de los contextos" (Grossberg, 1993, p. 4). Esta afirmación teórico-epistemológica se traduce en una analítica en la que intento dar cuenta de los contextos realizando un recorrido que reúne procesos sociales e históricos vinculados a la politicidad de la vida cotidiana y a la cotidianeidad del ejercicio del poder en la producción social del espacio, desde y sobre los sentidos de ciudad de narrativas audiovisuales locales. De manera que los programas actúan como una pieza central de la estrategia metodológica, pero en tanto se ofrecen como punto de ingreso situado a las tramas de la significación de la ciudad en el contexto local, vinculadas a las diversas interpretaciones del espacio, tanto en términos de audiovisualizaciones circulantes como de su proceso productivo y de las posibilidades de conversación que abren con sus públicos. A su vez, la circulación de esas narrativas ofrece posibilidades de acceso a formas específicas de producción social del espacio, a partir de las maneras en las que expresan la desigualdad y la diferencia asociadas a las relaciones entre productores, textos, circuitos y audiencias.

Se trata de una forma de abordaje de los procesos de comunicación en la que los programas no resultan el material exclusivo para el análisis, sino que se incorpora la necesidad de atender a las *situaciones* en las que se desenvuelve el proceso, invocando para ello sus relaciones con la producción social del espacio desde una apuesta interpretativa de las *configuraciones culturales* (Grimson, 2012). Esta forma del análisis cultural se ampara en antecedentes como la propuesta de *transversalidad metodológica* que propone Chartier (1992) para la historia de la lectura; el ingreso a las relaciones entre cultura masiva y poder a partir de las *mediaciones* de Jesús Martín-Barbero (1998); *las historias y la Historia de un objeto y medio tecnológico específico* como el walkman para pensar la historia cultural del capitalismo tardío en *Doing Cultural Studies* (Du Gay, Hall, Janes, Mackay & Nigus, 1999); la *circularidad* a partir de huellas e indicios en el trabajo de Carlo Ginzburg (1996) sobre Menocchio; o el abordaje de la ideología y la comunicación masiva contemporánea desde una hermenéutica profunda que ofrece Thompson (1991).

La estrategia metodológica que propongo se estructura a partir de la descripción y análisis de las geografías del poder y los sentidos de lugar en cada una de las instancias del circuito comunicacional exploradas, pero éstas se piensan, asimismo, como "un punto de articulación adoptado o una cristalización de líneas de determinación" (Grossberg, 2012, p. 43). La figura a través de la cual puede pensarse esta práctica contextualista es la de *articulación*, central para la práctica de los Estudios Culturales, tal como se ha desarrollado en el primer apartado de este capítulo.[21]

---

21. Baste recordar aquí que la figura de la articulación permite ver un proceso comunicacional como un conjunto de elementos institucionales, técnicos políticos y económicos; un abanico de prácticas sociales y culturales; y el proceso en curso de construcción y mantenimiento de ese proceso (Howley, 2010).

Es así como se trabaja con las geografías del poder de la producción audiovisual televisiva en Argentina y Jujuy, y los sentidos de ciudad que otorgan a esas geografías quienes produjeron los programas del corpus; con las geografías del poder y los sentidos de ciudad emergentes del análisis de esos textos, y con las geografías del poder y los sentidos de ciudad que informan las condiciones urbanas de las audiencias. El diálogo entre esos dos grandes principios configuradores permite observar tanto la heterogeneidad como las dinámicas del poder, de la desigualdad y de la diferencia asociadas a estas narrativas, en las distintas instancias del circuito comunicacional televisivo y también entre ellas. De ese modo, potencia la condición de heterogeneidad y movimiento de San Salvador de Jujuy para analizar tanto la posibilidad de acceso a los sentidos de ciudad que brindan los programas televisivos, como las narraciones asociadas en los sujetos que las producen y aquellos y aquellas que las reconocen.

Se trata, entonces, de una investigación cualitativa que integra diferentes métodos de investigación en el marco del análisis cultural (Sautu, 2005; Papalini, 2010), consistente con la idea de "configuración", para un enfoque interpretativo (Sautu, 2005, pp. 83 y ss.) que permite operacionalizar las bases teóricas de los estudios culturales desde y sobre Latinoamérica a partir de las recomendaciones de Thompson (1991) para el análisis de la cultura y la comunicación, y las de Fairclough (2001 [1995]) para el análisis del discurso mediático.

En ese sentido, se trabaja en diferentes niveles analíticos: el análisis sociohistórico del contexto situacional, a partir de información estadística y fuentes secundarias; el análisis de los *sentidos de ciudad* en las narrativas televisivas seleccionadas (a partir de la interpretación del ejercicio de audiovisualización que produce); el análisis de las representaciones/interpretaciones de las situaciones de producción y de las audiencias por medio del trabajo de campo, entrevistas y visionado y diálogo en grupos; y el análisis interpretativo conectado a la crítica de la dominación.

Para materializar este ejercicio, opté por una estrategia multimétodo basada en el análisis de diferentes narrativas de circulación pública (producciones audiovisuales locales); de circulación privada (entrevistas sobre historias de vida, prácticas y rutinas de producción y de consumo a los y las realizadores/as y audiencias); y de circulación semipública (expresiones vertidas en grupos). El análisis de narrativas se combina con la observación participante, el trabajo de campo y el trabajo con documentos y fuentes primarias y secundarias de distinto tipo, que brindan historicidad y espesor a dicho análisis.

La selección del material del corpus busca heterogeneidad a partir de las narrativas audiovisuales. Por la estrategia metodológica y teórica elegida, esas narrativas extienden las posibilidades de heterogeneidad a sus productores y a los grupos que se relevan como audiencias. Estas producciones ofrecen puntos o lugares diferentes que permiten usar sus articulaciones cruzadas para constituir el contexto, es decir, para delinear la configuración que rodea al hecho social del producto audiovisual y lo constituye.

Los contextos se producen aun cuando "articulan" los "hechos" o las individualidades y relaciones que los conforman; se encuentran siempre en relación con otros contextos, y producen complejos conjuntos de relaciones y conexiones multidimensionales. Son el resultado de múltiples tecnologías –residuales, dominantes y emergentes–, de las que también constituyen la expresión.

a) El corpus de producciones locales

El corpus audiovisual que se analiza y que al mismo tiempo opera como punto de ingreso al trabajo de campo se construye en torno a la representación de la ciudad de San Salvador de Jujuy y sus espacios públicos, y en ella busca caracterizar explícitamente el tratamiento del tiempo, el espacio y los actores en la construcción de "sentidos de ciudad". Producidos en Jujuy, la heterogeneidad está dada por los géneros, el financiamiento y las pantallas o redes por las que circula cada uno de los programas.

Por otro lado, el corpus se construye atendiendo a las situaciones y condiciones de producción local, realizada en la provincia de Jujuy, atendiendo a la "geopolítica de la estética" que propone Jameson (1995). Si bien el autor enfatiza que la totalización mundial es la referencia de toda representación (como consecuencia de la globalización), reconoce a las películas "nacionales" (entendiendo como tales a las elaboradas fuera de la gran industria norteamericana) como zona de confluencia entre ontología y geografía que permite que "los paisajes más aleatorios, insignificantes o aislados funcionen como una maquinaria figurativa en la que aparecen y desaparecen incesantemente cuestiones sobre el sistema y su control de lo local" (Jameson, 1995, p. 25). Rita Laura Segato (2007b) cita a Naficy (1999) para hablar de un "cine con acento" que se da aún en directores exilados. La autora, además, complejiza la escala nacional al indicar el lugar que ocupa la frontera en el cine argentino y el brasilero (Segato, 2007b). Si bien los dos primeros autores se refieren a marcos nacionales homogeneizados (como escalas casi excepcionales en el proceso general de mundialización y concentración de la producción cultural) y los tres se ocupan del cine, consideramos que estas apreciaciones pueden aplicarse a nuestro corpus, advirtiendo que trabajamos con el marco provincial y con producciones destinadas a la televisión digital.

Con esos recaudos, la selección del material audiovisual es la siguiente:

- *San Salvador de Jujuy, murmullo que aturde* (en adelante, *Murmullo*) dirigido por Diego Ricciardi, premio región NOA concurso Documental Unitario "Nosotros" del Plan Operativo de Promoción y Fomento de Contenidos Audiovisuales Digitales 2010 (POPFCAD) impulsado por el Instituto Nacional de Cine y Artes Audiovisuales y el Consejo Asesor del Sistema Argentino de TV Digital Terrestre. Premio región NOA, unitario de 26 minutos. Programa disponible en las plataformas BACUA (Banco Argentino de Contenidos Universales Audiovisuales) y CDA (Contenidos Digitales Argentinos), de acceso abierto en internet. Se programó en la Muestra Jujuy Cortos 2012 y en la Itinerancia Jujuy de la I Muestra de Cine y Ciudad Ciudades Reveladas en 2014. En el sistema de referencias del material audiovisual citado, se codifica con una M seguida del número de cita.

- Serie de ficción *El viaje. 9 días buscando Norte* (en adelante, *El viaje*), dirigida por Jorge Vargas, premio región NOA concurso "Series de Ficción Federales" del Plan Operativo de Promoción y Fomento de Contenidos Audiovisuales Digitales 2010 (POPFCAD) impulsado por el Instituto Nacional de Cine y Artes Audiovisuales y el Consejo Asesor del Sistema Argentino de TV Digital Terrestre. Serie compuesta por ocho capítulos de 26 minutos cada uno. Se trabaja con el capítulo 6 (realizado en San Salvador de Jujuy) y con fragmentos complementarios de otros capítulos. Programado por canal 7 de Jujuy y, por lo tanto, disponible en las grillas de los dos canales locales de cable, en la única señal local de televisión abierta analógica y en el sitio web del canal emisor. Se emitió en el horario central de las 21 hs., durante nueve domingos consecutivos, de marzo a mayo de 2013. También disponible en la plataforma BACUA. Una versión resumida se pre-estrenó en una función especial de lanzamiento en la sala mayor del Teatro Mitre (el más importante de la provincia de Jujuy). En el sistema de referencias del material audiovisual citado, se codifica con la letra V seguido del número de cita.

- Programas semanales de interés general correspondientes a la quinta temporada de *Jujuy Profundo*, conducido y realizado integralmente por Fernando Calvetti, cada uno de una hora de duración, emitido por la señal de cable local de canal 4 (Unicable). Se trata de un ciclo cultural de una emisión en vivo y una repetición semanal. Se trabaja sobre aquellos programas del ciclo focalizados en la ciudad. En el sistema de referencias del material audiovisual citado, se codifica con las letras JP seguidas del número que corresponde a cada fragmento.

- Serie documental *Maestros del Norte* (en adelante, *Maestros*), dirigida por Ariel Ogando, premio región NOA concurso "Series de Documentales Federales" del Plan Operativo de Promoción y Fomento de Contenidos Audiovisuales Digitales 2010 (PO-PFCAD) impulsado por el Instituto Nacional de Cine y Artes Audiovisuales y el Consejo Asesor del Sistema Argentino de TV Digital Terrestre. Se trabaja con los capítulos 1 y 2 de la serie compuesta por cuatro programas de 26 minutos cada uno. La serie fue emitida por la señal *Encuentro* (Ministerio de Educación al momento del trabajo de campo), y por lo tanto estuvo disponible en la grilla de la TDA y en las de los dos canales de cable locales. Dado que integraba el sistema *Educ.ar* (Ministerio de Educación de la Nación) se encontraba disponible en esa plataforma, y también la del BACUA al momento del trabajo de campo. En el sistema de referencias del material audiovisual citado, los fragmentos correspondientes a esta serie se codifican con las letras MN precediendo el número de cita.

El material audiovisual se analiza atendiendo a las estrategias de audiovisualización relacionadas con la intertextualidad presente en cada programa (para lo que capitalicé mi trayecto de investigación anterior sobre la prensa gráfica local, los planos y mapas de la ciudad y el discurso político municipal, además de otras fuentes[22]); las representaciones de temporalidades y es-

---

22. He trabajado sobre la relación entre espacio físico y espacio social a partir de las configuraciones discursivas de los espacios públicos urbanos en San

pacialidades; las representaciones de los actores, sus relaciones y espacialización; las nociones de cultura, interculturalidad y su relación con diferentes objetos, con los espacios urbanos y no urbanos, con la ciudad en su conjunto y con las diversas escalas que se intersectan en ella (Arancibia, 2015; Ferro, 1980, Rincón, 2006; Ryan, Foote y Azaryahu, 2016; Sorlin, 1985; Williams, 2001).

b) *Análisis de sentidos de ciudad en narrativas autobiográficas profesionales de productores y productoras*

Metodológicamente, la circulación de las narrativas remite al "espacio social" de la televisión y por lo tanto brinda la posibilidad de "seguir la cosa". Es posible, de esa manera, describir la interrelación entre los diferentes "sentidos de ciudad" en narrativas televisivas que forman parte de los distintos "nódulos" de la vida social de la TV (Abu-Lughod, 2006). El acercamiento permite observar los conflictos, movimientos, distancias, confluencias, sedimentaciones, emergencias y formas de legitimación entre sentidos de ciudad heterogéneos ya que remite a distintas situaciones, actores y momentos del proceso comunicacional mediatizado, que no sólo están "localizados", sino que también espacializan.

El "espacio social" de la TV abarca un espacio mental y de relaciones sociales móvil en el cual la ciudad es un punto relativo pero, al mismo tiempo, la localización urbana brinda un punto de estabilización o cristalización de la experiencia que se constituye sobre historias personales y colectivas sedimentadas. De ese modo, la ciudad brinda cierta estabilidad para pensar, sentir

---

Salvador de Jujuy en un período largo (1943-2000), aportando como síntesis de esa tarea la noción de "sentidos de ciudad". En ese camino, he analizado las representaciones periodísticas conmemorativas de la fundación (García Vargas, 2005) y las representaciones icónicas de planos y mapas de la ciudad (García Vargas, 2003a). Además, me he detenido en las representaciones/interpretaciones de la ciudad durante la década de 1990, vinculándolas específicamente a las configuraciones sociales neoliberales (García Vargas, 1999; 2000; 2003b; 2004; 2009; 2010); y en los sentidos del lugar y las geografías del poder propuestas por la prensa gráfica local durante la década de 1940, en relación con políticas sociales (García Vargas, 2004; 2006; 2010). Además, he propuesto y abordado una sistematización posible del espacio urbano y sus vínculos con procesos de visibilización/invisibilización de grupos y actores (García Vargas, 1999; 2001). En conjunto con Liliana Bergesio, nos hemos detenido en el trabajo por cuenta propia en el espacio público urbano de San Salvador de Jujuy durante la década de 1990, tarea que se sistematiza y resume en García Vargas y Bergesio (2010).

y narrar el propio tiempo y lugar de pertenencia –vinculado a múltiples formas de movilidades y accesibilidades entre diversas y desiguales escalas, temporalidades y marcos de inteligibilidad– y las posibilidades de enmarcarlos y compartirlos audiovisualmente a través de unas prácticas y unas tecnologías específicas.

Es así que las situaciones de producción locales del audiovisual televisivo refieren a una historia común que liga diversos puntos urbanos en la circulación de actores, grupos, imágenes, ideas u objetos. Al mismo tiempo, remiten a una configuración económico-política de las instancias productivas y distributivas vinculadas a la instalación, acceso y uso del espectro radioeléctrico, los equipamientos tecnológicos y las redes. Esa "geografía mayor" (Sorá, 2010, p. 12) condicionó y condiciona tanto los modos de producción y circulación cultural locales, en general, como los de las narrativas audiovisuales televisivas, en particular.

Se examina, entonces, los sentidos de ciudad de productores y productora como parte de la dinámica de los procesos de producción audiovisual televisiva en Jujuy, con énfasis en las continuidades y transformaciones vinculadas a la digitalización, a partir del análisis de las situaciones y condiciones de producción de los programas que conforman el corpus. Con ello, se actualiza la preocupación inicial de considerar las situaciones de producción, circulación y reconocimiento de las representaciones/interpretaciones de los medios locales sobre las áreas urbanas, ampliándola mediante la problematización y análisis de las industrias culturales locales, y se relaciona, a su vez, con la específica demanda social identificada en las tareas de vinculación productiva realizadas en el marco del Subprograma Polos y Nodos del SATVD-t entre 2011 y 2014 (García Vargas, 2011).

Para la reconstrucción de las dinámicas productivas mencionadas, se ha realizado un recorrido que aborda las *formas históricas de la concentración de la producción de contenidos en Argentina* y el lugar relativo de Jujuy en ese proceso; y la inscripción de *políticas públicas de fomento* vinculadas a la Televisión Digital Abierta (TDA) en la provincia; que conforman una coyuntura en la que las posiciones de enunciación se observan como parte de la ciudad mediatizada. Esto es, en la relación que productores y productoras establecen sobre este proceso con su ubicación en términos profesionales y políticos dentro del campo de la producción audiovisual. La *significación que estos procesos adquieren para los propios actores* se trabaja sobre las experiencias locales de los equipos productores de los programas del corpus, como fenómenos comunicacionales que permiten visibilizar las transformaciones asociadas tanto a las continuidades de prácticas sedimentadas como a la institucionalización de demandas por la democratización de las comunicaciones asociada a la sanción y aplicación de la Ley 26.522 de Servicios de Comunicación Audiovisual (LSCA).

Se realizaron seis entrevistas en profundidad, a cinco realizadores y una realizadora locales:

- ArO: es el director de *Maestros del Norte* y el productor de *Murmullo*. Nació en Buenos Aires, en la infancia se trasladó a Jujuy junto a su familia en el marco del movimiento de "exilio interno" de la última dictadura argentina. Reside en San Salvador de Jujuy, donde realizó toda su formación educativa hasta alcanzar la tecnicatura en Antropología de la Universidad Nacional de Jujuy. Además tuvo trayectos formativos y profesionales de breve o mediana duración en España, diferentes países de Latinoamérica y otros puntos del país. Es miembro fundador de Wayruro Comunicación Popular.
- DiR: es el director de *Murmullo* y el productor de *Maestros del Norte*. Nació en Neuquén, realizó la primera parte de su trayecto formativo audiovisual universitario en Buenos Aires, se trasladó a Tilcara (Jujuy) para luego completar la tecnicatura en Comunicación Social en la UNJu y residir en San Salvador de Jujuy. Es docente en la Universidad Nacional de Jujuy. Es miembro de Wayruro Comunicación Popular.
- FeB: es el guionista de *El viaje*. Nació en Buenos Aires, donde realizó todo su trayecto educativo hasta graduarse como Licenciado en Comunicación Social en la UBA, se trasladó a Tartagal y luego a San Salvador de Jujuy en un período profesional extenso durante el cual combinó su tarea en producción audiovisual con la docencia universitaria en Salta (UNSa), realizó un doctorado con una beca Erasmus Mundus en la Universidad de Málaga (España), y actualmente reside en Tucumán. Es docente universitario en la UNSa y en la UNSE. Trabajó en la serie sin vincularse formalmente a la Fundación Séptimo Arte.
- FeC: es periodista, conductor y productor general de *Jujuy Profundo*. Nació en Jujuy, donde realizó su trayecto escolar. Su extensa carrera profesional en el campo periodístico se desarrolló completamente en San Salvador de Jujuy.

- JoV: es el director de *El viaje*. Nació en Jujuy, realizó el trayecto formativo en Córdoba hasta graduarse como Licenciado en Cine y Televisión en la UNC. Una vez graduado, retornó a San Salvador de Jujuy e hizo numerosos trabajos en la Quebrada y Puna, conservando la residencia en la capital jujeña. Es integrante de la Fundación Séptimo Arte desde su constitución.
- PaK: es la asistente de dirección de *Murmullo* y de *Maestros*. Nació en Rafaela y se trasladó a Jujuy luego de terminar su formación universitaria como licenciada en Comunicación, con trayectos profesionales y formativos de corta y mediana duración en Francia, España y diversos lugares del país. Actualmente reside en Rafaela, donde ejerce la docencia universitaria en la Universidad Nacional de Rafaela (UNRa). Es miembro de Wayruro Comunicación Popular e integrante de Federal Distribución Internacional desde su creación en 2013.

En base a entrevistas con los miembros de cada equipo de realizadores/as, se recuperaron los sentidos de ciudad vinculados a las situaciones de producción de cada serie o ciclo. Esta tarea se aproxima al método etnográfico de análisis de situaciones tal como lo explica Sautu (2005).

c) Trabajo con audiencias

Para describir y analizar procesos y formas de constitución material y simbólica de prácticas vinculadas a las condiciones y situaciones de acceso a y reconocimiento de contenidos audiovisuales televisivos en contextos domésticos, la tarea se organizó en dos áreas.

Por una parte, se reconstruyeron las cartografías y tendencias vinculadas al reconocimiento del audiovisual televisivo en Jujuy, a partir del análisis de información y datos secundarios y la relectura de información primaria producida en el marco del subprograma de Análisis de Medios del Picto-UNJu 151, que estuvo a mi cargo durante el período 2011-2014. Ese conjunto incluye el análisis de información secundaria proveniente de la ENTIC y la EAHU (ambas de 2011) que permitió describir el equipamiento tecnológico de acceso a contenidos audiovisuales en los hogares jujeños, por niveles de ingreso y en contraste con la región y el país y la reposición de un conjunto de datos estadísticos que provienen de la Encuesta de Consumos Culturales y Audiencias para San Salvador de Jujuy (realizado por el área I+D del Programa Polos en colaboración y cofinanciado el subprograma mencionado) que se realizó durante los meses de octubre y noviembre de 2012.

Por otro lado, y complementariamente, se realizó trabajo de campo con familias destinatarias del *Plan Operativo de Acceso al equipamiento para la recepción de Televisión Digital Terrestre "Mi TV digital"* realizadas en junio de 2012, en el marco del subprograma del PICTO-UNJu 151 ya mencionado. Ese trabajo de campo permitió comprender el circuito del equipamiento en consonancia con las experiencias de las familias mencionadas frente a contenidos televisivos de la TDA, a partir del recorrido de decodificadores y antenas provistas por el Estado nacional en San Salvador de Jujuy.

Esta segunda parte dio un panorama general de los consumos de televisión que permitió especificar formas de reconocimiento de "sentidos de ciudad" a partir de los productos comunicacionales del corpus en base al visionado conjunto de un programa del corpus en situación de grupo. En términos prácticos, se trató de "ver un video con la gente", expresión con la que Esteban Vernik (2010, p. 54) condensa la tarea de flexibilizar los diseños clásicos de modelos experimentales para trabajar desde un enfoque interpretativo en el que estas narrativas se brindan como estímulos abiertos a la imaginación colectiva en situación de grupo, tal como lo sugiere Sautu (2005, p. 91). Los participantes en esa experiencia tienen coincidencia etaria con el personaje principal de *El viaje*, y la estrategia es consistente con el objetivo de analizar y comprender las ideas colectivas de un grupo sobre la ciudad, con el plus de poder observar consensos y disensos en los sentidos de ciudad que allí se debaten. Se buscó, con ella, confirmar o rechazar algunos ejes sobre el sentido común acerca de la ciudad que se había relevado en diferentes discursos audiovisuales (sobre todo, periodísticos), que se usan como material de contraste a lo largo del trabajo. Los participantes sumaron un registro propio en video en el que mostraron la ciudad durante un minuto, y/o una fotografía sobre el contexto de visionado cotidiano de televisión en sus hogares. La heterogeneidad de los participantes alude al género, lugar de residencia, e ingresos mientras que la coincidencia corresponde a un criterio de coincidencia ocupacional y etaria para el grupo (estudiantes entre 18 y 25 años). El capítulo de *El viaje* resultó un insumo significativo de visionado previo para el grupo focal, estrategia con la que buscamos recuperar, para su análisis, los *sentidos de ciudad*, en una actividad interpretativa que involucra necesariamente la propia experiencia urbana. Algunos resultados del grupo focal alimentan los contrastes que se desarrollan a lo largo de los capítulos del libro.

Los procesos y formas de constitución material y simbólica de prácticas vinculadas a las condiciones y situaciones de acceso a y reconocimiento de contenidos audiovisuales televisivos en contextos domésticos de barrios populares de San Salvador de Jujuy señalan cuestiones iniciales que fundamentan de manera situada la relevancia del trabajo sobre narrativas televisivas y la producción metodológica elegida para la tarea con los materiales audiovisuales. Como "el hueso incrustado en el barro" de la novela *Lumbre* que se citó en la introducción, las audiencias televisivas de Jujuy recuerdan programas y recuerdan escenas dentro de esos programas, que los y las interpelaron significativamente.

Los nativos filman, las investigadoras escriben (y algunos/as militamos)

Pensada desde el inicio como parte de una reflexión sobre la producción social del espacio, desplegué la investigación que sustenta este libro en la relectura del materialismo británico de la Escuela de Birmingham, la geografía crítica feminista y los estudios latinoamericanos sobre cultura y poder inscriptos en el área de la comunicación/cultura, y *al calor* de los seminarios y discusiones propiciadas por el programa del doctorado en Comunicación Social de la UNC, de la experiencia de coordinación regional noroestina de una política de fomento a la producción audiovisual destinada a la televisión digital terrestre, de la participación como investigadora a cargo de dos subprogramas en sendos proyectos de investigación financiados por la Agencia Nacional de Promoción científica radicados en la UNJu (uno sobre la ciudad de San Salvador de Jujuy y otro sobre medios locales), y de la dirección del Departamento de Ciencias de la Comunicación de la FHyCS-UNJU, y por lo tanto de su carrera.[23]

---

23. Cambié el "a la luz" de la versión inicial en este párrafo por "al calor". La luz y el calor remiten a sentidos diferentes y alimentan conjuntos metafóricos también disímiles. La escritura académica se asocia a la luz con mayor frecuencia, pero este es un libro escrito *al calor* de una serie de experiencias político-académicas de las que formé parte. Un calor que también ilumina (como el fuego), pero que se siente antes del efecto de claridad (como el

Ese conjunto de experiencias forma parte del contexto de realización de este trabajo, no como algo exterior que condiciona otra cosa, sino como parte de la situación que lo hizo posible (en sus específicas características). Su consideración brinda la posibilidad de abordar el "desasosiego" de la investigación en comunicación social mencionado por Papalini (2010) desde una comprensión situada sobre la construcción del objeto en circunstancias precisas. Por las características y el devenir contextualista, esa comprensión no elude la problematización de cómo se constituye el propio campo durante la investigación.

Una parte de la tarea que propongo como metodología se realiza a través del análisis de narrativas de realizadores y realizadoras audiovisuales, quienes reponen en ellas el "aquí y ahora" de sus tareas, y al hacerlo refieren a las geografías del poder implicadas en las situaciones productivas de los programas que elegí para el análisis. Podría jugar con una idea asociada al trabajo de campo como parte de la estrategia metodológica elegida, y decir que en esa instancia del proceso, *los nativos filman y las investigadoras escribimos*. Ambos lo hacemos sobre los sentidos de ciudad, y al mismo tiempo los producimos. Ambos somos testigos y parte del proceso urbano que se observa y se experimenta.

Entre las formas de la investigación y el vínculo con el propio lugar y las comunidades relativas al trabajo de campo y a la producción audiovisual (especialmente en el documental o el interés general periodístico) hay varias cercanías. Por ejemplo, la recuperación de la palabra de determinados actores sociales (y no otros) es una operación fundamental en todas las producciones televisivas elegidas y también lo es en la investigación de campo. En los casos del género documental del unitario y de la serie producidos por Wayruro –y también, aunque en otra medida, por el periodístico del programa de cable de FeC–, esta vinculación se acentúa por su carácter testimonial, expresado tanto en cuanto tipo de obra expresiva de la realidad regional, como en relación con su uso específico como "documento" o "prueba".

Mestman (2013) menciona que el documental militante implica un nivel de coautoría, en la que el director se piensa como intermediario o facilitador de la palabra del otro (estrictamente, Mestman habla del *subalterno*). Este tipo de relación presente en

---

fuego). En mi caso, la claridad para la escritura llegó recién cuando el fuego alcanzó un estado menos abrasador.

la realización documental no es ajena a la que se produce como resultado del trabajo de campo.

Pero, además, deseo señalar aquí que, en el trabajo de campo vinculado a productores y productoras locales, el enfoque se traslada "del *otro* al *homólogo*" (Elahik y Markus, 2012, p. 93, mi énfasis). *Nativos* y trabajadoras de campo compartimos una posición similar (no idéntica) en términos de poder de representación. Podemos hablar en torno a la cultura local, eventualmente podemos incidir en la planificación y gestión de políticas culturales (en ocasiones nos pagan para hacerlo), y nuestras trayectorias profesionales se inscriben en circuitos de consumo y de formación semejantes.

En su trabajo sobre la "apropiación" de objetos e imágenes indígenas por artistas argentinos/as, Schneider (2006) explora las relaciones entre los procesos de trabajo en el arte y en la investigación: ambos implican compromiso con el lugar y la comunidad con la que se trabaja y problematizan el poder implicado en la representación (el autor se detiene especialmente en el uso de la cámara en el caso de artistas visuales). Pero, además, esas representaciones se proyectan diferencialmente (desde un lugar específico) en el ámbito local, en el conjunto nacional y en redes profesionales globales de acuerdo a las referencias reconocibles en cada coyuntura. Esa proyección multiescalar, a su vez, impacta en la construcción de la propia trayectoria profesional (y por lo tanto en los diversos tipos de acumulación de beneficios asociados a ella).

Al momento de la realización del trabajo de campo, tanto los nativos y nativas como la investigadora interactuamos y co-construimos sentidos de ciudad en un marco general de manera específica: lo hicimos en una coyuntura nacional particularmente relevante para los servicios de comunicación audiovisual (que posibilitó concretamente la realización de tres de los programas del corpus) y desde una experiencia urbana doblemente excéntrica, ya que no sólo es latinoamericana sino que está ubicada en un área no metropolitana de la región sur-andina argentina (esto es, fuera de Buenos Aires, que se constituye en el enclave principal de las industrias culturales en tanto sede de los grupos concentrados, pero también en el lugar clave de la investigación académica y de las oficinas y ministerios que regulan y financian a ambas).

La homología de las experiencias de realizadores y realizadoras y mi propia experiencia durante el trabajo de campo se estableció fuertemente en torno a la militancia por el reconocimiento de derechos implicados en la plena aplicación y vigencia de una ley que enmarca las políticas de fomento de producción audiovisual federal de tres de los programas analizados. Esa misma militancia (o la percepción sobre el proceso y sobre la idea misma de militar en torno a una de las diversas posiciones involucradas) establece distancias con otros de los realizadores.

Deseo hacer dos señalamientos descriptivos de la complejidad de la relación vinculada al trabajo de campo que aborda este libro en los aspectos vinculados a los y las realizadores como "homólogos".

En primera persona del plural, la coincidencia de intereses refiere de manera general a la percepción sobre la importancia relativa de la televisión local, sus relaciones con las condiciones de trabajo y con el derecho a la mirada de la comunidad a la que pertenecemos, y también con un proyecto político específico. Ese proyecto tiene larga historia en Latinoamérica, pero al momento del trabajo de campo, nos reunió en torno a una militancia o apoyo activos a las políticas de comunicación y cultura del kirchnerismo referidas a la producción audiovisual. Mientras investigaba sobre los sentidos de ciudad en las narrativas televisivas locales y las condiciones de producción de esos programas, coordinaba una política nacional de promoción de la producción de contenidos con el objetivo de transformar esas condiciones, un proyecto en el que trabajaba junto a los y las realizadoras de dos de los programas que (financiados por otras políticas públicas) forman parte del corpus de la investigación que se presenta en este libro. Las prácticas del conductor, realizador y productor de *Jujuy Profundo* se inscriben en otro circuito productivo, el de la señal local de uno de los canales de cable. Este periodista no participó de los espacios compartidos con los realizadores de *Murmullo*, *Maestros* y *El viaje*, ni los mencionó durante la entrevista. Su programa se inició cuatro años antes de la temporada que se toma aquí para el análisis, y perduró tres años más, alcanzando un total de nueve temporadas como parte de la programación de las señales locales de los servicios jujeños de televisión por vínculo físico (cable). Su relación con la televisión no problematiza la coyuntura vinculada a la televisión digital abierta. Se mueve en una instancia paralela, resulta un "otro" a pesar de la cercanía relativa a las posibilidades de distribución de sus sentidos de ciudad en relación con otros actores.

En primera persona del singular, se especifica una posición para ese lugar compartido con la y los realizadores de las series y el unitario. Desde el inicio y hasta avanzado el trabajo de campo (concretamente, desde diciembre de 2011 hasta marzo de 2014) milité por la LSCA coordinando el Polo NOA del Subprograma de Polos y Nodos para el SATVD-t como actividad de extensión universitaria desde mi cargo de investigadora-docente de la UNJu.[24] Esa tarea de coordinación coexistió con la investigación específica que se presenta aquí. Tanto el colectivo que realizó *Murmullo* y *Maestros* como el de *El viaje* formaron parte del Nodo Jujuy de ese polo, incluso desde antes de su institucionalización. Con Wayruro comenzamos a trabajar en el Subprograma Polos desde el momento del diseño, y convocamos conjuntamente a las primeras reuniones. Sin su aporte y presencia, la universidad probablemente no hubiese conseguido interpelar de manera tan efectiva a la comunidad audiovisual local.

En el último tramo del trabajo de campo, organicé la I Itinerancia Jujuy de la muestra "Ciudades reveladas" (octubre de 2014).[25] Esa tarea llevó consigo las problematizaciones vinculadas a la selección y a la relación con realizadores audiovisuales de la curadoría (Elahik y Markus, 2012) ya que elegí y organicé una combinación de películas que pertenecían a la muestra internacional original (y que había visto casi completa en Buenos Aires en 2013), por un lado, y producciones locales, por el otro. Para esa muestra, programé como aportes locales el unitario documental *Murmullo* y el capítulo de la serie de ficción *El viaje* que refieren a la ciudad, invitando a sus realizadores a las mesas de reflexión sobre la relación entre audiovisual y ciudad. *Murmullo* y su director participaron, el colectivo realizador de *El viaje*, no

---

24. El subprograma de Polos y Nodos se inscribió en el conjunto de políticas organizadas por el Consejo Asesor para el Sistema Argentino de Televisión Digital Abierta (SATDA). Se trató de una política pública que apostó a la rearticulación productiva de la televisión mapeando al país en nueve regiones, denominadas polos, para organizar producción articulada y conjunta destinada a la TDA. Incluyó como principal novedad haber sumado a las universidades públicas nacionales como interlocutoras con responsabilidades específicas para el diseño, planificación y gestión del proyecto. Ver García Vargas (2011; 2015).

25. Organicé la segunda itinerancia de esa muestra en agosto de 2016. En esta ocasión, la producción programada en diálogo con el repertorio de la muestra tal como se exhibió en Buenos Aires refirió a comunicación pública de la ciencia y la producción universitaria y alcanzó dimensión regional (NOA).

lo hizo, en buena medida por la cercanía y distancia generada durante el trabajo en común en el nodo Jujuy del polo NOA. Por ejemplo, una interpretación discordante en términos de alcance, dinámicas y equidad en la distribución de responsabilidades y tareas (asociada claramente a la de los fondos) al interior del nodo se redujo y simplificó en términos de filiaciones político partidarias, estructurando el debate en torno a mi posición –que se postuló "kirchnerista"– y la adhesión a otros proyectos de la Fundación Séptimo Arte. Ese malestar se sumó a cuestiones de género y profesionales, a la relación con otros colectivos, y al debate más amplio sobre lo público. En ese sentido, la tarea de coordinación del Nodo Jujuy implicó interpelaciones fuertes de parte de integrantes de ese espacio sobre la posibilidad de dirimir allí no solamente las cuestiones vinculadas a la política de fomento a la producción del programa Polos sino también el deseo de planificar las políticas audiovisuales de la Universidad Nacional de Jujuy desde ese espacio. Los debates incluyeron la afirmación de que, dado que la universidad pública es sostenida por fondos públicos, el conjunto de integrantes del nodo (no el conjunto de la sociedad) debía establecer ese canal. Por otra parte, fueron frecuentes las discusiones sobre el ritmo de la universidad y sus dificultades para atender las demandas productivas audiovisuales en tiempo y forma.

Los conflictos se registraron en varias direcciones, pero siempre asociadas al poder de audiovisualizar, filtrar, enmarcar, y su relación con los fondos destinados a ello y con el papel de la universidad (a la que yo representaba durante las interacciones cotidianas) en ese proceso. El programa Polos y Nodos implicó la articulación de actores históricos con otros nuevos (todos de diferente peso, legitimidad, experiencia y modalidades de organización), la interrelación de diferentes temporalidades para la acción, y la percepción diferencial de las consecuencias de esta transformación, vista desde horizontes ideológicos diferentes aunque convergentes en la adhesión al objetivo principal propuesto (el fomento a la producción local y regional).

Los avatares del Nodo Jujuy quizá sirvan para explicar que la entrevista al director de *El viaje* se realizó recién en 2016, con el gobierno nacional ya en manos de la Alianza Cambiemos y después de los decretos modificatorios de la Ley de Servicios de Comunicación Audiovisual. Hasta ese momento, el diálogo no había sido posible por las tensiones suscitadas en torno al trabajo en común en el Nodo. Puesta en peligro la Ley, se acercaron las posiciones en torno a la defensa de las políticas de fomento federales.

Finalmente, una cuestión de género. Salvo la productora PaK, los referentes entrevistados son varones. El predominio masculino y heterosexual en la producción audiovisual jujeña es muy marcado, y esa masculinidad dominante se superpuso a otras confrontaciones en las relaciones profesionales y organizativas del Nodo y tiñó los debates locales en torno a la televisión digital en general. Esa configuración del ambiente comunicacional local fue uno de los ingredientes que impulsó la *sororidad* como rasgo de la relación de campo con la única productora entrevistada, con predisposición y continuidad en el intercambio antes, durante y después de la entrevista. Ser mujer en Jujuy, aun siendo de clase media y profesionalizada –o, quizá, sobre todo siéndolo en un ambiente de masculinidades hegemónicas como el de la producción audiovisual televisiva jujeña–, fue tema mencionado en todos esos intercambios.

El Polo NOA y la Itinerancia Jujuy de "Ciudades reveladas" refieren de manera general al lugar relativo de Jujuy en el mapa de la producción audiovisual nacional: inscriben intereses y objetivos *localizados* para la constitución del mapa cultural de la Argentina. El Polo, como proyecto de articulación que buscaba equiparar condiciones productivas históricamente desigualadas en la figura de una red de nodos que operara conjuntamente; la itinerancia, al nombrar un camino desde una muestra que tuvo origen en Buenos Aires a otros puntos (del país, del continente, del mundo). No es menor, entonces, el haber compartido (o no) esos espacios de trabajo al momento de indagar en los sentidos de ciudad de realizadores y realizadoras situados en específicas condiciones productivas. Ni tampoco lo es haberlo hecho como mujer, profesional y en el rol de organización o coordinación del grupo dentro de un contexto predominantemente patriarcal. Esos espacios refieren a homologías y diferencias en la percepción del propio lugar, de su importancia relativa en la consideración de lo social, y del sentido general de la incidencia de las políticas comunicacionales y culturales del kirchnerismo en la historicidad situada de esas prácticas productivas audiovisuales.

II.
Geografías del poder: mutaciones y sedimentaciones en contextos de desigualdad

Participo de un encuentro *Alban Alumni* en una sede especialmente elegante de la Universidad de Buenos Aires. Me encuentro, allí, con ex becarios y becarias del país y de Latinoamérica. Converso con una profesora que reside en Buenos Aires y un colega uruguayo. Les cuento que mi beca fue para trabajar sobre imaginarios urbanos de San Salvador de Jujuy en la prensa gráfica local de la década de 1940. La investigadora porteña indica: "realmente insólito, con los cerros ahí...". El uruguayo asiente. Se ríen. Les cuento en qué medida la Latinoamérica profunda es profundamente urbana. No los convenzo. Terminamos la velada con relatos sobre caminos alternativos y paisajes naturales dignos de ser visitados en el itinerario turístico de la Quebrada de Humahuaca. El Cerro de los Siete Colores es el *axis mundi* del universo-Jujuy que construye esa conversación ligera en el espacio de socialización informal de una reunión de académicos.

Recuerdo la situación y pongo "Jujuy" en la pestaña de imágenes de Google. Capturo la pantalla. Intuyo que si volvemos a encontrarnos seguiré sin convencerlos y pienso en qué medida la Latinoamérica profunda sigue siendo profundamente urbana, aunque los paisajes visuales contemporáneos dominantes insistan y refuercen su ligazón con la naturaleza.

Inscripta en esa tensión, que de alguna manera la constituye, San Salvador de Jujuy es una *ciudad ordinaria* en un mapa asimétrico de *formaciones nacionales de alteridad*, cuya economía simbólica reposa parcialmente en la sedimentación de figuras del paisaje argentino, al mismo tiempo que las relaciones que la conforman alimentan y producen sus propias cartografías urbanas

y provinciales del poder y la desigualdad. La televisión local forma parte de esas relaciones.

Como ya señalamos, este libro analiza *sentidos de ciudad* en Jujuy a partir de narrativas televisivas producidas localmente en el período de vigencia de las políticas de fomento a la producción audiovisual para televisión digital asociadas a la Ley 26.522 de Servicios de Comunicación Audiovisual.

La anécdota inicial de este capítulo refiere a las dinámicas de la distribución de información y conocimiento en torno a la heterogeneidad argentina y sus maneras de urbanización y representación. Ese conocimiento, que se superpone a las generalizaciones en torno al proceso de "cambio de estatuto" de la televisión vinculado a la digitalización, indica la necesidad de este apartado relativamente extenso para precisar ciertos rasgos de San Salvador de Jujuy que iluminan tres "puntos de partida": el carácter predominantemente urbano de la vida social contemporánea; la caracterización del espacio como intersección de relaciones sociales que devela las geografías del poder que las producen y al mismo tiempo son producidas por ella; y la relación de las narrativas audiovisuales televisivas –en tanto producción de cultura y cultura de producción– con las dos características anteriores.

A continuación, presento una síntesis crítica de información secundaria sobre San Salvador de Jujuy que permite observar ciertas tendencias y procesos generales asociados a esas premisas, y su condición constitutiva de los paisajes mediáticos. En la primera sección trabajo en la sistematización de datos vinculados al proceso de urbanización de San Salvador de Jujuy, y su relación con las características sociodemográficas de la nación y de la provincia. En la segunda, ese proceso se articula al de las dinámicas de las industrias culturales y los servicios de comunicación audiovisual. Finalmente, me detengo en la consideración específica de la producción televisiva en la coyuntura de la migración del entorno analógico a la Televisión Digital Abierta.

En todas las secciones se realiza un trabajo de "mapeo" en tanto ejercicio interpretativo que sistematiza alrededor de la tendencia de urbanización del capital y de la población diversos indicadores sociodemográficos y socioeconómicos a través del contraste entre sí y entre las diversas escalas implicadas en los procesos de producción social del espacio. Se busca, entonces, interrogar diversas fuentes para delinear las geografías del poder que se superponen en San Salvador de Jujuy, que están vinculadas al carácter histórico y general de la(s) desigualdad(es), y que alimentan la experiencia urbana y, por lo tanto, las narrativas locales sobre la ciudad.[26]

1. Cartografías de la desigualdad[27]

Este apartado propone una síntesis crítica de información sobre la ciudad que permite observarla como intersección de relaciones espaciales vinculada a diversas geografías del poder, relaciones que producen la ciudad y son producidas por ella. Para ello, se realiza un trabajo de interpretación que reúne, atravesándolas, diversas fuentes.

---

26. Con las especificidades que se consignan en cada sección, la información que permite este mapeo proviene de estudios sobre la ciudad y la provincia que se citan en cada caso, y de las siguientes fuentes estadísticas: censos nacionales (INDEC); sistematización de datos censales para la ciudad de San Salvador de Jujuy (DIPPEC, 2010 y 2016); Atlas de las Industrias Culturales de Argentina (Villarino y Bercovich, 2014, para SINCA); Encuesta Anual de Hogares Urbanos de Argentina 2011 (EAHU) (INDEC, 2011); Encuesta Nacional de Tecnologías de la Información y la Comunicación 2011 (ENTIC) (INDEC, 2011); relevamiento de consumos culturales y audiencias realizado por el Subprograma de Polos y Nodos para el SATVD-t y el PICTO-UNJU 158/08 (2012); y relevamiento de parques tecnológicos y condiciones de trabajo en medios audiovisuales de San Salvador de Jujuy del PICTO-UNJU 125/08 (2014).

27. Este apartado retoma, conecta y amplía lo dicho en García Vargas (1999; 2003; 2009; 2012; 2015) y en Bergesio, García Vargas y Golovanevsky (2008).

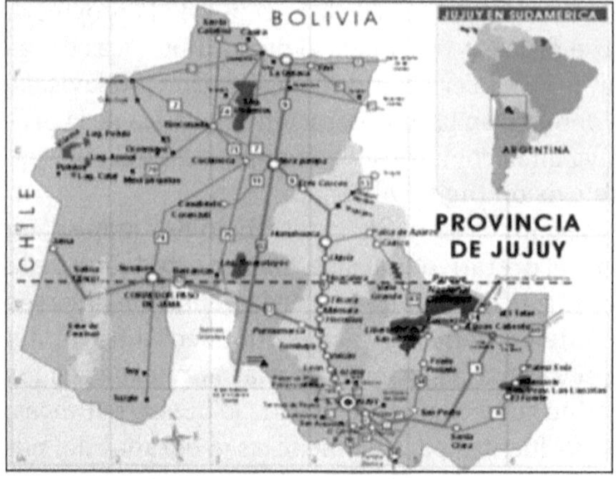

Mapa 1. Provincia de Jujuy y su ubicación relativa en Argentina y Sudamérica. Fuente: Mapas de Jujuy (2016).

San Salvador de Jujuy es la capital de la provincia argentina de Jujuy. Está ubicada en un valle surandino, y limita con la provincia de Salta y con las repúblicas de Bolivia y Chile. Fue fundada en 1593 entre los ríos Grande y Chico o Xibi Xibi. Matilde García Moritán (1997) señala que el crecimiento de la población fue siempre ascendente y que, en general, ha sido proporcionalmente más elevado que en la provincia y en el país. El censo 2010 indica que la ciudad cuenta con 257.970 habitantes. La ciudad principal de esta provincia de frontera se encuentra a 1.600 km de Buenos Aires, y muestra un flujo inmigratorio permanente (aunque fluctuante) de bolivianos y bolivianas, de más de un siglo de duración. En lo que sigue, se describirán algunas dinámicas poblacionales que permiten notar la variación del peso relativo de su capital en el concierto provincial, y sus relaciones con el marco regional, nacional y global.

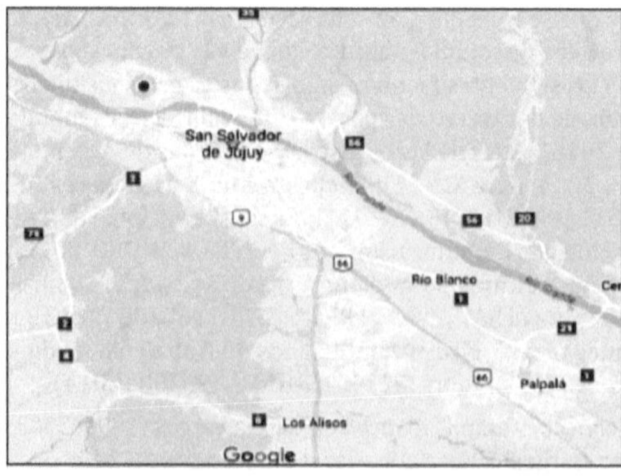

Mapa 2. San Salvador de Jujuy. Fuente: Google Maps.

Preliminarmente, es necesario recordar que en Argentina los proyectos de ciudad propiciados por el Estado parecieron tender a la socialización de la diferencia en un modelo específico, con base en la heterogeneidad social y residencial (Svampa, 2001).

Sin embargo, en los procesos de urbanización las diferencias sociales se tradujeron en formas específicas de segregación. El espacio público urbano argentino, mantenido y propiciado por impronta estatal o de distintos grupos de actores de la sociedad civil convivió históricamente con modalidades de segregación y exclusión generadas por los mismos u otros actores.

La dualidad del modelo se altera en el último tramo del siglo XX frente a procesos de polarización social que llegan a su apogeo en la década de 1990. Entonces, las propuestas de ciudad pierden ambigüedad ya que la voluntad de integración se desdibuja frente a tendencias claramente excluyentes (Svampa, 2001). La desigualdad intraurbana, justamente, ha sido señalada como uno de los rasgos salientes de la configuración neoliberal en las ciudades pequeñas y medianas de Argentina.

La década de 1990 muestra lo que Manzanal (1999) denomina un *proceso de desarticulación profundo*, marcado por la disolución de los rasgos de integración de la provincia de Jujuy a la Argentina, como Estado y como mercado: el levantamiento del Ferrocarril, la privatización de Altos Hornos Zapla, la desarticulación de los servicios públicos de salud y educación, son algunos de los hitos salientes de este proceso (Jerez y otro/a/s, 1999; Lagos, 2009).[28]

El Noroeste Argentino (NOA) es una región "postergada" de nuestra nación. En términos de población, la importancia relativa del NOA en el conjunto nacional fue disminuyendo desde la época colonial hasta nuestros días (Boleda, 1993). En cuanto a los indicadores de bienestar, el NOA registra históricamente un índice de desarrollo humano inferior al del resto del país (Lello, 2015). A lo largo del período que va de 1991 a 2010, se constata que la población en hogares con NBI de la provincia es notoriamente mayor que la nacional, y también una tendencia descendente de los indicadores relacionados con esa medición. A su vez, la población en hogares con NBI en San Salvador de Jujuy

---

28. Como ejemplo, puede citarse que en 1991, la tasa de mortalidad materna de la provincia duplica la media nacional. Por otra parte, el Índice de Desarrollo Humano elaborado por PNUD y UNICEF en 1993 a partir de datos de 1991 ubica a la provincia de Jujuy en el 18º puesto del país (sobre veintitrés provincias argentinas) (Golovanesvky, 2005).

se encuentra entre esos dos números, mejor que los indicadores provinciales y por debajo de los nacionales.

Gráfico 1. Población en hogares con NBI en 1991 (1), 2001(3) y 2010 (5). Porcentual.

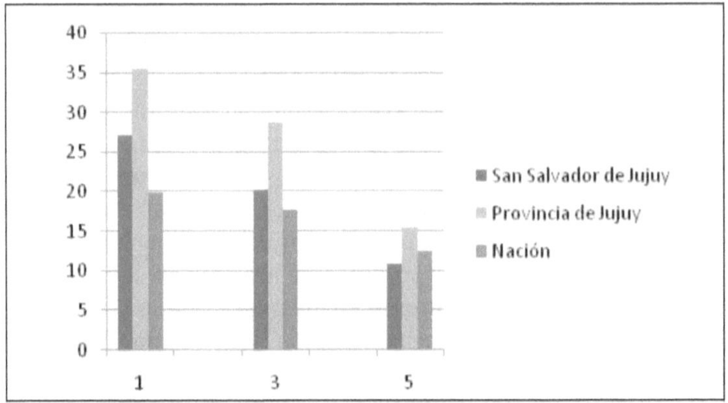

Fuente: Elaboración propia a partir de censos nacionales.

Por su parte, Golovanevsky (2008) señala que la economía de la provincia, que había tenido un fuerte dinamismo en las décadas de los años setenta y ochenta, mostró en los noventa una trayectoria decreciente.[29] A lo largo de las tres décadas, tanto el producto bruto geográfico como el empleo por sectores muestran un importante proceso de terciarización de la economía, basado en el crecimiento del sector público. Cuando dicho sector se vio restringido por políticas de ajuste económico, las tasas de desocupación crecieron sin cesar.

La *desarticulación profunda* descripta por Manzanal se repite a nivel provincial, agudizando tendencias anteriores. Es así que la urbanización de la población y su concentración en la capital provincial muestran una de las caras espaciales de los procesos de *drenaje de la población* de las zonas altas y del campo en ge-

---

29. La autora indica que para 1995 el valor agregado generado por la Provincia era de 1.570 millones de pesos y representaba el 0,6% del PBI nacional. Esto ponía a Jujuy como una de las provincias de menores ingresos, con un PBG *per cápita* de 2.800 pesos anuales (comparativamente, en la década del ochenta Jujuy se encontraba en el décimo lugar en el ranking de PBG *per cápita*). En el mismo sentido, Bertoni *et al.* señalan que en 1996 la tasa de actividad de la provincia bajó de 33,5% en 1993 a 30,8% en 1996, mostrando un porcentaje inferior a la tasa del Noroeste (35%) y al del total del país (41%) (Bertoni, Boyd, Servidio y Schilman, 2000).

neral hacia áreas de desarrollo capitalista más dinámico (que incluyen el polo San Salvador de Jujuy-Palpalá) descripto por Karasik (2005), y de la *hipertercerización de la economía* señalada por Stumpo (1992).

Mapa 3. Regiones ambientales de la provincia de Jujuy. Fuente: Proyecto Cultivos Andinos (2007, p. 11).

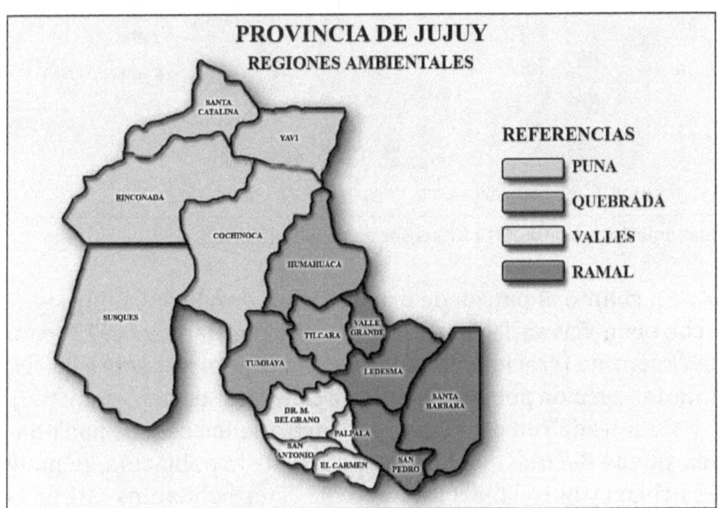

Karasik (2005) reúne y reinterpreta diversos estudios de la dinámica poblacional de la provincia que coinciden en señalar la profundidad de las variaciones en el peso demográfico relativo de las distintas regiones de la provincia entre 1869 y 2001 a partir de los censos nacionales. Gráficamente, y extendiendo esas consideraciones hasta el último censo (2010) la concentración de la población en las tierras altas de Quebrada y Puna (que incluye los departamentos de Humahuaca, Tilcara y Tumbaya, para la primera y Yavi, Santa Catalina, Cochinoca, Rinconada y Susques para la segunda[30]), Valles (comprende los departamentos Dr. Manuel Belgrano, Palpalá, San Antonio y El Carmen)[31] y Ramal (incluye los departamentos de Ledesma, San Pedro, Santa Bárbara y Valle Grande), puede mostrarse como sigue:

---

30. El departamento Susques integra el territorio provincial desde 1943, antes de esa fecha formaba parte de la disuelta Gobernación de Los Andes.

31. Hasta 1980 el Departamento "Capital" incluía al Departamento Manuel Belgrano y a Palpalá.

Gráfico 2. Población por regiones (porcentual).

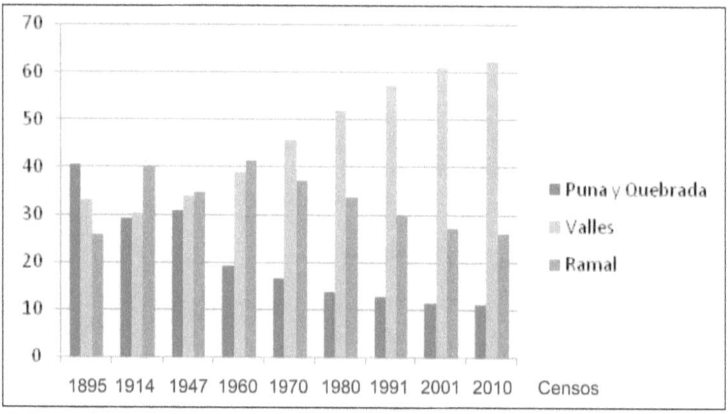

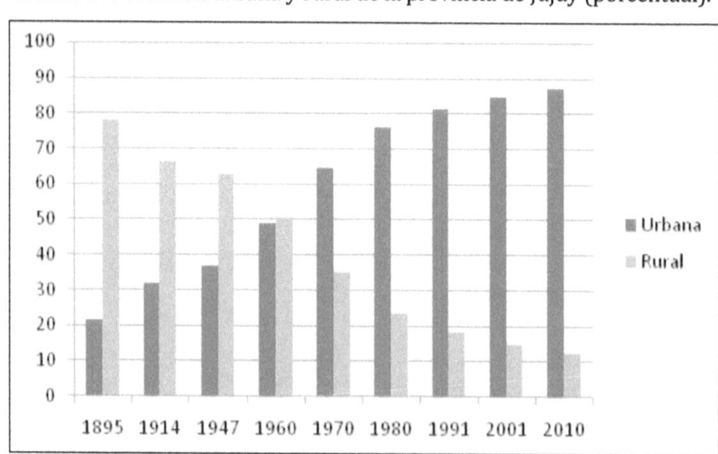

Elaboración propia a partir de censos nacionales (INDEC).

En cuanto al patrón de urbanización provincial, Jujuy sigue
–con pequeñas variaciones– el descripto por Hardoy (1972) para
la Argentina (crecimiento de la ciudad capital por sobre las del
interior, seguida por crecimiento de cabeceras de departamento).

En mirada retrospectiva, y a partir de los censos nacionales, puede decirse que la mayor parte de la población de Jujuy
es urbana y que el mayor número de estos habitantes está en la
capital jujeña (desde el Censo 1991, el conjunto de San Salvador
de Jujuy, Palpalá y El Carmen concentran más de la mitad de la
población provincial).

Gráfico 3. Población urbana y rural de la provincia de Jujuy (porcentual).

Elaboración propia con base en censos nacionales (INDEC).

En relación con la inmigración limítrofe, Zalles Cueto (citado por Caggiano, 2005) señala cuatro fases en la migración boliviana a la Argentina. La primera, de 1890 a 1930, se caracteriza por la inserción de zafreros y cosechadores en las plantaciones del NOA. Es migración estacional para la zafra azucarera de Salta y Jujuy. Según el autor, se trata de indígenas del Chaco boliviano y campesinos andinos. La segunda fase va de 1930 a 1964 y se trata de un período de fijación laboral a través de la radicación migratoria. A la zafra azucarera se suma las cosechas de tabaco y frutihortícola, en un contexto de establecimiento y estabilización de trabajadores agrícolas. La tercera fase es la del desplazamiento hacia el sur del país, especialmente el Gran Buenos Aires. Va de 1970 a 1984 aunque persiste la migración de zafreros al noroeste y a Mendoza. La cuarta fase, desde 1984, es la de legitimación de ciudadanía colectiva mediante organizaciones e instituciones de la colectividad. Desde 1970, puede verse una mayor difusión espacial, la tendencia al empleo permanente de los migrantes y el ascenso socioeconómico. Por otro lado, es posible ver a lo largo del tiempo que el movimiento de población es rural-rural, rural-urbano y, finalmente, urbano-urbano.

Tanto en los movimientos mencionados a nivel nacional como en los correspondientes a la provincia, es acertada la apreciación de Benencia y Karasik (1996) en cuanto a la mayor rapidez de los extranjeros (sobre los nativos) para "ajustarse" a los cambios en la estructuración económica del espacio. Como rasgo definitorio, Karasik (2005) señala que a partir de 1914 la movilidad poblacional se transforma con la constitución mayoritaria de las migraciones de origen limítrofe como desplazamientos de mano de obra para tareas asalariadas.[32]

En relación con el aglomerado San Salvador de Jujuy-Palpalá, Sala (2005) señala para el último tramo del siglo XX un leve descenso de la presencia de migrantes limítrofes, que llega a estabilizarse en un 5% de la población total.[33] La demógrafa re-

---

32. Karasik (2005: 214-217) señala que la información empírica discute fuertemente parte de la investigación académica que construye el fenómeno migratorio boliviano a Jujuy a partir de marcos explicativos prejuiciosos. Retoma, como ejemplo, los trabajos de Sassone y de Marco sobre movimientos de población boliviana originados en su "escaso apego a la tierra", la homogeneidad de todos los migrantes y la diferencia sociocultural exacerbada entre inmigrantes y nativos. Prejuicios de fuerte pregnancia en los medios masivos locales, la política partidaria con representación legislativa (Sala, 2012) y en el sentido común local.

33. El censo 1980 señala 5.7 % de población urbana de origen boliviano en San Salvador de Jujuy; el censo 2001 muestra 4,2% (cfr. Sala, 2005).

salta además la tendencia al envejecimiento y feminización de esta población. Si bien la distribución espacial de migrantes bolivianos y bolivianas en la ciudad es dispersa, Kanitscheider (2007) indica a partir de datos censales de 2001 que la mayor concentración se registra en los barrios que bordean los ríos Grande y Chijra, y aquellos que lindan con la Ruta Nacional Nº 9. Esos datos varían en el último censo, permaneciendo como la zona de mayor concentración de población inmigrante sólo el área que rodea la Ruta Nacional Nº 9.

Luego de dos intentos fallidos, en 1557 y 1563, San Salvador de Jujuy fue fundada el 19 de abril de 1593 entre los ríos Grande y Chico o Xibi Xibi, y organizada según el modelo de la cuadrícula en damero exacto (García Moritán, 1997). Luego, la ciudad creció "desbordando" estos límites a partir de 1915, aproximadamente (Ulloa, 2010). Sin embargo, la centralidad del espacio colonial aún persiste en las dinámicas de segregación socioespacial. Como mostraremos en las próximas páginas, esas dinámicas están asociadas a estilos de imaginarla de larga data, y a procesos de estructuración/desestructuración espacial que sostienen un orden social históricamente desigualado (García Vargas, 2003b y 2009; Bergesio, García Vargas y Golovanevsky, 2008).

Desde su fundación y hasta hoy la ciudad tuvo un crecimiento demográfico coincidente con la ocupación de nuevas áreas destinadas a vivienda. Este aumento de la población a través del tiempo ha seguido un ritmo que se ha mantenido siempre en ascenso, salvo en el período comprendido entre 1778 y 1869 en el que fue irregular, incluso con momentos de disminución (García Moritán, 1997).[34]

Desde su fundación hasta fines del siglo XIX el crecimiento de la ciudad fue paulatino pero constante y se concentró en el área comprendida entre el río Grande, el río Xibi Xibi y el borde de la terraza de los Altos de Quintana (hoy límite entre los barrios Centro y Ciudad de Nieva). En el entresiglo XIX- XX la fisonomía urbana comenzó a cambiar, como resultado del aumento demográfico que combinó inmigrantes de países limítrofes (predominantemente bolivianos, y minoritariamente de ultramar), migrantes rurales andinos y habitantes provenientes de otras ciudades argentinas (Delgado y otras, 2006). El notable aumento

---

34. La reconstrucción de los orígenes de la ciudad y su crecimiento está basada en García Moritán (1997, pp. 28-36; 2010), salvo aclaración en contrario.

de la población urbana generó la ampliación y densificación de la ciudad capital (Ulloa, 2010).

García Moritán (1997) indica que entre 1914 y 1935 la población de San Salvador de Jujuy se triplicó, proceso que conllevó la urbanización de nuevas áreas. Entre 1935 y 1960 la ciudad continuó expandiéndose hacia el norte, sobre la margen derecha del río Grande, y hacia el sudoeste. Cruzando el río Grande, se emplazaron numerosos barrios residenciales. Al otro lado del río Chico, por su parte, se fueron organizando casas y terrenos de menores dimensiones y con mayor densidad de población. En este período se expandieron varios servicios, situación que Bergesio, Golovanevsky y Marcoleri (2009) y Jerez (2015) asocian al ritmo del modelo de Estado Social con fuertes inversiones en infraestructura y vivienda.

Siguiendo la aseveración ya mencionada de Svampa (2001) sobre la dinámica *dual* en los procesos de urbanización argentinos, la expansión de la ciudad recién referida no implicó un proyecto de inclusión plena (García Vargas, 2001; 2006). Por ejemplo, el análisis de prensa gráfica de la década de 1940 muestra que la definición del espacio y la modernidad que se estiman imprescindibles para San Salvador de Jujuy se enlaza con una tradición histórica otorgadora de derechos para algunos habitantes y no otros, y una distribución espacial que polariza la división entre el centro de la ciudad (considerando como tal el área comprendida entre los ríos, sobre la cuadrícula colonial) y la periferia. La doble operación de espacialización e historización, termina legitimando a los mismos actores para decidir en los proyectos estéticos, políticos y sociales para la ciudad (García Vargas, 2004). Entre 1943 y 1945, los diarios locales *Crónica* y *El día* proponen claramente el establecimiento de límites territoriales que colaboran y sustentan procesos de diferenciación. En primer lugar, se separa a la ciudad en su conjunto de lo rural, pero atendiendo especialmente a la ruralidad romantizada de la Puna. En esa operación, se espacializa la etnicidad, el "norte" (Quebrada y Puna) para los pueblos "originarios" y la ciudad para los criollos. Ya separada, en la ciudad se trazarán límites entre el área central (definida entre los dos ríos y sobre la cuadrícula fundacional) para sus sectores más privilegiados y aquellos que se adapten a sus parámetros de *civilidad* y la periferia para todos aquellos actores cuyas condiciones materiales de existencia –reveladas en sus prácticas cotidianas– no puedan equipararse a las prescriptas por las normas sociales dominantes. Así, se espacializan las diferencias de clase y se prescribe un "código de urbanidad". Además, se distribuye el espacio privado y el público: la casa es para las mujeres y la calle para los hombres, con lo que las relaciones de género también quedan repartidas espacialmente. Señalar las diferencias en esta especie de "narrativa maestra de distribución de actores del espacio provincial" con el tratamiento actual es parte del trabajo de este libro. Sin embargo, los antecedentes mencionados pueden interpretarse como pasos en la construcción de diversas series, entre las que se incluye, por ejemplo, la conversión del coya –personaje bucólico en un indio con pocas habilidades para el trabajo y, luego, en boliviano usurpador que describe Karasik (2005). Este pasaje, a su vez, tendrá una de sus derivas en la interpretación de la presencia urbana de costumbres andinas como *invasión* que vulnera los ideales de progreso de la ciudad que también puede leerse en la prensa contemporánea (García Vargas, 2003 y 2009).

Como señala Matilde García Moritán (1997), en los procesos de transformación de la ciudad, los edificios en altura fueron modificando paulatinamente el horizonte urbano, a partir de la construcción del Instituto Provincial de Previsión Social y el Edificio de Obras Públicas en 1952, y generalizándose en la década de 1970 (García Moritán, 1997).

La autora sostiene que hasta la década de 1970 San Salvador de Jujuy siguió un desarrollo no planificado desde el Estado. Se ocupaban generalmente las tierras que eran vendidas por sus dueños, y quienes las compraban construían las viviendas de acuerdo a sus propias ideas o intereses. En paralelo, las urbanizaciones populares ocupaban tierras fiscales o privadas y luego de un largo proceso, generalmente vinculado con la autoorganización de los vecinos, obtenían la tenencia. Es decir que históricamente los sectores populares fueron protagonistas activos del crecimiento urbano, en barrios como Bajo San Martín, El Chingo y Radio Estación (las populosas áreas ubicadas entre el margen derecho del río Grande y el centro de la ciudad). El proceso de producción del hábitat popular continuó por los márgenes del río Grande al norte y los terrenos linderos a la Ruta Nacional Nº 9. Entre las primeras se pueden mencionar algunas zonas en Los Perales, Chijra, Campo Verde, Campo Azul y 9 de Julio; y entre las segundas: Punta Diamante, Cerro Las Rosas –relocalizados en Alto Comedero a inicios de la década de 1990– y Finca Scaro, entre otras.

A partir de 1960 el gobierno expropió tierras y el Banco Hipotecario Nacional y la Dirección de Viviendas realizaron algunos planes habitacionales, como el Barrio Mariano Moreno (que fortalece la tendencia de crecimiento de la ciudad popular hacia el sur). García Moritán (1997) indica que en 1977 se crea el Instituto de Vivienda y Urbanismo de Jujuy (IVUJ) en concordancia con el Fondo Nacional de la Vivienda (FONAVI).[35] En ese momento empieza una nueva etapa en la ocupación del espacio urbano, en la que el IVUJ organiza planes quinquenales y trienales, en función de la demanda poblacional y de la disponibilidad de tierras fiscales o privadas pasibles de expropiación. En esa etapa el crecimiento de la ciudad se orienta siguiendo la dirección este-sudeste.

Mientras tanto, la construcción de tres puentes sobre el río Xibi Xibi y la inauguración de la terminal de ómnibus, fuera del ámbito comprendido entre los ríos Grande y Chico, dinamizan el movimiento vehicular, peatonal y comercial también hacia y desde la zona sur de la ciudad (Bergesio, Golovanevsky y Marcoleri, 2009).

García Moritán (1997) señala que en 1978, la dictadura militar realiza por primera vez en Jujuy una relocalización masiva de personas instaladas en tierras fiscales. Las traslada a una zona al sudeste de la ciudad: El Arenal, que en aquel momento no integraba la planta urbana y hoy es el barrio Malvinas Argentinas. Esta relocalización masiva y compulsiva se efectúa en el marco del Plan de Emergencia, Ordenamiento y Erradicación de Barrios Marginales que prohibía la ocupación de tierras fiscales (ibíd.). A fines de la década del ochenta, acentuando la tendencia de concentración de población hacia el sudeste, la ciudad continúa creciendo con la formación de una gigantesca urbanización ubicada a quince kilómetros del centro: Alto Comedero (ibíd.).

Como se dijo al iniciar esta apartado, la ciudad de San Salvador de Jujuy fue fundada entre los ríos Grande y Chico o Xibi Xibi. Es importante destacar esta variable topográfica porque en Jujuy es frecuente designar como *la ciudad* a la porción de territorio rodeada por estos ríos, desde el Parque San Martín hasta el Cementerio Municipal (el barrio Centro) (García Vargas, 2003). Como se ha señalado en los párrafos anteriores, San Salvador de Jujuy ha crecido más allá de estos límites fundacionales y la población fue distribuyéndose en numerosos barrios, pero esa misma tendencia acentuó la concentración de las actividades

---

35. En 1993 el FONAVI desaparece y el IVUJ pasa a la provincia.

comercial, estatal, financiera y administrativa en el centro. El estudio de la distribución espacial de la desocupación realizado por Kanitscheider (2007) muestra bajas tasas en el centro de la ciudad, tasas inferiores al promedio en los barrios residenciales de la zona norte (por encima del río Grande), y a la mayoría de los desocupados concentrados en los barrios del sur de la capital provincial. La situación resulta inversa en relación con los niveles de educación de la población, observándose que en casi todos los radios censales con tasas de desocupación superiores al promedio se registran porcentajes particularmente altos de población con primaria completa como máximo nivel de instrucción (Kanitscheider, 2007).[36]

Como en otras ciudades, en las áreas donde hay menores porcentajes de desocupación (norte y centro) hay mayores niveles de instrucción y viceversa. Es decir que en las zonas que hay mayor desocupación –sur y sudeste– hay menores niveles de educación (que en promedio alcanzan la primaria completa).

Estos datos señalan tres tendencias de división social del espacio en San Salvador de Jujuy. La primera es una segregación de tipo centro-periferia, en la que el nivel socioeconómico de los habitantes desciende a medida que se aleja espacialmente del centro que brinda la cuadrícula colonial. Este primer círculo está físicamente delimitado por los dos grandes cursos de agua que atraviesan la ciudad (el río Grande y el río Xibi Xibi) y las barrancas que abalconan el barrio de Ciudad de Nieva. Una segunda tendencia es una división social norte-sur que también se organiza a partir de la cuadrícula fundacional. Al norte, al lado del río Grande, habita la población más acomodada, aunque no lo hace en exclusividad, puesto que hay zonas de Los Perales o de Chijra relativa o fuertemente heterogéneas. En oposición, al sur del río Xibi Xibi, los estándares sociales decrecen. La tercera tendencia es una división convexa y cóncava: las poblaciones socialmente desfavorecidas se instalan en viviendas precarias en los contornos de los lechos de los ríos, en los límites de las zonas inundables, en las zonas bajas, mientras que las residencias de quienes tienen mejores ingresos ocupan las alturas al oeste y

---

36. La misma autora asocia el tiempo de existencia de cada barrio con el envejecimiento de la población que los habita (Kanitscheider, 2007). Por oposición al crecimiento de Alto Comedero (al sur de la ciudad), que tiene una de las mayores tasas de crecimiento intercensal (Bergesio, Golovanevsky y Marcoleri, 2009).

las laderas de las colinas al norte (García Moritán y Echenique, 1990). La combinación de estas tres tendencias define una cartografía socioeconómica muy precisa para San Salvador de Jujuy.

Junto a esas formas de segregación socioespacial, los ríos Grande y Chico se han imaginado socialmente como líneas que organizan lo social a partir de los ejes metafóricos centro/periferia y adentro/afuera (de la ciudad). Esa modalidad de construcción puede observarse en diversos discursos. Por ejemplo, en un trabajo anterior he indicado que el espacio que los planos de la ciudad gestionan y valorizan muestra un proceso de representación del trazado que resalta la centralidad de la cuadrícula (entre los ríos) y deja en el silencio (es decir, sin cuadrícula) a los barrios y áreas de los lechos del río (García Vargas, 2003), tendencia que sólo se ha revertido en los últimos años. Como se sostiene en ese análisis, esas modalidades históricas de representación en los planos de la ciudad se condensan en el iso-logotipo de la Municipalidad de San Salvador de Jujuy, que la presenta como una cuadrícula rodeada por los dos cursos de agua mencionados.[37]

Si consideramos entonces a los ríos Grande y Chico como líneas demarcatorias, es posible zonificar la ciudad en tres áreas: un área central, ubicada entre ambos ríos; un área que se extiende hacia el norte del río Grande; y una tercera que, a partir del río Chico, se extiende hacia el sudeste. A lo largo del libro, nombraremos a estas zonas central, norte y sur, respectivamente. En cuanto a las percepciones de la desigualdad y la diferencia en la ciudad con relación a estas áreas, en base a entrevistas con diversos grupos que la habitan, puede sostenerse que se representan/interpretan de manera diferencial a los distintos sectores delimitados por los ríos Grande y Xibi Xibi, y que esas diferencias se extienden a sus moradores (García Vargas 1999a, 2003, 2009).

Las representaciones/interpretaciones de los habitantes de San Salvador caracterizan a la zona denominada "San Salvador de Velazco en el Valle de Jujuy", que ocupa la última porción del territorio recorrido por los ríos Grande y Xibi Xibi, en su zona de confluencia (la zona central) como lugar de trámites y transacciones financieras, centro político, histórico y turístico. En cuanto

---

37. Este logo fue utilizado por el gobierno radical durante la década de 1990, luego se dejó de emplear durante la gestión municipal peronista y, se retomó como identificación gráfica de la ciudad en diciembre de 2007 y hasta hoy. Una genealogía del logo en relación con la representación en planos y mapas de la ciudad puede verse en García Vargas (2003).

a las representaciones oficiales, una alta proporción de funcionarios/as entrevistados/as, al referirse a la ciudad, en realidad hacen mención excluyente a esta parte central. En este sentido, se caracteriza a San Salvador como "muy angosta", o se considera que los ríos son "limitantes del crecimiento de la ciudad". Por otra parte, una funcionaria considera que la zona más valorada por la comuna es "todo lo que es el casco histórico, la plaza, la ex peatonal y el parque San Martín", ubicados, todos, en la región central (García Vargas, 2003).

La zona que se extiende desde el río Grande hacia el norte (que se ha denominado aquí zona norte) se considera predominantemente residencial, con buenas vistas y alta calidad de vida. Esta representación es reforzada por el mercado inmobiliario, como ocurre con el slogan de un complejo habitacional construido en la zona norte, que dice: "Cruzar el río es vivir a pleno" (se refiere al río Grande) (García Vargas, 2003). En cuanto al área que se extiende hacia el sur del río Xibi Xibi (la zona sur), es percibida como la más populosa y popular (García Vargas, 1999, 2001, 2003.). Hay representaciones diferenciadas, altamente marginales, para los barrios y asentamientos que, si bien se ubican dentro de los dos ríos considerados, ocupan el lecho del río Grande, paralelamente al microcentro y extendiéndose hacia el sudeste de la ciudad (García Vargas, 2001, 2003).[38]

Si bien los indicadores de bienestar muestran cierta heterogeneidad en cada una de las áreas señaladas, existe una clara espacialización de la diferencia: los números más críticos se ubican en la zona sur y los más privilegiados en el área norte y el sector central, señalando, de ese modo, una *concentración de las diversas formas de desposesión de la población urbana en la zona sur* (García Vargas, 2008) en la que se destaca, por su magnitud, el Barrio Alto Comedero.

Aunque persistentes, tales tendencias dialogan (a veces, conflictivamente) con las dinámicas de conurbación y con aquellas que se asocian a la aparición y consolidación de barrios privados.

Como se ha mencionado, la ciudad muestra indicadores intermedios en relación con los nacionales y los del conjunto de la provincia: peores que la primera, y mejores que el conjunto provincial.

---

38. Por otro lado, al focalizar cada una de las zonas, sus habitantes construyen diferencias profundas entre sus propios sectores (García Vargas, 2003).

Mutaciones y sedimentaciones en contextos de desigualdad

El proceso de urbanización del capital descripto por Harvey (1989) puede abordarse (entre otras posibilidades) mediante la observación de la espacialización de las industrias culturales y creativas y su relación con la inequidad global (Chamorro, 2011). Históricamente, y como ocurre con la mayor parte de los países latinoamericanos, en Argentina la centralización geográfica de la producción de contenidos televisivos se localiza en la capital nacional, Buenos Aires, que es la sede de los grupos y conglomerados concentrados. Desde allí se participa en un flujo igualmente desigual(ado) de producción y distribución de contenidos a escala global (Muraro, 1987; Landi, 1987; Ford, 1987; Marino, Mastrini y Becerra, 2010).

En el momento de producción de los programas que se analizan en este libro se registró una leve disminución de la concentración geográfica de producción de contenidos a partir de la regulación específica de la ley 26.522 (hoy parcialmente derogada), aunque la estrategia de retransmisión permaneció en los canales de aire de las provincias argentinas, con especial incidencia en la región del noroeste que junto a la región pampeana fueron las áreas que menos redujeron las horas retransmitidas (AFSCA, 2011; García Vargas, 2014).

Ese proceso de concentración y urbanización de la producción televisiva en la capital nacional se replica y fortalece en las provincias, que reproducen la tendencia de concentración productiva en los centros urbanos más importantes, las capitales provinciales. De manera que este proceso, en las provincias argentinas, replica el patrón nacional de urbanización de la población descripto oportunamente por Hardoy (1972). Junto a la población, la producción mediatizada se concentra y crece en las capitales provinciales, seguidas por las cabeceras de departamento (en general, y exceptuando a la provincia de Santa Fe donde la ciudad portuaria de Rosario presenta idéntico o mayor desarrollo de las industrias culturales que la capital provincial). El *Atlas Cultural de la Argentina* (Villarino y Bercovich, 2014), que reúne diversos indicadores oficiales sobre industrias culturales y creativas para el período 2007-2013, señala que esta dinámica de concentración en las capitales provinciales se extiende al conjunto nacional. La misma fuente distingue entre los medios privados que tienden a concentrarse en las capitales, y los públicos que se distribuyen con mayor uniformidad en el conjunto de los territorios provinciales. A su vez, las capitales provinciales muestran mejores condiciones de ingreso y gasto por hogar que el resto del territorio de esos estados,[39] en consonancia con lo expuesto en la primera sección de este capítulo para indicadores de calidad de vida.

En ese marco de estructuración de la televisión argentina, repitiendo el esquema de nacional, los principales medios de comunicación de Jujuy se concentran en San Salvador y se distribuyen en tres grupos, todos radicados en esta ciudad, que ofrecen cada uno una señal televisiva local, de las cuales una es de acceso abierto y gratuito por aire (analógico y digital) y las otras dos corresponden al servicio por vínculo físico o satelital arancelado por abono mensual (el tipo de servicio que en Argentina se denomina cotidianamente "cable").[40]

Si bien la impronta integradora con dominancia de Buenos Aires –vía la repetición de contenidos en todo el país– alentó la concentración geográfica de la producción televisiva en Argentina, no excluyó el pequeño desarrollo en escala provincial, principalmente en el ámbito noticioso, como así también en el social y cultural, de programas que se emiten o se emitieron en los canales de aire y de cable. Uno de esos programas es *Jujuy Profundo*, emitido por la señal local de canal 4 de la ciudad de San Salvador de Jujuy durante nueve temporadas (hasta 2014), luego de las cuales pasó a la señal local de VideoTel Palpalá en 2016.

Junto a las experiencias productivas asociadas a las señales locales, a partir de mediados de la década de 1990 se desarrolló de manera sostenida el video-documentalismo, especialmente en sus variantes testimoniales o de denuncia de las políticas

---

39. Salta y Tucumán presentan, para el NOA, los indicadores más privilegiados, acercándose a los de la región central. Ver *Atlas Cultural de Argentina* (Villarino y Bercovich, 2014).

40. La relación estrecha entre estos tres grupos de medios con el poder político clásico (sistema de partidos y otras formas reguladas de representación política) es relevante en términos de las condiciones generales para el ejercicio profesional de la producción audiovisual en San Salvador de Jujuy y para la distribución de contenidos a nivel local. Canal 7 de Jujuy está vinculado al grupo familiar directo del ex vicegobernador Guillermo Jenefes; Canal 4 a la familia Jacquet Matillon, uno de cuyos integrantes fue candidato a diputado provincial por el Frente para la Victoria en las elecciones de 2013; Canal 2, al grupo familiar de Eduardo Camusso, diputado provincial por el Frente Primero Jujuy (período 2009-2013). Para una descripción detallada de los medios en Jujuy, ver García Vargas (2014).

neoliberales (García Vargas, 2014). Estas prácticas productivas fueron paralelas, pero se dieron en un medio relativamente pequeño, por lo que se encontraron en algunos momentos del proceso productivo, por ejemplo a través de algunos de sus trabajadores y trabajadoras contratados por los canales de cable jujeños para tareas específicas (edición, dirección, producción general). Es el caso de varios miembros del colectivo Wayruro Comunicación Popular durante la última década.[41]

En cuanto a los circuitos de distribución de estas producciones locales, como en casi todas las experiencias de audiovisualismo militante (Galán Zarzuelo, 2012; Mestman, 2013), en Jujuy fueron notablemente diferentes. Mientras que los informativos y magazines o formatos de interés general quedaron asociados al ámbito local cubierto por el alcance o las redes de distribución de los canales de aire y de cable que los produjeron o coprodujeron, con la lógica del *broadcast* y financiados por el pequeño mercado publicitario local en el que predomina la publicidad oficial; los documentales fueron autosustentados, se distribuyeron en diversas escalas (locales, nacionales, regionales, internacionales), y en circuitos alternativos, tanto por la temprana apropiación de medios de base digital por parte de sus productores, como por su relación con la herencia del cine y el video militante o independiente que implica ámbitos como los festivales, el sistema educativo público (especialmente, el universitario) y espacios de la sociedad civil vinculados a la comunicación popular (García Vargas, 2014).

Finalmente, en la primera década del siglo XXI la producción independiente añade trabajos en video (digital o analógico) que retoma la herencia del cine para producir breves historias de ficción, docu-ficción, o programas televisivos de entretenimiento o entrevistas con búsquedas estéticas que se auto presentan como artísticas antes que como militantes. La producción se financia mediante diferentes subsidios nacionales y transnacionales, para el cine y la televisión, y sus productores y productoras comparten circuitos de difusión del cine de autor e iniciativas de centros y colectivos artísticos y culturales independientes o estatales. Por ejemplo, proyección de producciones en el centro cultural *La Sopa*, en el *Cine Móvil Jujuy* dependiente del área de cultura del gobierno provincial o en programas de proyección de cine-

---

41. Para un desarrollo detallado de las dinámicas productivas y organizativas de Wayruro Comunicación Popular, véase García Vargas (2015).

matografía en la provincia. Es el momento de la creación de la Fundación Séptimo Arte.

El mapa argentino de la producción de contenidos está fuertemente concentrado, y muestra la desigualdad en los flujos: mucha producción en un único espacio reducido, y poca en el resto del territorio. A su vez, el mapa de la televisión analógica y de cable en Jujuy se concentra en la capital provincial y muestra a pocos actores que producen baja cantidad de contenidos, financiándolos con publicidad local, y retransmitiendo buena parte de su programación de canales de Buenos Aires (en la televisión de aire) o de señales específicas que forman parte de su oferta (en la televisión de cable). La producción o coproducción de contenidos locales por parte de estas señales abarca noticieros y programas de interés general o de temáticas específicas pero generalmente dentro del área que suele denominarse "cultural" (teatro, deportes, libros, fiestas populares). También se producen documentales y videos militantes y experimentales, que integran otros circuitos de distribución, diferentes a los de las señales televisivas locales y, en general, autosustentados. En las estrategias de autosustentabilidad tiene importancia central la tramitación de subsidios estatales nacionales y provinciales o de cooperación internacional. Los realizadores que participan en estos otros circuitos también se localizan predominantemente en San Salvador de Jujuy.

Cabe preguntarnos cómo el contexto de concentración geográfica y multimedial de la producción se vincula con el "cambio de estatuto" de la radiodifusión implicado en la televisión digital (Bizberge, 2010), en lo tendiente a la democratización de medios y contenidos.

El espacio nacional audiovisual que se proyectó e intentó materializarse a través de diferentes estrategias durante el kirchnerismo estuvo enmarcado por la Ley 26.522 y, particularmente para la TDA, en el decreto 1148/09. El decreto 1148 creó el Sistema Argentino de Televisión Digital Terrestre y el Consejo Asesor del Sistema Argentino de la Televisión Digital Terrestre, en el ámbito del Ministerio de Planificación de la Nación (MINPLAN). En este marco, el Consejo propuso un plan estratégico 2009-2019 (año del apagón analógico), declarando como objetivo garantizar el acceso universal al servicio y por lo tanto a las Nuevas Tecnologías de la Información.

En la normativa, la garantía de acceso de la población a la TDA y a las nuevas tecnologías se presentó enmarcada en un modelo que contempla la inclusión social y la diversidad cultural, el fortalecimiento de la industria nacional y la promoción del empleo, el desarrollo científico-tecnológico y la protección de los derechos y libertades ciudadanas.

Todos estos puntos implicaron (al menos, discursivamente) la confrontación con la dinámica concentradora de la televisión comercial, expresada en las estrategias de repetición y en las de localización exclusiva de los procesos productivos en la capital nacional, y resignificaron las experiencias productivas locales inscriptas en la dinámica reconstruida sintéticamente en este apartado.

Para los procesos productivos, el Consejo Asesor elaboró el denominado Plan Operativo de Fomento y Promoción de Contenidos Audiovisuales digitales del SATVD-t (28/6/2010, acta resolutoria N° 7 del Consejo Asesor), organizado en cuatro ejes: integración regional y desarrollo audiovisual digital; promoción de Producción de Contenidos Digitales; bancos de Contenidos Audiovisuales Digitales y articulación y desarrollo de Señales Digitales Públicas y de gestión privada sin fines de lucro.

Entre las múltiples políticas que se inscriben en el eje de promoción de la producción de contenidos, me detendré en aquellas vinculadas a las convocatorias por concursos del Instituto Nacional de Cine y Artes Audiovisuales (INCAA) para observar su relación con la propuesta descentralizadora y desconcentradora profusamente publicitada por el Ministerio de Planificación de la Nación. Las convocatorias INCAA para SATVD-t se organizaron velozmente, capitalizando la vasta experiencia del organismo en la promoción de la actividad cinematográfica (Marino, 2013), en ediciones anuales continuas desde 2010 hasta 2013.

Las convocatorias por concursos de INCAA se realizaron con el objetivo específico de federalizar la producción audiovisual para el SATVD-t, mediante el mapeo del país en seis regiones que recibieron subsidios por montos idénticos para la realización televisiva de diversos formatos.

En las bases, se promovió la inclusión de la diversidad y heterogeneidad constitutivas de nuestro país, organizando el territorio nacional en regiones que se agruparon por criterios de proximidad geográfica, histórica, social y cultural (INCAA, 2010).

Los concursos de las convocatorias federales propusieron como objetivos declarados fomentar la producción de contenidos en todo el territorio nacional a fin de promover la diversidad cultural de sus diferentes regiones, contribuir a la formación de un acervo de contenidos para la televisión digital, y desarrollar las capacidades profesionales de directores, productores y guionistas independientes de cada una de las provincias del país (INCAA, 2010).

El mapa de las regiones INCAA puede pensarse como una "renovación situada" de la dinámica productiva histórica en las provincias por la variedad de géneros (entre los que se incluye el documental), por el destino (la convocatoria es para televisión), y por la concepción de distribución de recursos (que los organiza con perspectiva federal, otorgando idéntica cantidad de fondos a cada una de las regiones del país).

Como he sostenido en trabajos anteriores (García Vargas, 2014 y 2015), la tarea de articular la convocatoria en regiones dialoga, y al mismo tiempo potencia, algunas de las formas previas de organización ya iniciadas desde la conformación de numerosas redes de producción independiente y alternativa, para atender a los desafíos de su desarrollo o visibilización. Las lógicas de articulación de esas redes, si bien variadas, son en general sensibles a la territorialidad y de base local. La importancia de la localización en el pensamiento audiovisualista independiente se evidencia en que eligen mayoritariamente la designación por la localidad o la provincia para sus eventos y formas asociativas, por ejemplo: *Oberá en cortos*, *Santiago del Video*, o *Red Andina de Video*, entre las experiencias históricas, o el más reciente *Espacio Norte Audiovisual* (que reúne a realizadores y realizadoras del NOA y del NEA). Por ejemplo, la *Red Andina de Video* fue una experiencia organizativa de productores independientes para incidir en las formas de distribución de recursos provenientes de políticas de fomento en las provincias de Jujuy, Salta, Tucumán, Santiago del Estero, Catamarca y La Rioja, entre otros objetivos. Esas modalidades de articulación regional se potenciaron en el debate de las políticas asociadas a la LSCA y la TDA.[42]

Como se dijo, el carácter de "renovación situada" vinculado al fomento audiovisual tiene que ver con la aplicación de una parte de los fondos a la producción televisiva, pero también se reprodujo la experiencia cinematográfica de INCAA en las dificultades históricas para la distribución y estreno en las señales del país.

---

42. Es interesante observar cómo, en el contexto actual, las redes nacionales (por ejemplo, DOCA, la asociación de documentalistas argentinos que se conformó en 2001, durante el apogeo de la crisis del gobierno de la Alianza), ya existentes en el momento del trabajo de campo, vuelven a ser centrales en la confrontación, convocando y articulando la demanda frente a la intervención de INCAA, mientras que las regionales siguen firmando los documentos como apoyo a esa configuración articulada nacionalmente.

En términos de empleo, las consecuencias de tales cambios puede observarse en el trabajo de Cáceres y Rodríguez (2014), quienes sistematizan el origen de producción de las series documentales por provincia y por región de la convocatoria 2010 de INCAA con la finalidad de evaluar de qué manera este proyecto visibiliza el potencial audiovisual del territorio argentino, y de observar predominancias de ciertas provincias sobre otras.

Finalmente, es necesario indicar que la persistencia y agudización de la desigualdad en ámbitos regionales compromete especialmente a sectores sociodemográficos específicos, entre los cuales las mujeres y las poblaciones indígenas y rurales se encuentran entre las más afectadas (Kessler, 2014). En ese sentido, cabe recordar que Jujuy es la provincia argentina que presenta el mayor porcentaje de hogares en los que algún o alguna integrante se reconoce como indígena o descendiente de indígenas,

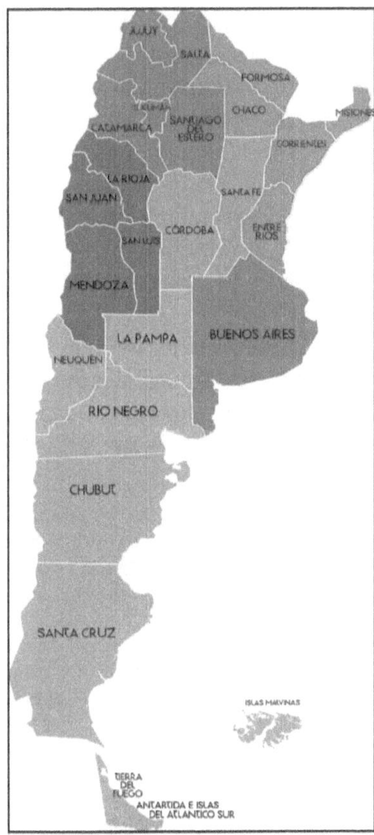

Mapa 3. Regiones de la convocatoria de concursos federales INCAA. Elaboración propia sobre convocatoria INCAA (2010).

de manera que en el 10,5% de los hogares, al menos una persona
se declara descendiente de pueblos originarios (Encuesta Complementaria de Pueblos Indígenas 2004-2005, citado por García
Moritán y Cruz, 2011). En relación con el patrón de urbanización
recién mencionado (Hardoy, 1972), la misma encuesta analizó la
composición de los hogares rurales del país y estableció que en
la provincia de Jujuy el 38% de la población rural se reconoce
indígena (García Moritán y Cruz, 2011).[43]

Esa situación de construcción recíproca de la desigualdad entre regiones, entre capital metropolitana nacional y provincias,
y entre ámbitos urbanos y rurales se desarrolla parcialmente en
las posibilidades de enmarcamiento y definición de sentidos de
ciudad por medio de narrativas audiovisuales, que de ese modo
participan y co-construyen una específica y desigual geografía
del poder de la producción televisiva a escala nacional.

Los sentidos de ciudad de los realizadores y la realizadora entrevistados se producen al interior de la espacialización urbana y
regional de su propia experiencia como eje estructurante de las
situaciones y condiciones *desigualadas* de su praxis profesional
y productiva en el ámbito audiovisual televisivo local. Los y las
productores audiovisuales de Jujuy comparten una experiencia
histórica en común sobre la televisión y sobre la ciudad. En una
versión experiencialista, sus sentidos de ciudad son una posible
vía de ingreso para explorar lo sedimentado y lo vivido históricamente en su experiencia urbana como parte del proceso social
(Williams, 1997 y 2001; Grimson, 2004).

La síntesis crítica de información sobre las dinámicas sociales
urbanas y televisivas que forman parte de los paisajes sociales y
mediáticos desigualados de la nación muestra que tanto "fuera"
como "dentro" de las pantallas televisivas, las distancias entre el

---

43. Históricamente, los sentidos de ciudad dominantes –por ejemplo, aquellos
que construye la prensa gráfica local, las políticas de patrimonialización o
los discursos de funcionarios y planificadores urbanos– han operado *invi-
sibilizando* lo indígena en la ciudad mediante la espacialización diferencial
de lo andino y lo coya en áreas no urbanas (García Vargas, 2003b, 2005),
hipervisibilizándolo en operaciones patrimonializantes con fines turísticos
(García Vargas, 2010) o en la (sobre)exposición informativa vinculada a casos
puntuales, y en ambos casos con la tendencia de remitirlo al *pasado* (García
Vargas, 2001, 2003b, 2006). Hay excepciones, como la monumentalización
de íconos indígenas andinos en el barrio de la organización Tupac Amaru,
ubicado en el área de Alto Comedero de la capital provincial, que justamente
operan como acción de resistencia y confrontación con el sentido de ciudad
dominante (Gaona, 2016).

NOA y el conjunto nacional coinciden para caracterizarla como una de las regiones estructuralmente más desfavorecidas de Argentina en la persistencia de la desigualdad (Kessler, 2014). Jujuy, a su vez, muestra a su capital como un lugar de indicadores intermedios en relación con el conjunto provincial.

Tales inequidades participan en una ecología de medios caracterizada por la transmedialidad y la convergencia en la que la televisión sigue siendo la tecnología más pregnante y presente en los hogares argentinos al momento de la investigación, independientemente del nivel de ingresos. Esto es, atraviesa el conjunto de la población, con predominio sobre el resto de las tecnologías destinadas a la información y el entretenimiento (Golovanevsky, García Vargas y Chachagua, 2018). En medio de las formas territoriales regionalizadas y regionalizantes de la desigualdad mencionadas en las secciones anteriores, la televisión resulta excepcional por su presencia extensa e intensa en las diversas áreas y zonas del país. En el caso específico de Jujuy, el 94,9% de los hogares posee televisor, y el porcentaje se eleva a 96,9% para el aglomerado San Salvador de Jujuy-Palpalá (INDEC, 2011). Por otra parte, el elevado nivel de hogares con acceso a más de treinta canales indica la alta penetración del cable en el país (forma de distribución de señales paga). En este caso, se observa mayor variación entre diferentes quintiles de ingreso, y entre las provincias de la región, por un lado, y el total nacional, por el otro (Golovanevsky, García Vargas y Chachagua, 2018). Esa heterogeneidad –y las desigualdades y diferencias en las que se estructura– tienen especial impacto en la vida cotidiana.

A su vez, la distancia entre los indicadores de conjuntos tecnológicos digitales y de conexión a redes presentes en los hogares del NOA y aquellos correspondientes al conjunto nacional se suma a las concomitantes e históricas brechas socioeconómicas vigentes en una de las regiones estructuralmente más desfavorecidas de Argentina en la persistencia de la desigualdad (Kessler, 2014; García Vargas, 2009).[44]

---

44. La distancia con el promedio nacional en la posesión de conjuntos tecnológicos se establece en los hogares de Jujuy en menor medida en cuanto a la televisión (casi el 100% en ambos casos) y al teléfono móvil (más del 80% en ambos casos); mientras que se presentan mayores diferencias en cuanto al acceso a computadoras (promedio 40%), internet (promedio 20%) y telefonía fija (promedio 40%), con variaciones que dependen principalmente de los ingresos de cada hogar. En Jujuy, los hogares se encuentran rezagados en relación con la posesión –y las correspondientes posibilidades de acceso– a los últimos tres grupos citados. El contraste entre la presencia y característi-

En San Salvador de Jujuy, el consumo televisivo es, además, una experiencia vastamente compartida, y el modo principal de acceder a la información y al entretenimiento en los hogares (García Vargas, Ficoseco, Gaona, López y Zubia, 2014).

Así como generó políticas públicas para fomentar la producción de contenidos destinados a la TDA, el conjunto político-normativo de la LSCA y el decreto-ley de la televisión digital incluyó un plan específico para acompañar la migración al digital que implicó el movimiento de unos dispositivos tecnológicos imprescindibles para ver televisión. Se trató del "Plan operativo de acceso al equipamiento para la recepción de la televisión digital terrestre *Mi TV digital*" (en adelante, "Plan Mi TV digital"), un programa del gobierno argentino dedicado a contener familias con riesgo de exclusión frente al apagón analógico.[45]

Esta iniciativa de diseminación de tecnologías para el acceso no se estructuró en términos regionales (como sí lo hicieron aquellas relativas al fomento a la producción), sino a partir de la idea de "población prioritaria".[46] Esto es, funcionaron mediante

---

cas en los hogares de Jujuy de los medios tradicionales, por un lado, y de las tecnologías digitales, por el otro, permite visibilizar la presencia y extendido uso de los primeros en el momento de realización de esta investigación.

45. Se ha estudiado específicamente este plan en García Vargas, Ficoseco, Gaona, López y Zubia (2014). El Plan contemplaba la dotación de un paquete de equipos receptores de la señal (sea TDT, con transmisión "punto a punto", o TDS, con envío satelital de la señal) compuesto por los siguientes elementos: un equipo receptor STB en UHF (en adelante, decodificador); un control remoto (con las baterías correspondientes); una antena para interiores de UHF; un cable de 220 V; un cable RCA para conexión de audio y video; un manual del usuario (en idioma español y con teléfono de atención al cliente). En casos específicos, se sumaban equipos complementarios definidos por el Consejo Asesor de la TDA. Por ejemplo, opcionalmente y de acuerdo a la ubicación geográfica entre el lugar de recepción y el lugar de emisión –esto es, por la distancia "punto a punto" entre el decodificador y la antena– el equipamiento se complementa con una antena de exterior para el mejoramiento de la calidad de la señal o una antena satelital, ésta última sólo para ubicaciones remotas cuyas condiciones geográficas dificulten la conexión terrestre. El programa no cuestionó si esas eran las tecnologías hacia las que conducía el proceso ya abierto de digitalización en las prácticas efectivas de recepción del audiovisual en general, sino que se circunscribió a los usos históricos de la televisión del tipo broadcast por programación en canales o señales que emiten simultáneamente para un público masivo, con la observación de futuras modificaciones que añadieran posibilidades interactivas abiertas por la digitalización.

46. El programa definió dos grandes grupos destinatarios: espacios colectivos y espacios familiares. Entre los primeros se ubicaban los establecimientos

la solicitud de familias con al menos un integrante que registrara condiciones para ser destinatario/a del conjunto de decodificador y antena que actualizara el equipo para la migración digital.

El trabajo de campo con audiencias de la TDA mostró que los espacios principales de esta política corresponden al ámbito doméstico y no al de los espacios públicos o a la ciudad en su conjunto, que son el foco de este libro. Sin embargo, señaló algunos aspectos que se relacionan con nuestra pregunta sobre qué significa estar ubicados o ubicadas en lugares particulares (cuando estos lugares son urbanos). Básicamente, el recorrido territorial muestra que esta política de acceso acerca pero también aleja, en un juego complejo de distancias (sociales y urbanas) entre los públicos destinatarios de este programa y los productores y productoras.

Numerosos autores y autoras indican que nos movemos en un ecosistema audiovisual en mutación, en gran medida por la digitalización. Sin embargo, este trabajo elige partir de narrativas audiovisuales televisivas, porque lo dicho a lo largo del capítulo indica que en San Salvador de Jujuy *muta* a partir de una historia ya en curso de imágenes sedimentadas, de un paisaje material y de unas modalidades de interacción desigualadas en el campo social (Yúdice, 2002). Esos paisajes y esas pantallas otorgan poder a determinados grupos y actores/actrices sociales, y lo hacen de maneras sistemáticamente asimétricas. El término "mutación" indica cambio, y por lo tanto un orden o estado previo, pero la deriva recurrente en el planteo adscribe a una sensación de "novedad" y a unas potencialidades productivas generalizadas que no coinciden con estos mapas, y que dificultan incluir a la desigual-

---

públicos –sean o no de carácter estatal– que tuvieran por finalidad y/o función "el desarrollo de actividades sociales, culturales, deportivas, educativas y/o de promoción de contenidos audiovisuales y las organizaciones sociales". Por ejemplo: asociaciones civiles sin fines de lucro, fundaciones o cooperativas de trabajo, escuelas en lugares remotos para la accesibilidad, centros integradores comunitarios, centros de jubilados, etc. Entre los segundos, la población prioritaria estaba compuesta por quienes percibían: pensiones no contributivas (pensión a la vejez de mayores de 70 años, madres de siete o más hijos, invalidez/discapacidad); Asignación Universal por Hijo (AUH); jubilaciones y/o pensiones con haberes mínimos nacionales y/o provinciales; planes y/o programas sociales a nivel nacional, provincial o local contemplados en alguno de los padrones de los organismos gubernamentales y, por último, aquellos y aquellas integrantes de hogares que se calificaran "en situación de vulnerabilidad" no incluidos en las políticas citadas, mediante una solicitud complementaria que pasaba por un proceso de evaluación especial.

dad social como poderoso condicionante para la resolución de conflictos culturales vinculados a la producción social del espacio.

Los *sentidos de ciudad*, como representaciones que forman parte de la experiencia urbana, articulan diversos elementos discursivos, institucionales y estructurales asociados a estas geografías. Como veremos en los capítulos sucesivos, la clase, el género, la generación, la nacionalidad, la etnicidad, la sexualidad o la religión (entre otros) resultan ejes ordenadores de la desigualdad y la diferencia que operan intersectándose para definir los espacios, tiempos y actores asociados localmente a la ciudad. Como parte de la vida cotidiana extensa e intensamente presente en quienes habitan la ciudad, la audiovisualización televisiva participa de la producción social del espacio y, al hacerlo, reproduce, acentúa, confronta o disminuye la exacción que tal interseccionalidad produce sobre algunos de los actores y actrices sociales de San Salvador de Jujuy.

Capítulo 1

Producir cultura *desde acá*: sentidos de ciudad (mediatizada) de productores y productoras televisivos de Jujuy

> Los programas de TV no son producidos por especialistas de un estatus social diferente del de los espectadores (como los sacerdotes o los bardos) sino por profesionales de una clase diferente –a menudo más urbana que rural, con identidades y vínculos sociales nacionales y a veces transnacionales– que trabajan dentro de estructuras de poder y organizaciones vinculadas entre sí y dan forma concreta a intereses nacionales o comerciales.
>
> Lila Abu Lughod (2006, p. 62)

Claudia Briones (2005) sostiene que la cultura es un proceso conflictivo de construcción significativa y es, además, un hacer reflexivo que produce "nociones en base a las que ciertos aspectos se naturalizan y definen como a-culturales, mientras algunos se marcan como atributo particular de ciertos *otros*, o se enfatizan como *propios*, o incluso se desmarcan como generales o compartidos" (p. 15). Los medios masivos (junto a diversas instituciones estatales y de la sociedad civil) son actores centrales en los procesos que conducen a una configuración hegemónica sostenida por esas "nociones de base", pues participan activamente en la producción del sentido común, y por lo tanto amplifican y potencian maneras naturalizadas de circulación del poder en las relaciones sociales. Las narrativas audiovisuales televisivas intervienen en el proceso de enmarcamiento y definición de las identificaciones e interpelaciones sociales que entreteje determinada configuración cultural pero, además, impactan en el lugar relativo de sus productores y productoras en determinado momento de determinada sociedad. Como prácticas culturales, contribuyen a la producción del contexto como una organización de poder. En palabras de Grossberg (2012) "construyen el contexto como una experiencia de poder vivida a diario" (p. 40). Esa potencia co-constructiva del orden social por parte de las instituciones y actores de las industrias culturales los involucra en términos de producción de cultura y de cultura de producción (Nigus, 2005).

Es por ello que, como indiqué en la introducción, entiendo que los sentidos de ciudad ofrecidos en narrativas audiovisuales locales brindan un interesante punto inicial y situado para abordar una configuración cultural. Tal como se ha expuesto allí, el análisis de sentidos de ciudad de narrativas audiovisuales producidas localmente permite comprender las disputas en torno a "(q)ué significa estar ubicado en lugares particulares (...) qué distintas (...) modalidades de pertenencia son posibles (...) (y) de qué diversas formas se vinculan emotivamente las personas entre sí y con el mundo" (Grossberg, 1996, pp. 185-186), ya que consienten explicar el proceso de representación y definición de la ciudad (quiénes debaten, cómo definen y representan la ciudad, qué categorías y calificativos usan para representarla, a quiénes mencionan para hacerlo, cuáles son los marcos de interpretación y las lógicas de interrelación preferentes, quiénes muestran, quiénes dicen, cómo muestran y cómo dicen); trabajar sobre interculturalidad y lugar (qué tipo de relaciones interculturales se proponen y cómo se las vincula con la ciudad y el espacio, cuáles son las nociones de cultura que se proponen y cómo se asocian a la ciudad); y analizar la "topografía" de la ciudad (tanto en la percepción y valoración diferencial de las áreas que la constituyen y la asignación de espacios a los actores; como en sus relaciones con otras escalas y órdenes espaciales).

Este capítulo describe parte de las circunstancias productivas de las narrativas audiovisuales televisivas seleccionadas, interrogadas desde los sentidos de ciudad de sus productores y productoras.[1] La indagación se estructura alrededor de algunas preguntas vinculadas a la percepción del propio lugar (urbano y social) en el proceso productivo de los programas del corpus: ¿desde dónde dicen que producen quienes producen localmente *sentidos de ciudad* en estas narrativas televisivas? ¿Cómo se construyen esas posiciones y sus pertenencias? ¿Mediante qué categorías se cristalizan las identificaciones y agrupamientos (con qué referentes, con qué oponentes y con qué compañerxs)? ¿Qué posiciones y relaciones emergen de esos sentidos de ciu-

---

1. Los realizadores y realizadora entrevistados son FeC, JoV, FeB, Ariel Ogando, DiR y PaK. Al final del capítulo 1 se presenta una tabla sintética con los programas y sus realizadores/as, y en el mismo capítulo se sintetiza brevemente los perfiles socioprofesionales de cada uno/una.

dad? ¿Cómo se relaciona este específico espacio productivo con otras escalas, ciudades y lugares?

Las narrativas biográficas y profesionales de realizadoras y realizadores locales sobre las condiciones de producción de los programas elegidos refieren a la propia posición, en vínculo con diversas escalas espaciales y temporales, y ofrecen un conjunto de preocupaciones que entreteje las identificaciones culturales con la reivindicación de derechos (laborales, a la comunicación, a la participación equitativa). Se trata de interpretaciones de actores sociales que producen cultura dentro de culturas de producción específicas y variables, en procesos espacializados y espacializantes.

Ambas situaciones, la producción de cultura y la cultura de producción (Nigus, 2005, p. 35), iluminan las asimetrías entre posiciones diversas de quienes ofrecen *sentidos de ciudad* en programas televisivos locales, superando la imagen de medios omnipotentes y homogéneos que persiguen intereses idénticos en el ejercicio de la hegemonía, y de medios alternativos disputando ese poder desde posiciones igualmente homogéneas e idénticas y siempre impugnadoras de lo existente. Por eso entiendo que las narrativas de productores y productoras son una vía para indagar la experiencia del propio lugar y las disposiciones estructurales en las que trabajan estos hombres y mujeres insertos en tramas de conflicto y de colaboración específicas.

Tanto una como otra preocupación (la condición estructural de una ciudad periférica en el mapa de las industrias culturales y la diversidad de posiciones dentro de esa condición no-central) emergen de los *sentidos de ciudad* relevados en el trabajo de campo con productores y productoras y del análisis de información secundaria, e intentan cartografiar una configuración cultural amplia que incluye a la televisión en el proceso de producción social del espacio.

El juego entre geografías del poder y sentidos de ciudad de estos productores y productoras se ordena en dos conjuntos de problemas imbricados: el de la constitución espacializada y espacializante de las industrias culturales en términos de su participación en los procesos de urbanización del capital descripto por David Harvey (2001); y el de la inscripción de sus propias prácticas en las dinámicas de las formaciones nacionales y provinciales de alteridad que indica Claudia Briones (2005) para Argentina. Dicha inscripción forma parte de la experiencia social y urbana narrada en el complejo ensamblaje de la televisión local. En el primer apartado de este capítulo se sistematiza información descriptiva sobre dinámicas productivas en un enfoque relativamente amplio que busca restituir el contexto situacional en el que las realizaciones audiovisuales analizadas tuvieron lugar. En los sucesivos acápites, se desglosan las diferentes y específicas posiciones en la ciudad mediatizada jujeña que se condensan en las diversas y heterogéneas experiencias de quienes producen televisión localmente, relevadas mediante trabajo de campo. Otros emergentes de la combinación de esas grandes líneas se retomarán en relación con los específicos *sentidos de ciudad* de los capítulos sucesivos.

Raquel Paiva y Muniz Sodré (2004) incluyen a las y los realizadores televisivos en un "estamento" constituido por una fracción profesional históricamente reciente y privilegiada en el juego de clases sociales urbanas de la "cidade midiática" (p. 30) en Brasil. Esta "ciudad mediatizada" puede entenderse como localización privilegiada del desarrollo de las industrias culturales en marcos nacionales. Los autores *recorren* esa ciudad mediatizada a través de entrevistas a actores representativos del estamento que la conforma, de la reconstrucción crítica de una "geografía de la TV" en la que se abordan los procesos de gentrificación y su relación con la mediatización en Río de Janeiro (especialmente, la televisiva), y del papel de la fama en la construcción de un *bios* mediático, modelado principalmente por la forma social televisiva (tanto en las subjetividades de la "comunidad mediática de la fama" como en la función de géneros como la telenovela en términos de "operador sociopolítico de la hegemonía urbanística" carioca) (Paiva y Sodré, 2004).

En la traducción como "ciudad mediatizada" y no como "ciudad mediática" busco explicitar mi asociación de esta propuesta de los autores brasileros con otros dos antecedentes de trabajo relativos a la producción social del espacio, para vincularla al análisis de las situaciones de producción de narrativas audiovisuales locales que surgen de entrevistas a realizadores y realizadoras. Concretamente, deseo potenciar esa idea asociándola a la "ciudad letrada" de Rama (1998) y a los "paisajes mediáticos" de Appadurai (2001).[2] Digo, entonces, que además de señalar el ejerci-

---

2.   El adjetivo "mediatizado" se utiliza frecuentemente para la descripción crítica de sociedades mediatizadas (De Moraes y otros, 2007; De Moraes, 2011) o de la comunicación mediatizada (Sel, 2011), que si bien enfatizan otros as-

cio del poder simbólico de la ciudad letrada ofrecido por Rama[3] (1998) me interesa pensar a la ciudad mediatizada como enclave del tipo de paisaje con el que Appadurai se refiere

> tanto a la distribución del equipamiento electrónico necesario para la producción y diseminación de información (periódicos, revistas, estaciones de televisión, estudios de cine, etc.) disponible actualmente para un número creciente de intereses públicos y privados en todo el mundo, como a las imágenes del mundo producidas y puestas en circulación por estos medios. (2001, p. 33)

Traduzco la expresión brasileña para retomarla en relación con esas otras lecturas, y para matizarla en conversación con las posiciones diversas que esta específica ciudad mediatizada habilita, de acuerdo a mi trabajo de campo.

Para Paiva y Sodré (2004), la ciudad mediatizada incluye discursos sociales y flujos electrónicos, y está compuesta por un estamento que representa el "monopolio oficial de ideas y obras –materializadas en instituciones públicas y privadas– denominado 'cultura brasilera'" (p. 30).

A partir de la hegemonía de la televisión, tanto esta como otras culturas nacionales remiten a las prácticas y al repertorio completo de películas, telenovelas, series, programas de entrevistas y canciones, es decir, al conjunto de los productos del cine, la televisión y la industria discográfica.[4] Los medios –que los autores definen como "novísimo intelectual colectivo de bases neotecnológicas" (Paiva y Sodré, 2004, p. 31)– se diferencian del antiguo intelectual letrado por la magnitud de los intereses económicos que lo sostienen y por las maneras específicas de estructuración de esos intereses (conglomerales, transnacionales y concentrados económica y geográficamente, cfr. Mastrini y Becerra, 2002; De Moraes, 2011).

Con distancias evidentes en relación con el marco nacional brasilero, por un lado, y con los enclaves principales de las industrias culturales en Argentina, por el otro, San Salvador de

---

pectos –más "clásicamente" sociológicos que antropológicos– para el análisis del espacio social de los medios, guardan estrecha relación con los alcances que brinda al término Appadurai (2001).

3. Figura que, por otro lado, coincidiría parcialmente con las narrativas maestras de la ilustración que conforman el "paisaje ideológico" de Appadurai (2001).

4. Los autores indican que, hasta aproximadamente los años setenta, ese estamento correspondía a representantes de la cultura escrita como ensayistas o poetas, agrupados en organismos oficiales o en editoriales prestigiosas.

Jujuy puede pensarse como *(otra) ciudad mediatizada*: las y los realizadores televisivos también constituyen una fracción específica de clase media profesionalizada en Jujuy que si bien no ha representado históricamente a la "cultura argentina" (al menos, no lo ha hecho de una manera que se presente a sí misma como autoevidente, como ocurre con sus pares radicados en Buenos Aires), ha formado parte de manera continua de la "cultura jujeña". Las y los realizadores audiovisuales dialogan desde ese lugar relativo con "la" "cultura nacional" y con el conjunto de las relaciones que estructuran la vida social local. Es decir, ocupan lugares preferentes en la agenda de la sección cultural de los diversos medios locales, son convocados por el estado provincial y municipal para participar en distintos roles en eventos culturales (como jurados, como concursantes, como invitados e invitadas), o bien organizan acontecimientos públicos vinculados a su trabajo.

Por otra parte, e interponiendo aquí ya cierta distancia con el ejercicio del poder simbólico en la ciudad letrada de Rama (1998) y en la idea de intelectual colectivo homogéneo que parece desprenderse de la consideración crítica de Paiva y Sodré (2004) sobre la televisión, algunos de estos hombres y mujeres se organizan para firmar petitorios, tomar posiciones, criticar, defender o rechazar políticas públicas de comunicación y cultura. Esto es, ocupan posiciones diversas que no solamente sostienen y reproducen el orden social establecido mediante una posición dominante (como quienes conforman la "ciudad letrada" de Rama) sino que lo interpelan y, en algunos casos, lo revolucionan (como las "ciudades revolucionadas" –que propone el mismo Rama para dar cuenta de las transformaciones urbanas vinculadas a las revoluciones mexicana y uruguaya y a los procesos democratizadores en la etapa posterior al primer centenario de las revoluciones independentistas latinoamericanas–, y quizá lo hacen con limitaciones parecidas por el lugar social y urbano de localización vinculado a la formación "letrada" –y "audiovisualizada"– de sus "habitantes").

Por el lugar de realización y por los procesos de espacialización que implican, los sentidos de ciudad de estos productores y productoras televisivos se inscriben activamente en la dinámica de las *formaciones nacionales de alteridad* (Briones, 2008, p. 16), desde posiciones diversas en el marco de la cultura local (a la que también conforman) pero siempre desde una experiencia doblemente excéntrica que todos y todas comparten y que informa sus sentidos de ciudad (posición que comparto como investigadora universitaria del campo de la comunicación/cultura). No sólo son productores y productoras latinoamericanos en un ámbito crecientemente transnacionalizado, sino que además la localización nacional de su trabajo está fuera de *la* ciudad mediatizada argentina, Buenos Aires, la capital nacional en la que se concentra la producción audiovisual por ser sede de los grupos mediáticos concentrados. Desde ese "lugar común" y doblemente excéntrico se construyen posiciones diversas que participan activamente en la "economía política de producción de diversidad cultural" (Briones, 2005).

Al momento del trabajo de campo, ese lugar históricamente constituido se encontraba *agitado* por la rediscusión de su relación con el marco nacional vinculada a la aplicación de la Ley 26.522 de Servicios de Comunicación Audiovisual y las políticas a ella asociadas. El período de *agitación* que refiero abarca el tiempo que va desde el anuncio (durante el conflicto en torno a la Resolución 125 en 2008) y posterior sanción de la Ley 26.522 de Servicios de Comunicación Audiovisual (en octubre de 2009) hasta las sustanciales modificaciones a esa norma que introdujeron los decretos 13, 236 y 267 en diciembre de 2015. Las políticas vinculadas al fomento de la producción en el marco de vigencia de esta ley interpelaron las prácticas sedimentadas de la comunidad audiovisual, tanto en términos de las condiciones generales de posibilidades de producción (que en el trabajo de campo aparece como el problema de "los recursos" o "la inversión económica") como en la reflexión sobre los contenidos producidos (que se refieren en general como las "historias", los "personajes" y las "narrativas" o bien con el nombre propio del programa). Esas interpelaciones se dieron en un marco también cambiante y crecientemente visibilizado sobre la definición, percepción y valoración estatales del lugar de los medios y los servicios de comunicación audiovisual (especialmente, la televisión) en relación con "*la*" cultura nacional (en singular).

Sobre las posibilidades de financiamiento, y tal como se describe en el siguiente apartado, la producción televisiva local se inscribió históricamente en una dinámica nacional en la que las empresas privadas fueron (y continúan siendo) el principal actor regulatorio general de las posibilidades productivas y el estado nacional y los convenios transnacionales quienes fomentaban (y por lo tanto, regulaban parcialmente y en diálogo con la autogestión) la producción independiente, y en una dinámica provincial en la que esa capacidad regulatoria se combina, descansando predominantemente en la pauta publicitaria oficial municipal, provincial y nacional para las experiencias comerciales (García Vargas, Arrueta y Brunet, 2009), y en la autogestión y/o el fomento estatal nacional específico y cambiante destinado a la federalización para la producción independiente, alternativa o comunitaria (García Vargas, 2015). En un marco *agitado*, y diversamente percibida, representada y experimentada, la *ciudad mediatizada jujeña* comparte el diálogo desigual con el mapa de la producción audiovisual nacional y provincial y, al mismo tiempo, distribuye posiciones al interior de su "territorio" en un proceso que es al mismo tiempo espacializado y espacializante. En el momento del trabajo de campo, una parte de las y los realizadores refieren tanto a la coyuntura de las transformaciones en las dinámicas de la producción audiovisual local durante el kirchnerismo, como a sus diferencias con el período inmediatamente anterior y sus expectativas de futuro.

1. Un bunker simbólico: *"yo defiendo la verdadera verdad histórica"*

> *Yo soy jujeño de quinta generación.* El último [ancestro] que se conoce era un sargento que estaba revistando las tropas de Belgrano y mi abuelo fue fundador de la Unión Cívica Radical, allá por principios del siglo XX. Quizás esta *esencia genética* hizo que me propusiera por lo menos desde este *bunker* chiquito que no tiene la trascendencia que pueden tener los grandes medios, pero que *por lo menos en mi provincia, de contar la verdad.* Y la verdad difiere y contrasta tanto como el blanco y el negro. (Entrevista a FeC, *Jujuy Profundo*; mi énfasis)[5]

Una de las posiciones en la *ciudad mediatizada* refiere a la defensa ante un ataque, que liga un lugar pequeño (un bunker) a un mapa mayor integrado por sujetos, por medios y por territorios que ejercen una posición abusiva.

---

5. FeC es periodista y como tal es creador, conductor y productor general del programa *Jujuy Profundo*, que al momento del trabajo de campo emitía su quinta temporada por canal 4 (cable, Music Hall). Se ha sintetizado parte de su recorrido en el capítulo 2.

> (D)igamos que el *leit motiv* es vindicar la verdadera historia men-
> tirosa que escribieron los porteños. (Entrevista a FeC, *Jujuy Pro-
> fundo*)

El gran "otro espacial" de este *bunker simbólico* es territorial
y se inscribe en la confrontación Buenos Aires-provincias. La capital nacional se piensa en tanto centro del poder de determinación de los discursos de la historia. "Los porteños" representan
la posibilidad de articular una narración histórica de la nación
que elude el heroísmo del pasado patricio, base para la identificación local en torno a "una" identidad jujeña.

> Siempre hay versiones encontradas pero la única verdad, la úni-
> ca realidad como yo digo cuando termino el programa, [es que]
> en Jujuy nació la Patria. Que esta patria, esta República Argentina
> se parió en el norte argentino. El Éxodo... ahí hay un estúpido, un
> escritor salteño que dice que Éxodo fue una vergonzosa huida. En-
> tonces, ¿para qué existe *Jujuy Profundo*? Para vindicar de fuentes
> inobjetables la verdadera historia. (Entrevista a FeC, *Jujuy Pro-
> fundo*)

La segunda (pero no por ello menos importante) confrontación remite a la percepción de los salteños (estrictamente "un
escritor salteño") quienes construyen también una exterioridad
amenazante que explica el propio lugar.

La posición del realizador, por su parte, está asegurada y continúa lealmente "la esencia genética" para defender una verdad.
Construye en ese camino lo que en el capítulo 4 nombraremos
un sentido de ciudad "con raíz" cuya profundidad es directamente
proporcional a la extensión temporal de la ocupación genealógica
del territorio, siempre que esa historia ubique temporalmente su
inicio en el período que arranca con la invasión colonial o bien
con las guerras independentistas.

En esta narrativa profesional autobiográfica, "ser jujeño" se
vincula al lugar de nacimiento y habilita y justifica la posibilidad
de enunciación. La identificación se produce a partir de esa categoría que define una forma específica de pertenencia defensiva.

Es también el lugar de nacimiento o el territorio desde el que
(se supone que) enuncian aquellos a quienes se interpela como
oponentes: los *porteños* y el escritor *salteño* disputan la "verdadera verdad histórica" por asignación territorial-provincial. El
bunker televisivo –como lugar propio en la ciudad mediatizada–
clasifica a partir del lugar de nacimiento o de emisión de versiones
sobre la historia, en términos de confrontación capital-provincias

o interprovincial, y opera defensivamente para asegurar la pertenencia nacional.

Como lugar de enunciación, el bunker simbólico es un espacio de resistencia fuertemente ligado al territorio provincial y se articula con la propuesta de una estrategia ideológica para comprender lo local que incluye la producción de un *sentido de ciudad con raíz* que desarrollaré más adelante (capítulo 4).

2. Un refugio creativo: *"nosotros somos artistas"*

> *Yo me siento "parte de", yo nací en el 76.* Nosotros, bueno, yo digo que venimos de *una generación que fue muy castigada* porque en nuestra época de independencia, o sea, de salir de la familia y todo, vivimos años de mentira con los gobiernos que hubo de Menem, de De la Rúa, *de escepticismo total.* Entonces, fue muy difícil para nuestra generación hallarse o encontrarse dentro de la sociedad. Muchos de mis compañeros del colegio, y que son reconocidos ahora, son artistas. *Y de nuestra generación, salieron muchísimos artistas acá en Jujuy que ahora son reconocidos,* no ahora, ya vienen siendo reconocidos hace un tiempo como Adrian Temer, Los Tekis, Mariano Goytea, Agucho. Bueno… montón de músicos, realizadores también. (Entrevista a JoV, director de *El viaje*; mi énfasis)[6]

El equipo de *El viaje* se agrupa en una fundación denominada "Séptimo Arte", cuyo nombre remite directamente al cine. Pero la fundación no se construyó solamente como modalidad de reunión en torno a la creación artística cinematográfica sino también como forma de organización del trabajo que posibilitó y amplió las experiencias televisivas asociadas a las políticas de fomento enmarcadas en la LSCA.

> Nos encontramos con Julio y ahí hablando nos damos cuenta que teníamos los mismos objetivos que eran producir, producir el cine y todo relacionado al cine, tanto la difusión como la enseñanza. Entonces decidimos armar junto con Diego Paz, Nora López, Martín López, Pablo Alemán, Silvana Espinoza, decidimos armar la fundación y eso nos permitió tanto participar de estos concursos que después se abrieron, después de unos años. Y nos dimos cuenta del potencial que tenía eso, porque si nosotros solicitábamos algo

---

6.   Como se ha señalado en el capítulo 1, JoV es Licenciado en Cine por la Universidad Nacional de Córdoba, y miembro de la Fundación Séptimo Arte desde su creación. Ha dirigido la serie de ficción *El viaje. 9 días buscando Norte* financiada por INCAA en el marco del Plan de Fomento a Producciones Federales / NOA. Ver tabla al final del capítulo 1.

del Gobierno, podíamos mediante la entidad solicitarlo y rendirlo, *y sobre todo trabajar de forma independiente que era lo que buscábamos*. (Entrevista a JoV, director de *El viaje*; mi énfasis)

La identificación se produce con una posición "independiente" en lo político y se sostiene en el reconocimiento del arte como un área social diferenciada en el espacio social, que de algún modo podría escindirse del poder político clásico o partidario pero también de la articulación con la acción política heterodoxa o contestataria. Se invoca al arte como esfera autonomizada de ambas formas de la política.

> Nunca estuvimos vinculados a ningún partido político, quizás ideológicamente coincidíamos con Luca y también por la amistad también trabajamos con él, pero cuando ya se tornó todo político, bueno, nosotros ya nos salimos de ese lugar. Y en la fundación pudimos trabajar con todos, sin mirar mucho de quién recibíamos apoyo, sino agradeciendo el apoyo y trabajando sobre todo. (Entrevista a JoV, director de *El viaje*)

Todas las experiencias que menciona el director en su relato profesional autobiográfico alimentan la idea de un "refugio creativo" contra la violencia que de ningún modo podría minimizarse como superficial en términos de reflexión política. Concretamente, menciona que nació en 1976 (el año del último golpe de Estado), y que cuando volvió a Jujuy luego de su paso por la escuela de cine de la UNC trabajó con César Cristian *Luca* Arias, dirigente social cuya muerte por leucemia fue asociada por diversos rumores y por medios locales y nacionales a uno de los episodios más traumáticos del enfrentamiento entre organizaciones sociales de la última década.[7]

---

7. Se trata de Luca Arias, fallecido el 23 de abril de 2007. Si bien su muerte fue el corolario de una enfermedad terminal, se extendió la interpretación que la asociaba a un enfrentamiento a golpes entre militantes de la Corriente del Pueblo y de la Organización Barrial Tupac Amaru que tuvo lugar en el Ministerio de Infraestructura y Planeamiento de la provincia de Jujuy seis meses antes del deceso. Tal versión se utilizó profusamente en medios locales y nacionales para desacreditar a la organización social y a su dirigente, Milagro Sala. Luca fue un reconocido militante social, integró el SEOM (Sindicato de Empleados y Obreros Municipales), fue dirigente de la Corriente Clasista y Combativa (CCC)-Jujuy y de la Corriente del Pueblo, y estuvo afiliado al Partido Comunista Revolucionario (PCR). Estaba casado con Luciana Santillán, hija del reconocido dirigente sindical y social, Carlos "Perro" Santillán. En diversos medios, este dirigente de la CCC señaló como responsable de la muerte de Luca a Milagro Sala, como puede verse en el diario digital *Prensa Jujuy* del 27/04/2015 [https://prensajujuy.com/2015/04/27/reiteraron-acusacion-

3. Un barrio ubicado entre la intervención política y la comunicación popular: *"nosotros somos trabajadores de la cultura"/"nosotros somos militantes"*[8]

Nosotros no venimos del palo audiovisual, no venimos de ser estudiantes de cine clásicos (...). Si tengo como compañeros que vienen más de la parte militante (...) con la generación de cineastas yo no tengo mucho que ver. Yo estoy más vinculado a la militancia y a la comunicación popular. (Entrevista a ArO, director de *Maestros del Norte* y productor de *Murmullo*)

Los y las realizadores de *Murmullo* y de *Maestros* forman parte de Wayruro Comunicación Popular.[9] El adjetivo "popular" que elige Wayruro para nombrar su praxis se entiende en un sentido fuerte (Alabarces y otros, 2009), que destaca la conflictividad de lo social, y específicamente la politicidad de lo subalterno –entendida en tanto lugar de abordaje de la realidad– como parte de la lucha por la hegemonía. Ese sentido se actualiza en la definición de la comunicación como una "herramienta de transformación

---

contra-la-tupac-amaru-por-brutal-golpiza-al-dirigente-fallecido-luca-arias] (accedido 27/4/2016) y en el diario *Perfil* del 23/1/2016 [http://www.perfil. com/politica/Interna-en-Jujuy-El-Perro-Santillan-acuso-a-Milagro-Sala-de-narcopolitica--20160123-0054.html] (accedido 27/4/2016). Nunca hubo una denuncia judicial al respecto, pero la versión siguió reproduciéndose en diferentes ámbitos hasta alcanzar su publicación en el diario *Clarín*, aun cuando la viuda de Luca e hija de Santillán declaró públicamente que el motivo de la muerte de su compañero no estuvo asociada al enfrentamiento citado sino a su enfermedad.

8.   La caracterización de este colectivo es una reelaboración de un trabajo anterior. Ver García Vargas (2015).

9.   Desde el "afuera", Wayruro ha sido incluido en el catálogo de colectivos, grupos y realizadores de documentales y audiovisuales de intervención política (1990-2006) elaborado por el proyecto UBACYTS-104 (2009, resaltado nuestro). En el perfil de su blog, el colectivo indica que es "una agrupación de comunicación popular". El surgimiento del colectivo es fruto de la iniciativa de estudiantes universitarios/as interpelados/as por la crisis provincial en la década de 1990. Los primeros años de militancia universitaria desembocan en la adquisición del primer equipamiento de video, en el que uno de sus integrantes invirtió la indemnización por despido de YPF. Ese equipo se utiliza para un proyecto de producción audiovisual de denuncia social ligado al documentalismo. Con el mismo equipo, el grupo filma eventos sociales y publicidades para subsistir. En 1994, el registro de las movilizaciones del "jujeñazo" y de la Marcha Federal les permite concebir una idea más "nacional" de los movimientos de lucha; en 1995, una beca de la Universidad Internacional de Andalucía les permitió ampliar la mirada "en dimensión iberoamericana" (Ogando, 2004).

social" que colabora en la "batalla cultural" para ampliar "la posibilidad de participación de aquellos que hasta hoy no tienen presencia en los medios". El director de *Murmullo* señala que sus contenidos se ocupan de las "historias completas acalladas por los grandes centros de producción".

Los y las realizadores de *Murmullo* se identifican a través de clasificaciones sociales, ideológicas y políticas.

> Nosotros nos autorreferenciamos como trabajadores, *trabajadores de la cultura*. Y hay otros grupos que tienen que ver con la producción audiovisual que hacen exactamente lo mismo que nosotros pero se autorreferencian como artistas. Porque la categoría de artistas tiene incorporada esa legitimación que brindan las instituciones [a] algunos pocos ungidos que pueden tener y profesar la profesión, no [a] todo el mundo. Y yo no creo en eso, yo creo que son prácticas que pueden ser fácilmente apropiadas por toda la población, independientemente de los recursos técnicos. (...) puede ser un trabajo totalmente colectivo y es lo que más me atrae de eso. Y creo que la industria cinematográfica argentina, la industria audiovisual de televisión en Argentina no está conformada de esa manera. (Entrevista a DiR, director de *Murmullo*, resaltado nuestro)

En entrevistas, las distintas generaciones de integrantes de Wayruro que participaron de la realización de *Murmullo* desgranan argumentos que se vinculan a la definición de la comunicación popular desde la subalternidad a partir de la "militancia política desde las prácticas comunicacionales", inicialmente en el trabajo para frentes de trabajadorxs y desocupadxs y luego para organizaciones de derechos humanos y otros colectivos; la reflexión sobre el oficio en la que se definen como "trabajadores de la cultura"; la vinculación de la demanda social y la elección personal en la decisión de contar "lo que moviliza y no está contado o carece de visibilidad (o al menos no está contado como una las entiende y las pone en cuestionamiento)".[10]

Las identificaciones de estos realizadores y realizadora dialogan con la tradición del documental militante, de larga historia en Latinoamérica (Solanas y Getino, 1973; Sanjinés y Ukamau, 1979), tanto en las posiciones frente a discursos mediáticos más

---

10. Estas historias se cuentan a lo largo de ciento veintidós producciones, de las cuales noventa y cinco se realizaron en el marco de coproducciones o producciones de miembros del colectivo financiadas con fondos de fomento de instituciones públicas estatales, nacionales o extranjeras, en la década comprendida entre 2006 y 2015 (García Vargas, 2015).

visibles y hegemónicos y en la politicidad vinculada a la intervención sobre el orden social dominante que estructuran su praxis, como en el uso del testimonio y la voluntad autorreflexiva que se materializa en numerosas publicaciones digitales, audiovisuales y gráficas. Su *alternatividad* se entiende como un proyecto que trasciende la producción audiovisual, pues la inserta como una parte de la trama de la dinámica de las organizaciones populares, y desde allí construye la posición que ocupa en la *ciudad mediatizada*.

La genealogía común construida en torno a la comunicación popular y la militancia se actualiza diferencialmente en las identificaciones generacionales de los realizadores de *Murmullo* y de *Maestros del Norte*: ArO se considera parte de una generación de "militantes sociales" nacida en la temprana resistencia local al menemismo; DiR destaca la experiencia de las "cuadrillas de documentalistas" que registraron la crisis de 2001 en Buenos Aires; y en entrevista con PaK surge la categoría "generación federal" para quienes, como ella, comenzaron y desarrollaron su tarea al calor de la conformación de redes de realizadores/as de las provincias argentinas durante el período que enlaza a las políticas públicas de fomento y capacitación del kirchnerismo con la capacidad histórica de acción colectiva del movimiento audiovisualista alternativo e independiente, potenciada por la temprana apropiación que estos actores hicieron de herramientas de base digital y de redes sociales.

4. La LSCA y *"la movida federal"*

Nos interesa problematizar en qué medida los conjuntos de identificaciones e interpelaciones cruzadas que se entretejen para dar cuenta de la propia posición en la *ciudad mediatizada* se rearticulan en el marco de la transformación normativa y organizativa de los medios en la Argentina operada por la conjunción de la sanción de la LSCA, el decreto regulatorio de la TDA y su implementación por medio de políticas públicas de fomento a la producción televisiva mencionadas en el capítulo anterior.

En el caso del equipo de *Murmullo*, conformado íntegramente por miembros de Wayruro Comunicación Popular, se abre la pregunta sobre en qué medida esas variaciones incidieron en el sentido de su carácter *popular* construido históricamente en la confrontación con el mercado, con el Estado y con otros y otras habitantes de la ciudad mediatizada; y en la aproximación y construcción de redes con movimientos sociales locales y con colectivos audiovisualistas independientes pertenecientes a regiones específicas como el Norte Grande argentino o el área andina, en un marco de transformaciones que preliminarmente implicarían la institucionalización de demandas por la democratización de la comunicación que formaron parte de las preocupaciones del colectivo desde su inicio.[11]

En general, las experiencias históricas de comunicación alternativa se han opuesto al Estado, definiéndolo como aparato de dominación de clase que reproduce el sistema capitalista; y a las formas concentradas del mercado de medios, al que perciben como sostén principal de la dominación hegemónica. Sin embargo, durante el llamado "ciclo de gobiernos progresistas en Latinoamérica" (De Moraes, 2011) esas lógicas de confrontación variaron (Kejval, 2014). Resulta de interés, entonces, enfocar el problema de cómo las prácticas comunicacionales de Wayruro, al inscribirse en el diálogo con un proyecto político-cultural estatal y público como las convocatorias de fomento a la producción de contenidos de INCAA a partir de una de las cuales surgieron *Murmullo* y *Maestros*, transforman las identificaciones e interpelaciones con las que se construye su posición.

> No sé si una generación a nivel etaria digamos, sino como toda esta… no sé (cómo) llamarla (a) esta *movida* que se generó en todo el país, *federal*, digamos. *Me sentiría parte de esa generación federal, si se quiere, que empezó a relatar desde sus lugares de origen.* O en mi caso, no desde mi lugar de origen, pero *desde la periferia*, digamos. Desde otros lugares que no son el centro… (Entrevista a PaK, productora de *Murmullo*; mi énfasis)

En la interpretación de los y las integrantes de Wayruro, el carácter del trayecto de formación desde la urgencia militante, los y las alejan y acercan a diferentes actores del campo de la producción audiovisual y de otras áreas de la producción cultural, distancias relativas que siempre se enuncian desde un lugar de pertenencia constituido por el colectivo Wayruro. El reconocimiento de formas de articulación específicas del área audiovisual parece posterior a esa instancia formativa e inicial de la década

---

11. Algunos autores proponen describir la variación mencionada a partir de la idea de "comunicación alternativa pública" (Jaimes, 2010; Guerrero, 2010), personalmente no creo que esa síntesis sea iluminadora del proceso que intento describir en este apartado.

de 1990, y se vincula especialmente con el reclamo organizado por recursos para la producción, dirigido a actores de la órbita pública estatal provincial durante la década de 1990 y comienzos de la de 2000. En cambio, el momento del trabajo de campo se percibe como instancia de incipiente institucionalización de esas demandas y de defensa de esa situación, y la interlocución principal es con el estado nacional.

> Sí, totalmente [con "movida federal" me refiero al proceso por la sanción de la LSCA y a las políticas asociadas a esa ley y al decreto regulatorio de la TDA]. Desde que empezamos a poder filmar como corresponde, digamos. Con más recursos, más posibilidades, con pantallas, que todavía no las tenemos garantizadas pero hay pantalla. Con capacitación, para mí eso fue un crecimiento exponencial, que yo lo noto en mí y en todos mis compañeros, crecimos un montón. Nosotros miramos lo que hicimos en 2007 y ahora y digamos que relativamente en poco tiempo –o no, son siete años– pero que pudimos capitalizar muchísimo todos los espacios de formación y también de encuentro. Eso también, como que nos fuimos... *es una generación, si se quiere, política. Tenemos una clara militancia,* tenemos siempre claro que realizamos pero con un fin político. *Político en este sentido bien amplio como poniendo algo en el lugar de lo público.* Yo creo que en pocos años cambió mucho la imagen que se tiene de nuestro país en materia audiovisual y las imágenes que circulan por nuestra sociedad. (Entrevista a PaK, productora de *Murmullo*; mi énfasis)

La forma de la militancia y la adscripción política en una de las integrantes de Wayruro varía desde el lugar de integración de una posición subalterna junto a otros actores –entre quienes predominan trabajadores y trabajadoras, organizaciones de desocupados y de Derechos Humanos– con el que las explica el integrante fundador, a la reivindicación de una idea de lo público a ser defendida desde el acompañamiento a un específico proyecto estatal nacional materializado en políticas comunicacionales. Es un giro de la denuncia a la participación conjunta que da cuenta de una transformación en la interlocución con el Estado y sus políticas (que también se han transformado).

Es diferente la posición y reubicación que las políticas de fomento producen en el equipo de la Fundación Séptimo Arte que produjo *El viaje*. Como se dijo, el director adscribe su colectivo a una posición "independiente", y esa categoría se define a partir del rechazo a la política, que justifica generacionalmente en la desilusión por la política (*politics*) realmente existente durante su adolescencia.

Sin embargo, en el reconocimiento de las políticas (*policy*) específicas vinculadas a la televisión, ese lugar independiente coincide con rasgos que hacen a lo que Ignacio Ramírez (2013, p. 5) definiera como "kirchnerismo cultural" de las clases medias argentinas al momento del trabajo de campo. El autor resalta el posicionamiento ideológico de la clase media a partir de una encuesta de Ibarómetro y FLACSO que indaga en la cultura política como menú de actitudes y creencias mayoritarias de una comunidad. Su observación empírica lo lleva a considerar que en 2013 existía "un esqueleto ideológico compartido por la mayoría" (Ramírez, 2013, p. 6), conformado por una serie de ejes compartidos con el kirchnerismo.

En la entrevista al director de *El viaje* se revela esta cercanía en la percepción favorable a la activa intervención del Estado en la economía, el privilegio de alianzas políticas y económicas con los demás países de Latinoamérica (sobre Estado Unidos y Europa), y la valoración de la búsqueda de la igualdad como componente esencial de la democracia (sobre la libertad, en la encuesta de 2013 que llevara adelante Ramírez, 2013).

> (Y)o creo que a partir de las políticas que se implementaron (...) creo que fue beneficioso para todos los realizadores. A nosotros nos permitió hacer una serie que sin esa posibilidad, sin ese concurso no lo hubiéramos podido hacer jamás. La verdad, decir que ahora (en marzo de 2016) bueno, no estamos... por lo menos yo, personalmente, no me siento cómodo con esta forma de ver el arte o lo audiovisual, quizás porque hay otra visión en cuanto a lo económico. En ese momento sí se podía ver (...) daba esa posibilidad, de ir quizás no tanto a lo comercial y sí hablar, o que cada provincia o que la región misma tenga su forma de mostrar la realidad. (Entrevista a JoV, director de *El viaje*)

En el *bunker*, la situación es otra. No hay una redefinición o necesidad de repensar coyunturalmente la propia posición vinculada al contexto de esta (otra) ciudad mediatizada, agitado por la transformación normativa. Sólo se menciona el propio lugar en comparación con el resto de la programación local del cable. Se trata de una posición de privilegio al interior del canal, porque no se le cobra el espacio en reconocimiento a la cantidad de seguidores y de premios del programa, que se combina con la necesidad del cableoperador de incluir contenidos locales en la señal propia. No se utilizan categorías de identificación política coyuntural como aquellas vinculadas a la *militancia* o a la *independencia*.

Sin embargo, en el relato genealógico se incluye un antepasado que participa en la fundación del partido radical jujeño y el sitio elegido por el creador, productor y conductor de *Jujuy Profundo* para encontrarnos y conversar es el único abiertamente vinculado al poder político clásico o partidario, ya que la entrevista se realiza en la oficina del área de prensa del Concejo Deliberante de la ciudad, a cargo del periodista y decorada con fotografías en las que posa junto a referentes de la UCR.

Jujuy Profundo se emitió durante nueve temporadas en canal 4. Al momento de realización de la entrevista había concluido la octava, y su realizador no percibía agitación en la *ciudad mediatizada*. Al contrario, refiere a una continuidad que parece garantizada tanto por su propia genealogía como por la estabilidad de la propia posición relativa tanto en su relación con el canal local del cable como con su otro lugar de trabajo, el área de prensa del Concejo Deliberante, que si bien está vinculado a la *ciudad mediatizada* no depende directamente de la televisión.[12] Ese otro empleo asegura sus condiciones de vida más allá de que esa estabilidad sea reafirmada por ocho temporadas continuas de emisión del programa y el beneficio extra de no necesitar alquilar el espacio para emitirlo por el cable.

La lógica de interrelación entre las partes al momento del trabajo de campo es política en las posiciones militante e independiente, ya que los realizadores de *El viaje*, *Murmullo* y *Maestros* utilizan categorías para definir formas de identificación e interpelación que permiten construir una ciudad mediatizada *agitada* durante el kirchnerismo. Esta lógica se comparte en el bunker, aunque allí la politicidad no proviene de lo dicho sino de aquello de lo que no hace falta hablar, pues la propia posición en la *ciudad mediatizada* está asegurada como deriva indudablemente política de la propia praxis y del capital social y simbólico acumulados, en actividades asociadas a la producción televisiva, pero también en otros espacios relevantes en los procesos de construcción de formaciones nacionales y provinciales de alteridad. En la lucha simbólica por la producción del sentido común el *bunker* de *Jujuy*

---

12. Las áreas de prensa de instituciones estatales son centrales en el contexto mediático local, caracterizado por la institucionalización de la agenda periodística (García Vargas, Arrueta y Brunet, 2009).

Profundo reúne un conjunto de ventajas relativas que confiere a su perspectiva un valor absoluto, que resulta impermeable y ajeno a la relatividad inherente a todo punto de vista particular en el espacio social de la ciudad mediatizada.

Ahora bien, la evaluación de la coyuntura vinculada a las políticas de fomento intersecta identificaciones que en otros trayectos del relato aparecen como posiciones diferenciadas (aquellas que *grosso modo* podríamos ubicar en términos de "comunicación alternativa" y "comunicación hegemónica").

Es así que la identificación como trabajadorxs y artistas que corresponden a las posiciones "militante" e "independiente" se intersectan en la integrante más joven de Wayruro:

> (P)ara mí *es un privilegio estar viviendo de hacer audiovisual*, por que es la demostración diaria de que se puede vivir de lo que a uno le apasiona, con mucho esfuerzo y un costo alto, por supuesto, pero q *(sic)* vale la pena... al menos para mí, porque significa materializar esto que llevo como bandera, que es lo que postulaban las vanguardias artísticas de comienzos de siglo a las q admiro y amo profundamente- el hecho de fundir el arte con la vida, la posibilidad de hacer de la vida cotidiana una experiencia artística, de celebrar todos los días el arte en mi vida. (Aclaraciones sobre la entrevista de PaK, productora de *Murmullo*, mail recibido el 3/2/2015 en el que indica que desea agregar algunas ideas a la entrevista inicial realizada por mail, y antes de la entrevista personal; mi énfasis)

Por otra parte, las menciones al federalismo participan de la lógica política en las formaciones provinciales de alteridad, y se reiteran en las entrevistas. Aunque con diferentes sentidos y consecuencias, el federalismo se presenta en términos reivindicativos de situaciones de postergación. En el caso de los equipos de *Murmullo/Maestros* y *El viaje* (que coinciden con las posiciones que hemos nombrado militante e independiente) el federalismo se invoca como fundamento para la participación en la construcción audiovisual de la nación, y se lo vincula a la equidad y a la reparación de derechos (el derecho a la comunicación y al trabajo). En el caso de *Jujuy Profundo*, se denuncia su ausencia o desvío en la lógica política y distributiva general, de manera normativa y vinculada especialmente a las formas de la dominación implicadas en la capacidad de estructuración del relato histórico constituido desde el puerto.

En los tres casos, y pese a sus diferencias, desde el ejercicio del reclamo reivindicativo se observa críticamente la concentración del ejercicio del poder simbólico (Bourdieu, 1996) localizado en Buenos Aires.

Al "interior" de la *ciudad mediatizada*, se enuncian de diferente modo las confrontaciones y conflictos entre las distintas posiciones. En el equipo de *Murmullo*, se indica que las mayores disputas y contradicciones tienen origen en las diferencias vinculadas a la capacitación, y se estructuran territorialmente a partir del lugar sede de la universidad o centro en el que se realiza (Buenos Aires, Córdoba, Tucumán) y entre el conjunto de esos centros con la formación autodidacta realizada localmente.[13] Del mismo modo, el guionista de *El viaje* sostiene que las solidaridades y acuerdos de trabajo reposan en esa base de formación común en distintos sitios. El mismo guionista indica que los conflictos se producen al interior del propio colectivo, y los asocia a las limitaciones de la producción industrial cinematográfica en términos de estructuración del trabajo a partir de roles jerarquizados que condicionan la circulación del poder. La productora de *Murmullo* menciona la dimensión de género como potencialmente conflictiva en el área audiovisual en general, conflictividad que percibe acrecentada en el NOA.

Entre artistas y trabajadores de la cultura también hay tensiones, por ejemplo el director de *Murmullo* explicita que la identificación de su tarea como "trabajador de la cultura" se contrapone a la de "quienes se presentan como artistas" y para el director de *El viaje* es importante resaltar que no les interesa participar en política. Sin embargo, y como muestra el análisis, ambas posiciones resultan difíciles de separar y tienden a intersectarse, aunque se proyecten y caractericen desde y hacia posiciones diversas en sus vínculos con lo político.

En las entrevistas no se explicitan relaciones entre el bunker y las otras dos posiciones. Aparecen como espacios paralelos, que no refieren el uno a las otras ni en solidaridades ni en conflictos. Los conflictos de la posición defensiva del conductor de *Jujuy Profundo* se entablan con actores externos a la dinámica local, no alude a actores locales para pensarse a sí misma.

---

13. Al mismo tiempo, la cercanía en el espacio regional estructura las solidaridades y prácticas en común que posibilitan la realización regional de *Maestros*, como se verá en el capítulo 5, dedicado a las geografías amplias que incluyen a San Salvador de Jujuy.

Capítulo 2

Alta(s) en el cielo: audiovisualización del Estado, la patria y la nación en los programas del corpus

C1. *Milagro en Jujuy* (Miguel Pereyra, 2007, minutos 3:01 a 3:31).[1]

lejandro Grimson y Mirta Amati (2007) sostienen que "la nación como configuración cultural estructura a la nación como identificación: los modos de sentirse parte de un grupo o de una comunidad, y los significados de esa pertenencia" (p. 503).

Además del carácter estructurante e identificatorio de ese haz de elementos relacionados que presupone la idea de configuración, la apreciación de Grimson y Amati señala el plural de la experiencia con ellos. Es así que se alude a modos y a significados de la participación y de la pertenencia a un colectivo que se experimenta diversamente pero dentro de un conjunto configurador. Los mismos autores postulan que es posible acercarse a las emociones y razones de esas experiencias a partir de la significación de los símbolos nacionales. Es decir, observando qué sujetos y/u

---

1. Ver epígrafe en https://youtu.be/bm_o4KeLKIQ.

objetos podrían simbolizarla en una configuración particular, y qué sentidos se asocian a la nación mediante los objetos así investidos. En este capítulo me ocuparé de los modos y significaciones de la nación en la construcción de sentidos de ciudad de las narrativas televisivas analizadas, a partir de las estrategias de audiovisualización de símbolos de representación oficiales argentinos, y especialmente de aquellos que se producen con la bandera nacional, como elemento recurrente en el conjunto de los programas del corpus.

1. Placas y banderas

La capacidad de la bandera argentina para audiovisualizar la nación en el período que incluye nuestro trabajo de campo se expresó parcialmente en la discusión pública que suscitó el proyecto de ley de la diputada Silvina Giusti del Frente Para la Victoria (FPV) para exigir su aparición en algún momento de todas las películas financiadas total o parcialmente por fondos públicos.[2] Ese proyecto, las posiciones del debate que suscitó y el calor de las discusiones a las que dio lugar sintetizan algunas de las perspectivas sobre el papel del Estado en relación con las industrias culturales y, específicamente, sobre los contenidos generados a partir de la inversión pública y como parte de un proyecto de planificación y gestión de políticas productivas en el ámbito nacional.

La propuesta de Giusti disparó un debate en el que pueden distinguirse diversas posiciones que muestran relaciones entre la obligatoriedad de visualización de la enseña nacional y la importancia relativa de las industrias culturales, en términos de *paisajes* mediáticos e ideológicos nacionales y globales (Appadurai, 2001; Silvestri, 2011). Una de esas posiciones (liderada por la revista *El Amante*) tildó al proyecto de fascista, estableciendo una asociación genealógica que entroncaba este uso de la bandera con el de los símbolos patrios por parte de las fuerzas militares en

---

2. Si bien es anterior a nuestro recorrido urbano de las industrias culturales y a la sanción de la LSCA ya que tuvo lugar en 2006, ese debate forma parte del período kirchnerista y sus contenidos se vinculan con algunos rasgos de las posiciones de la ciudad mediatizada jujeña descriptas en el capítulo anterior. El proyecto de la senadora Giusti despertó diversas reacciones en colectivos cinematográficos nacionales, y fue parte de la agenda de los diarios de referencia nacional. Por ejemplo, puede verse: http://www.pagina12.com.ar/diario/suplementos/espectaculos/5-2694-2006-05-31.html.

general y con el control de contenidos de los medios de la última
dictadura argentina en particular.[3] Un segundo grupo de opiniones
(predominantemente, aquellas provenientes del poder político
clásico o partidario) la relacionó a un intento de capitalización
coyuntural de la bandera como forma de interpelación por parte del gobierno para obtener réditos en la compulsa electoral en
el contexto del mundial de fútbol y los festejos del bicentenario,
sumando otra bandera a las que ya colmaban las agendas periodísticas visuales del momento. Otra posición, en cambio, mediante
un comunicado firmado por diversos directores y directoras de
cine[4] defendió el carácter de símbolo identificatorio abarcador
y laico de la enseña para el conjunto de la población argentina,
acercándola a una estrategia democrática de interpelación nacional-popular inclusiva e incluyente. Finalmente, una parte de
las opiniones eligió acompañar el proyecto, entendiendo que la
bandera audiovisualizaría convenientemente un uso industrial
cultural destinado a marcar presencia y participar con imágenes
nacionales en los paisajes audiovisuales globales.

Frente al debate, el INCAA se expidió con una solución que
tomaba positivamente la parte de la propuesta relativa a la necesidad de señalar la presencia nacional en el intercambio global de
la producción cinematográfica y reconoció la "intención patrióti-
ca" de la senadora, pero sugirió una salida alternativa que evitase
atentar contra la libertad de expresión, y al mismo tiempo defender la ley 17.741 y su aplicación en el fomento al cine, por lo que
adelantó la intención de ese organismo de proponer la inclusión
de alguna imagen que representara a la nación en los créditos.

El calor y la trascendencia del debate al interior del espacio de la producción cinematográfica nacional (radicado princi-

---

3. En Argentina, la estrategia de asociación entre la nación, lo nacional y los
    símbolos patrios con los militares y la dictadura fue exitosa, y permaneció
    en democracia. Como sostiene Grimson (2007), la dictadura militar produjo
    efectos decisivos sobre la idea de nación, entre otros motivos, porque "con-
    siguieron apoderarse de un conjunto de símbolos –como la bandera y la es-
    carapela, el himno y otras canciones patrias– operación que también estuvo
    presente en los rituales de la patria" (p. 453). El mismo autor señala que el
    período de la dictadura se caracteriza por "la clausura de sentido de lo na-
    cional, identificándolo con una dictadura militar que instaura el terrorismo
    de Estado" (Grimson, 2007, p. 431). Es esa posibilidad de clausura de sentido
    (y su relación con la serie de identificaciones que produjo la dictadura) lo
    que denuncia esta postura contra el proyecto de Giusti.

4. Uno de ellos expresó que había desinformación en la posición que aquí se ha
    restituido en primer lugar, tildando a la revista *El Amante* de "bosta elitista" (*sic*).

palmente en Buenos Aires) esbozados en las posiciones que he distinguido recién, señalan la perturbación que los usos de los símbolos patrios produjo durante el kirchnerismo, y los enlaza específicamente con la concomitante preocupación por la audio-visualización y las políticas sobre industrias culturales, introduciendo la relación de todas estas cuestiones en el debate más amplio sobre lo nacional-popular.

Abortado el proyecto de Giusti, la discusión permaneció y al poco tiempo se introdujo la obligatoriedad de incluir –ya no dentro del relato fílmico sino al inicio de toda producción nacional con apoyo de INCAA– una animación.

En esa animación –que concreta la propuesta de INCAA ya adelantada durante el debate generado por el proyecto legislativo mencionado– se vincula los colores nacionales, utilizados en cintas junto al nombre "Argentina" y coloreando la luz del proyector y la línea sobre la que se apoyan las letras "CA" (correspondientes a Cine Argentino) que forman parte del iso-logotipo. La musicalización corresponde a acordes de tango interpretados por un único bandoneón. Se audiovisualiza así, obligatoriamente, a la nación argentina al comienzo de toda producción cinematográfica con apoyo de este organismo estatal, sin necesidad de mostrar la bandera en algún fotograma que componga el relato. En realidad, la animación propone una forma específica y estilizada de mostrarla, que la integra a otros elementos en una sola representación audiovisual sintética de la nación, pero antes de los títulos iniciales, junto a la presentación de la o las casa(s) productoras y los trabajadores y trabajadoras de la película en cuestión.

Esa síntesis elige la bandera pero la descompone y la recompone junto a música rioplatense para proyectar al cine nacional en el conjunto de pantallas de las salas y de las modalidades de distribución asociadas por las que circula. Es una "marca de origen" que se construye deconstruyendo la bandera nacional, y asociándola a las imágenes auditivas rioplatenses urbanas (el tango), que tiende a representar a la nación en su conjunto.

C2. Placas que componen la animación obligatoria para cine producido con fomento INCAA.[5]

A esa animación se suma la del iso-logotipo de INCAA, como institución estatal específica. De manera que el conjunto la incluye, junto a la animación recién mencionada, como imágenes iniciales obligatorias para la producción cinematográfica.

Si bien las producciones destinadas a la Televisión Digital Abierta Argentina financiadas mediante políticas de fomento que se sustentan en el artículo 153 de la Ley de Servicios de Comunicación Audiovisual no fueron alcanzadas por una norma general sobre el uso de placas, ese uso se reglamentó a partir de las bases de los concursos que las originaron y adoptó el ya vigente en el cine. *Murmullo*, *Maestros* y *El viaje*, en su carácter de producciones para la Televisión Digital Abierta (TDA) provenientes del Plan de Fomento organizado por la Gerencia de Acción Federal de INCAA, muestran al inicio el conjunto de placas reglamentarias (ver M1). Los colores nacionales, allí, se muestran siempre asociados a las instancias estatales vinculadas al proyecto.

El conjunto de placas ocupa (por reglamento) los quince segundos iniciales de toda producción subsidiada por el Estado, y se presenta en silencio, adoptando para la televisión la modalidad de las placas que anteceden a la película en las proyecciones cinematográficas. El conjunto se audiovisualiza como muestra el fragmento M1 en https://youtu.be/9VqvBOkmatg.[6]

La modalidad de inicio señala la transmisión de la experiencia en el campo cinematográfico de INCAA hacia el plan federal de contenidos televisivos (que también se registra en otras áreas), y muestra en qué medida las prácticas y rutinas de gestión, administración y evaluación del Instituto operaron como modelo organizativo para las políticas de fomento a la producción televisiva. Como se ha señalado en el capítulo introductorio, siguiendo a Marino (2013), se trata de un modelo especialmente

---

5. Ver en https://youtu.be/9g2eAMws3VA.

6. Corresponde a los quince segundos iniciales de *Murmullo*, que al momento del trabajo de campo se encontraba disponible en el sitio cda.gob.ar.

exitoso en lo relativo a la producción de contenidos (logró asegurarla con continuidad creciente, incluso en un marco político especialmente adverso para la producción nacional como el del menemismo), pero con dificultades para la distribución o circulación de esas producciones.

Por otra parte, el conjunto de placas muestra la importancia que el gobierno dio a la visibilización de las instituciones estatales en sus políticas de industrias culturales, incluyéndolas en una apuesta general por la puesta en agenda de la discusión sobre el papel del Estado. En la placa inicial, además de los órganos burocratizados (relativamente) más permanentes del Estado se audiovisualiza específicamente una política de gobierno, pues se incluye el isologotipo del programa "Argentina con vos, siempre" que se presentó en 2011 como una iniciativa destinada a "acercar el Estado a la gente a través de actividades culturales, recreativas, deportivas, pedagógicas y de servicios sociales".[7]

Ahora bien, todas las imágenes sintéticas de los órganos burocráticos estatales y de los programas y políticas gubernamentales expresadas en los isologotipos retoman el nombre o los símbolos de representación oficial del Estado argentino: el escudo para identificar la presidencia y el ministerio, los colores de la bandera para el Consejo Asesor, la Televisión Digital Abierta y el programa mencionado.

El bicentenario, a su vez, se recuerda mediante su propia imagen-insignia estatal, que estiliza una escarapela a la que adiciona el sol en el centro. Esa imagen se combina con el iso-logotipo de INCAA conformado por la imagen de un fotograma de película cinematográfica. En todas las instancias estatales específicas asociadas a la televisión y a la promoción a la producción audiovisual se menciona a la nación (como tal o por su nombre propio). Esa "mención" se reitera en el nombre de la universidad (nacional) participante, cuyo logotipo, además, ofrece los colores de la bandera argentina al interior de las páginas de un libro.

---

7. En el discurso de presentación del programa "Argentina con vos, siempre" (12/1/11), la entonces presidenta Cristina Fernández de Kirchner indicó: "Y este esfuerzo que estamos haciendo de estar siempre junto a vos porque (...) el Estado no es una entelequia, no es alguien frío, no, el Estado somos todos nosotros, fundamentalmente aquellos que más necesitan del Estado porque no tienen las posibilidades que les da un buen patrimonio o algo. Por eso es importante que todos sepamos que cuando estamos defendiendo y representando al Estado estamos defendiéndonos y representándonos a los más de cuarenta millones de argentinos"..

Finalmente, la placa de la casa productora muestra, en los casos de las dos producciones analizadas aquí, el juego gráfico con elementos del mundo andino: las semillas del Wayruro, en la productora del mismo nombre; y el estilo gráfico y el juego de colores y formas de la de Séptimo Arte, cuyo complejo iso-logotipo incluye una variación en la línea de un fragmento de película cinematográfica que muestra un horizonte de cerros y al mismo tiempo recuerda las guardas de los tejidos andinos (V1 en https://youtu.be/KHjsOmmG8rY). Ambas productoras indican "Jujuy, Argentina" en esas síntesis gráficas.

Las políticas de fomento a la producción para la televisión digital exigieron incluir en los créditos iniciales parte de la simbología política que conforma el Estado (elemento que se suma al gobierno y la soberanía): escudos nacionales, la escara-pela del bicentenario y los colores de la bandera nacional.

Si nos circunscribimos a la visualidad, en cada conjunto inicial obligatorio de créditos, la distancia más evidente entre la placa local y el conjunto de placas nacionales son los colores. En la serie nacional predominan los de la bandera argentina, junto al negro de la tipografía o los bordes: todo es celeste, blanco y amarillo. En las locales, son otros los colores, y no se incluye a ninguno de los anteriores, aunque ambas elijan seguir nombrando a Jujuy junto a Argentina cuando se presentan a sí mismas.

Las placas locales en los créditos, a su vez, revelan la relación de ese conjunto estatal-nacional con la producción local. De ese modo, se pone en pantalla la relación de estas productoras jujeñas con la política productiva nacional. En los casos analizados, esas casas productoras eligen presentarse mencionando la provincia y con imágenes representativas del mundo andino (las semillas de wayruro y las guardas de los textiles tradicionales de esta zona), pero esa situación es una decisión que cada actor toma por sí mismo y que excede a la normativa.

El conjunto analizado muestra un despliegue de símbolos patrios y de menciones a instituciones estatales específicas, más un programa específico de gobierno y la rememoración del bi-centenario, sumados a una casa productora local. Es hacia ese inicio compuesto por una sucesión de placas fijas, ajeno al flujo televisivo habitual y previo a la presentación del programa con la que ese mismo flujo del que participa lo da por comenzado, a donde se desplaza la presencia audiovisual del Estado nacional exigida a las producciones realizadas en el marco del fomento. No se regula, en cambio, la necesidad de audiovisualizar al Estado ni a la nación en el "contenido" efectivamente producido. Sin embargo, como veremos enseguida, numerosas banderas nacionales se audiovisualizan en los programas que integran el corpus. Es decir que las producciones televisivas sobre la ciudad que analizamos incluyeron este emblema profusamente por decisiones propias de composición de sus escenas.

2. Los *trapos* y la bandera

La nacionalidad, como eje estructurante de la diferencia, se dice o se narra como experiencia o interpelación en cada uno de los cuatro programas del corpus, pero la nación también se muestra audiovisualmente a través de la bandera argentina y sus colores.

Ahora bien, como en otras ocasiones, la enseña patria no es la única bandera que "busca cámara" ni lo hace siempre sola o en su representación oficial "pura". En los partidos de fútbol, las banderas de las hinchadas suelen nombrarse "los trapos" y tienen capacidad de identificación en al menos dos sentidos: al mismo tiempo que visibilizan los colores del equipo (el objetivo de visualización principal), señalan los lugares o entornos próximos de quienes pertenecen a las hinchadas. En las canchas argentinas, "los trapos" intersectan (mayoritaria, aunque no exclusivamente) la identificación con el equipo y con el barrio o con las bandas musicales que prefiere cada uno de los grupos que los elaboran (Burgos, 2014; Ferreyra, 2001).[8] En ambos casos, la estrategia abarca el encuentro y la confrontación en el estadio, pero también la aparición en la pantalla durante la televisación. Por ejemplo, y para el caso de Gimnasia y Esgrima de Jujuy (GyEJ), los *trapos* señalan una referente específica: la *Flaca* de la *Banda* de Gimnasia es Milagro Sala, la dirigente del Movimiento Barrial Tupac Amaru; al momento de la realización de los programas analizados la tribuna se veía así:

---

8. Ferreyra (2001) sostiene que en el estadio de fútbol del club Los Andes predominan los "trapos" vinculados a referencias barriales sobre cualquier otro tipo de mención. En el caso de Jujuy, el estadio del Gimnasia y Esgrima de Jujuy, al momento de realización de los programas que analizamos, sumaba a tales referencias aquellas con la frase "La banda de la Flaca", para identificar la sección de la hinchada que se agrupaba en torno a Milagro Sala.

C3. Estadio 23 de agosto, partido de GyEJ (archivo de Moncho Burgos).

Ocurre algo similar en el caso de festivales, recitales o espectáculos que son televisados en vivo, donde se reitera la combinación de banderas con mención a barrios, ciudades o provincias como manera de señalar pertenencias dentro del conjunto masivo de las y los espectadores reunidos en el sitio de realización; y en las manifestaciones políticas callejeras, en las que predominan aquellas identificatorias de las organizaciones, aunque con leyendas que las localizan en el barrio o la sede –también barrial– de quienes la portan (por ejemplo, el nombre del comedor o la copa de leche). En ese último caso, en ocasiones se suman lemas, refranes, frases irónicas o interpelaciones directas a los y las gobernantes u otros actores. Además, las banderas permiten identificar al grupo de referencia como señal de participación en un colectivo que se moviliza en torno a un objetivo común desde posiciones no idénticas (un colectivo específico dentro de una articulación de intereses reivindicativos o de apoyo amplia, que lo contiene), como modalidad de ubicación en el conjunto de la marcha (una instancia práctica de señalización que facilita la ubicación en la multitud para quienes se incorporan en distintos momentos a la protesta), y como estrategia de visibilización de la presencia y el peso relativo del colectivo "autoseñalado" en los procesos de mediatización y puesta en agenda del acontecimiento.

Tres de los cuatro programas que analizamos –con sus distancias de género y sus cercanías en términos de localización productiva y tematización de la ciudad– utilizaron banderas como "maneras económicas" de audiovisualizar pertenencias al

narrar. ¿Cuántas y cuáles son las banderas que se audiovisualizan en *Jujuy Profundo, Murmullo que aturde* y *El viaje*? ¿Cómo se
audiovisualizan?, esto es, ¿en qué relaciones, entre sí o con otros
objetos o personas?, ¿con qué imágenes y qué sonidos?, ¿en qué
momento del programa? ¿Qué pertenencias señalan esas audiovisualizaciones y en qué medida remiten a configuraciones ideológicas (sobre lo nacional, sobre lo popular, sobre lo local, sobre
lo extranjero o sobre todo eso junto) en relación con las cuales
se brinda sentido a la ciudad?

En los tres programas mencionados, las banderas son imágenes que forman parte de una composición mayor, aunque en
cada caso aludan y participen de esa configuración de diversos
modos. Las banderas que se audiovisualizan son las nacionales
de Argentina y Bolivia, la whipala, las correspondientes a varias
organizaciones sociales, la papal y la "bandera de la libertad civil".

En la escenografía de *Jujuy Profundo*, se muestran la bandera nacional y la bandera de la libertad civil (o "bandera de
Belgrano"). La ubicación de ambas las pone en un plano de igualdad, sobre una mesa baja, emplazadas en pequeños mástiles, y a
ambos lados de un portarretratos con la fotografía del conductor
del programa junto a Monseñor Palentini, obispo fallecido unos
meses antes del inicio de la temporada que analizamos.

JP1. Inicio de la emisión 1, temporada 5 (minutos 9:24 a 9:44).
https://youtu.be/1i5S3b3Mjpc

Se coloca, entonces, junto al símbolo por excelencia de la patria, y en situación de idéntica importancia por el tamaño y la
ubicación relativa de la réplica en la escenografía, la bandera de

la libertad civil. El original de esa enseña está emplazado en el salón más importante de la casa de gobierno, que ha sido construido para albergarla y por ella recibe su nombre: "salón de la bandera". De manera que la bandera que aquí se reproduce ocupa también un lugar central (estrictamente, "el" lugar central) en la ciudad: se ubica en el salón principal de la casa de gobierno provincial, que abre sus ventanas sobre el gran balcón que asoma a la plaza Belgrano desde la calle San Martín. La plaza Belgrano es "el centro del centro" en el cartografiado de una de sus dinámicas de segregación espacial urbana. Esa lógica de segregación mapea la ciudad a partir de la ubicación relativa de cada espacio en relación con los dos ríos que la atraviesan (García Vargas, 1999 y 2003). La plaza, además, resultó el elemento generador de la cuadrícula de la ciudad colonial, con potente capacidad organizativa a partir de la fundación definitiva de 1593 (Ulloa, 2015).

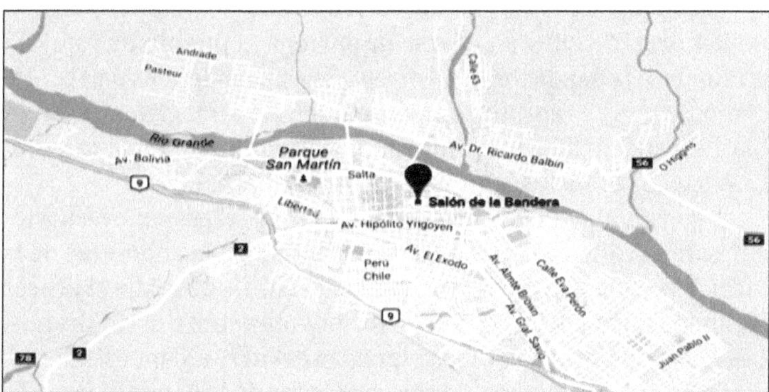

Plano 4. Ubicación del Salón de la Bandera disponible en la aplicación Google Maps.

La imagen de la réplica de la bandera ubicada en ese salón es constante en las postales que se ofrecen a los y las turistas, y forman parte de la folletería de la ciudad y de la provincia destinada a informarlos/as.

La ligazón de la bandera de la libertad civil con la ciudad se refuerza en un spot de la Municipalidad de San Salvador de Jujuy que rememora el éxodo jujeño durante su bicentenario, producido y emitido en los canales locales en el mismo año que los programas del corpus, de este modo:

C3. Éxodo Jujeño - Spot de la municipalidad de San Salvador de Jujuy sobre el legado belgraniano y su relación con la ciudad.[9]

El spot de la municipalidad recrea el juramento de la bandera de la libertad civil y su posterior entrega al pueblo de Jujuy. El juramento, la bendición y la entrega de esa bandera es un acontecimiento que se reproduce en monumentos e imágenes que pueblan el espacio público (tanto en las plazas como en la catedral basílica, los edificios y los materiales escolares).[10]

A su vez, el nombre de Manuel Belgrano, el gran héroe nacional para la conmemoración local, se reitera en los nombres de la plaza y la calle principal de la ciudad, de la escuela que el prócer legara a la provincia, de uno de los puentes sobre el río Grande. Las imágenes favoritas y más repetidas del héroe lo muestran, justamente, en el conjunto de actos alrededor de la bandera (creada, jurada, bendecida y entregada), o bien encabezando la marcha del éxodo jujeño.[11]

En los últimos años, y propiciado por el Instituto Belgraniano, la bandera de Macha es objeto de una lucha reivindicatoria en torno a su autenticidad y a la consiguiente representatividad que debe concedérsele en términos de *forma* como símbolo patrio a escala nacional. La historia de esa bandera resulta tema de un informe especial de *Jujuy Profundo* en la misma emisión

---

9. Disponible en: https://www.youtube.com/watch?v=NBYkocDKztU.

10. Por ejemplo, la imagen del mosaico mural de la bendición de la bandera en el patio del tradicional Colegio Nacional de Jujuy.

11. Un episodio de vandalismo sobre el mural dedicado a Belgrano en el puente del mismo nombre se analiza en el capítulo 4, y forma parte del desarrollo de un "sentido de ciudad con raíz".

que el vandalismo urbano, durante la quinta temporada, a cargo del arquitecto Grenni, columnista cuyo nombre se destaca en la presentación del programa junto a su adscripción institucional, la dirección del Instituto Belgraniano de Jujuy.

La categoría que se utiliza en este trabajo reivindicatorio es patria, y no nación. El sentido de la categoría se hilvana con el de la historia, y se dice allí que ésta es escrita por los pueblos y con sangre. El argumento localiza la sangre derramada y el pueblo del que esa sangre proviene en Jujuy, y contrasta esa experiencia histórica con la escritura porteña de la historia (una historia que se escribió con tinta y no con sangre), desde un lugar diferente al escenario de la contienda que para esta interpretación aseguró la posibilidad de existencia de la Patria. Todo el juego entre sangre y tinta legitima un lugar merecido y no otorgado para Jujuy en el concierto nacional, un lugar ganado por su relación con la patria ensangrentada por el sacrificio de su pueblo. Ese sacrificio fue reconocido por Belgrano, y por eso donó la bandera. La columna se desarrolla en una confitería del centro de la ciudad, y el sonido ambiente permanece bajo, como fondo audible de la contribución del director del Instituto Belgraniano de Jujuy. Se ilustra con escenas de películas que narran el hecho o de animaciones escolares, y la presentación se monta con la estrategia de la pantalla partida, construyendo de ese modo una relación que refuerza la ligazón o la presencia del hecho histórico con quien enuncia y con el tema que se trata (la bandera en la escena cinematográfica, Belgrano y el presidente del Instituto Belgraniano de Jujuy hablando en una confitería del centro de la ciudad van asociándose en la pantalla). El recurso posibilita exhibir dos series a la vez, que conviven en la misma pantalla, sobre fondo negro, reuniendo a la película con el recuadro que muestra al columnista en la confitería.

JP2. "Por eso digo que la patria nació en Jujuy", *Jujuy Profundo*, temporada 5, emisión 3 (min. 41:17 a 42:31). Columna del arquitecto Grenni (presidente del Instituto Belgraniano de Jujuy) sobre la bandera de Macha. https://youtu.be/3EM1lXonlBI

La bandera se especifica en la de la libertad civil y en la de Macha para materializar localmente un específico sentido de la *patria chica* en relación con el marco nacional, del que al mismo tiempo busca reconocimiento. La bandera de la libertad civil también lo hace desde la escenografía principal (y única) del estudio en el que el periodista conduce el programa, y que se configura como su espacio principal. Esta bandera señala una forma de pertenencia nacional, pero lo hace desde la rememoración de las luchas independentistas, con una imagen que se vincula a esa épica y posiciona desde allí el lugar relativo de Jujuy en el mapa de la nación. Como muestra la pantalla partida, se trata de imágenes sedimentadas coproducidas audiovisualmente a lo largo de mucho tiempo.

La jura de esta bandera en la plaza central de la capital jujeña y su iglesia catedral forma parte del guión cinematográfico de *Bajo el signo de la patria* (René Mugica, 1971). Sin embargo, en esa película, producida para el público nacional, se utiliza la imagen de la bandera nacional, y no la que el spot de la municipalidad se encarga de resaltar con colores intensos, que es además la que comparte con la celeste y blanco un lugar destacado de la escenografía de *Jujuy Profundo*.

Esto es, si bien referencial para la *patria chica*, esa bandera es también una forma de mostrar la pertenencia a la nación en su conjunto. Se utiliza como una distinción, intenta poner el acento en un papel mayor y más importante para la provincia en ese conjunto. Aquí el juego de las dos banderas marca el carácter de la nacionalidad local (ligándola a una gesta heroica) sobre la audiovisualización de la nacionalidad del símbolo general. Las dos banderas refuerzan los argumentos constantes del programa, son una mención visual permanente que recuerda que si la nación es derecho, en el caso de los y las jujeñas es un derecho mayor, porque la historia que narra la gesta independentista así lo autoriza. Un derecho mayor y por lo tanto doblemente vulnerado por el lugar marginal que se le da a la provincia: teniendo mayores méritos en la constitución de la nación, no sólo no se le brinda igual trato, sino que además se la menosprecia. En esta narración, la bandera de la libertad civil antecede a la bandera nacional, y de algún modo la hace posible. El reclamo en torno a la posición relativa de Jujuy en el concierto nacional se justifica y defiende en parte sobre los derechos adquiridos en esa lucha previa a la existencia de la nación tal y como hoy la conocemos, a esa idea de lugar perdido que se rememora en términos de "haber sido el centro" (del tránsito colonial y también de la Patria Grande) o de haber sido el espacio de las luchas que permitieron la emancipación.

C4. Bendición de la bandera, escena inicial en la plaza de Jujuy (*Bajo el signo de la patria*, Mujica, 1971).[12]

Es así que las banderas de la escenografía de *Jujuy Profundo* señalan sentidos sobre lo nacional en consonancia con el constante debate y procesamiento acerca del conflicto y la distancia de la provincia con Argentina, de la escisión entre capital e *interior* leída en clave de marginalización injusta. Esa bandera recrea uno de los mitos fundantes de la nación en clave local, al que le superpone el mito del origen del propio símbolo. Esto es, el juego o el conjunto de ambas banderas en la escenografía de *Jujuy Profundo* audiovisualiza el conflicto geopolítico con Buenos Aires, uno de los principios explicativos de división antagónica fundamentales en nuestro país (Segato, 1997, 2007; Karasik, 2005; Grimson y Caggiano, 2015).

Por otra parte, el sentido reivindicatorio de esa escisión se presume único y representado por los argumentos audiovisuales que el mismo programa construye, donde la nación y la religión católica oficial conviven con el sentido de la insignia de la patria chica, en idéntica estatura. Dije al inicio que parte del apoyo al proyecto de Giusti de incorporar la bandera en algún fotograma

---

12. Al momento del análisis, emitida por la TV Pública. Una escena disponible en https://www.youtube.com/watch?v=qSXY-OrKhbk.

del cine producido con subsidio estatal apeló al carácter laico de ese símbolo en común. En cambio, en este caso la religión resulta ser también principio unificador, siempre que se trate de la religión oficial (encarnada en el retrato de su máximo representante institucional en la esfera provincial, el obispo). Como sostienen Semán y Merelson (2007), la idea de Argentina como país laico reposa en la ubicación de la religión en el ámbito de lo privado, pero además lo hace sobre "una suerte de jerarquización valorativa que ubica a la religión católica en el tope del sistema" (p. 198). Es decir, sobre un sistema clasificatorio que se asocia a identificaciones socioeconómicas y morales.

El conjunto de las dos banderas y el retrato permanecen durante todo el tiempo de registro en estudio de todos los programas de la temporada, como parte del espacio central y de organización de *Jujuy Profundo*, a la izquierda del sillón en el que su conductor ocupa el centro de la escenografía. Es un *set* de imágenes que apela a identificaciones localizadas y localizantes con la nación y con la religión mayoritaria –pues remite a la bandera que simboliza la patria chica y al representante máximo del catolicismo en esta ciudad– para una parte de la población (que coincide con la representada en el programa) y para el discurso oficial destinado al turismo.

También a lo largo de los capítulos de la serie *El viaje*, la nacionalidad se tematiza y problematiza. Del mismo modo, es una forma de la nacionalidad diferencial, que amerita una protesta, aunque lo que en este caso se señala no es la acentuación del heroísmo gestacional de la patria sino su contracara: se denuncia la marginalidad o imperfección en relación con el todo homogéneo de las narrativas de las industrias culturales nacionales. Se trata de la nacionalidad "marcada" para quienes no comparten la identificación con los acordes tangueros de la animación obligatoria para el cine nacional subsidiado, una nacionalidad que se menciona como una argentinidad "trucha", de papeles dudosos, "de segunda categoría". La nacionalidad argentina que no sabe cantar un tango:

V2. "Sos un argentinito trucho, no soi argentino vos" (*El viaje*, capítulo 2, minutos 9:50 a 11:07). https://youtu.be/oxOyhT_QwCg

Pero además del tratamiento de una nacionalidad "marcada" en el conjunto de los capítulos, la serie utiliza la bandera argentina y elige un lugar de suma importancia para audiovisualizarla. El símbolo patrio se muestra en la presentación, sobre uno de los cerros del paseo de Los Colorados, en Purmamarca (el cerro de los siete colores también forma parte de los íconos que se eligen y recortan en la animación[13]).

V3. *El viaje*, presentación (minutos 0:13 a 0:58, fotograma del segundo 44). https://youtu.be/ 2R2CU4b0890

La presentación de *El viaje* es una animación que se estructura como un collage en movimiento alrededor del trayecto del personaje por la ruta 9, desde La Quiaca hacia el sur de la provincia. La imagen inicial es un cartel de bienvenida a Bolivia, del

---

13. Como se verá en el capítulo 3, esos cerros son fundamentales en la producción de un paisaje común que *recorta* a la ciudad contra los Andes.

que el personaje va alejándose. Todos los elementos del collage, excepto el personaje que camina o hace *auto-stop* en la ruta, son imágenes fijas recortadas por el borde que van sucediéndose unas a otras al ritmo de la música y alrededor del eje constituido por la ruta 9. Se trata de una selección precisa que condensa la visualización de aquellas figuras que se consideraron estratégicas para la presentación. Ese conjunto adelanta la importancia de la nación, y la bandera argentina, emplazada en un mástil y sobre uno de los cerros que se incluyen en el collage animado, es un objeto fundamental para señalar la pertenencia nacional del personaje y de los paisajes por los que circula. Esa bandera está sola en esa posición.

Sin embargo, en esa presentación hay otra bandera: la whipala. El símbolo de las naciones indígenas americanas adorna la mochila realizada en aguayo sintético del personaje, y lo acompaña durante todas sus apariciones en ese espacio de apertura de la serie.

En el unitario documental *Murmullo*, son tres los juegos de banderas que deseo recuperar. El primero se produce entre la bandera nacional y la de la libertad civil; el segundo, entre dos banderas nacionales; y el tercero refiere a una multitud de banderas desplegadas en las calles de la ciudad, que incluye la bandera nacional, durante una manifestación política.

Numerosos banderines argentinos cuelgan produciendo un efecto de túnel sobre la calle por la que desfilan los gauchos y las paisanas durante la conmemoración del éxodo jujeño. Colgadas de alambres invisibles a la cámara suspendidos entre los postes de luz de las veredas de la avenida Córdoba, esas banderas pequeñas se mueven en el viento y se replican en la que flamea desde un mástil que un gaucho a caballo lleva en su mano derecha. El mástil se apoya sobre el corcel, en un gesto habitual reproducido por la iconografía de los gauchos patriotas como el lugar de la lanza. El conjunto de banderas de la decoración del festejo acompaña la breve escena, y la primera enseña que aparece en el documental cuando se muestra el desfile, portada por un gaucho, es la de la libertad civil. Sin embargo, una toma posterior indica que esa prioridad está dada por el montaje, ya que el primer gaucho de esa columna lleva la bandera argentina y el segundo la de la libertad civil.

Las imágenes mencionadas forman parte de la primera escena de *Murmullo,* que opera como cita del discurso audiovisual contra el cual se desarrolla el argumento de este documental. El montaje está acompañado por música andina fácilmente reconocible, con predominio de charango, y el *off* que remeda (en lo dicho y en la gola del locutor) el que podría producirse para un documental sobre la ciudad clásico, en el que se resaltase la ligazón de la ciudad con la fundación y el patrimonio arquitectónico. Al momento de la visualización de estos gauchos, el audio relata la frase del epígrafe de la siguiente captura de pantalla:

M2. "Su pueblo, protagonista en las guerras de la independencia argentina" (*Murmullo*, minutos 0:51 a 0:55). https://youtu.be/43fcNwaeKXY

Esa escena del desfile del éxodo (M2) y la frase que reproducimos es la transición hacia "la ciudad del murmullo" sobre la que se centra el argumento principal de este documental. La voz del locutor va fundiéndose con otros sonidos mientras baja el volumen de ese *off* y sube el de la música original del unitario, producida en base a sintetizadores y sin participación de instrumentos andinos, y que acompañan el movimiento en el área de la antigua terminal de ómnibus. Los títulos del documental se ofrecen entonces, y comienza el primero de los testimonios o historias de vida que componen el unitario, mientras se audiovisualiza el armado de la feria "Virgen de Copacabana", ubicada en Alto Comedero, durante la madrugada de un día cualquiera en la ciudad, con sonido ambiente.[14]

---

14. En el capítulo 5 se analiza el *sentido de ciudad abigarrado y trajinante*, en cuya construcción participa activamente este unitario.

Las banderas asociadas a la conmemoración del éxodo se presentan aquí en un despliegue numeroso, y se audiovisualizan

M3. *Murmullo* (Mercedes, sobre la Virgen de Urkupiña).
https://youtu.be/m7bhMM6Z_p4

como fondo de contraste para construir los sentidos de ciudad de este documental. En parte, esa diferencia se vincula a los otros dos juegos de banderas significativos de este programa: el de audiovisualización conjunta de las banderas nacionales de Argentina y Bolivia en el espacio habilitado por los colores de la bandera papal (es decir, de la religión católica y el culto mariano) y el del lugar relativo de la bandera argentina en el conjunto que produce con las banderas de organizaciones sociales en la marcha conmemorativa del 24 de marzo de 1976 por las calles de la ciudad.

La imagen de la virgen de Urkupiña, alrededor de la cual construye su testimonio Mercedes, muestra las banderas de Argentina y de Bolivia como parte de los adornos del vestido y del altar. Esas banderas están fijas, son pequeñas y forman parte de un conjunto mayor. En su tamaño y composición idénticas entre sí, ambas como adornos del vestido y de la hornacina de la virgen, expresan la confluencia de nacionalidades en la celebración, y resaltan el carácter "integrador" del culto religioso en situación de frontera y migración permanente.

"La virgen es una, más allá de los nombres", señala Mercedes en su testimonio y destaca que "eso es así tanto en Bolivia como en Argentina". Hay algo que reúne, de índole superior y sagrado, y que remite a la tercera bandera que se perfila en esta historia (la bandera papal, amarilla y blanca). Ese lugar de reunión no es cualquier religión, sino la católica (que, como ya se ha mencionado, ocupa en Argentina un lugar jerarquizado y jerarquizante). El tamaño y posición idénticos de la bandera argentina y la boliviana alrededor de la virgen marcan un espacio en común en la ciudad: la fiesta (entre ellas, la celebración religiosa católica) es una forma aceptada y celebrada de la inmigración boliviana en Jujuy, junto a la gastronomía y al arte (especialmente, la música), tanto en las calles como en los medios locales (Caggiano, 2005; Guzmán, 2009).

El mismo juego de nacionalidades que se encuentran festi-
vamente reverbera en los colores de la danza con la que se ho-
menajea a esa virgen: los trajes de las y los bailarines caporales
son celestes y blancos, como los de la bandera argentina, y esas
imágenes de los colores nacionales juegan auditivamente con la
música boliviana que eligió la formación de bailarines para la
performance que se registra.

M4. *Murmullo* (minutos 18:18 a 18:22). https://youtu.be/H-r5faFecLY

En el mismo unitario documental, la historia de Guillermo
audiovisualiza otras banderas como parte de las manifestaciones
por las calles de la ciudad. Se trata de una multitud de banderas
de Barrios Unidos, de la Asociación Barrial Avelino Bazán, y del
movimiento Tupaj Katari que acompañan la historia de Guillermo, y que componen un conjunto callejero que flamea junto a la
bandera argentina (que aparece, también desplegada y flameando, pero en los márgenes o en el fondo).

Las banderas de las organizaciones se muestran en el asentamiento ubicado entre el margen de la confluencia de los ríos
Grande y Chico y las vías del tren, donde se realizan las instancias preparatorias y el comienzo de la caminata de uno de los
conjuntos que confluye en la marcha conmemorativa del 24 de
marzo por las calles del centro de la ciudad.[15] Las banderas rojas

---

15. El 24 de marzo de 1976 se produjo el último golpe de Estado en Argentina. El
    golpe de 1976 condensó y aumentó el grado de violencia de las anteriores dic-
    taduras argentinas, combinándolas con los principios y métodos de la Escuela
    de las Américas; implicó la desaparición y asesinato de treinta mil personas,
    el inicio de políticas neoliberales vinculadas al consenso de Washington, el
    endeudamiento externo a gran escala, la censura y la exigencia de exilio para

y blancas de Barrios Unidos se reúnen allí con las de otras organizaciones, y todo el conjunto se presenta desplegado y flameando a partir de los mástiles que llevan los y las manifestantes, y ubicado detrás de una primera fila conformada por los retratos de los y las desaparecidos que transportan las familiares. El sonido ambiente recoge la música y los cánticos de la multitud, y es el fondo sonoro de la historia de vida de Guillermo. Las vistas de la ciudad embanderada "desde abajo" son numerosas. Las banderas están en movimiento, acompañan y dan marco superior a las columnas de manifestantes desplegándose al ritmo del viento desde los mástiles que sostienen sus manos.

M5. *Murmullo* (minutos 11:04 a 12:52). https://youtu.be/4IMWfTLBioU

La asociación de la bandera argentina con las de los movimientos sociales, y su lugar relativo, se inscribe en el argumento general del *(m)urmullo que aturde*, pues audiovisualiza lo heterogéneo y colectivo. Lo hace de maneras precisas, ya que vincula esa proliferación de banderas a un hecho audiovisualmente reco-

---

numerosos políticos, militantes sociales, artistas y científicos. Las marchas del 24 de marzo se realizaron anualmente como gesto conmemorativo desde la recuperación democrática en 1983, reuniendo a organizaciones sociales y políticas y con diferentes reivindicaciones en distintas coyunturas pero siempre en torno al lema "memoria, verdad y justicia". A partir del año 2006, el 24 de marzo se instituyó como feriado nacional, por lo que está incluido en el calendario escolar de conmemoraciones de la República Argentina. Desde entonces, las marchas de organizaciones y partidos siguieron realizándose, en paralelo, en confrontación o junto a las conmemoraciones oficiales.

nocible como la marcha del 24 de marzo. Este conjunto de banderas muestra a la nación como pueblo-nación, y la inscribe en la tradición selectiva sedimentada de las luchas emancipatorias y las reivindicaciones de verdad, memoria y justicia de las organizaciones de derechos humanos que llevan en sus manos carteles con los rostros de sus desaparecidos y desaparecidas. Si bien se audiovisualiza una marcha "real", el documental elige la columna, el encuadre y el momento correspondientes a la columna de Guillermo para composiciones precisas de juegos de banderas (se elige, además, una de las varias marchas conmemorativas del 24 de marzo que se realizaron durante el día del registro).

M5. *Murmullo.* https://youtu.be/4IMWfTLBioU

Si bien implica un breve desvío, parece necesario mencionar, a esta altura, que las banderas que ese documental no muestra en las calles corresponden al gran actor "inaudiovisualizado" del corpus (y de la televisión local, salvo en los festejos populares fomentados por la propia organización y que se programan mediante el pago del espacio en canales de cable, o en producciones propias de escasa circulación):[16] no hay banderas de la organización barrial Tupac Amaru, que en 2012 flameaban constante-

---

16. En un encuentro realizado en enero de 2015 como parte del trabajo de campo exploratorio para un proyecto sobre las lógicas del cuidado infantil en el barrio de la organización y del que participé junto a otras compañeras, Milagro Sala relató que sus fuentes principales y favoritas de información y formación son las audiovisuales (y específicamente los "videos"), o el relato que sobre los libros que le interesan le realiza su compañero Raúl Noro. La producción de videos por parte de la Tupac Amaru ha sido constante, y en 2012 tenían instalado y listo para comenzar a emitir el canal de la organización para la televisión digital abierta en Alto Comedero, señal que nunca llegó a estar al aire.

mente contra el cielo de la ciudad, y que la organización audio-
visualizaba en películas como estas:

C6. *Tupac Amaru, algo está cambiando* (Magalí Buj
y Federico Palumbo, 2012).
https://youtu.be/b4y10GWEPks

3. Coreografías de placas, trapos y banderas

Murmullo, *El viaje* y *Jujuy Profundo* eligieron audiovisualizar
la bandera nacional al inicio, o incluso en la presentación de los
programas. En términos de transcurso del tiempo televisivo, es
un momento principal, destinado a ubicar al público en el tiempo
y el espacio que propone, y por eso da cuenta de la relevancia de
visualizar, mediante la bandera, la pertenencia nacional. A todos
estos programas, la bandera les importa tanto como para mostrarla al inicio. En todos ellos, la bandera se reconoce como un
símbolo patrio que forma parte del imaginario colectivo.

Sin embargo, los sentidos de la enseña patria, en sí misma y
en relación con las otras banderas, objetos y actores con los que
se relaciona, son diferentes. En *Jujuy Profundo* el juego de banderas marca y reclama una variación en el presente y el futuro
vinculándola a uno de los mitos fundantes de la nacionalidad en
clave local, y a su relación compleja pero también presente con
la jerarquía oficial de la religión católica (también local, pues se
trata de la imagen del obispo y no de la del Papa). En *El viaje*, la
bandera está sola, emplazada sobre un cerro. Esto es, se junta
con lo andino y se localiza al costado de la ruta que aleja al personaje de la frontera con Bolivia. En *Murmullo*, la relación de la
bandera inicial con la bandera de la libertad civil y los gauchos

desfilando el 23 de agosto compone un juego contra el cual se recortará otro conjunto de banderas durante los testimonios de sus protagonistas. Esos juegos que se proponen como elementos constitutivos de la cotidianeidad urbana son conflictivos, pues suman otra bandera nacional (la boliviana) o las banderas de las organizaciones sociales (de algunas de ellas), pero al mismo tiempo audiovisualizan a la enseña patria en una posición no-central. Es decir, la vuelven partícipe pero no protagonista, pues no es el foco de las tomas de la marcha, o comparte el encuadre con los colores (o la música) bolivianos.

Los diferentes modos de audiovisualizar las banderas muestran sentidos de ciudad discrepantes en términos del lugar relativo de la capital jujeña en el marco de la nación, al mismo tiempo que resaltan su interés en señalar esa pertenencia.

Alejandra Pía Nicolosi (2014) sostiene que las políticas de fomento "descentran" la producción y la empleabilidad técnica en un marco televisivo nacional históricamente centralizado. La autora observa el impacto en el empleo y la diversidad de temas, historias y personajes en la teleficción. Deseo extender ese argumento a la audiovisualización de las banderas en *Murmullo*: son muchas, predominan las de las organizaciones sociales, reúnen la multitud, la manifestación y la expresión fuerte (no el murmullo) de protesta. En *Murmullo,* la bandera argentina nunca está sola, incluso cuando remite a la identificación local hegemónica de la patria (la bandera de la libertad civil) como cita a la cual contraponer ese despliegue incesante de banderas que incluye pero no se agota en la enseña nacional. La réplica del "sentido común (audio)visual" sobre la ciudad al inicio del documental permite confrontar esas imágenes cristalizadas y homogeneizantes, revelarlas como opresivas en su interpretación de la diversidad constitutiva de la ciudad, y proponer otros significados. Al mismo tiempo, discrepa en la propia audiovisualización, pues propone modalidades diversas: sonido ambiente, ausencia de voz en *off*, ausencia de mención en palabras a las banderas que no se nombran en el relato en primera persona de los y las protagonistas de la historia (la *story*, la narración de la ciudad "desde abajo"), pero sí en el *off* de la "cita" audiovisual del inicio.

En *El viaje,* hay sólo una bandera, que se ubica como objeto único sobre un cerro. Señala "otra" forma de ser argentino (una modalidad no-rioplatense), pero al mismo tiempo reafirma imágenes del sentido común visual nacional, ya que lo hace desde uno de los paisajes reiterados que identifican a Jujuy en la economía simbólica del país. Esto es, aprovecha la "escenografía" que se espera para la representación de lo jujeño a escala nacional. Es una imagen más dentro del conjunto finito de objetos precisos que resultan representativos de esta narración del viaje iniciático de Gabriel en el collage operado en base a recortes en movimiento de la presentación. Una narración que incluye a la ciudad como escala, peligrosa en su heterogeneidad y en su abigarramiento, en el camino hacia el padre –que es también camino hacia la patria– a quien poco se conoce y mucho se desea, pese a que pueda dudarse de los papeles que acreditan la identidad y el vínculo (nacionales o filiales).

Tanto las dos producciones realizadas en el marco del fomento como la del canal de cable parten de una estrategia enmarcadora populista (Máiz, 2003: 92), pues exhiben con especial agudeza los conflictos de poder asociados a la subalternidad política en los márgenes geográficos de la nación. Sin embargo, lo hacen de diferentes maneras. Las narrativas de *El viaje* y *Murmullo* muestran su relación con los procesos de racialización y etnicización que operan en las formaciones nacionales de alteridad (y en sus vínculos con los sentidos de ciudad). Al mismo tiempo, develan la falacia del etnonacionalismo pues dejan en evidencia la heterogeneidad constitutiva de la nación argentina.

En cambio, la nación dialoga con la patria chica en *Jujuy Profundo*: la bandera nacional está junto a "la bandera de Belgrano", en el mismo plano, en la misma mesa, en la misma acción reivindicativa del papel histórico de Jujuy del programa y del propio sentido de ciudad (mediatizada) del realizador. Se trata de una escenificación que expresaría al mismo tiempo las imágenes cristalizadas de los relatos hegemónicos de la historia nacional (Caggiano, 2012) y las de la historia provincial (Karasik, 2005; Briones, 2008; Burgos, 2014), audiovisualizadas conjuntamente, en términos de desigualdad geopolítica, pero sin intersectarla con las formaciones nacionales o provinciales de alteridad en términos étnicos o racializantes (aunque esos términos resulten operativos performativamente como parte del programa, ya que se actúan, se dan por sentados y se muestran en la selección de fuentes y en las representaciones de los espacios y las temporalidades, pero –otra vez– no en las banderas).

La coexistencia de ambas banderas en la escenografía de *Jujuy Profundo* alimenta aquellos relatos que Smith (2003) describe como instrumentos simbólicos de manipulación de los que se vale una élite dominante para representar una versión del nacionalismo conveniente a sus intereses (aunque para ello deba "modalizarla" con su propio acento cuando es puesta en cuestión por los intereses de la nación o por los de parte de sus propios conciudadanos).

Con presencia fuerte del Estado en las placas obligatorias de inicio (y, sobre todo, en el carácter de producciones destinatarias de fondos de fomento para la realización al que remiten estas placas) las producciones para INCAA, *Murmullo* y *El viaje* muestran versiones de la nación en las que su símbolo oficial, la bandera, se audiovisualiza en conjunto con los Andes o con las insignias de los movimientos sociales, vinculada a otra nación (Bolivia) o a la migración. Esas banderas audiovisualizan una nación en viaje y muestran un sentido de ciudad en movimiento (de personas, de cosas, de banderas) en espacios amplios (que incluyen a la nación, aunque no se agotan en ella) y con diversos ritmos. El juego de las placas y las banderas de estos programas, a su vez, muestra la nación como estado (la bandera oficial de Argentina y los logos y escudos de sus instituciones) y la nación como pueblo (las banderas no oficiales).

Sin presencia estatal nacional en las placas, pero sí en los premios de instancias legislativas provinciales y municipales, *Jujuy Profundo* realiza un juego de banderas que vincula la nación y la ciudad con las guerras de la independencia como mito fundacional (de las banderas y de la propia ciudad). También aquí hay banderas oficiales y no oficiales, pero el juego es el de intentar oficializar la bandera de la libertad civil para participar del relato cristalizado. Esas banderas remiten a una nación quieta y a una patria chica un poco ofendida con ella, que se vincula con un sentido de ciudad con raíz, y que se construye en la conversación entre iguales y desde el espacio del estudio. Es un juego de banderas que re-centra superponiendo las formaciones nacionales y provinciales de alteridad en un gesto igualmente excluyente del movimiento y de otros colores.

Como sostiene Esteban Buch con relación al himno nacional:

> la idea de oponer la voz de la Nación a la voz del Estado supone la existencia efectiva de la voz única de la nación, lo cual es siempre, tanto en 1813 como ahora, una ficción. Lo que hay, ahora y siempre, es una misma canción capaz de ser, según el contexto y la pasión con que se canta, arma, escudo, invocación, estímulo o coar-

tada, o incluso, simple lugar común. Lo que hay, son voces que se disputan, prosperan o fracasan dentro de un marco compartido, ese dispositivo simbólico que, en la Argentina como en muchos otros países, toma la forma de una épica de Estado: un mito fundador que hace del ciudadano un héroe. (1994, pp. 162-163)

Las modalidades contextuales en las que las imágenes de la bandera argentina se audivisualizan indican tanto su carácter de emblema, como símbolo vastamente compartido de la nacionalidad para señalar qué significa estar ubicados y ubicadas en esta ciudad, como los diversos conflictos en los que esa identificación nacional se tensa cuando se interroga desde los programas televisivos producidos localmente.

Esto es, en todos los casos, se elige audiovisualizar la identificación nacional con una simbología inequívoca, que al mismo tiempo refuerza la legitimidad emblemática de la nación. Pero, al mismo tiempo, en ninguno de estos casos esa bandera está sola, sino que las modalidades locales de relación con la nación se visibilizan ampliamente con otros emblemas igualmente reconocibles, aunque conflictivos, en las diversas coreografías que despliegan. Se evidencia, así, la relación siempre conflictiva de la bandera nacional con las migraciones limítrofes contemporáneas, con los movimientos sociales, con la religión oficial, con la identificación étnica (plural, pero siempre indígena) de la whipala. Lo dicho por Buch (1994) sobre las discrepancias que la misma canción del himno argentino produce, se puede extender aquí hacia la bandera nacional y los colores, pero no sólo en términos de cómo se ofrece en cada una de las escenas o fotogramas mencionados a lo largo del capítulo, sino quizá sobre todo por las combinaciones y los conjuntos de símbolos que dichas escenas y fotogramas ofrecen.

Los programas analizados muestran en qué medida la producción local *descentra* las identificaciones nacionales, aunque en ocasiones lo haga para recentrar, y por lo tanto fortalecer, un encuadre etnonacionalista enraizado en otro encuadre articulado también sobre la etnicidad dominante que se construye junto a la simbología de la Patria Chica (como lo hace el conjunto que enriquece la escenografía de *Jujuy Profundo*). Hay otra modalidad de descentramiento que se construye audiovisualmente en la pluralidad de emblemas que se audiovisualizan junto a la bandera nacional en la pantalla. Se trata de una modalidad representativa de la coyuntura (concretamente, en el uso de la bandera nacional como símbolo identificatorio del movimiento plural que intentó conducir el kirchnerismo, cfr. Grimson, 2016), pero que al mismo tiempo retoma la relación sedimentada de la bandera nacional con las protestas de las organizaciones sociales (los y las manifestantes la llevan junto con los símbolos de las organizaciones a las que pertenecen), con la tradición gaucha (los gauchos se muestran ejerciendo el derecho a portarla en la montura y eligiendo la compañía de la bandera de la libertad civil), con la inmigración limítrofe (las relaciones están mediadas por la Virgen de Urkupiña, cuyo vestido es el sitio de aparición de la coexistencia, en una modalidad de invocación de una fuerza superior que podría proteger a los menos poderosos/as en esa relación).

Ahora bien, la selección de determinadas banderas (y no otras) para compartir encuadres con la bandera nacional deja fuera de la audiovisualización a las de una organización en particular. Si bien no es la única ausencia, y por lo que se vio en el material de contraste (e, incluso, en el fotograma que se eligió como epígrafe), ese movimiento inaudiovisualizado por este conjunto de programas locales muestra, sin embargo, un gran despliegue de trapos y banderas en la ciudad al momento de realización de *Murmullo*, *El viaje* y la quinta temporada de *Jujuy Profundo*. En ese particular contexto, el movimiento Tupac Amaru es aleccionado a través de una verdadera pedagogía de la ausencia por estas producciones locales.

Las banderas de la Tupac han sido inaudiovisualizadas en los programas del corpus, en llamativo contraste frente a su hiperaudiovisualización tanto en las producciones de la propia organización o de movimientos de la comunicación popular, militante o sindical no localizados en San Salvador de Jujuy como en las de los grupos comunicacionales más poderosos y concentrados de Argentina. Algunas de las razones de esta "pinza de inaudiovisualización/hiperaudiovisualización" con estas banderas especifican para el campo audiovisual una pregunta que acompaña históricamente el análisis de los circuitos productivos de las culturas populares y refieren a quiénes audiovisualizan y quiénes son audiovisualizados o audiovisualizadas. Esto es, los cuerpos y las banderas de la Tupac son fácilmente incluidos en los discursos vinculados al pánico moral de los medios antipopulistas y también en los registros militantes, románticos o épicos de la comunicación popular y alternativa. Unos y otros tienen circuitos paralelos y excluyentes de circulación. Los primeros cuentan con aquellos vinculados a la concentración mediática en Argentina. Los segundos, con aquellos emergentes en un momento de consolidación de pantallas y plataformas públicas, nacionales o internacionales y de incipiente articulación de los actores del sector privado sin fines de lucro en la disputa comunicacional. Estas apariciones y desapariciones consolidan la existencia de dos circuitos paralelos, que en alguna medida reflejan el doble crisol de las formaciones nacionales y provinciales de alteridad, en los que las imágenes de las banderas de la Tupac (junto a los cuerpos que las sostienen) materializan audiovisualmente las numerosas intersecciones hegemónicas que las colocan diferencialmente en cada uno (Briones, 2005). Durante este período, el juego de ausencias muestra en qué medida existe una enorme dificultad en el pasaje de imágenes y categorías asociadas a cada uno de estos dos crisoles persistentes en la producción de formaciones nacionales de alteridad, ya que estas placas y estas banderas se ponen a disposición en circuitos abiertos pero paralelos, fortaleciendo la visibilización en espacios ya permeables a la presencia de la Tupac, la hipervisibilización conflictiva en espacios contrarios al movimiento, la inaudiovisualización en aquellos que alojarían las articulaciones con otros movimientos sociales locales (principalmente, los vinculados a la comunicación popular, independiente y alternativa) y el entorno próximo de la ciudad que habitan.

En los programas del corpus, ninguno de los dos circuitos locales (ni el consolidado de la señal de cable local que programa *Jujuy Profundo* ni el emergente de las producciones realizadas mediante el fomento) muestra estas banderas, y la Tupac sólo aparece en las placas finales de los agradecimientos de la serie de ficción *El viaje*.

Finalmente, la presencia estatal en las placas de inicio de *Murmullo* y *El viaje* señala audiovisualmente la política de fomento que sostiene a ambos proyectos y se relaciona con las posiciones diversas de la ciudad mediatizada que se han trabajado en el capítulo anterior. Esas placas acompañan la pluralidad de emblemas mencionada, reorientando la pertenencia nacional en términos productivos. Si bien *Jujuy Profundo* no participa de ese fomento incluye, en la presentación, la lista de premios y reconocimientos recibidos, entre los que predominan los otorgados por instituciones estatales provinciales y comunales. Esto es, las posiciones en la ciudad mediatizada analizadas en el capítulo anterior se vinculan con las placas del fomento nacional y la presencia de los premios provinciales o municipales, e iluminan los conflictos, las distancias y cercanías de las relaciones de poder que ubican de manera desigual a productores y productora, entre sí y con las instituciones estatales de las diversas esferas administrativas mencionadas.

Capítulo 3

La vida me puso frente a ti para hacerte acordar quién eres:
los "otros espaciales" de la ciudad

C7. *La vida me puso frente a ti, para hacerte acordar quién eres* (Spot del Festival de Cine de las Alturas, 2014).[1] https://youtu.be/pkwW4kUdZBw

oreen Massey y Pat Jess (2003) retoman la célebre frase de Marx sobre la historia e indican que "es la propia gente la que hace los lugares, pero no siempre en circunstancias que ella misma haya elegido" (p. 134).[2] Con relaciones, circunstancias y la propia gente las autoras refieren a hombres y mujeres desigualmente situados en un juego constante de límites y presiones para dar sentido a su experiencia de estar ubicados o ubicadas en lugares particulares, un juego que al mismo tiempo forma parte de la producción social del espacio.

---

1. El video elegido como epígrafe (C7) también se encuentra disponible en: https://vimeo.com/105597093?lite=1.

2. Como se ha mencionado en la introducción.

Las interpretaciones recibidas y las experiencias urbanas prácticas que informan las emociones y razones cotidianas sobre la ciudad de hombres y mujeres situados social y espacialmente se traducen en "sentidos de ciudad" que toman forma, en gran medida, por las circunstancias sociales, culturales y económicas en las que se encuentran las personas, pero que no se limitan a reproducirlas, sino que también generan otras nuevas. Es así que se producen y circulan en una trama de relaciones de poder, desigualdad y resistencia espacializada y espacializante, a la que a su vez alimentan.

Los sentidos de ciudad se producen narrativamente en situaciones específicas y revelan relaciones asimétricas de poder. En este caso, abordaremos los sentidos de ciudad de productores y productoras de los programas elegidos como parte de la tarea de describir la interrelación entre diferentes "sentidos de ciudad" que informan a, y se producen en, los distintos "nódulos" de la vida social de la TV (Abu-Lughod, 2006). El análisis contribuirá a observar los conflictos, movimientos, distancias, confluencias, sedimentaciones y formas de legitimación entre sentidos de ciudad heterogéneos ya que remiten a distintas situaciones, actores y momentos del proceso comunicacional mediatizado, que no sólo están "localizados", sino que también espacializan.

Los sentidos de ciudad se conforman a partir de elementos diversos e incluyen tanto los recuerdos y las experiencias cotidianas *personales* de la interacción y la relación con otros y otras como el sentido común sedimentado sobre lugares, personajes y relaciones. La narración permite "elaborar –de manera comunicable a otro– fragmentos de esas complejas conexiones de lo inconmensurablemente vivido" (Lindón, 2008, s/p.).

Los sentidos de ciudad se construyen parcialmente en base a la contrastación del lugar actual con otros lugares (reales o virtuales) en los que se estuvo en distintas circunstancias, combinando de esa manera la situación de interacción y el conocimiento de sentido común adquirido sobre ese espacio. El proceso refiere a la identificación *contra* otro lugar, un lugar que se evoca y se invoca como muy diferente al propio sitio y por lo tanto a la propia experiencia urbana (Rose, 2003).[3]

---

3.   Cabe recordar aquí lo mencionado en el capítulo introductorio: Gillian Rose (2003) indica que las relaciones entre los sentidos de lugar (las emociones sobre un lugar) y la identidad no son meramente individuales sino que refieren a lo social, y se conectan de tres maneras predominantes: la identifi-

Alicia Lindón (2008) designa "pareo" a este ejercicio de la conciencia de formar "pares de cosas" para compararlas y construir así un sentido de lugar. El conjunto de entrevistas con realizadores y realizadoras televisivas muestra que, como en otras ciudades, en San Salvador de Jujuy el conjunto de sentidos de ciudad se construye de manera recurrente por oposición a la naturaleza (Silvestri, 2011; Carman, 2011) y a otras ciudades (Silva, 1992). Minoritariamente, y como también pasa con otras urbes, se le opone lo rural (en una comparación que retoma algunas de las características del contraste entre campo y ciudad explorado por Williams, 2001).

Ahora bien, ¿cuáles son los "otros espaciales" que estructuran los sentidos de ciudad de realizadores y realizadoras? ¿En qué medida y por qué los sentidos de ciudad sobre San Salvador de Jujuy ofrecen un contrapunto para definirse? ¿Qué *sentidos de ciudad* emergen de la contraposición con el paisaje andino y con otras ciudades? ¿Qué tiempos, qué espacios y que personajes participan de las narraciones que construyen estas efectivas prácticas de "pareo"? ¿Qué consecuencias tienen para la percepción del propio lugar en relación con diferentes escalas?

1. Disonancias en el concierto del "lugar común": la ciudad contra "el norte"

En un encuentro para la planificación de producciones televisivas regionales fomentadas por el Estado nacional celebrado en San Salvador de Jujuy en 2012, y del que participaban cinco de los seis entrevistados, la coordinadora nacional del programa indicó: "necesitan sólo prender la cámara, se van al cerro de los siete colores y la escenografía ya está ahí".[4] La recomenda-

---

cación con un lugar, la identificación contra un lugar, y la completa ausencia de identificación con un lugar (la irrelevancia de algunos lugares para pensar el propio sitio).

4. Las experiencias de foros y reuniones plenarias y de trabajo corresponden al Nodo Jujuy del Polo NOA, que coordiné durante el período 2011-2014 en representación de la Universidad Nacional de Jujuy. El programa fue diseñado, planificado y ejecutado por el Consejo Asesor para el Sistema de Televisión Digital Terrestre (CASTVDt), que formara parte del Ministerio de Planificación de la Nación (MINPLAN), y la Red Nacional Audiovisual Universitaria (RENAU), que reúne a las áreas audiovisuales de las universidades estatales públicas en el marco del Consejo Interuniversitario Nacional (CIN). Integré RENAU durante el mismo período, representando a la región I (NOA) en el

ción de la especialista del Consejo Argentino para la Televisión Digital Abierta (Ministerio de Planificación de la Nación) que se trasladó desde Buenos Aires a San Salvador de Jujuy para esa actividad provocó reacciones diversas entre los y las participantes, en un arco de posiciones recorridas entre gestos de afirmación acompañados de sonrisas e indignadas negaciones con la cabeza mientras se acudía al oído del compañero o compañera situada en la silla inmediatamente lateral para expresar algo en voz baja.

La coordinadora había invocado un espacio que todos y todas en esa sala conocíamos. Se refirió al lugar que se presenta metonímicamente por Jujuy en la economía (audio)visual nacional: las tierras altas, especialmente la Quebrada de Humahuaca y los salares, junto a una parte de la meseta puneña. Se trata de un paisaje andino que parece elevar su valor si está despoblado, aunque también las pequeñas ciudades y pueblos de origen colonial ubicadas en el corredor quebradeño del río Grande resultan enclaves escenográficos que transmiten la idea de estar *en el norte* (de la patria paisajística).

Graciela Silvestri (2011) indica que junto a los paisajes andinos del sur y las cataratas del Iguazú, dos escenas históricas se suman al carácter natural de la iconografía paisajística regionalizada y regionalizante construida pacientemente –junto al turismo–desde principios del siglo XX en Argentina. Una de ellas es "la postal típica del norte argentino, con cardón en primer plano dominando las amplias quebradas, ligada con *el único pasado indígena ilustre, el vinculado con la dinastía del Sol*" (p. 331, resaltado propio).[5]

Néstor Tirri (2012) coincide parcialmente con este "mapeo" cuando indica que lo urbano en el cine argentino refiere a Buenos Aires, y contrapone a esa ciudad del cine "la Argentina turística" (p. 241) en la que incluye al resto de las locaciones escenográficas nacionales.[6]

---

consejo de coordinación de 2011 a 2013. Parte de la experiencia específica de ese programa se repone en García Vargas (2011, 2015) y en García Vargas y otras (en prensa).

5. La otra escena histórica que menciona la autora es la gesta sanmartiniana del cruce de los Andes, y corresponde a las cumbres de esta cordillera.

6. Se trata de una percepción sobre lo urbano que remite a Buenos Aires como ciudad paradigmática y única, que se encuentra también en otras áreas de la producción cultural, tanto aquella que critica la dimensión material y simbólica de Buenos Aires como cabeza de Goliat (Martínez Estrada, 2010), como la que directamente niega la existencia de ciudades por fuera de la capital nacional, que borgeanamente se expresa en los términos que analiza Jorge

C8. Fragmento de *Vivo en Argentina*, correspondiente a las emisiones desde Jujuy del programa emitido por la Televisión Pública durante el año de producción de los programas que conforman el corpus (2012). https://youtu.be/Rv7Ei530yMY

Localmente, ese reparto espacial audiovisual se retoma con igual profusión en los medios locales y co-construye, sostiene y visibiliza la imagen del "lugar común" (Silvestri, 2011, p. 24) provincial desde las acciones y políticas comunicacionales de diversas áreas de la gestión estatal y de la planificación del mercado.[7] Ese lugar común provincial se superpone al mapa visual nacional, eligiendo la misma iconografía y la misma designación por ubicación en puntos cardinales para producir "el norte del norte". El repertorio de imágenes turísticas del norte paisajístico provincial coincide con el del norte paisajístico nacional.

Esta tendencia es especialmente intensa en el trabajo relativo a la planificación turística, caracterizada por la centralidad del paisaje y presentada como una de las actividades económicas fundamentales para el desarrollo económico provincial en el discurso de los medios hegemónicos locales (Burgos y García Vargas, 2008). Una de las principales metas de las políticas provinciales y municipales de turismo es lograr el "pernocte" en San Salvador de Jujuy de quienes deciden recorrer el área patrimonializada

---

Lovisolo (2010): "No hay ciudades argentinas: hay Buenos Aires y pedazos de barrio [porteño] tirados en el interior" (Jorge Luis Borges, citado en Lovisolo, 2010).

7. Mediante el término "el lugar común", Graciela Silvestri (2011: 24) vincula las figuras del paisaje al sentido común para dar cuenta de procesos situados de construcción de la nación, y reúne en ese término "una idea amplia, multisecular, mezclada y transregional de patria"; y la problematización de las dinámicas de la significación en sus procesos de construcción. La autora alude a representaciones y a espacio físico compartido, que se reúnen como *experiencia de un espacio concreto proyectado en lugares.*

de la Quebrada o de quienes inician desde el norte argentino el camino hacia Macchu Picchu. En buena medida, ese objetivo se presenta *posibilitado por* el deseo global de conocer el mundo andino y *en competencia con* la ciudad de Salta cuyas características y desarrollo urbanos *tientan* mejor al turismo.

El tipo de operación referida sobre la construcción audiovisual con fines turísticos de Jujuy es el que puede verse en el siguiente video de promoción turística:

C9. Spot de la Dirección de Cultura y Turismo de la Provincia de Jujuy (2013) "Soy Pachamama, soy Jujuy, soy jujeño".[8]
https://youtu.be/x7BOxBGi6r0

Se trata de un video publicitario que presento aquí como "fondo de contraste" para comprender el ejercicio de pareo con *el norte*, como uno de los grandes "otros espaciales" de San Salvador de Jujuy.

En este spot, Jujuy se construye como paisaje alrededor de la idea de *aboriginalidad*. El montaje de imágenes (excepto una que se ubica en el corredor entre las yungas y ese espacio, todas corresponden a las tierras altas, y específicamente a la Quebrada de Humahuaca) se complementa con un audio que combina música de instrumentos andinos de viento y occidentales remixados electrónicamente y un relato en voz femenina que establece una serie de sentido a través de términos precisos: herencia / pueblos originarios / ancestros / alma / tierra que marca el ritmo de la música / espíritu del mar / historia y huella / cauce de agua dulce / aire / origen / patrimonio / humanidad.

---

8.   También disponible en: https://www.youtube.com/watch?v=OnbX4VgXSh8.

C9a. Fotograma del spot de la Dirección de Cultura y Turismo de la Provincia de Jujuy.

El paisaje no está vacío, pero salvo el caso de una familia que alimenta la tierra en la cima de un cerro, cada persona que aparece está sola. La familia también es una sola (en una celebración característicamente comunitaria), y está compuesta al modo de la familia nuclear occidental contemporánea. Al hablar de "pueblos originarios", se presenta la imagen de un hombre con vestimentas andinas clásicas elaboradas en aguayo y lana que mira la cámara desde el Pucará de Tilcara. Luego se muestra una mujer embarazada, una coplera, una mujer que se aleja caminando sobre un salar a contraluz y un hombre joven con indumentaria turística en una zona de transición entre las yungas y la quebrada. No hay multitudes ni colectivos vinculados a este conjunto de tópicos que conectan figuras de individuos con la naturaleza. A pesar

C9b

del uso del tiempo presente en el relato del audio, el conjunto de tópicos remite al pasado (herencia, pueblos originarios, ancestros, historia, huella, origen, patrimonio), que se anima a partir del espíritu (plegaria, alma, espíritu) o de la naturaleza (viento, eco, tierra, aire, mar, agua dulce, aire). El spot cierra diciendo "Yo soy la humanidad". La voz de la naturaleza y de la humanidad en el audio es femenina, como la Pachamama. Todo el relato se articula a partir de la repetición de la primera persona del singular: soy. Tenemos entonces tres emergentes de este spot: individuos, naturaleza y pasado.

El hombre con vestimentas elaboradas con textiles tradicionales andinos que se muestra a través de la puerta de una de las viviendas reconstruidas en el Pucará de Tilcara, junto al audio que indica "pueblos originarios" remite a las consideraciones de Caggiano (2012) en torno a los repertorios fotográficos dominantes que construyen un "sentido común visual" argentino, en la construcción de una "frontera temporal" que encierra a los y las indígenas en el pasado, confirmando esa remisión aún en imágenes contemporáneas, en las que el anclaje de los pies de fotos (en nuestro caso, el audio y el montaje) evidencia las "dificultades para el reconocimiento de la actualidad de ciertas prácticas y, sobre todo, de sus practicantes" (p. 125).

C9c

Esa apreciación de Caggiano (2012) puede extenderse al audio de este spot, y a la vestimenta, locaciones y acciones elegidas para quienes encarnan esos personajes (del tipo ritual y tradicional), por contraste con el hombre joven blanco y con vestimentas occidentales que representa a un turista recorriendo el monte de las yungas. Son *otros espaciales* transformados en *otros temporales*.

En este caso, el reconocimiento de la actualidad de sus prácticas se produce manteniendo esa "frontera temporal" que permite unas formas reguladas de exhibición de la alteridad indígena, formas que se capitalizan como espectáculo turístico. Al interior del multiculturalismo neoliberal, Silvia Rivera Cusicanqui (2010) define este tipo de operaciones como "el nuevo estereotipo del indígena" que, en Bolivia, "conjuga la idea de una continuidad de ocupación territorial –invariablemente rural– con una gama de rasgos étnicos y culturales que van encasillando las conductas y construyendo escenarios para un despliegue casi teatral de la alteridad" (p. 59).

La mostración individual, la primera persona del singular, es otro ingrediente de esta pieza "de contraste", ya que la alteridad indígena contemporánea que se expresa en protestas colectivas por la tierra, el trabajo o la salud, pero también en la vida cotidiana mayoritariamente urbana es difícil de incorporar en una narrativa turística que busca eludir la conflictividad. El "somos" de las propuestas comunitarias indígenas es inenarrable dentro de la economía (audio)visual destinada al turismo y a la reafirmación del "espacio en común", que alimenta el igualmente común sentido de lo nacional y de la jujeñidad.[9]

En términos escenográficos, la distancia de este spot turístico con el espacio urbano de la capital provincial tal como lo muestra la televisión local en vivo puede verse en un fragmento de la transmisión del Festival de los Reyes Magos de la Organización Barrial Tupac Amaru realizada por canal 4 de Jujuy el 14 de enero de 2012 (C10). Celebrado en el centro de la ciudad, en el área de estacionamiento que se extiende entre el puente Lavalle y el puente Gorriti:

C10. Festival de los Reyes Magos de la Tupac Amaru (transmisión en vivo, Canal 4, 2012). https://youtu.be/ 0AOLxXumnJw

---

9. Appadurai (2006) retoma a Harvey para dar cuenta de la centralidad del individuo en los paisajes financieros globales, y al hacerlo retoma una cita de Margaret Thatcher con la que el geógrafo ilustra su argumento. En ese pasaje, la ex primera ministra británica expresó su concepción sobre la estructuración de lo social indicando que *"There is no such thing as society, only individuals and their families"* (p. 17). El paisaje ideológico que revela el spot que aquí se ha analizado refracta esa característica del paisaje financiero en una versión local.

En este caso, la ciudad apenas se *adivina* como fondo de la celebración en el escenario y entre los y las participantes. La música contemporánea popular no tiene ningún atisbo de sonidos andinos, y la escena es idéntica a la de la mayoría de los recitales musicales en espacios públicos de ciudades del Noroeste argentino. El cantante menciona a Jujuy (y al movimiento que organizó el espectáculo).

A su vez, el spot turístico puede participar en un juego de espejos con el sentido de ciudad que la postula en términos de enclave civilizatorio presente en las representaciones de la prensa gráfica de la década de 1940 (García Vargas, 2004), que lo refuerza aunque modifica la valoración de uno y otro en relación con ese antecedente. A la luz de la organización en torno al turismo global (que se superpone al diagrama histórico de esa esfera de la actividad económica) esta ciudad es una oferta poco deseada frente a la Quebrada de Humahuaca, patrimonio de la humanidad por lo que muestra conservar del pasado. No hay deseo de (esta) ciudad: hay deseo de los Andes como vista escenográfica, como panorama, como paisaje virgen o como fuente de energía esencial. En esta operatoria, y vinculándola con aquel antecedente, hay una variación en torno al valor relativo de la "civilización" como parte de la dinámica del capitalismo y su mapeo global de ventajas relativas. Al igual que en la década de 1940, la aboriginalidad se demarca mediante una frontera temporal y otra espacial que llevan a una clasificación civilizatoria (se las adscribe al pasado y a lo rural para vincular ambas localizaciones con la "naturaleza"), pero en la instancia actual y a diferencia de lo que ocurría en aquel período, se las postula como rasgos identitarios que operan casi exclusivamente en tanto recurso económico vinculado al turismo (Yúdice, 2002).

Con las evidentes distancias propiciadas por experiencias estatales nacionales diversas, sin embargo es posible vincular este sentido de ciudad como parte del juego de oposiciones que sostiene el "uso emblemático de la alteridad indígena" que observa Silvia Rivera Cusicanqui (2010) para Bolivia: "(e)l término 'pueblo originario' afirma y reconoce, pero a la vez invisibiliza y excluye" a la mayoría de la población indígena de las ciudades (p. 60, entrecomillado de la autora). La socióloga señala que de ese modo se vuelve "un término apropiado a la estrategia de desconocer a las poblaciones indígenas en su condición de mayoría, y de negar su potencial vocación hegemónica y capacidad de efecto estatal" (ibíd.). Este tipo de operaciones reproduce una "inclusión condicionada", que para el caso de Bolivia la autora describe como "una ciudadanía recortada y de segunda clase, que moldea imaginarios e identidades subalternizadas al papel de ornamentos o masas anónimas que teatralizan su propia identidad" (ibíd.).

Indicamos al inicio que analizaríamos este spot publicitario turístico elaborado por el gobierno de la provincia de Jujuy para utilizarlo como *fondo* de contraste para la comprensión de nuestro argumento. Una de las maneras del ejercicio de pareo con "otros espaciales" surge al observar cómo operan los sentidos de ciudad vinculados a las narrativas audiovisuales televisivas elegidas en contraste con este tipo de audiovisualizaciones multiplicadas profusamente por los distintos medios como ícono de Jujuy.

En la serie *El viaje* la capital jujeña queda visibilizada como escala dentro de un circuito que va desde la escenografía puneña del lugar de origen y el primer trayecto quebradeño en el recorrido del personaje (es decir, el espacio que se identifica explícitamente con Jujuy según lo revela nuestro spot de contraste) a la ciudad escenográficamente colonial de Salta (donde el personaje principal y su pareja realizan un *sight seeing*). San Salvador de Jujuy se visibiliza de manera diferencial y en contraste con ambos sitios. Espacio mestizo por excelencia, la capital provincial no se ofrece escenográficamente a la vista del turista, sino que se muestra como *escala* en la que la interculturalidad se combina con la inseguridad en un enclave urbano local por excelencia.

V5. *El viaje*, Gabriel en la terminal de ómnibus.
https://youtu.be/
UmNFDtOhx64

La escena principal de la escala de Gabriel en San Salvador de Jujuy –construida a partir de un robo y una persecución callejera– se desarrolla en la terminal de ómnibus (que al momento de la realización y de la difusión de la serie se encontraba en pleno funcionamiento). La locación elegida es un espacio especialmente

V6. *El viaje*, zona de la terminal. https://youtu.be/56vJ4-BWe50

abigarrado que combina la llegada de colectivos de corta, media y larga distancia con uno de los mercados de abasto municipales (que en sus amplios veredones alberga una feria de puestos semi-fijos), varios galpones de ferias permanentes, paradas de taxis, de ómnibus y de taxis compartidos urbanos de casi todas las líneas existentes, y una amplia gama de comercios instalados en locales específicos. El enclave está muy cerca del centro de la ciudad, con el que se reúne inmediatamente mediante el puente Lavalle, ubicado sobre el río Chico.[10]

El director de *El viaje* relata que su trayectoria vital es completamente urbana, pero señala que las tierras altas son el lugar que elige para recuperar la energía y la esencia *propias* que la ciudad deteriora. Remite al espacio de las tierras altas en términos identitarios, e indica que lo que es "nuestro" y "nos" identifica es el espacio andino de la Quebrada y la Puna. Como en el spot, la serie es "Soy Pachamama, soy Jujuy, soy jujeño".

> Por mis padres y mis ancestros, me siento identificado con la *gente del norte* [categoría con la que se nombra localmente a las poblaciones indígenas de las tierras altas, categoría que se incorpora en ese sentido al guión de la serie]. (Entrevista a JoV, director de *El viaje*)

El mismo director indica que sus tareas con antropólogos y experiencias profesionales posteriores a la graduación en cine

---

10. El mismo sitio es el espacio en el que se desarrollan dos de las entrevistas del unitario documental *Murmullo*.

(UNC) por las que se trasladó ocasionalmente a filmar en la Quebrada y Puna le permitieron reforzar esa convicción identitaria. En su narrativa (auto)biográfica tanto la genealogía como el saber académico se invocan alternativamente en un sentido de ciudad que requiere desplazarse hacia las tierras altas para recuperar la esencia perdida. Esa necesidad de desplazarse espacialmente hacia el territorio "natural" (de la esencia y de una parte de la población) se inscribe en la tendencia general descripta por Canessa (2006) cuando sostiene que los pueblos indígenas y sus culturas se construyen como último reducto de la diferencia local frente a la globalización. En ese sentido, la identidad jujeña, en un sujeto profesional universitario que se define a sí mismo como artista y que ha habitado permanentemente en ámbitos urbanos junto a su familia (igual que lo hicieron sus padres antes), se busca, se recupera y se proyecta desde las tierras altas y desde el mundo andino.

> No, no, [mis padres no provienen de espacios no-urbanos y] son de San Salvador pero qué sé yo, por la literatura que uno fue consumiendo se fue haciendo, se fue formando de una manera diferente a la de los padres, inclusive a la de mis hermanos. (Entrevista a JoV, director de *El viaje*)

El director argumenta que *allá* el tiempo es otro (unos usos del tiempo que "ojalá pudiesen recuperarse *aquí*"). La esencia añorada informa un sentido de ciudad que se aleja imperfectamente de esa autenticidad andina, que además es una espacialidad anacrónica para la experiencia urbana.

> (C)reo que en sí la serie fue buena porque hablando después con gente que la vio, se sentía identificada con el personaje y creo que lo mejor de nosotros fue poder decir varias cosas que creíamos, como por ejemplo *las relaciones que se tienen en el norte, el afecto que uno puede llegar a crear en pocos días u horas de estar con la gente de ahí conviviendo*, eso creo que transmitimos mediante el personaje y es una realidad cuando uno va y está en el lugar por un tiempo. (Entrevista a JoV, director de *El viaje*)

Lo urbano, para el director, es parte de la transculturación colonizada de Latinoamérica:

> No sé si existe [el andino urbano], no, me parece que el mundo andino es otro y lo urbano... ya estamos tan transculturizados con toda esta política capitalista, que sobre todo y en el cine lo estudiamos muchísimo, esta invasión de Estados Unidos promoviendo su cultura, o la cultura que ellos creen, los valores y todo, creo

> que eso se ve en todas las ciudades de Latinoamérica. (Entrevista
> a JoV, director de *El viaje*)

La esencialización de la Quebrada y Puna en estas narrativas
identitarias y profesionales con foco en la experiencia urbana
coincide con espacios visitados esporádicamente, por trabajo
o con fines turísticos y de descanso.[11] En términos de sentidos
de ciudad, las tierras altas participan como contraste natural o
rural(izado) pero también como parte del camino en una geografía mayor y como enclave en un mapa industrial-cultural amplio,
situaciones que analizaremos más adelante.

> Y sí, quizás de vivir muchos años en Córdoba, y después me vine a
> Jujuy y *aunque estuve trabajando en el norte y todo, y siempre mis
> raíces me llevan a aceptarme como de este lugar, mi vida es otra,
> urbana*. Ojalá se pudiera disponer del tiempo que se dispone en
> La Puna, ¿no es cierto?, o en la Quebrada. (Entrevista a JoV, direc-
> tor de *El viaje*)

La identificación es muy compleja, pues el director de *El viaje*
indica que aceptándose de este lugar debe reconocer que su vida
es otra, es urbana. Cabe señalar que siempre lo fue, pues el director nació, vivió y vive actualmente en San Salvador de Jujuy, y
sus padres también lo hicieron. Sin embargo, la vida urbana es un
desvío literal, espacial, es un "desarraigo" del espacio de identificación. Esa espacialización diferencial y excluyente forma parte
de la categoría con la que se nombra ubicándola en un punto específico de la geografía provincial. Si bien la potente distribución
espacial podría bastar para producir un efecto ordenador de la
diferencia, esa acción se complementa con la temporalidad. Ese
(otro) lugar no se entiende en términos de coexistencia, de aquello
(y aquellxs) que vive(n) entre nosotros y nosotras en el presente,
sino que se desplaza *el norte* hacia el pasado en la temporalidad
histórica y hacia la lentitud en los usos del tiempo (que parecerían

---

11. Hay una distancia con otro de los realizadores (DiR), cuya trayectoria biográfi-
    ca incluye el nacimiento en Neuquén, y luego la residencia en Tilcara durante
    un tiempo extenso para recién llegar a estudiar y trabajar en San Salvador de
    Jujuy. En ese otro caso, el "norte" no parece un espacio necesario para pensar
    la ciudad, sino que ésta se significa en términos de marginalidad urbana, se
    explica y encuentra sentido en una dinámica que la contrapone al espacio
    nacional y no al andino, y lo hace desde problemáticas abiertamente urbanas
    (fundamentalmente, aquellas que vinculan la desigualdad a la marginalidad
    como criterio explicativo de un *sentido de ciudad*).

marcados por una agenda diferente a la impuesta por la tardo-modernidad capitalista por el mero hecho de estar en otro sitio).

La identificación es territorial, étnica y de clase, pues la ciudad resulta un lugar (Massey, 1995), es decir una "contextualidad expresiva y afectiva" (Grossberg, 2012, p. 52) que permite la movilidad *hacia el norte* de determinados sujetos y no de otros, la definición de la velocidad y la distancia (en base a la percepción propia y urbana), la definición del pasado y el presente (a partir de la propia referencia temporal entendida como el presente). Revela, de ese modo, el carácter plenamente político del espacio como experiencia y relación de coexistencia, muestra a la ciudad como un momento en la intersección continua de relaciones de diferentes alcances y escalas (Massey, 1995). En este caso, una relación inequitativa entre la posición activa, profesional y urbana de quien se mueve, se desplaza, y está a cargo de filmar (por lo tanto, de encuadrar y filtrar), por un lado, y el paisaje y la "gente del norte" que permanecen estables, quietos, detenidos y dispuestos a ser mirados y filmados, por quienes se desplazaron para hacerlo.

La autoadscripción étnica del director a la "gente del norte" no es disonante, pues al vincularlas con una filosofía humanista y con vínculos profesionales, las relaciona con específicas posibilidades contextuales brindadas por las condiciones sociales diferenciales en términos de recursos educativos provistos por un trayecto vital urbano y de clase media que le permiten, incluso, separarse de las autoadscripciones étnicas familiares (igualmente urbanas y de clase media):

> Tiene que ver más con esta filosofía andina y como bueno, los que estudiamos cine o arte tenemos una filosofía humanista, *con lo que más me puedo reconocer es con la filosofía andina que promueve eso, tanto el sol, la tierra, el oxígeno, las plantas y sobre todo las personas.* (Entrevista a JoV, director de *El viaje*)

Más allá de la deriva esencializante, y de la identificación de las personas *del norte* con el cosmos, entre la esencia y la naturaleza, el director señala prácticas contemporáneas en las que las comunidades indígenas se vinculan a luchas concretas y colectivas:

> Nosotros ponemos también en la serie el tema de la lucha por la tierra, del reconocimiento de las comunidades como comunidades, como pueblos, lo decimos, lo mencionamos. Y creo que eso es, pudimos mostrar las identidades de los jujeños (...) justamen-

te, desde nuestro personaje y creo que pudimos mostrar varios valores de la *gente de acá*. (Entrevista a JoV, director de *El viaje*)

Ese fondo contra el cual es posible recortar la ciudad y la experiencia urbana es un "otro" espacial de la ciudad en cuanto exterior que al mismo tiempo la constituye. La ciudad se recorta frente a los Andes, pero es además un sitio de paso, un espacio intermedio que no alcanza a ser auténticamente jujeño ni completamente argentino pues no coincide con las imágenes de sentido común sobre la provincia en el marco paisajístico nacional, ni tampoco sobre el lugar que en él ocupan las ciudades argentinas (estrictamente, Buenos Aires).

Este sentido de ciudad participa de lo que Briones (2005) denomina "geografías estatales de inclusión y exclusión", con las que se refiere a "las articulaciones históricamente situadas y cambiantes mediante las cuales niveles anidados de estatalidad ponderan y ubican en tiempo y espacio 'su diversidad interior'" (p. 16).[12]

La autora indica que los niveles provinciales de estatalidad

> también operan como instancias fundamentales de articulación que generan representaciones localizadas sobre el estado-como-idea y sobre la política, administrando a su vez sus propias formaciones locales de alteridad para especificarse en relación con la "identidad nacional" desde formas *[jujeñas]* de "ser argentinos" (Briones, 2005, p. 17, comillas de la autora y añadido mío).

Como se ha explicado en los capítulos previos, esta ciudad no es reconocida en la economía audiovisual nacional, pero tampoco en la experiencia de quienes la enmarcan para producir televisión localmente. No se reconoce como escenografía posible en los consejos de la coordinadora de una política de fomento, pero tampoco en la propia experiencia identitaria del director de la serie de ficción *El viaje*. En la serie, no se elige como ícono paisajístico sino como escala peligrosa entre la naturaleza andina y la ciudad colonial.

En este preciso enclave, para ser ciudad sería necesario ser (o, al menos, verse) menos contemporáneamente andina para que los turistas que visitan el mundo andino la desearan como

---

12. La autora cita a Hall (1985) para referirse con "niveles anidados de estatalidad" al Estado federal y los estados provinciales y municipales "como formaciones pluricentradas y multidimensionales que condensan discursos y prácticas políticas de diferente tipo en un hacer sistemático de regulación y normalización de lo social" (Briones, 2005, p. 16).

punto de pernocte y para que el realizador decidiera recorrerla para mostrar sus puntos de interés.

El conjunto de imágenes del spot turístico como muestra de representaciones dominantes sobre el espacio jujeño en la economía simbólica nacional estructura parcialmente el contrapunto naturaleza-ciudad en los sentidos de ciudad de San Salvador de Jujuy. La quebrada y la Puna conforman una parte de este "pareo" (Lindón, 2008) o eje metafórico (Silva, 1992), y participan además del contraste campo-ciudad (Williams, 2001).[13]

Finalmente, sería necesario ser más argentina (básicamente, menos pobre) para poder producir localmente el audiovisual que la mire y la muestre, como lo hace Salta ("que tiene otro capital audiovisual") o Córdoba ("donde el audiovisual tiene otra presencia"). Esa contrastación vinculada a San Salvador de Jujuy como ámbito propio de la situación productiva refiere a la *ciudad mediatizada* que he analizado en el capítulo 1.

Sin embargo, los Andes se presentan también –y tal como lo muestra el spot del Festival de Cine de las Alturas que elegimos como epígrafe– como columna vertebral, como un espacio con la potencialidad de reunir latinoamericanamente (en este caso, en torno a la cultura cinematográfica) atravesando diferentes países en esa acción. Esa idea de un mapa mayor que incluye trayectos y geografías amplias –y al hacerlo construye diversas articulaciones provinciales, regionales, nacionales o supranacionales– no opera por contraste sino por continuidad, en términos de un lugar relativo en un espacio común extenso y se explora en el siguiente apartado.

2. *La puerta de Latinoamérica* (desde las rutas argentinas): la ciudad en geografías audiovisuales amplias

Como sostuve al iniciar este capítulo, los sentidos de ciudad se producen por identificación *con* la ciudad (con los que se presentan como sus "rasgos específicos" y hacen de ella *una* ciudad) y por oposición *contra* otros sitios y ciudades (en las actividades de "pareo" que la presentan como *otra* ciudad), pero también por

---

13. Históricamente, los sentidos de ciudad circulantes suman "la finca" a los Andes en el pareo campo-ciudad. Es el caso de la producción periodística de la década de 1940 que he analizado en otro trabajo, pero no se registra en este material (García Vargas, 2004).

V3. Presentación de la serie *El viaje* (55 segundos iniciales).
https://youtu.be/2R2CU4b0890

el peso relativo que se le asigna en términos de continuidades espaciales amplias que invocan las mediaciones, intersecciones y superposiciones involucradas en todo hecho de contacto (al invocarse como *esta* ciudad, *entre* otros sitios y *parte* de un mapa mayor e histórico que le brinda sentido).

Al indicar que las tierras altas participan como contraste natural y en ocasiones rural(izado) de San Salvador de Jujuy en la actividad de "pareo" con la que productores y productoras construyen sentidos de ciudad, adelanté que el mundo andino también se presenta como parte del camino en una "geografía mayor". En el spot del Festival de Cine de las Alturas que ofrecí como epígrafe de este capítulo, la ciudad *late* como el corazón del conjunto que, a la manera de una columna vertebral, reúne a la Latinoamérica andina en la gráfica del evento. A su vez, el mismo spot muestra imágenes y escenas predominantemente urbanas provenientes de las películas representativas de los países convocados para la muestra y de la propia sede del festival, reunidas a partir de este espacio mayor y común que opera en términos de eje generador y ordenador del evento.

Me interesa recuperar la presentación del Festival de Cine de las Alturas por ambas razones: muestra a Jujuy como parte orgánicamente asociada al conjunto mayor de lo andino y los fragmentos de películas que componen el spot señalan que las locaciones de ese conjunto fílmico andino son, todas (sí, todas), urbanas. También porque el spot acude a la estrategia del "cine dentro del cine" al hacer visible aquello que posibilita la experiencia visual del repertorio que compuso la muestra, incorporando

C7. *Festival de Cine de las Alturas* (spot de presentación, el fotograma corresponde a la afichería y la gráfica del evento).
https://youtu.be/pkwW4kUdZBw

imágenes de la sala de proyección con las que se visibiliza al cine como recurso constructivo de su propia capacidad de representar y de proyectar. Es por eso que la presentación del festival resulta un contrapunto iluminador (por contraste) del sentido común visual sobre lo andino vinculado a la aparición de las formas dominantes del paisaje nacional y provincial asociadas a la aboriginalidad, la naturaleza, el pasado, la individuación occidental y la familia nuclear patriarcal y heterosexual que construye el spot "Soy Pachamama" de la Secretaría de Turismo del gobierno de Jujuy (en un conjunto internamente inconsistente en la combinación de la individuación y la familia tipo con la aboriginalidad y con la naturaleza).

En este apartado me interesa explorar, justamente, los sentidos de ciudad que emergen del lugar relativo que ocupa San Salvador de Jujuy dentro de *geografías culturales amplias* (Agüero y García, 2010) vinculadas a intercambios y contactos históricos y conflictivos. A partir del trabajo de campo, propongo pensar que los sentidos de ciudad no sólo se producen desde aquellos procesos que permiten darles forma en términos de la identidad y la diferencia que emergen de la consideración de sus atributos inmanentes (la descripción de características "propias", si bien complejas y en disputa) o de la contrastación con otros sitios (los *pareos* de contraste con el mundo andino o con otras ciudades para brindar sentido a la propia experiencia urbana en diálogo con el sentido común), sino que además –y al mismo tiempo– refieren a la percepción del peso relativo que la ciudad recibe o disputa dentro de equilibrios espaciales extensos e históricos, ya no (únicamente) por oposición sino también por relación co-existente (de continuidad, dependencia, dominación, conexión o tensión) entre lugares que forman parte de ese conjunto amplio y que le brindan sentido a la propia posición.

Ese lugar relativo que recibe o disputa la ciudad en una geografía cultural extensa y desigual que alude al contacto y al intercambio –y no (o, al menos, no solamente) a la inmanencia de lo local o a la oposición con sus "otros espaciales"– se materializa en la percepción de las distancias y en las metáforas que se utilizan para describir las intersecciones, mediaciones y continuidades de este específico lugar urbano al interior de mapas de relaciones amplios e históricamente estructurados que combinan la propia experiencia de estar ubicado/a en un sitio preciso con el sentido común sobre las dimensiones y límites de esos mismos mapas, ubicaciones y relaciones.

En las entrevistas con realizadores y realizadoras, esas distancias, cercanías y metáforas se cartografían en diversas escalas, que a su vez se intersectan en los sentidos de ciudad. Concretamente, esos mapas refieren y construyen continuidades y trayectorias que abarcan la provincia de Jujuy, el noroeste argentino, la nación argentina, el territorio que históricamente ocupara el Alto Perú, el Mercosur, y Latinoamérica.

De alguna manera, ese conjunto de relaciones espacializadas alude tanto a localizaciones particulares puestas en relación recíproca, como a trayectos (entendidos como formas particulares del tiempo y el espacio, llenos de sentidos y que llenan de sentidos a las localizaciones particulares) y posiciones intermedias. Refieren tanto al movimiento como a la interdependencia entre estos espacios, en tanto parte de las relaciones cotidianas, emergentes y sedimentadas que producen (a su vez) el espacio urbano. Esas cartografías superpuestas que explican el propio sitio se construyen a partir del lugar y peso relativo que se otorga a San Salvador dentro de espacios amplios, en relación con diversos centros, orígenes o cruces de caminos. Se evidencian como itinerarios de la propia biografía, de las rutinas productivas, de las prácticas de formación para el trabajo, y de la estabilización e institucionalización de relaciones y redes vinculadas a ambos aspectos. Se trata de mapas que reúnen rutas, raíces y rutinas.[14]

---

14. Paul Gilroy (1993) ofrece el par explicativo "raíces y rutas" (el juego de palabras es intraducible, el original en inglés propone "roots and routes") para dar cuenta de la dimensión racializada del sentido común y las identificaciones

Encuentro tres maneras principales de referencia a esos espacios extensos en los sentidos de ciudad que construyen realizadores y realizadoras durante el trabajo de campo. Esas geografías mayores se estructuran en base a la idea de la ciudad *como punto de articulación o traducción* entre dos o más espacios amplios; sobre la referencia a una *posición inequitativa en equilibrios desiguales establecidos en base a centros y periferias*; o considerando a la ciudad *como un punto de un camino o itinerario* (de personas, objetos, referencias, recursos, situaciones o imágenes).

2.1. La puerta de Latinoamérica: *ser ciudad entre dos mundos*

> Para mí [San Salvador de Jujuy] es *la puerta de Latinoamérica.* Así... "re", digamos... Salta es el último orgullo argentino criollo (yo me imagino al caballo blanco con el poncho rojo) y acá ya es el mercado, las naranjas y la doña en la calle. Y el mercado... ese *caos* que para mí es *alucinante.* (Entrevista a PaK, mi énfasis y sus comillas –expresadas gestualmente– en el "re").

Si vivir es "pasar de un lugar a otro intentando no golpearnos" (Perec, citado por Segura 2015, p. 19), ¿qué implica poder asomarnos, desde *la puerta* de San Salvador de Jujuy, a Latinoamérica?

En la imagen de *la puerta* hay un juego de oposiciones y mediaciones que expresa el perfil fronterizo del territorio jujeno, en su doble carácter de límite y contacto. Cuando una puerta se abre, permite pasar de un espacio a otro, cuando se cierra, lo impide. Alrededor de los mundos que esta *ciudad-puerta* intermedia se ubican conjuntos específicos e identificables de elementos, ordenados en parte mediante el "pareo" con otras ciudades y con el mundo andino, pero que al mismo tiempo permiten advertir la participación en mapas extensos y la búsqueda de características definitorias combinadas con el peso relativo de San Salvador de Jujuy en cada uno de esos conjuntos mayores y "entre" ellos.

---

que conformaran cultural e históricamente el *Atlántico negro* en la reunión de África, Europa y el Caribe latinoamericano durante la expansión colonial e imperial (y esclavista) británica y las migraciones e intercambios (especialmente, los musicales) que le siguieron. A su vez, Patria Román Velazquez (1999) propone el par explicativo de "rutas y rutinas" para indagar en los circuitos globales de la salsa, vinculándolos a las prácticas espaciales de inmigrantes latinoamericanos en Londres con especial referencia a las dimensiones nacional y de clase en los procesos de identificación de esa comunidad con el espacio urbano "receptor" (con los recaudos para el uso de este término en las experiencias migratorias que señala Caggiano, 2005).

Si, como sostiene Lawrence Grossberg (2012), "los lugares son contextos constituidos por tránsitos y traducciones, que siempre se definen por sus relaciones con otros lugares" (p. 52), los espacios que esta específica "puerta" intermedia son claramente Argentina y Latinoamérica. Ni uno ni otro término de referencia espacial es inequívoco y ambos se construyen por relación con conjuntos específicos de elementos, rasgos y lugares. La Argentina invocada es criolla. Específicamente, la capital jujeña se opone al "último orgullo argentino *criollo*" (Salta) y participa, en cambio, del "caos alucinante" de un mapa mayor: Latinoamérica.[15]

En primer lugar, la imagen revela que, para quien está en Argentina, Latinoamérica queda *del otro lado de la puerta*, queda "allá", queda afuera. Y San Salvador de Jujuy es el *umbral de salida* hacia ese espacio.[16]

En los sentidos de ciudad de la productora de *Murmullo*, la tradición a la que se refiere el territorio nacional extenso al que se opone San Salvador de Jujuy resulta vinculada al orden (una asociación que se refuerza en el pareo opositivo entre San Salvador de Jujuy y Rafaela que trabajo en otro apartado), mientras que la geografía amplia subcontinental guarda relación con el vínculo que establece Sarlo (1999) entre la ciudad y la "modernidad periférica" mediante el concepto de "cultura de mezcla" como característica latinoamericana de la experiencia urbana,[17] categoría que –en conjunto con otras tales como "culturas híbridas" (García Canclini, 1990), "transculturación" (Rama, 2008), "formación social abigarrada" (Zavaleta Mercado, en Antezana 2009), o "sectores ch'ixi" (Rivera Cusicanqui, 2010)– propone abordar las mixturas producidas por y productoras de la vida urbana en el subcontinente.

Para expresarlo brevemente, y no sin riesgos, recurro a una cita del análisis de Luis Antezana (2009) sobre lo abigarrado en la obra de Zavaleta Mercado con la que intento una aproximación al zócalo común que encuentro en esta serie de conceptos que se actualizan en el "caos alucinante" con el que esta realizadora resume su percepción de la ciudad en relación con Latinoamérica:

---

15. Espacio al que sin embargo pertenece incipientemente: es la *puerta*, no el *corazón* ni la *sala*.

16. En la historia de las migraciones populares bolivianas a Argentina, a su vez, resulta el umbral de entrada (Karasik, 2005; Caggiano, 2005).

17. Concretamente, la autora ofrece ese término para referirse al área metropolitana de Buenos Aires en el entresiglo XIX-XX.

"consiste en desplazar las tradicionales reflexiones centradas en el problema de 'lo hegemónico en (y sobre) la diversidad' hacia una percepción de 'la hegemonía *de* la diversidad'. Quizá lo múltiple tiene su(s) manera(s) de ser... en diversidad" (Antezana, 2009, p. 119, entrecomillado y resaltado del autor).

Ese conjunto de categorías, si bien diversas, se recortan contrastivamente sobre el de "aculturación", como noción de dicotomía con posición dominante para la interpretación de las "ciudades masivas" en otros estantes de la biblioteca latinoamericana (por ejemplo, Romero, 2001). Además, una parte importante de esos conceptos brinda atención a la producción cultural industrial como un principio articulatorio importante del *entresijo* urbano latinoamericano.[18]

Por supuesto que una mezcla o combinación de elementos no es necesariamente caótica, pero sí lo es aquella que se esgrime para caracterizar esta ciudad en este caso. La misma realizadora (PaK, productora de *Murmullo*) ofrece una referencia urbana complementaria en la actividad de "pareo" para brindar sentido a San Salvador de Jujuy. Entonces, indica que San Salvador de Jujuy es como "La Paz chiquitita", comparándola a la capital política y administrativa de Bolivia. Por último, el *caos* no es necesariamente negativo y esta realizadora lo invoca, justamente, en su carácter abigarrada e inspiradoramente creativo.

El espacio de *intermediación* ocupado por la ciudad es interpretado a partir de la intersección de relaciones étnicas y nacionales, por un lado, y a un conjunto de tematizaciones de lo urbano, por el otro.[19] En términos de conexiones de la ciudad con espacios amplios, la Argentina se vincula a la tradición gaucha salteña pero también al orden y la planificación urbanas de una ciudad intermedia de la pampa húmeda –como Rafaela, según

---

18. La localización urbana de las industrias culturales se ha trabajado en el capítulo introductorio, mientras que las posiciones de los productores en la ciudad mediatizada jujeña se abordan en el capítulo 1. Ambos tienen relación con el vínculo que aquí se señala.

19. La productora de *Murmullo* alude específicamente a su formación universitaria, y en ella la lectura de la idea de espacio intermedio o *in-between* de Bhabha cuando comenta el efecto que le produjo conocer la ciudad de San Salvador de Jujuy. Es así que indica: "Bueno, yo había leído justo para mi tesis lo del 'entremedio' y para mí es como un concepto re aplicable acá, estás todo el tiempo ahí en el entremedio. Hay todo el tiempo un nuevo espacio, o un espacio que se filtra, que se escapa, que no podés etiquetarlo, ni reglamentarlo, ni regularlo, nada". (Entrevista a PaK, productora de *Murmullo*).

se trabaja en otro apartado de este capítulo–, mientras que San Salvador de Jujuy participa del carácter "latinoamericano" de "la doña vendiendo naranjas en la calle" y la apropiación general de la calle y el mercado por parte de los sectores populares como en la capital política de Bolivia –una "versión pequeña" de La Paz, como también se indica al hablar del pareo entre ciudades–.

Ahora bien, conjuntos parecidos de elementos son los que el director de *El viaje* señala como puntos de interés para el turismo:

> el turista lo primero que viene a ver aparte de su historia, por lo que pasó en la Guerra de la Independencia, es poder visitar estas ferias en las que encontrás artículos de diferentes partes y de lo andino. (Entrevista a JoV, director de *El viaje*)

Sin embargo, en este caso la serie vinculada a la Guerra de la Independencia articula con mayor fortaleza a la ciudad con Argentina.[20] Esa ciudad mostrada al turismo es la mezcla de un pasado heroico que la vincula con el marco nacional en sus lugares patrimonializados, junto a unos espacios paradigmáticos que añaden a esa combinación la disponibilidad de artículos de diferentes partes del mundo junto a objetos vinculados a lo andino. La ciudad es mezcla e intersección entre esas escalas espaciales, pero no se ubica exclusivamente en el tipo de articulación fronteriza señalada por "la puerta". En un mapa turístico, este sentido de ciudad reúne raíces (argentinas) y rutas (argentinas y andinas) para identificarse en el conjunto nacional y en el latinoamericano.

2.2. El hecho de la periferia*: ser ciudad en los márgenes*

> [En el NOA] hay muchas problemáticas en común. La postergación básicamente, o sea, hay muchas problemáticas postergadas y en gran parte postergadas por esto, porque no son visibilizadas (...) O sea, *el hecho de la periferia*, de estar muy alejados. (Entrevista a DiR, director de *Murmullo*)

En el marco de geografías extensas y desiguales, las ciudades adquieren una relativa autonomía cuyo alcance cambia de acuerdo a las relaciones que establezcan con centros y periferias que también varían. Como sostienen Agüero y García (2010), "es-

---

20. En la contraposición espacializada y espacializantes de los sentidos de ciudad "con raíz" y "trajinante" que se desarrollan con mayor detalle en los capítulos 4 y 5, respectivamente.

tas geografías constituyen equilibrios provisorios que pueden modificarse en la larga o mediana duración" (p. 25).

En el apartado anterior reprodujimos una cita en la que la productora de *Murmullo* hablaba de producir "desde el lugar de origen" [cuando no es el centro] o, directamente, "desde un lugar que no es el centro". En esas citas, se alude a un mapa de flujos desiguales vinculados al desarrollo nacional de las industrias culturales, y solapa el espacio social de la televisión al marco general de la producción social del espacio en los sentidos de ciudad (mediatizada) de productores y productora. En términos de condiciones productivas, el primer marco espacial para interpretar la inequidad del desarrollo capitalista de las industrias culturales es nacional. Esto es, para estos productores y productora audiovisuales el capital es mucho más móvil que el trabajo, pero al mismo tiempo se concentra en una ciudad precisa (Buenos Aires), y eventualmente alcanza ciudades de mayor desarrollo que San Salvador de Jujuy. Los problemas regionales son *experimentados por* estos productores y esta productora, como consecuencia de una estructuración histórica desigual(ada) de la producción audiovisual en el marco nacional, pero también como una dimensión que atraviesa el conjunto de la vida social *regionalizada* de quienes habitan esta específica ciudad (Massey, 1994).

Si bien ambas posiciones relativas (lejanía o marginalidad) no son idénticas, ya que una alude a la distancia respecto de un punto y otra al efecto de concentración de recursos y poder en un centro que le presta superioridad sobre la periferia, tienen en común que –en el contexto espacial amplio de la nación– a veces se construyen de manera solitaria o, en otros casos, se comparten con otras ciudades y se expanden hasta abarcar la situación de quienes producen audiovisual en la región conformada por las provincias del noroeste argentino, del norte grande (NOA y NEA), o bien del conjunto completo de las provincias.

En la cita inicial de este apartado, el director de *Murmullo* piensa la región NOA como "lejana", "postergada" y al mismo tiempo como intersección de relaciones que se dan tanto al interior como fuera de la región misma. La denuncia de la "postergación" –frecuente tanto en el contrapunto Buenos Aires-provincias del pensamiento crítico argentino (Grimson y Caggiano, 2015), como en los discursos mediáticos (García Vargas, 2006), cotidianos (Burgos, 2014; Gaona, 2017) y político-partidarios locales (García Vargas, 2009; Romero, 2010)– permea la demanda de visibilizar los temas o las historias "autorreferentes" (que están "acalladas") para superarla, y la percepción del propio lugar de producción audiovisual como "lejano" y "periférico" ("estar tan lejos", en las palabras del director de *El viaje*) en relación con los principales centros de producción y capacitación.

Mencionamos ya la idea de "modernidad periférica" acuñada por Beatriz Sarlo para dar cuenta de la cultura de mezcla urbana característica de la Buenos Aires de las vanguardias durante las décadas de 1920 y 1930, y en qué medida esa condición se duplica cuando refiere a capitales provinciales, por ejemplo en la categoría de "ciudades estancadas" de José Luis Romero. Esa histórica relación entre periferia, marginalidad y "estancamiento" se actualiza en la percepción del director de *El viaje*:

> (A)l terminar la facultad me vine a Jujuy como para querer abrir un poco estas posibilidades de producir audiovisual. Al principio era el cine y todo rondaba alrededor de eso pero acá en Jujuy la distancia fue como determinante en la profesión, y también la presencia en Córdoba donde la parte audiovisual quizás está un poco más desarrollada, y bueno, acá fue una lucha comenzar de cero. (Entrevista a JoV, director de *El viaje*)

Es decir que las distancias se establecen en términos nacionales, pero el contraste se ve posibilitado por la experiencia de (y en) otra ciudad. En el programa *Jujuy Profundo*, FeC señala:

> Otras provincias nos sacan ventaja, se las critica porque son excesivamente chauvinistas, nosotros parece que pertenecemos a otro territorio, que *somos algo aparte de la Argentina*. (*Jujuy Profundo*, emisión 3, temporada 5)

El espacio en el que ubica a Jujuy este productor no se restringe al NOA (aunque lo contiene parcialmente) y encuentra la clave de la regionalización en un "pasado histórico común". Ese pasado se vincula específicamente a la historia independentista, por lo que menciona a la región como un "teatro de operaciones" abarcativo del Alto Perú, la República Plurinacional de Bolivia y el NOA. En aquel espacio histórico, Jujuy resulta central. Para el realizador de *Jujuy Profundo*, el trayecto vital de la nación Argentina "se parió en esta tierra".

> Siempre hay versiones encontradas pero la única verdad, la única realidad como yo digo cuando termino el programa, [es que] *en Jujuy nació la patria*. Que esta patria, *esta República Argentina se parió en el norte argentino*. (Entrevista a FeC)

Se insiste con la cita ya analizada en el capítulo referido a la ciudad mediatizada[21] para hacer notar, en este caso, que esa centralidad perdida, vinculada al origen y posibilitadora de la existencia de la nación, se activa en el vínculo actual con otros sitios, entre los que Buenos Aires se percibe como un "otro abusivo" en lo simbólico al narrar la historia silenciando la heroicidad de Jujuy, central para la constitución de la nación.

El conflicto, entonces, es extra-regional, y se entabla con quienes se arrogan el poder de enunciación (y de audiovisualización) sobre la verdad histórica (localizados, para el periodista, en Buenos Aires). Ese conflicto se nombra como (ausencia de) federalismo y apela a metáforas bélicas para espacializarse (por ejemplo, al "teatro de operaciones").

JP3. *Jujuy Profundo* (Temporada 5, emisión 3), columna del especialista.
https://youtu.be/7qIkEbAMAOg

En su intervención, el columnista indica:

En ese entonces el territorio no era marginal, *Jujuy era el centro del territorio*... no fue la independencia de la Argentina, fue la independencia de la Patria Grande, de las Provincias Unidas de Sudamérica (...) La historia la escriben los pueblos, y la escriben con sangre. Aquí la historia de Argentina está escrita con un sabor porteño, y con tinta y no con sangre. Creo que los jujeños tenemos que escribir la historia". (*Jujuy Profundo*, emisión 3, temporada 5, columna del arquitecto Grenni, mi énfasis)

La centralidad de la región surandina para el proceso que llevó a la formación del estado nacional juega en contrapunto con el lugar relativo en el momento previo a la configuración espacial nacional.

---

21. Expresión que a su vez es insistentemente repetida en cada programa emitido de *Jujuy Profundo*, como un mantra que reafirma la propia posición del conductor, del programa y de Jujuy en el concierto nacional.

En términos del "espacio social de la TV", *Jujuy Profundo* asume como contenidos centrales la confrontación con la estructuración del proyecto nacional en la economía simbólica de la nación. Su realizador, además, es el único que piensa la "región audiovisual" en término de audiencias y no de interrelaciones entre productores y productoras o de historias en común (situación que invoca indirectamente a las audiencias pero que se asienta en la percepción o construcción de narrativas sobre una experiencia social compartida entre realizadores/as). El realizador de *Jujuy Profundo* indica que no cree que su programa resulte de interés fuera de la provincia, y señala que las historias de Jujuy se vinculan con las de Salta, pero que si emitiera su programa en esa provincia no llegaría al público general y de todas las generaciones que tiene en Jujuy, sólo a profesionales de la historia. *Jujuy Profundo* se piensa y se hace en la dinámica productiva tendiente a constituir la grilla de programación de la señal local del servicio de televisión por vínculo físico, no dialoga con otros productores y productoras, ni problematiza las transformaciones (ni disputa los recursos) de las políticas de fomento amparadas en el art. 153 de la LSCA vigente en ese momento.

2.3. Una cuestión de cercanía: un espacio amplio y común en los márgenes de la nación

Los concursos de las convocatorias federales (INCAA, 2010 y 2011) promovieron, en sus bases, la inclusión de la diversidad y heterogeneidad constitutivas de nuestro país, y al mismo tiempo organizaron esa diversidad en regiones que se agruparon por "proximidad geográfica, histórica, social y cultural" (INCAA, 2010 y 2011). La base para la constitución de regiones, a su vez, fue provincial. En los objetivos, la convocatoria indica "fomentar la producción de contenidos en todo el territorio nacional a fin de *promover la diversidad cultural de sus diferentes regiones*" (INCAA, 2010, mi énfasis) y "desarrollar las capacidades profesionales de directores, productores y guionistas independientes *de cada una de las provincias del país*" (INCAA, 2010, mi énfasis). En ambos casos, para "contribuir a la formación de *un* acervo de contenidos para la televisión digital" (INCAA, 2010, mi énfasis).

Es decir que, en la convocatoria INCAA, la nación audiovisual busca ser una, aun siendo múltiple. Se habla de *un acervo de contenidos.* Esto es, un archivo, un capital audiovisual en singular, que se deposita en un Banco, el BACUA (Banco Argentino de Contenidos Universales Audiovisuales). La multiplicidad, a su vez, se regula en términos regionales, regiones que se constituyen en el agrupamiento de provincias.

Los temas, problemáticas e historias que vinculan potencial o activamente *los contenidos* producidos en la esfera regional se mencionan tanto en la convocatoria como en los sentidos de ciudad de la y los realizadores. Ese juego entre nación, provincias y región también está presente en la interpretación de la propia posición (marginalmente desventajosa y desaventajada) por parte de la y los productores. A su vez, la mención a historias o rasgos culturales e históricos comunes asume diversas formas entre lxs productorxs.

En ocasiones se relaciona a la postergación, por lo que la región reúne las posibilidades narrativas "autorreferentes" a partir de esa posición desventajosa:

> hay una necesidad de (...) contar historias que sean autorreferentes en la región, eso nos aúna en la región, que tiene que ver con esto, con estas temáticas postergadas. (Entrevista a DiR, director de *Murmullo*)

Entre estos realizadores y realizadora, el pensamiento en torno al propio lugar nacional desde la común pertenencia a una escala noroestina, se construye a partir de prácticas laborales y productivas que incluyen la inserción en redes y colectivos localizados (en términos de circulación de recursos y oportunidades de formación y de trabajo) y, en un único caso, en la consideración de potenciales audiencias.[22]

No es menor que, al mismo tiempo, las convocatorias de INCAA que dieron origen a las series y al unitario documental analizados se estructuraran en base a regiones nacionales constituidas por agrupamientos provinciales. En ese sentido, la convocatoria recupera, potenciándolas, tanto ordenamientos administrativos estatales nacionales como algunas de las formas previas de organización iniciadas desde la conformación de numerosas redes de producción independiente y alternativa, para atender a los desafíos de su desarrollo o visibilización. Las lógicas de articu-

---

22. El juego de espejos entre presencias y ausencias de las audiencias y los públicos en los discursos de realizadores y realizadoras (y viceversa) constituye un tema en sí mismo, vinculado al reconocimiento de situaciones propias y de lxs otrxs en la construcción de sentidos de ciudad (mediatizada).

lación de esas redes, si bien variadas, son en general sensibles a la territorialidad, y de base local o regional.

> nosotros tenemos una articulación regional a través de la Red Andina de Video que fue una formación que la hicimos primero a nivel provincial en el año 2004 y después más tardíamente pudimos enlazarnos con otros compañeros de Salta, Tucumán, Santiago, Catamarca y La Rioja y planteando de alguna manera cuestiones que tenían que ver con esto de poder trabajar colectivamente, de romper las fronteras [provinciales], de poder producir de manera regional. (Entrevista a ArO, productor de *Murmullo* y director de *Maestros*)

En el capítulo 2 ya se ha señalado la importancia de la localización en el pensamiento audiovisualista independiente. Ahora, es necesario recordar que Wayruro tiene presencia fundadora y relevante desde su oposición "militante" en la Red Andina de Video y en Espacio Norte Audiovisual.

Pero la convocatoria también opera con un efecto regionalizante entre quienes no pertenecen a esa tradición (que en la descripción de posiciones de la ciudad mediatizada del capítulo 3 nombramos como popular "en sentido fuerte"), reuniendo espacialmente experiencias productivas a partir de la interpelación del Instituto:

> En ese momento [se refiere a la primera convocatoria federal para televisión de INCAA, en 2010] no existían vínculos, había dos o tres productoras emergentes en Jujuy. Salta tiene otro capital audiovisual, muchísimo más grande que el nuestro. Y Tucumán también está poco desarrollada. *Creo que después de eso hubo una región audiovisual*, se crearon vínculos con gente de Salta y Tucumán, y al año siguiente se sumó Catamarca. (Entrevista a JoV, director de *El viaje*)

Para este productor, la región "se armó" a partir de la interpelación producida por las políticas de fomento. Tanto entre quienes observan el carácter regionalizante de la convocatoria como entre quienes se organizaron regionalmente mucho antes de la sanción de la ley (y la perciben como institucionalización de prácticas y de sus propias propuestas previas), la posibilidad de pensar la relación con el mapa nacional desde la escala regional se esgrime como reclamo pero también como posibilidad articulatoria de demandas que fortalece la propia posición local al compartirla colectivamente desde el NOA.

La persistencia en las preocupaciones sobre el lugar relativo compartido, y el reconocimiento de ese lugar por las convocatorias INCAA muestran en qué medida una región es cultural, histórica, administrativa, y se construye socialmente. También permite observar en qué medida tiene efectos concretos en la discusión sobre los derechos y las condiciones de ejercicio de la "ciudadanía audiovisual" nacional al momento del trabajo de campo. Como indica Jelin:

> Las regiones se definen en un doble movimiento: como partes de un todo mayor, y como áreas o zonas relativamente amplias, más amplias que "lo local". En el marco de la historia mundial de los últimos tres siglos, las regiones se fueron definiendo en relación con una unidad administrativa moderna: el Estado-nación. Cuando se toma al Estado-nación como ese "todo mayor", las regiones son los espacios territoriales contiguos que, por motivos puramente administrativos o como reflejo de alguna característica económica, cultural, social o geográfica (o la combinación de más de una), son definidos como unidades menores dentro del Estado-nación. (Jelin, 1999, en Caggiano 2005: 122)

En este caso, esa construcción social de la región se realiza en una coyuntura de transformación de la dinámica productiva que se presenta como superadora de la concentración geográfica. Por otra parte, las regiones dialogan entre sí y con la ciudad de Buenos Aires que ocupa la posición "central". La condición *periférica* que emerge continuamente en las entrevistas alude a los paisajes mediáticos (Appadurai, 2001) casi literalmente, ya que refiere al flujo y las imágenes de la televisión en Argentina. Como ya se ha indicado, Gonzalo Aguilar (1999) señala que la televisión en Argentina fue desde el inicio "un factor fundamental de unidad territorial que reafirmaba (...) el poder de Buenos Aires", ya que al recibir idénticas imágenes y mensajes los hogares del territorio nacional se sentían "más integrados en el imaginario nacional y colectivo" (p. 264). Al mismo tiempo, la televisión transformó la idea de territorio, modificando la percepción de las distancias. Se trató de un impulso integrador, pero también homogeneizante y asimétrico.

En ese paisaje mediático nacional desigual(ado), cuando se queda "lejos" es operativo fortalecerse con quienes están "cerca":

> (...) *el concepto básicamente es y por ahí tiene que ver un poco con la cercanía.* Nosotros... es más fácil vincularse con un compañero que está en Salta o en Tucumán que con uno que está en Neuquén

o la Patagonia. Aun cuando las problemáticas puedan ser similares o podamos tener puntos en contacto. De hecho, por ejemplo gran parte de las demandas y las luchas que venimos planteando, en estos últimos años hicimos una fuerte alianza con el NEA también (...): cuestiones de capacitación, cuestiones de achicar la brecha tecnológica, por otro lado, que... digamos que hay una exigencia del mercado que cada vez te pide mayor calidad pero acceder a tecnología que te da esa calidad no es tan sencilla de conseguirla o somos pocos los que las tenemos. (ArO, director de *Maestros* y productor de *Murmullo*)

Pero la construcción social de la región entre realizadora y realizadores alternativos e independientes, aún en su heterogeneidad, indica en qué medida las políticas de fomento tuvieron trascendencia política y social. El guionista de *El viaje* resalta que las convocatorias son regionalizantes, pues interpelan en este sentido, y destaca que ese le parece un acierto en términos posibilitadores de proyectos en común, redes y posibilidades de trabajo. Reconoce vínculos regionales en la dinámica general de la población, e indica las migraciones interregionales como aspecto saliente del NOA. Esto es, alude a un contexto referencial compartido. Pero al mismo tiempo, para el caso específico de la dinámica y los trayectos de audiovisualistas en el NOA, el mismo guionista indica que Jujuy "mira más a Salta que a Tucumán", situación que le sorprende por el peso relativo de Tucumán en términos de desarrollo de experiencias "privadas" de realización televisiva.

El creador, productor y conductor de *Jujuy Profundo* piensa en un espacio regional diferente, vinculándolo a la variación del lugar relativo de la provincia en términos de centro y periferia en dimensión histórica (concretamente, su papel en las guerras de la independencia) y a las audiencias. Es decir, no se plantea *con quiénes* producir, sino *para quiénes* hacerlo a la hora de definir la región.

2.4. *La ciudad como punto de un camino: relaciones profesionales* con acento

Llegué a Jujuy en enero de 2007 con la intención de hacer una experiencia distinta, aprender a filmar desde *un lugar distinto y distante al "centro" del país (Buenos Aires)*. Me parecía un verdadero desafío poder estar en un rodaje, producir y contar historias locales en el marco de un grupo con un perfil en comunicación popular, que trascendiera lo meramente cinematográfico (es decir, lo técnico).

Una antropología audiovisual si se quiere... (Entrevista a PaK, asistente de *Murmullo* y *Maestros*)

Las formas del movimiento, tan presentes en tres de las cuatro producciones analizadas para pensar la ciudad (entre el interior y el exterior de la misma ciudad, y al interior de su propia cartografía urbana, como se verá en el próximo capítulo), son también una constante en las biografías y trayectos profesionales de las y los realizadores. En ellos, se verifica un tipo de movimiento habitual en las clases medias locales vinculado fundamentalmente a los procesos formativos (a la obtención y acumulación de recursos educativos).

En ese sentido, *la puerta*, como metáfora de la posición de frontera de la ciudad, también alude al trayecto previo de la misma realizadora, que "entra" a Latinoamérica desde San Salvador de Jujuy y al sumarse a un colectivo de comunicación popular local en un trayecto profesional y biográfico que se inicia en Rafaela, una ciudad intermedia de la provincia de Santa Fe. Ese trayecto que ubica a San Salvador de Jujuy como espacio de trabajo en una red compleja de conexiones que informa la biografía profesional de esta realizadora es similar a los de los demás productores, con la única excepción del referente de *Jujuy Profundo*.

Sin embargo, que esta ciudad haya sido elegida como lugar de capacitación es excepcional en este conjunto, y corresponde a la experiencia formativa de la realizadora más joven del conjunto, quien además se considera parte de una "generación federal" (como se ha visto en el capítulo 1). En los demás casos, el trayecto formativo es el inverso: se relaciona con otras ciudades que operan como centros formativos, y se regresa o se llega a San Salvador de Jujuy (una ciudad "lejana" y periférica") una vez concluido ese ciclo. Se trata de una ubicación relativa vinculada a las rutas argentinas, ya que los caminos formativos y profesionales relevados se realizan en constantes desplazamientos desde o hacia otros puntos del país, principalmente urbanos, como Salta, Tucumán, Córdoba, Rafaela, Buenos Aires, Neuquén. En ocasiones, también incluyen otras localizaciones de la provincia (Tilcara) o del mundo (Cannes, Sevilla, Málaga, Caracas).

En el caso del tránsito al interior de la región, esas experiencias de las clases medias forman parte de un contexto mayor de intercambio permanente:

En relación con las continuidades [regionales del NOA], me parece que se dan en términos de problemáticas sociales, culturales, económicas, etc. La migración regional es un hecho que integra al NOA. (Entrevista a FeB, guionista de *El viaje*)

Rita Laura Segato (2007) cita a Naficy (1999) para hablar de un "cine con acento" que se da aún en directores exiliados, y complejiza la escala nacional para dar cuenta de dinámicas de frontera entre Argentina y Brasil. La autora se refiere a marcos nacionales (como escalas casi excepcionales en el proceso general de mundialización y concentración de la producción cultural) y se ocupa del cine, pero deseo recuperar su apreciación advirtiendo que la adapto al marco provincial y a procesos productivos de narrativas destinadas a la televisión digital.

En estas entrevistas (y en la propia convocatoria de INCAA mencionada) no se invoca una "mirada regional" (como lo hace Segato, 2007), sino unas "historias regionales", unos *contenidos* que merecen y deberían ser contados en aras a descentrar las imágenes de la nación, y al mismo tiempo por su posibilidad de autorreferencialidad y por su potencial de denuncia de la desigualdad (en aquello que se narra tanto en términos de los contenidos como en los de las situaciones productivas). En esa concepción, hay "miradas con acento" pero sobre todo existen "historias con acento", por un lado, y "relaciones con acento (local o regional)", por el otro.

> (...) En esas cosas [los y las productores del NOA] *siempre estuvimos juntos*, trabajando juntos y *logrando alianzas* y participando en foros y en encuentros y entonces... yo creo que fue *por una cuestión de cercanía, por una cuestión de vínculo*, digamos, y que muchos son aparte *compañeros* de la Red, son *amigos*, bueno eso también fortaleció. Como te digo también con otras regiones hemos *trabajado codo a codo*, en ese sentido. (ArO, director de *Maestros* y productor de *Murmullo*)

La idea del espacio local productivo como intersección de redes y relaciones sedimentadas y emergentes, constantes y conflictivas, involucra repetidamente la referencia a la región noroestina. Al mismo tiempo, revela que su construcción se asienta parcialmente en los vínculos y proyectos en común generados en los lugares de capacitación por parte de los mismos actores. Es así que los conflictos emergentes en la producción local y entre escalas y espacios referenciales de los sentidos de ciudad de estos actores se vinculan a diversos aspectos relacionados con el proceso de profesionalización en ámbitos que exceden a la ciudad, y la vinculan y posicionan en un mapa mayor.

El "acento" de estas relaciones se adquiere en el movimiento entre diversos sitios y encuentra una parte central de esa "tonada" en las ciudades que operan como centros de capacitación de la y los productores. Se trata de las localizaciones universitarias o de formación superior, que para el ámbito audiovisual aquí relevado quedan mayoritariamente fuera del NOA. Concretamente, en Córdoba y Buenos Aires.

A su vez, esa "tonada" varía fuertemente en las experiencias autodidactas construidas localmente (aunque quienes así las invocan registran antecedentes formativos en vínculos con otros sitios, desde los cuales "se llega" a San Salvador y a las producciones de las convocatorias INCAA con un "capital profesional audiovisual" –por decirlo de algún modo– ya acumulado).

Parte de esas variaciones en la formación se traducen en miradas discrepantes al interior del mismo sitio de producción, ya que alimentan las posibilidades concretas de realización de los propios actores al incidir en el énfasis que se presta a diferentes dimensiones de lo técnico, en el peso relativo de los aspectos realizativos y narrativos para la propia praxis, y en la definición de los objetivos o derivas éticas y estéticas de cada proyecto.

Los trayectos que abarcan diferentes "porciones" de espacio se trazan predominantemente entre ciudades. De esa manera, la identificación contra otra ciudad se complementa con frecuencia aludiendo a la común pertenencia a un mapa mayor, o bien ese mapa o geografía extensa se construye tomando como referentes a las ciudades. En términos de intersecciones o relaciones entre sitios para definir la propia localización de la producción, el guionista de *El viaje* coincidirá en la importancia del lugar de formación para la constitución de una geografía amplia regional, relativizando en ese caso la *cercanía* del espacio noroestino para resaltar, en cambio, que el vínculo de su equipo reconoce una historia previa desarrollada en Córdoba (concretamente, en la Escuela de Cine de la Universidad Nacional de Córdoba), donde se formaron varios de los participantes e integrantes de la Fundación Séptimo Arte. Es decir que el lugar de encuentro previo que posibilita en gran medida la emergencia del equipo de *El viaje* localizado en San Salvador no corresponde al NOA, sino que alude a otro espacio cultural "mayor". Ese espacio se recorta uniendo a Jujuy (y al NOA en general) con la ciudad de Córdoba, cuya universidad resulta centro formativo de una parte de sus clases medias. En esa "porción" del territorio nacional, Córdoba asume posición de centro para el conjunto de puntos urbanos comprendidos en la dinámica social y cultural que se extiende desde esa urbe hacia el norte del país (Sorá, 2010). Incluso, en el equipo de *El viaje*, el único participante que el director categoriza como "externo" proviene de esa ciudad y de esa universidad (el posproductor Emilio Chami). Para los y las demás participantes que se trasladaron desde Córdoba a trabajar en la serie, el director indica que otros técnicos vinieron de esa ciudad pero "son jujeños" y, sobre esa base de pertenencia por nacimiento en la provincia concluye que la serie está "íntegramente realizada acá".

El único realizador cuya narrativa profesional autobiográfica no incluye un itinerario de duración y espacialización extensas de formación que aluda a las rutas argentinas es el de *Jujuy Profundo*. Su formación se da en el marco de relaciones familiares, y la explica genealógicamente:

> *Vengo de una familia de poetas*, mi tío fue poeta, fue vicepresidente de la Academia de Letras, cargo que solamente se hereda cuando uno muere. Mi papá también escribía muy bien y yo fui el peor de todos, soy el peor de todos. (...) Hubiera querido tener el genio y la impronta tanto de mi tío como de mi viejo, pero bueno, el periodismo vino un poco a suplir esa faltante de talento para escribir y acá estoy. (Entrevista a FeC, creador, realizador y conductor de *Jujuy Profundo*)

Los trayectos profesionales de los demás productores/a ofrecen un contraste interesante con los contenidos producidos. Como se verá en el capítulo 5, en el unitario documental *Murmullo* los y las protagonistas relatan y describen circuitos de llegada de objetos y/o trayectorias que ubican sus historias de vida en un presente urbano de una provincia argentina vinculado a un pasado en otros espacios, muy diversos: lotes de zafreros en los ingenios azucareros de las Yungas, ciudades de Bolivia (como Cochabamba, de donde se trajo la imagen de la virgen de Urkupiña), locales de trabajo formal en áreas mejor urbanizadas que la de la feria. En otros casos, la ciudad y el propio espacio de trabajo en la calle (como el caso de la vendedora de tamales y humitas) han sido desde el nacimiento uno de los escenarios de esas vidas.

La serie *El viaje*, a su vez, se estructura en base al movimiento de su protagonista en el corredor que, siguiendo el cauce del río Grande, habilita la Ruta Nacional N° 9 (con un pequeño "desvío" hasta la ciudad de San Pedro), que atraviesa todo el territorio provincial. Gabriel, el personaje, parte de Villazón hacia La Quiaca, ciudad puneña que limita con Bolivia, y recorre la Puna, desde el norte hasta la Quebrada de Humahuaca, en su intermedio; sigue hacia San Pedro (desviándose entonces de la Ruta 9 durante un capítulo) y la región del valle hacia el Sur de la provincia, atravesando el conglomerado urbano más grande de Jujuy para luego desplazarse a la ciudad de Salta y llegar a Tucumán (donde ya no está el padre, pero sí su herencia). Alrededor de esta ruta, que va desde La Quiaca hasta Buenos Aires en su trazado completo, se ubican varias localidades relevantes en la organización del espacio provincial, muchas de ellas cabeceras de departamento, por lo cual ese corredor da cuenta de una organización política, económica y social del territorio vinculada al movimiento constante de bienes y personas entre ellas. Pero, además, el trazado de la ruta 9 en el trayecto La Quiaca-San Salvador de Jujuy se superpone con el recorrido histórico del Ferrocarril Belgrano Cargas en torno al cual se articularon los principales poblados de la región (los llamados *pueblos del ferrocarril*), hasta su desmantelamiento en el año 1993. Esas vías férreas se construyeron, a su vez, siguiendo el principal circuito de intercambio colonial, que retomó uno de los más importantes del período prehispánico (Gil Montero, 2006). Una parte de ese corredor coincide con el circuito de la Quebrada de Humahuaca declarado Patrimonio Histórico de la Humanidad por UNESCO.

A su vez, los capítulos 1 y 2 de la serie *Maestros* relatan los trayectos geo-biográficos de dos grandes escritores jujeños que acentúan esa movilidad formativa en relación con las posiciones en la "ciudad letrada" y de manera similar con las correspondientes a la "ciudad mediatizada" que hemos mencionado en el capítulo 1. Ernesto Aguirre nació en Jujuy, estudió en Tucumán y volvió a su ciudad natal durante la dictadura. Trajo consigo, de esa estancia en la Universidad Nacional de Tucumán, la experiencia de un programa de radio que recreó y rebautizó en Jujuy. Andrés Fidalgo nació en Buenos Aires y se radicó en Jujuy luego de estudiar Derecho en Córdoba. Su carrera profesional se realizó en la capital jujeña, salvo el período del exilio durante la última dictadura. Las ciudades letradas que se relatan en esta serie (San Salvador de Jujuy, Catamarca y San Miguel de Tucumán) construyen unos itinerarios urbanos regionales que se superponen a los trayectos de los realizadores y realizadoras de la ciudad mediatizada señalados en este capítulo.

Esa continuidad implica una variación histórico-política con las narraciones sobre las geografías formativas amplias de los escritores que componen la serie *Maestros*. Los trayectos biográfico-profesionales de los dos escritores jujeños (Aguirre y Fidalgo) coinciden con el camino en busca de recursos educativos y laborales de los realizadores y realizadora (especialmente, la formación universitaria), pero son fragmentados o finalizados por el golpe cívico-militar de 1976. El terrorismo de Estado limita las posibilidades de recorridos de geografías extensas y obliga a otros movimientos de encierro o exilio para defender la vida.

MN1. Foto del escritor Ernesto Aguirre que se incluye en el capítulo 1 de *Maestros*.
https://youtu.be/motavdY_sWM

La dictadura implica el exilio interno o externo, con otros y nuevos movimientos que se relacionan con otras geografías e incluyen la partida a otros países o el regreso a la ciudad natal para buscar una protección próxima que sólo se consigue mediante el aislamiento, por la imposibilidad de generar y sostener espacios de encuentro (y de tránsito) asociada al avance del terrorismo de Estado en el territorio local, al control represivo exhaustivo del espacio nacional, y al de sus caminos y articulaciones regionales.

Como sostiene Braudel (cit. por Agüero y García, 2010):

> Ciudades y rutas, rutas y ciudades, forman un solo y único aspecto del equipo humano del espacio. Cualesquiera que sean su forma, su arquitectura o la civilización que la ilumine, la ciudad es siempre hija del espacio, creadora de rutas y, al mismo tiempo, creada por ellas (p. 16).

Los mapas biográficos de los productores y la productora, los de los personajes de los contenidos producidos y los que se reconstruyen en entrevistas con audiencias de barrios populares coinciden en un presente urbano localizado en la ciudad de San Salvador de Jujuy, pero discrepan notablemente en térmi-

MN2. *Maestros del Norte*, capítulo 2. Trayecto de Fidalgo, registro de discurso de Mangieri.
https://youtu.be/SjYby6nomw8

nos de los trayectos previos. Tanto en el personaje de la ficción como en una parte relevante de quienes brindan testimonio en *Murmullo*, y también en la experiencia de numerosos estudiantes universitarios de la UNJu que participaron de la experiencia grupal de visionado, las geografías extensas se construyen en un camino que va de norte a sur (desde Bolivia o desde las tierras altas) para llegar a San Salvador, mientras que en el caso de los y las productores –como en el de los poetas jujeños de *Maestros del Norte*–, esa geografía en la que se desarrolla la formación y preparación para el trabajo (que además en este caso refiere a tareas fuertemente vinculadas al ejercicio del poder simbólico), involucra un trayecto que llega a la ciudad desde el sur, o bien que parte desde la ciudad hacia el sur del país en caminos de ida y vuelta que exceden y superan el NOA, involucrando a Tucumán, a Córdoba, a Rafaela, a Buenos Aires.[23] En términos referenciales, productores y productoras privilegian a ciudades del NOA (como Salta o Tucumán) y a las mismas urbes que formaron parte del trayecto formativo como referencias para las propias prácticas y también para comparar y postular planes a futuro. Aunque, al mismo tiempo y de manera reiterada, la *esencia* o el *caos alucinante* se busquen en el norte: las historias que merecen ser contadas (y filmadas) refieren de manera continua a ese espacio paradigmático del territorio jujeño, tan afectiva y efectivamente reconocible en la economía simbólica nacional, provincial y global como el sitio por excelencia de la "aboriginalidad" (en su estricto sentido de origen que lo vincula a la Pachamama y el *Andean Dream*) o como el "kilómetro cero" espacial y temporal de la patria (ubica-

---

23. La coincidencia en la formación "letrada" entre los productores y la productora audiovisuales "independientes" y "militantes" y los poetas (también militantes) jujeños reafirman la homología entre las apreciaciones de Rama sobre la ciudad revolucionada y la ciudad mediatizada jujeña, formación intelectual y artística que además se realiza en lugares similares.

ción geohistórica que se desarrollará en el próximo capítulo como componente fundamental de un *sentido de ciudad con raíz*). En ambos casos, se coproduce un espacio que adquiere significación en el pasado y que le brinda sentido a la ciudad en el presente y hacia el futuro, otorgando poder de manera sistemáticamente desigual a quienes la habitan.

Capítulo 4

Un sentido de ciudad con raíz: entre la fundación frustrada y el kilómetro cero de la patria

Jujuy, Agosto de 2012 (Romero y Soruco, 2015).

Las narrativas audiovisuales locales permiten analizar la espacialización diferencial de actores en el croquis del sentido común (audiovisual) local, y por lo tanto en el establecimiento de sentidos de ciudad. Se trata del ejercicio sostenido (y, ciertamente, disputado) de vinculación –a través de imágenes, sonidos y montaje– entre la localización de conjuntos precisos de actores sociales y la caracterización, separación y posterior contraste de los espacios que se les asignan. Esa tarea incluye tanto los ejercicios de pareo (Lindón, 2008) que oponen la ciudad contra otras ciudades y contra particulares maneras de construcción social de la naturaleza (y su mercantilización, con el tipo de asociación a las tierras altas que se ha analizado en el capítulo anterior), como los "sentidos contrapuestos del espacio urbano" (Silva, 1992, p. 120) o las "cartografías discrepantes" (Segura, 2015, p. 75) que ordenan su "interior" a partir de ejes metafóricos o de imágenes e interpretaciones diversas acerca de la "forma" de la ciudad.

El proceso conjunto de delimitación de áreas o segmentos espaciales y de caracterización y asignación diferencial de actores a cada una de ellas, y el tipo de relaciones que se establecen entre esos fragmentos y quienes los habitan entreteje una verdadera "topología social" que informa la experiencia urbana, recortando la ciudad en su conjunto de lo que está "afuera" (el *exterior constitutivo* de la ciudad) y, al mismo tiempo, distribuyendo espacios hacia el interior del conjunto definido por esos límites (las geografías conflictivas de la ubicación diferencial y desigual de los *otros internos*).

Jujuy Profundo alude durante toda la quinta temporada a una extensión territorial y al derecho de dominio sobre ella. Se trata del trazado audiovisual de un mapa de dominación territorial que se sostiene y justifica en continuidades históricas de ocupación, pero sólo en aquellas que pueden asociarse a dos procesos principales: la "conquista" y expansión colonial hispana sobre el territorio americano y/o las guerras patrias argentinas (como parte del proceso de emancipación que se libró contra la primera). El establecimiento de límites y de genealogías precisos generados en esos procesos históricos origina una serie de argumentos con los que se *delinea* parte de la controversia con los "otros espaciales" de la ciudad pero también con los "otros internos" en la producción local de sentidos de ciudad.

En el conjunto de los medios locales, tanto una como otra narrativa fundante se retoman transversalmente o como tema de espacios editoriales, informes y suplementos o notas especiales. La atención al tratamiento en la prensa gráfica durante una parte del siglo XX que he analizado en otro trabajo muestra que el proceso de la colonización encuentra un punto principal de condensación en la conmemoración de la fundación de la ciudad capital (García Vargas, 2005). La narrativa patricia, a su vez, concentra en el tratamiento del éxodo jujeño la configuración principal sobre las guerras independentistas libradas en suelo surandino contra la dominación vinculada a la fundación (Burgos y García Vargas, 2008). En ambos casos, la selección y puesta en foco de un acontecimiento preciso puede encuadrarse en el tratamiento de efemérides que caracteriza la producción mediática periódica (en cualquier medio que ésta se produzca), pero también los calendarios festivos, laborales, religiosos, estatales y escolares. La conmemoración de acontecimientos puntuales (las "fechas patrias") resulta un foco importante de irradiación de representaciones que ordena y alimenta la producción social del pasado[1] en el conjunto de las instituciones sociales, disparando problematizaciones en torno al hecho puntual o bien como vía de ingreso o abordaje de procesos amplios (Bermúdez, 2011). En este caso, nos interesa explorar en qué medida las narrativas conmemorativas de *Jujuy Profundo* producen *sentidos de ciudad*.

1. La ciudad como enclave civilizatorio

La conmemoración de la fundación de San Salvador de Jujuy disparó históricamente una masa textual de representaciones vinculadas al ejercicio "tenaza" de instauración de límites y espacialización de actores en los segmentos que esos límites constituyen. Una parte de esa producción periodística se ocupa de reafirmar el carácter de enclave civilizatorio de la ciudad a partir del relato espacializado y espacializante de la historia de su fundación. El otro juego de contrastes que presenta el tratamiento periodístico de la fundación de la ciudad en tiempo largo es también habitual en las agendas conmemorativas, y consiste en la comparación de esa situación "de estampita escolar" (Martínez, 1997) con el presente de la ciudad capital, en una suerte de balance habitualmente disfórico sobre el malogrado alcance de aquel añorado carácter de enclave civilizatorio que permitía presuponer el primer conjunto mencionado. He explorado esta situación en la prensa gráfica en otro trabajo, a partir de una serie que incluye periódicos locales de los años 1943, 1968, 1973, 1978, 1983, 1993 y 1998 (García Vargas, 2005). El análisis de ese material arroja un conjunto de ejes recurrentes que reproduzco a continuación para relacionarlos con el ejercicio de mapeo de *Jujuy Profundo* que es objeto de este capítulo. En la serie histórica analizada, la prensa gráfica narró la fundación de la ciudad sobre una serie de puntos en común:

a) *América: continente rico y vacío.* La representación del territorio americano se construye a partir de la idea de los peligros, por un lado, y de las riquezas que encierra, por el otro. Fuera del peligro y de la riqueza, América es un continente vacío. Tal representación puede derivarse de menciones como las siguientes: "rincón de ensueño y de belleza", "en medio de la floresta"; "mu-

---

1. Con "producción social del pasado" me refiero a "las formas de producción social de interpretaciones públicas del pasado para constituir socialmente al presente", que analíticamente implican el abordaje de los procedimientos interpretativos y de sus condiciones sociales de producción y uso (Visacovsky, 2001, p. 22).

chedumbre... de pastos y viñas"; "(el fundador Argañaraz) ya presentía los yacimientos de plata, de cobre y de hierro en la cuenca del río Zapla", "el valle fértil", "los aventureros que lo siguieron (al fundador Argañaraz) esperaban encontrar quizá alguna comarca del famoso rey blanco", o "el bellocino de oro estimulaba el sueño afiebrado de la soldadesca conquistadora". En cuanto a los peligros, muchas de las menciones refieren principalmente a los "indios", aunque también a las zonas, tal como "una región rebelada contra la autoridad del rey de las Españas" o "el peligro y el salvajismo del indio indómito".

b) Descripción detallada de la *ceremonia de la fundación de San Salvador*. Todas las notas analizadas reproducen el siguiente fragmento del acta fundacional acerca del lugar para la ciudad: "en el sitio más cómodo y conveniente y mejor asiento para asentar y poblar la dicha ciudad, así por la muchedumbre... estancias y cementeras, pastos y viñas, y huertas de recreamiento, como por estar por entre los dichos dos ríos, de donde se pueden sacar acequias, y hacer molinos y promover otras muchas y buenas esperanzas...". También hay menciones acerca de los planos: "los fundadores se diseminarían trazando el plano de la ciudad conforme al pergamino firmado por Ramírez de Velazco". La reproducción de las actas de fundación y de los papeles y poderes que las autorizaban se relaciona con la dimensión política de la fundación, con el designio de ocupar la tierra y afirmar el derecho de los colonizadores. La ciudad, en definitiva, adquiría existencia luego de hallarse en esas actas y papeles que a su vez legitimaban un dominio territorial.

c) *Heroísmo del fundador*. Francisco de Argañaraz y Murguía es un verdadero héroe romántico. Contribuye a esta apreciación, que se repite en todas las notas analizadas, tanto su descripción física como su decisión. Por ejemplo, en las siguientes menciones a su valentía: "En Argañaraz estaban las firmes condiciones del soñador, del aventurero"; "era capaz de desafiar el destino, para alzarse de improviso con la gloria"; "sentía la noble ambición de los creadores de pueblo". Además, Argañaraz prevé la dimensión trascendente de su obra: como en la mención sobre su fe que "se magnificaba en el porvenir insospechado de la sociedad a la que iba a dar origen". En cuanto al físico, las descripciones corresponden a la belleza europea y juvenil apropiada a los héroes en la cultura masiva hegemónica: "bisoño y juvenil", "ardoroso en su sangre guipuzcoana", "recio, erguido, rubio como un hijo del sol", o las más exageradas "supervarón", "bello como un semidiós" o "un hombre de una superioridad evidente sobre muchos otros conquistadores". Como se ve, se trata de una estética fuertemente racializada.

d) *Acentuación de las dificultades y el heroísmo asociados vinculados a la construcción de la idea de "conquista".* "El luminoso pensamiento de Argañaraz era fundar una ciudad en medio de la hostilidad exacerbada de los indios"; "el propósito del fundador era contrario al criterio de muchos conquistadores"; "Salta extremó la persuasión contra la nueva población"; "Argañaraz cumple el itinerario de su larga travesía"; "los fundadores han debido realizar una fatigosa travesía", "Argañaraz había comprado muchas otras cosas a su costa".

e) *Naturalización de la población preexistente en el territorio al momento de la fundación.* La representación de los americanos se centra en su dimensión "natural", se los adscribe a la naturaleza y no a la cultura, en una operación que será permanente en la conquista, siempre relatada como un colectivo masculino. Este tipo de tratamiento coincide con el análisis de Pagden (1997) en relación con la ideología imperial con respecto a América, y se registra, por ejemplo, en las siguientes menciones: "Telui era otro condor sanguinario"; "los guaraníes son oscuros"; "los guaraníes vendrían del Oriente, compactos y soberbios"; "a Siripo le fosforescen los ojos *codiciosos* y *pasionales* en medio de la floresta"; "los instintos de los curacas y los caciques rugían (por)... esas siluetas de misterio y maravilla de las valientes mujeres españolas". A su vez, se menciona a los "indios conquistados" a partir de "algunas breves noticias que nos proporcionan los documentos nos hacen suponer una situación de efervescencia guerrera, oculta y cautelosa", o bien "el odio de los naturales había convertido en campos de desolación y muerte a dos ciudades" (ser refiere a las dos fundaciones iniciales, Ciudad de Nieva y San Francisco de Álava).

f) *Preocupación por los documentos.* En el trabajo mencionado, la preocupación por los documentos aparece en una nota de Pregón del lunes 19 de abril de 1993, que reproduce parte del libro "Orígenes de Jujuy", de Monseñor Vergara. En estas menciones, se registra la preocupación por la existencia de documentos que avalen los dichos del historiador, que corresponde a los primeros "historiadores científicos" como los llama Braudel (1968). Por ejemplo, hay menciones de Vergara: "carecemos de documentos para arrojar luz sobre los preparativos", o bien "los documentos nos proporcionan algunas breves noticias".

Retomo este trabajo anterior porque en la quinta temporada de *Jujuy Profundo*, una parte importante del ejercicio de "mapeo" que exploro en este capítulo se construye en torno a la conmemoración de la fundación de San Salvador de Jujuy. El tema formó parte de la agenda del cuarto programa, emitido en vivo el viernes inmediatamente siguiente al 19 de abril de 2012.

Las menciones a ese hecho histórico se desdoblaron en dos momentos, cada uno de los cuales retoma uno de los dos tipos de contrastes presentes históricamente en la vinculación de la producción social del pasado y la producción social del espacio ejercida por la prensa gráfica alrededor de la fundación: por un lado, la editorial de apertura del programa refirió a la intervención vandálica sobre el mural a Manuel Belgrano del puente del mismo nombre y a partir de ese hecho lamentó el deterioro del presente de la ciudad por parte de sus "otros internos" (comparando, como se ha adelantado, el pasado promisorio inscripto en la fundación con un presente disfórico de la ciudad). Por el otro lado, se emitió una nota grabada sobre límites territoriales, del columnista EdU. El conjunto del acontecimiento vandálico ejercido sobre la imagen del héroe del éxodo jujeño y la conmemoración del aniversario de la fundación permite observar en una sola emisión la operatividad de las dos narrativas-madre que sustentan en específicos usos del pasado el ejercicio de espacialización de la otredad en la ciudad.

El conductor FeC presentó la nota y, al final, anunció sucesivas partes o capítulos en los que se continuaría la historia, de manera que enmarcó la presencia de EdU. Esos intercambios sitúan al conductor y al tema en un espacio social compartido, pero en dos encuadres diferentes. El conductor ocupa una posición en el estudio mientras que la entrevista se graba fuera del estudio, en un plano medio. El entrevistador es GuC, *partenaire* del conductor FeC en el estudio, en donde se ubica al costado de la disposición en forma de living, sentado sobre un banco alto y detrás de un pequeño atril.

La entrevista se realiza en exteriores y no en el estudio, en un despacho que muestra como fondo el escritorio de EdU, en el que hay carpetas y papeles que no se enfocan en detalle. La nota se ilustra mediante el *insert* de fotos de la ciudad de San Salvador de Jujuy en distintos momentos históricos, anacrónicas para el relato ya que corresponden a fines del siglo XIX y principios del siglo XX. Esa inclusión de fotografías fijas relacionadas de manera amplia con el tema, pero no específicas para cada una de las notas o menciones es reiterada en el programa para proveer imágenes históricas.[2]

La producción audiovisual reposa en el relato del columnista y en su legitimidad, que se reafirma por ser el único entrevistado y por su nombre completo en el zócalo. La cercanía del columnista con el conductor del programa se señala en la primera edición de la temporada 2012, cuando al presentar a los y las columnistas del año, FeC llamó a EdU por su apodo ("La Ciega").

En la contribución de Uriondo, el ejercicio de mapeo como parte de la dominación territorial vinculada a la ciudad incluye hipótesis contrafácticas como base para la discusión de límites y su legitimidad. Se dice, entonces, que si hubiera prosperado la fundación de San Francisco de Álava (en 1575, la segunda de tres intentos fundacionales en el actual territorio de San Salvador de Jujuy) "nosotros seríamos madre de ciudades" en el norte argentino:[3]

JP4. *Jujuy Profundo* emisión 4, temporada 5, nota a columnista, minutos 54:46 a 56:02. https://youtu.be/ FN_JFMqΛA_4

---

2. Por ejemplo, en la misma emisión que estamos analizando, la contribución de otra columnista se ilustra con fotografías de mujeres sufragistas, huelguistas o en situación de asamblea que corresponden al tema que podríamos enunciar como "fotografías de mujeres en la historia", pero no a la específica historia sobre mujeres jujeñas que es el foco del relato. Tanto en este caso como en el resto de las emisiones, las fotografías provienen de internet, de las colecciones de los y las columnistas, o bien del repertorio que ofrece el libro *Jujuy en la historia. 100 años en imágenes*, publicado por EDIUNJu (Conti, Kindgard y Ulloa, 1998).

3. En Argentina, se llama "madre de ciudades" a Santiago del Estero, fundada en 1553, porque desde allí partieron las expediciones fundadoras de las ciudades de Jujuy, Salta, Tucumán, Catamarca, La Rioja, Córdoba y otras catorce poblaciones que no sobrevivieron, como parte de la corriente colonizadora del norte proveniente de Perú. Ver: http://santiagoeducativo.ar.tripod.com/ Espanioles.htm.

Brevemente, la contribución del columnista relata que si eso hubiera acontecido (si la ciudad de la primera fundación permaneciera en pie y no hubiese sido rápidamente diezmada por la población indígena que habitaba la zona) hubiese precedido a Salta (que formaría parte del territorio dominado por esa primera ciudad fundada) y tendría más poder que esa otra y amenazante sombra que se extiende allende el río de las Pavas, cuya precedencia en el tiempo histórico abierto por la colonia se trasladó a la dominación territorial inicial durante el período independentista y hasta la autonomía jujeña en 1834. Se invoca fuentes documentales (actas de la Audiencia de Charcas, entre otras) y se menciona gran cantidad de nombres para la reconstrucción de genealogías.

En la columna se alude a documentos que fundamentan su interpretación en torno a los límites territoriales de Jujuy. Ese relato se esgrime como justificación histórica y fundada de la controversia con la vecina provincia. El relato es pródigo en nombres propios (nombres y apellidos) y menos preciso en los años que invoca. A medida que avanza la narración, el columnista llama a la audiencia a recordar nombres de personas, instituciones, o de la ciudad luego diezmada e indica que será importante recordarlos para comprender el relato.[4]

La mención a una fundación inconclusa *corre* el punto inicial de la *dominación aceptable* hacia un momento anterior, una variación en la puntuación de la secuencia histórica que permite discutir desde lo contrafáctico el modo en el cual se tejió, a partir de la fundación definitiva de San Salvador de Jujuy en 1593, un territorio colonial –y, luego, uno nacional cuya organización reposó fuertemente sobre aquél– más extenso en la Argentina surandina. Se trata de un territorio en el que Salta ejerció el dominio inicial de la organización territorial y política, con posibilidad y ejercicio de determinación sobre su suerte hasta la autonomía política de

---

4.   Es difícil no recordar los relatos de Borges sobre las relaciones entre narración, historia y transmisión intergeneracional e intrafamiliar de la memoria como fundantes de parte de su propia obra al ver y escuchar esta intervención en la que la que la dimensión mítica de la fundación y del relato de generaciones anteriores (junto a los documentos sobre *la finca* o los solares legados por esas generaciones antecedentes) organizan todo un mundo autocontenido en el programa, pero que al mismo tiempo irradia un conjunto de ideas que siguen participando en la lucha para definir una parte de la topología social de la ciudad a partir de límites restrictivos y filiaciones genealógicas acotadas en el debate en torno a lo común en San Salvador de Jujuy.

Jujuy, en 1834. El relato conduce a pensar que si aquella fundación hubiese prosperado, la precedencia histórica de San Salvador de Jujuy hubiese permitido alterar esa preeminencia salteña. Pero si bien la narración explora la contingencia de esa situación, reafirma que son las bases históricas coloniales las que permiten el ejercicio del poder territorial y las eventuales controversias de límites que este acarrea (y las relaciones de ambas con la dominación social de un territorio).

El uso de ese relato, entonces, se inscribe en un marco ideológico semejante al que describe José Luis Romero (2001) al abordar el ciclo de las fundaciones de ciudades en Latinoamérica. El autor indica que el acto fundacional está en la base del proceso de apropiación de territorios por el dominio español en el período de la "conquista". En ese proceso, las fundaciones implicaron la toma de posesión del territorio total, a partir de una "fundamentación jurídica y teológica, indiscutible por ser basada en un acto de voluntad pero, en el fondo, sagrada" (Romero, 2001, p. 47).

Romero explica que las fundaciones constituyeron la posesión efectiva del territorio conocido y la posesión "intelectual" de todo el territorio desconocido, y operaron sobre la base de desconocer la existencia de la población y las tramas de posesión o uso anteriores de esas mismas tierras. Como si las ciudades coloniales se hubiesen fundado sobre la nada, iniciando la historia humana en un continente rico y vacío, y extrajeran legitimidad para el dominio a partir de esa idea inicial.

La interpretación de Romero alude al ciclo de las fundaciones como período preciso de la historia cultural de las ciudades latinoamericanas. Sin embargo, ese encuadre del proceso fundador se actualiza en este *sentido de ciudad con raíz* que permite dar forma a una parte de la experiencia urbana actual. Específicamente, la narrativa del columnista de *Jujuy Profundo* sobre la fundación propone un *cronotopo de origen* que legitima y fundamenta una específica forma de producción del espacio urbano y de la dominación territorial provincial basada en vínculos genealógicos con la colonia (Bajtin, 1989).[5] Si se parte de allí, no hay historia anterior (ni actores que puedan reclamar territorios sobre esa base). Hay varios hilos que tejen ese cronotopo, retomando los

---

5.   Bajtin (1989) indica que "los elementos del tiempo se revelan en el espacio y el espacio es entendido y medido a través del tiempo" (p. 238). El cronotopo es una configuración discursiva que se produce por la conexión de relaciones temporales y espaciales, que orientan e iluminan la trama de un relato.

ya presentes en la historia de la prensa gráfica local recién reseñados, que posibilitan una primera definición de quiénes definen qué es lo "nuestro" en "nuestra" ciudad en este programa:

- *La representación del territorio americano* se construye a partir de la idea de los peligros, por un lado, y de las riquezas, por el otro, que encierra su condición natural a ser descubierta por los españoles. En cuanto a los peligros, muchas de las menciones refieren principalmente a los indios, aunque también a las zonas que habitan. La representación de los americanos se centra en su dimensión "natural", se los adscribe a la naturaleza y no a la cultura, en una operación permanente desde la "conquista". La de los españoles se pregunta "¿qué pensarían al ver todo esto?".
- *La descripción puntual de los efectos de la fundación de la ciudad en la trama colonial del espacio*, con mención a las actas, los papeles y poderes que las autorizaban. La recuperación de la dimensión política de la fundación implicaba el designio de ocupar la tierra y afirmar el derecho de los conquistadores.
- *La construcción de un panteón de héroes* que en este caso incluye una heroína. Y se atribuyen las decisiones a la valentía y a la previsión de la trascendencia de sus obras. Se resaltan las dificultades y el heroísmo de este conjunto de personajes históricos, junto a sus nombres y apellidos para trazar continuidades genealógicas.
- *La preocupación por los documentos* que avalen los dichos, entre los que se combinan títulos de propiedad de tierras de las familias vinculadas al columnista (y de su propia familia) con normativas coloniales generales de distribución de tierras.
- *La legitimidad del columnista*, que él mismo reafirma citando a su vez a otras fuentes, e invocando no sólo los documentos de los que dispone (por tratarse de archivos vinculados a su herencia familiar y social) sino también a la Unidad de Investigación en Historia Regional de la Universidad Nacional de Jujuy.

Esa interpretación de la fundación construye un centro de dominación en la ciudad, como un espacio que en parte se sostiene en la construcción de la idea de superioridad racial o cultural de los conquistadores españoles sobre el mundo indígena (Canessa, 2007). Al mismo tiempo, juega con cierta dificultad con el otro cronotopo de origen que también se propone en la emisión 4 de la quinta temporada de *Jujuy Profundo*, aunque atraviesa el conjunto de los programas de la temporada, y que podríamos nombrar como *el kilómetro cero de la patria*.

2. El kilómetro cero de la patria

La segunda *narrativa madre* de la ciudad es la del papel heroico de Jujuy en las guerras de la independencia y encuentra su hito basal en el éxodo jujeño.[6] Se esgrime en otros programas del ciclo y en la misma emisión de la semana de la conmemoración de la fundación como (otro) punto de partida, en su carácter de (otra) piedra fundacional, y de (otro) componente de la "esencia genética de los jujeños". Aquí también se construye un cronotopo de partida, pero en este caso desde un acontecimiento central para las guerras patrias (contra la dominación colonial).

JP5. Al finalizar todos los programas, el conductor repite el *slogan* de *Jujuy Profundo*: "En Jujuy nació la patria" (*Jujuy Profundo*, emisión 1, temporada 5). https://youtu.be/_HKEQitsUhs

El éxodo jujeño es un referente local de identificación que se sostiene y fortalece con una serie de conmemoraciones anuales en las que se despliega un conjunto de performances y actos. El día es feriado en toda la provincia y sus principales protagonistas son las agrupaciones de gauchos que se desplazan a la ciudad junto a sus monturas para realizar un extenso desfile por una de sus avenidas. Otra parte de la conmemoración es una fiesta po-

---

6. El éxodo jujeño aconteció el 23 de agosto de 1812. Un Bando del General Belgrano ordenó la retirada de todos los pobladores y la destrucción de todo aquello que no se pudiera transportar, con el objetivo de "dejar tierra arrasada" a los realistas: *"llegó, pues, la época en que manifestéis vuestro heroísmo y de que vengáis a reuniros al Ejército de mi mando, si como aseguráis queréis ser libres"* (Bando del General Belgrano, 29/7/1812).

pular denominada Marcha Evocativa, en la que se reproduce el acontecimiento. Los y las habitantes de la ciudad que participan se caracterizan como gauchos y paisanas y recorren el centro de la ciudad hasta llegar al lecho del río Xibi Xibi, junto a enseres y animales domésticos, donde queman una precaria reproducción de la ciudad en 1812 y siguen su camino. Finalmente, durante la semana del 23 de agosto se ofrecen comidas regionales a precios populares en una feria denominada "Los hornitos".

La conmemoración conmociona la vida de una parte importante de los habitantes de la provincia y de casi todos y todas los de la ciudad (entre otros motivos, porque es una fiesta que se realiza en las calles). Quienes no forman parte de los desfiles o son sus espectadores, ven alterada igualmente su rutina por los cortes de las vías principales que los tienen como escenario.

En 2012 se celebró el bicentenario de este acontecimiento, por lo que las expectativas sobre la habitualmente importante conmemoración se acrecentaron, al igual que su audiovisualización en diferentes producciones.[7]

C11. Éxodo, capítulo 4. Canal Encuentro (2012).[8]
https://youtu.be/PTxvOmyie_U

---

7. La interpretación de las historiadoras locales inscribe la modalidad de construcción del acontecimiento en torno a la imagen del "éxodo" en la configuración ideológica del relato sobre el pasado histórico del Centenario. También alientan y resaltan la celebración popular.

8. También disponible en http://encuentro.gob.ar/programas/serie/9582/4459?temporada=1.

La cristalización de las narrativas sobre el éxodo que lo construyen como acontecimiento referencial identitario local puede apreciarse a partir de una controversia televisiva sobre la interpretación del acontecimiento. El canal Encuentro[9] coprodujo junto a la Secretaría de Turismo y Cultura de Jujuy una serie documental de cuatro capítulos sobre el bicentenario del éxodo en el que investigadoras universitarias locales (entre otrxs) expusieron diversas interpretaciones sobre los numerosos exilios que se produjeron en aquél momento en el territorio provincial; la estrategia bélica de la tierra arrasada y las efectivas maneras de cumplirla; la heterogeneidad en la aceptación de la medida; y otros detalles que hacen a la complejidad de ese suceso histórico.

En el cuarto capítulo, las mismas historiadoras entrevistadas celebraron el relato extendido sobre el hecho como mito fundante, y el programa terminó con una escena en la que ellas participaban entusiastamente en la Marcha Evocativa. Sin embargo, la alteración que esas interpretaciones causaron sobre el relato épico reiterado de un único éxodo heroico que congregó a la totalidad de la población y permitió el éxito de las guerras independentistas del Ejército del Norte en las batallas de Salta y Tucumán, mereció el repudio de una parte de la población local, con pintadas en la ruta 9 y en diversas localidades, denuncias públicas, declaraciones de la Legislatura, actos de desagravio a Belgrano y a Jujuy, y manifestaciones de repudio a las académicas, a la Universidad Nacional de Jujuy, al canal televisivo y al gobierno provincial.[10]

---

9. Manifiesto de Canal Encuentro https://www.youtube.com/watch?annotation_id=563daa15-0000-2649-8922-94eb2c08c146&feature=iv&src_vid=y84WUMIbhoQ&v=QSjACUz_kHU.

10. En algunas de aquellas furiosas pintadas sobre la ruta 9 (que a su vez se audiovisualiza en el recorrido de los capítulos de la serie) se leía "Encuentro miente, el éxodo jujeño sí existió".

C11a. Historiadoras en la marcha evocativa del éxodo jujeño (Fotograma de la Serie Éxodo, capítulo 4).

La "narrativa audiovisual madre" hegemónica del éxodo que se actualiza cada 23 de agosto en San Salvador de Jujuy y que fue alterada por la producción del canal del Ministerio de Educación y el Gobierno de la Provincia se sintetiza en algunas escenas de la película *Nace la libertad*:

C12. Columnas del éxodo jujeño en la película *Nace la libertad* (Julio Saraceni, 1949), canal *Volver* (2012).

"Nace la libertad" se estrenó en 1949. Dirigida por Julio Saraceni, narra las guerras independentistas en el noroeste argentino y co-produce un relato sobre el éxodo jujeño que es hegemónico a nivel local. La conmemoración de la marcha evocativa conversa con las escenas de la quema, y el sentido del valor y el coraje del pueblo (incluyendo la específica ligazón del coraje con la virilidad que indica la portavoz de las mujeres en el diálogo con el canónigo Gorriti) son los mismos que alientan la conmemoración. Lo que digo, entonces, es que la imaginación conmemorativa retoma la película, que a su vez tomó para sí estas interpretaciones consistentes con las operaciones de producción social del pasado de la generación del Centenario (Conti, en Encuentro, 2012). Se trata de la circulación y la coproducción de una narrativa épica que participa en la circulación de relatos y performances que sostienen los procesos locales de producción social de la memoria, y que resultan un componente fundamental de las ceremonias conmemorativas pero también forman parte de la cotidianeidad ideológica, participan del "ambiente comunicacional" local, son un nodo de su sentido común (audio)visual, una representación nodal de su configuración identitaria (Caggiano, 2012; Cebrelli y Arancibia, 2005).

La discusión en torno a las diferencias en la interpretación de aquel proyecto con las más extendidas localmente disparó gran cantidad de reacciones, que se resumen en el programa especial que canal 7 de Jujuy (propiedad familiar del vicegobernador de la provincia al momento de la coproducción con Encuentro) emitió en 2013 para rectificar y denunciar la inexactitud del guión, mientras se enviaba a estudiar a quienes produjeron el ciclo. La invitada al estudio de ese programa fue Liliana Ballatore, periodista de *El Tribuno de Jujuy* y miembro del Instituto Belgraniano de Jujuy, y se ofrecieron fragmentos del programa de Encuentro para refutarlos mediante la exhibición de imágenes de una página de la *Historia de Jujuy* de Carrillo (1989) en la que se menciona al éxodo, entre otras referencias a documentos que reafirmarían la versión local contra la interpretación del canal público gestionado por el Ministerio de Educación de la Nación al momento de la emisión de este programa de *Aquí te lo contamos*.

En el segmento del programa dedicado a la refutación de la producción de canal Encuentro, se reafirman los tropos fundantes del relato del éxodo: el papel central de Belgrano, el heroísmo del pueblo, la existencia del éxodo (que en realidad nunca se puso en duda, aunque sí se señaló que los documentos históricos no lo nombraban como tal), la existencia e importancia de la bandera de la libertad civil que se conserva en el salón *ad hoc* de la Casa de Gobierno de Jujuy, la referencia a las interpretaciones sobre su papel mítico como "espuma" que tergiversa lo que realmente pasó.

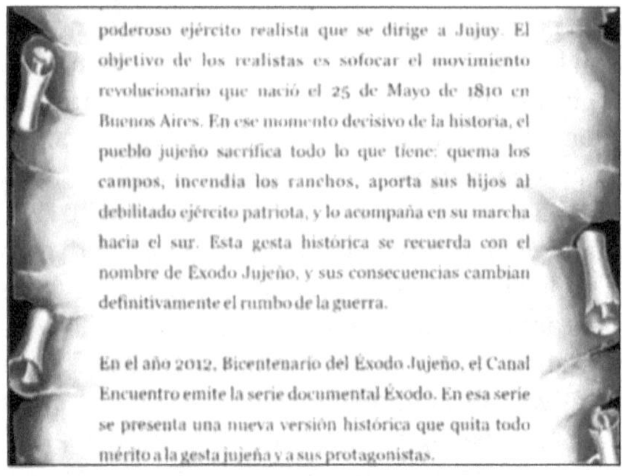

C13. Informe especial sobre la serie documental Éxodo de Canal Encuentro en *Aquí te lo contamos* (canal 7 de Jujuy, emisión del 23/8/13).[11] https://youtu.be/24KtkCKj-h4

La interpretación de las historiadoras locales que retoma la crítica de la representante del Instituto Belgraniano de Jujuy inscribe la modalidad de construcción del acontecimiento en torno a la imagen del "éxodo" a la configuración ideológica de relatos sobre el pasado histórico nacional del Centenario, por lo que cuenta "la historia de la historia". La invitada al programa no menciona que las mismas académicas alientan y resaltan la capacidad convocante y la celebración popular que cada conmemoración dispara, que acompañan en una de las escenas del capítulo.

La reacción del programa *Aquí te lo contamos* es representativa de lo ocurrido en la ciudad y la provincia al momento de las emisiones de la serie, y se relaciona con la erosión de la narrativa maestra que el relato de las investigadoras produce, ya que su participación enmarca y narra el acontecimiento mediante líneas argumentativas que no reposan necesariamente en el heroísmo (aunque, como se dijo, no lo nieguen en ningún momento).

---

11. También disponible en: https://www.youtube.com/watch?v=ZugWv12s1Ek (Programa *Aquí te lo contamos*, 23 de agosto de 2013, informe sobre el éxodo jujeño).

Parafraseando a Grimson (2004), la conceptualización *heroica* "se articula con la pretensión de configurar o ratificar una hegemonía y que en ella el pasado seleccionado viene a ratificar un orden contemporáneo" (p. 180). En ese sentido, es necesario resaltar que el "éxodo jujeño", remite –fundamental pero no únicamente a partir de operaciones de significación propuestas por la elite local– al momento definido como *fundante* de la "jujeñidad" y constituye una muestra de adhesión que hace referencia a la "unidad de todo el pueblo por encima de las diferencias" (Karasik, 1994, p. 45). Las posibilidades de asumir una representatividad "indiscutida" y "auténtica", que además y principalmente es única, no sólo usa instrumentalmente el pasado (mediante el sostenimiento de determinada tradición selectiva), sino que también imagina un presente y un futuro.

C14. Entrevista a Irene Ballatore en *Aquí te lo contamos* (canal 7 de Jujuy, 23/8/13). https://youtu.be/etHmB-Wifog

A su vez, la tensión en el establecimiento de límites excluyentes que al mismo tiempo reclaman inclusión en un proyecto nacional se manifiesta en el programa de Canal 7 de Jujuy que refuta la narración del éxodo del canal Encuentro. Como afirma Karasik (2000), "los reclamos de inclusión en el Estado y la nación, de los que los jujeños parecen sentirse simbólica y socialmente excluidos, constituye una parte fundamental de los procesos identitarios en toda esta provincia" (p. 153).

Más allá de su reconocimiento general, este reclamo *se especifica para el espacio social de la televisión*, y la tensión entre

Buenos Aires y Jujuy se denuncia como rasgo de la producción periodística denominada "nacional" (los medios producidos en la capital nacional y distribuidos en todo el país que sólo muestran a Jujuy en casos de conflictos) y del sistema educativo.

La serie Éxodo y el programa especial de *Aquí te lo contamos* destinado a refutarla operan como fondo de comparación y contraste para comprender el lugar relativo y la importancia que tiene su rememoración para el programa *Jujuy Profundo*.

La quinta temporada de *Jujuy Profundo* se realizó en el año del bicentenario del éxodo jujeño, por lo que las menciones al acontecimiento fueron permanentes. La capital jujeña fue la sede del comando de Belgrano y el punto de partida del éxodo que se rememora, y es además el lugar del conjunto de performances conmemorativas periódicas y la locación de la película ya mencionadas, de manera que la tematización de lo urbano repasó ese conjunto de situaciones históricas. Además, dos acontecimientos puntuales dispararon una verdadera andanada de *sentidos de ciudad* vinculados al éxodo en este programa. Se trató de la intervención vandálica anónima que pintó anteojos sobre sobre el rostro de Manuel Belgrano en el mural emplazado en el acceso del puente del mismo nombre sobre el río Grande, por un lado, y de la discusión en torno al monumento del bicentenario del éxodo jujeño, por el otro.

En la emisión 7 de la quinta temporada se reproduce la intervención del conductor en la audiencia pública municipal para decidir dónde ubicar el monumento conmemorativo del éxodo jujeño. Durante esa exposición, FeC indica:

> Si no entendemos que todos juntos tenemos que tender a este gran objetivo, estaremos perdidos. Pues de otro modo nos quejaremos de los hermanos del otro lado del río *Mototoro* como dicen ellos… los dos lugares alternativos que planteo para el emplazamiento del futuro monumento al bicentenario del éxodo: la plaza de los honguitos frente el regimiento 20, o el espacio que pertenece al regimiento 20. ¿Por qué? Porque todo tiene un fundamento y debe estar concatenado con alguna razón lógica… porque ahí se hacen los desfiles del 23 de agosto y se evitaría el desplazamiento de los funcionarios. El lugar íntimamente relacionado con la historia y la geografía. Cuyaya significa "piedra que llora"… un jinete a galope tendido le llevaba dos semanas llegar a BA. Por ahí salió el éxodo, por ahí salió Belgrano. No todos los jujeños se fueron de Jujuy, quedaron familias que eran promonárquicas. Mi proposición es en las inmediaciones del puente Paraguay, en adyacencias se pueda construir ese monumento. Yo en estos casos no hablo desde la

elucubración del cerebro sino que hablo con el corazón de jujeño, de lo que le voy a dejar a mis hijos y a mis nietos. (JP10)

JP6. *Jujuy Profundo*, intervención de FeC en audiencia pública municipal por el emplazamiento del monumento conmemorativo del bicentenario del éxodo jujeño (emisión 7, temporada 5).
https://youtu.be/hZrxJfqNqas

Si bien en otro emplazamiento (se trata del registro de la intervención del conductor en una audiencia pública), también en este caso es la palabra hablada y la legitimación de quien la emite, con la audibilización de su propia voz y la visualización de su figura, la estrategia principal del programa. La ubicación del monumento en la ciudad permite mapear (nuevamente) el límite con Salta, rechazar a la cultura global en términos de transculturación, y reafirmar la importancia de la jujeñidad cohesiva en torno a la rememoración de una de sus raíces fundantes, en términos de emociones y de razones.

De todos modos, el tratamiento da color a estos procesos de modo específico. En la pronunciación "Mototoro", el conductor remeda un modo torpe de hablar para mencionar al río Mojotoro, como lo haría un niño pequeño o una persona con discapacidad mental. Relacionar a los y las habitantes de Salta con la discapacidad mental es habitual en los grupos de referencia de *Jujuy Profundo* correspondiente a las clases medias jujeñas. Se utiliza la categoría "opa" para nombrarlos. Suele invocarse explicaciones científicas para justificar esa forma de estigmatización, que se asocia al carácter endémico del hipotiroidismo en la región (el "coto"), o bien a la tendencia endogámica de las familias más privilegiadas de Salta en el pasado (los "cholos" que racializan su domino de clase mediante la invocación a lazos genealógicos parecidos a los que se invocan en el trabajo de mapeo que señalamos aquí).[12]

En 1994, Belli y Slavutsky relevaron tipos de acercamiento local a la identidad jujeña, y todos pueden encontrarse en los enunciados de (y sobre) el éxodo en esta intervención. Evidentemente, estas modalidades han variado en los años transcurridos desde esa publicación, pero quizá lo relevante sea cómo persisten, justamente, en este programa televisivo. Estos autores sostienen que:

> una respuesta convencional puede tomar límites de orden jurídico –se es jujeño porque se nació aquí–. Otro modo enunciativo de marcar identidad jujeña, por parte de los agentes, es indicar rasgos, signos distintivos: el jujeño ama a su tierra, celebra con unción "el éxodo jujeño", ofrenda a la Pacha Mama, festeja el carnaval, es muy católico y venera a sus santos, etc.; o bien señala diferencias nítidas (que suelen tomar la forma de oposiciones) con la vecina provincia de Salta y con los sureños, especialmente marcado para el caso de los cordobeses y porteños. (Belli y Slavutsky, 1994, p. 121)

El segundo conjunto, que corresponde a la audiovisualización del éxodo mencionado al inicio, refiere al tratamiento del acto vandálico contra el mural de Manuel Belgrano que se trabaja durante varias emisiones de la quinta temporada (desde la primera hasta la séptima). Tal acontecimiento es el tema principal de la editorial de apertura de la emisión 4, correspondiente a la semana de la conmemoración de la fundación. Dispara asociaciones contrastivas del presente urbano contra la promesa de civilidad

---

12. Ese segundo vínculo de pretensión científica (en el sentido común local, los opas son salteños pero también existe una actualización del término en torno a la clase) y la existencia de casas o espacios complementarios al sitio de habitación principal que se habilita para invisibilizar "otros y otras internos" asociados al peligro o a la enfermedad (esto es, seres que no encajan en los marcos deseables) entre las familias más privilegiadas de Salta, es el eje de la historia de intriga que se narra en la serie ganadora del Concurso de Fomento 2013 para ficción de INCAA titulada "La casa de los opas", dirigida por Mariano Da Rosa (2013) y realizada por *Chulo Producciones* para la TDA (ver tráiler disponible en https://www.youtube.com/watch?v=eMtfLD0-128). Las relaciones invisibilizadas también se piensan localmente en términos de "casas", reservando el nombre "casa chica" para la segunda o tercera familia "no oficial" de los hombres criollos y propietarios del noroeste. Es la "casa" de los interiores de la película *Nosilatiaj. La belleza* de la también salteña Daniela Seggiaro (2010) (el tráiler C15 también puede verse en https://www.youtube.com/watch?v=i1HUFFm1CUE).

de la fundación que opera un deslinde entre San Salvador de Jujuy y el mundo y la historia indígenas (el hecho ensombrece la conmemoración de la fundación en el presente, pues no hay por qué celebrar a la ciudad si se ha vulnerado la figura del héroe principal del acontecimiento central del proceso independentista), y retoma la otra narrativa madre, ya que Manuel Belgrano es el referente heroico principal del éxodo jujeño (y uno de los pocos con nombre y apellido en las ceremonias conmemorativas).

Quienes han cometido el acto vandálico son:

"Imbéciles, basura, vándalos". (JP9, https://youtu.be/ee-Fo4ekkGMM)

"Los que van a poner esos graffitis no tienen idea de lo que hacen, son ganado, los llevan de una argolla" (el conductor se señala la nariz mientras lo dice y se muestran imágenes de carteles de la agrupación "La Cámpora" en el acceso Sur). (JP7)

"Son basura, *ustedes no nos sirven como ciudadanos*". (JP7)

JP7. *Jujuy Profundo*, editorial sobre vandalismo urbano (en el zócalo escrito con "b"). https://youtu.be/66dsmSgMMLE

El conjunto de apelativos se emiten desde el estudio, en espacios editoriales y en la voz y la figura del conductor, y recorren el amplio arco que incluye insultos que asocian a quienes atacaron el mural con la discapacidad mental, los desechos, la delincuencia, la condición animal domesticada, y la expulsión de la condición ciudadana para el propio colectivo de pertenencia del periodista que se extiende al conjunto de habitantes de la ciudad.

El argumento que partió de una consideración sobre el espacio urbano llega hasta la determinación de la nacionalidad:

JP8. "Hasta me animo a decir: ¡no son argentinos!", *Jujuy Profundo*, emisión 7, temporada 5, minuto 8:35 del registro.
https://youtu.be/BSXaFB1F8Ss

Dispara, en definitiva, un ejercicio de "mapeo" a partir de dos conjuntos de límites: el reclamo por la inclusión nacional en igualdad y la constitución de otros internos y conflictivos que vulneran desde adentro las posibilidades de realización plena de la provincia.

Todo el conjunto de improperios permite construir un "nosotros inclusivo" que se afirma para definir "nuestra" ciudad, y al mismo tiempo desplaza a quienes no cumplen requisitos de ciudadanía, por incapacidad ("imbéciles"), por conveniencia ("creyeron que iban a pasar a la posteridad"), por servilismo o dependencia ("son ganado"), por inutilidad ("basura"; "inservibles como ciudadanos"), o por extranjería ("no son argentinos"). Esto es, se expulsa de los requisitos de ciudadanía (racional y adulta) o del territorio provincial la idea del conflicto. En todos los casos, se trata de calificar a quienes pintaron los anteojos de manera de excluirlos de la ciudadanía compartida, como una otredad interior que se construye amenazante al asociar el acto de dibujar anteojos y bigotes a Belgrano con una intención de disolución del mundo en común que se construye en ese programa. Esa capacidad disolutoria, insultante, se produce a partir de suponer en los y las anónimos grafiteros la ausencia de reconocimiento de la narrativa hegemónica sobre el origen patricio de Jujuy que se vincula al mural, y que identifica a este *Jujuy Profundo*. Quienes dibujaron los anteojos no habrían reconocido la narrativa que opera como punto de partida para la propia legitimidad de las posiciones sobre la sacralidad de algunas figuras que asume el programa en el ejercicio de brindar sentidos de ciudad.[13]

La frase de despedida de cada programa de *Jujuy Profundo* ("¡en Jujuy nació la patria!") se inscribe en la tradición de estos reclamos. La asociación principal se produce entre la patria y la nación. Esa articulación señala que la marginalidad del presente en la segunda es en cambio centralidad y origen en la primera. *Jujuy Profundo* confronta las formaciones nacionales de alteridad y el lugar marginal que ellas conllevan, aunque lo hace desde unas formaciones provinciales de alteridad igualmente excluyentes, esto es, que –entre otros efectos– gestionan la otredad a través de la marginación. Los sentidos de ciudad aquí relevados se construyen a partir del eje pasado/presente, mediante una tradición selectiva que no alude al enclasamiento (aunque lo produce), sino a la generalización del punto de vista racializante (la idea de la ciudad como enclave civilizatorio permite recortar y separar a sus habitantes de la indigenidad) y nacionalizante (el éxodo reafirma los límites nacionales, y vincula la patria a la nación desde un mito heroico de origen compartido).

3. La siembra: un lugar desde donde "mapear(nos)"

El conductor del programa, mirando a cámara, sostiene: "Más allá de la investigación que podamos realizar, podemos dejar una semi-

---

13. Concluida la restauración del mural de Belgrano, se adicionó al conjunto pictórico una cinta argentina con un moño en referencia al bicentenario. Pocos días después, manos anónimas pintaron mediante esténcil a Edward, el personaje de *El Joven Manos de Tijera* de la película de Tim Burton (1990), en posición que recrea la posibilidad de cortar esa cinta en situación de inauguración formal de espacios. *Jujuy Profundo* no tematizó la nueva intervención, quizá porque Edward no estaba dentro de la composición sino, justamente, cortando la cinta que le brinda marco en el extremo izquierdo. La figura de la película fue borrada por la acción del clima y el tiempo. El registro fotográfico de esa imagen realizado por Romero y Soruco (2015) se ha utilizado como imagen-epígrafe de este capítulo.

llita de educación (…) si por ahí caminás y en tu imaginación ves una semilla en el suelo, en el piso, agachate y recogela, apretala fuertemente en tu puño y donde vos veas que hay buena tierra dejala caer… cuando coseches seguramente habrás dejado un buen recuerdo entre quienes te conocieron. Dejá caer metafóricamente más semillas… porque el mal existe cuando el bien se ausenta… uno siempre está haciendo política de una u otra forma…"

Durante la quinta temporada, *Jujuy Profundo* se emite en vivo los días viernes a las 22 horas desde el estudio de la señal local de canal 4. En la repetición semanal programada el mismo canal emite la versión grabada. En un caso excepcional durante ese ciclo, el programa adopta la modalidad del falso vivo.

JP10. *Jujuy Profundo* (emisión 7, temporada 5).
https://youtu.be/2h89VwznsG4

La escenografía del estudio está compuesta por gigantografías de fotos que reproducen un puente ferroviario sobre el río Grande, una biblioteca con ejemplares antiguos, y una cuadra de la ciudad de San Salvador de Jujuy (circa 1910). En el piso, se reproduce el mapa de la provincia de Jujuy. El espacio del plató está amoblado con un sillón que ocupa el conductor FeC, complementado por cubos pequeños en los que se sientan invitados e invitadas, y una mesa baja entre el sillón y esos otros asientos (pufs). Sobre la mesa, hay dos reproducciones pequeñas de banderas emplazadas en sus mástiles –una argentina y una de la libertad civil (la bandera con el escudo nacional que donara Manuel

Belgrano a Jujuy y que se conserva en el Salón de la Bandera de la Casa de Gobierno como conmemoración de su jura en la iglesia catedral de la ciudad)– y una fotografía del conductor junto al obispo Marcelo Palentini, fallecido en septiembre de 2011, pocos meses antes del inicio de la quinta temporada. Al costado del conjunto del sillón y la mesa se encuentra un atril y un asiento altos, para el partenaire GuC. Sobre esa mesa está la netbook del periodista que co-conduce, en la que puede verse el isologotipo del canal de cable que también se inserta en el ángulo superior derecho de la pantalla durante toda la emisión.

JP11. *Jujuy Profundo* (emisión 1, temporada 5). Paneo de la escenografía que se estrena esa temporada. https://youtu.be/ RrVh1C-wKtY

El periodista FeC abre y cierra el programa en el estudio, y lo conduce con eventuales diálogos con el partenaire (GuC). El tipo de intercambio que se da en el piso varía entre encuadres del conductor en un sillón individual (desde el que abre con una extensa intervención editorial cada programa) y participaciones del partenaire desde su atril, y otros dos tipos de intercambio. Uno de ellos sitúa al conductor y al partenaire en el mismo encuadre, en un espacio social compartido en posiciones diversas, ya que GuC está en un pequeño atril con un banco alto, ubicado a la izquierda del conductor. Desde allí realiza tareas complementarias o de asistencia, por ejemplo apuntándole lo que necesita, ampliando información sobre notas o leyendo mensajes de la audiencia. Interviene, siempre, a pedido del conductor. El otro intercambio en el estudio corresponde a la forma de disposición espacial típica de las entrevistas de televisión con uno o varios invitados o invitadas que conversan desde pufs con el conductor que permanece en su sillón (el único de la escenografía). Cuando hay más de un invitado o invitada, el conductor tiene un micrófono inalámbrico corbatero y el conjunto de participantes invitados se pasan entre sí un único micrófono de mano.

La estructura general del programa hace que, como sostiene Nichols (2011, p. 90), "la personalidad del presentador-entrevistador puede en sí misma adquirir estatus de ícono y por tanto valor de intercambio económico a través de la repetición de un programa tras otro". FeC es la voz principal, es quien presenta y comenta el conjunto de intervenciones del ciclo.

Ya adelantamos que la estrategia televisiva general de *Jujuy Profundo* se erige sobre la palabra hablada (del conductor, el *partenaire*, las y los especialistas convocados) acerca del pasado local y su relación con el presente. El ejercicio de esa palabra legitimada se audiovisualiza mediante la aparición de actores puntuales (con nombre y apellido) que la exponen detalladamente. En el caso del conductor, expone su discurso y además presenta a los y las columnistas e invitados, mediante sus nombres y apellidos completos que se reiteran periódicamente en zócalos que recuerdan esa información durante esas alocuciones. Todo el ejercicio es de legitimación de las fuentes seleccionadas por el programa y de lo dicho por ellas, pero el montaje juega además con el conocimiento próximo y cotidiano del conjunto de actores legitimados para hablar de la historia y la actualidad de Jujuy pues, en situación de estudio, se nombran con diminutivos o apodos.

Ya la presentación del programa asocia la profundidad al pasado, mediante una animación sencilla que incluye los nombres del equipo como si se tratara de páginas de un libro (o un álbum de fotos), con una *estética vintage* en la que el color sepia de las hojas busca el efecto de estar envejecidas por el tiempo. La animación incluye fotografías fijas que se presentan a partir de esbozos previos de dibujos realizados con tinta negra. La tipografía remeda la práctica manuscrita de las imágenes de pergaminos antiguos correspondientes a la cultura masiva y los adornos populares que exageran los trazos de los títulos escolares o los documentos antiguos. El leit motiv musical original interpretado por el *Dúo La cantada* (de San Pedro de Jujuy) es una versión que acentúa el carácter melancólico de la pieza con predominio de la presencia de instrumentos andinos de vientos.[14]

Las fotografías fijas de la presentación son fácilmente reconocibles para el público jujeño: se incluye imágenes de la pirámide

---

14. Ese tema fue ofrecido como contribución al programa por los propios músicos, y reemplazó al que se utilizaba en las primeras temporadas, una versión de Guanuqueando de Ricardo Vilca interpretada por Raúl Olarte.

de homenaje a los arqueólogos que dirigieron la reconstrucción del Pucará de Tilcara; la capilla de Huacalera; el Cerro de los Siete Colores (el mismo que recomienda como escenografía local *prêt à filmer* la especialista en televisión digital que comentáramos en el capítulo sobre la "ciudad mediatizada"), la Municipalidad de Humahuaca (con el reloj del santo que se ve a mediodía). Los separadores del programa se realizan con la misma técnica. En este caso, las imágenes suman a dos estampas quebradeñas (un negocio de artesanías de Purmamarca y, obviamente, el Cerro de los Siete Colores) una de la ciudad: la torre de la Catedral basílica de San Salvador de Jujuy.

La última página del libro que compone la presentación incluye el listado de los premios y declaraciones de interés que recibió el programa: de interés municipal para la Municipalidad de San Salvador de Jujuy; de interés turístico y cultural por la Secretaría de Turismo y Cultura de Jujuy; de interés legislativo por la Legislatura de la provincia de Jujuy; auspiciado y declarado de interés cultural por el Fondo Nacional de las Artes; mención "Mejor programa televisivo" premio Jorge Cafrune (Asociación Jujuy Cultural de la Provincia de Jujuy).

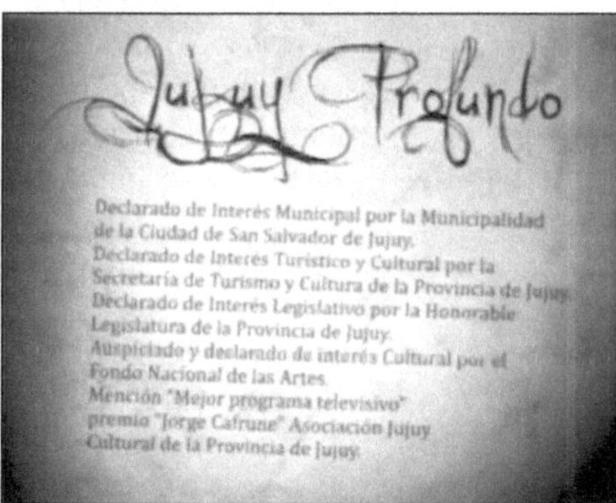

JP12. *Jujuy Profundo*, presentación de apertura del programa. https://youtu.be/ RrVh1C-wKtY

La presentación de un programa condensa y posiciona retóricamente, al adelantar parte de las posiciones y estrategias de audiovisualización. Mario Carlón (2004 [1995] compara las presentaciones de los telediarios con lo indicado por Steimberg y Traversa sobre las "primeras páginas" de los diarios, en tanto estas definen en buena medida su específico modo de vincularse con el público:

Más allá que estos fragmentos televisivos no tengan exactamente la misma vida social que las llamativas portadas que nos convocan desde los kioscos, no puede dejar de advertirse que cumplen similar *función:* establecen un primer contacto en el que adelantan gran parte de sus elecciones temáticas, retóricas y enunciativas (Carlón, 2004, p. 48).

Dado que *Jujuy Profundo* no es un telediario sino un programa de interés general con formato de magazine, deseo adaptar la apreciación de Carlón y asimilar su presentación inicial a la tapa de una revista de interés general. Como en las revistas que se exhiben en los kioscos, la presentación inicial de temas por el conductor adelanta los temas del programa. Además, por su modalidad cercana a la editorial, condensa las elecciones retóricas y enunciativas en un juego de legitimación de fuentes pero también del propio conductor y su rol central en el ejercicio de selección, jerarquización y encuadramiento de temas y actores.

El formato enhebra en cada emisión entrevistas o diálogos en el estudio junto a notas grabadas con quienes se presentan como "columnistas". Los temas y abordajes no confrontan con el sentido común local hegemónico en torno a "una" identidad y "una" cultura jujeña (Burgos y García Vargas, 2008). Todas las emisiones culminan con un número musical folklórico realizado en el estudio que reafirma la misma idea de jujeñidad en la selección de artistas y repertorios.

El programa alterna entre el estudio y las notas grabadas en diferentes locaciones, generalmente interiores entre los que predominan las oficinas o espacios de trabajo de los y las columnistas y las confiterías de la ciudad.

El ciclo combina el ejercicio de la "buena" conversación cotidiana con el "discurso de sobriedad" sobre temas serios e históricos de los y las columnistas, y los entrevistados y entrevistadas en vivo, y cierra con un número musical del repertorio local. El objetivo es político-pedagógico y se encuadra en la interpretación de la *"buena semilla",* que el conductor explicita en el transcurso de las emisiones y que se ha elegido como epígrafe de este apartado.

Como la semilla, mencioné que la conversación es "buena". El entrecomillado del adjetivo sirve para aclarar los alcances que deseo dar a esa modalización. Utilizamos "buena conversación" en el más "norbert-eliasniano" sentido que pueda otorgarse a esa suerte de civilidad de clase en el territorio jujeño contemporáneo (Elias, 1993). En su estudio sobre sociabilidades en la ciudad de Buenos Aires durante la génesis de una sociedad-nación argentina, Pilar González Bernaldo de Quirós (2001) distingue la civilidad de la sociabilidad en tanto la primera: "(o)cupa un lugar preferencial como práctica de pertenencia comunitaria, y amalgama lazos contractuales y lenguaje de la cortesía".

La "buena conversación" del estudio, entonces, reproduce un ambiente posible para aquellas que mantienen las clases medias locales en la construcción y reproducción de una específica civilidad de clase que busca extenderse al conjunto. Con algunos recaudos, puede extenderse la consideración de las funciones de la civilidad que trabaja la autora citada al entorno provincial y a la contemporaneidad, por lo que la civilidad sirve de criterio de distinción social para las elites que pretenden "encarnar" la provincia, y permite pensar el lazo provincial (y su relación con el nacional) a través de la adquisición de determinados comportamientos civiles tendientes a la paz y al orden en asociación con el movimiento de la civilización (como dinámica de la "cultura superior", encarnada a su vez en ese grupo que se propone a sí mismo en términos de elite legitimada para establecerla como eje de ordenamiento de lo social).

Del mismo modo, las locaciones de las entrevistas muestran espacios de trabajo (oficinas, estudios o escritorios), espacios sociales de viviendas (sillones en patios o salas, especialmente para las columnistas mujeres), o confiterías del centro de la ciudad vinculados al mismo grupo, que se generalizan como "los lugares" de la sociabilidad urbana local.

El último espacio mencionado se referencia frecuentemente en el programa, bajo el genérico "confiterías" o bien por sus nombres propios. Se mencionan como contexto espacial privilegiado en el que se llevan a cabo las conversaciones previas que alimentan los contenidos, son un lugar fundamental de la pre-producción del programa, pero también locación para varias de las columnas. Incluso el origen del ciclo se liga a uno de esos encuentros, que el conductor define como el "pacto de Carena":

JP13. *Jujuy Profundo*, emisión 1, temporada 5. Relato del origen del programa, mención al "pacto de Carena", establecido con el propietario del grupo que incluye al canal de cable local por el que se emite el programa, quien le preguntó "si se animaba a hacer un programa de estas características, y así nació *Jujuy Profundo*". https://youtu.be/p1KM7RjGqs0

En el estudio, la interacción estructurada entre el conductor, y las o los actores sociales en la que ambos están presentes y son visibles puede dar la impresión de "diálogo", pero existe una jerarquía de control que orienta y dirige el intercambio, privilegiando al entrevistador como iniciador y árbitro de la legitimidad y encuadrando al entrevistado como fuente primaria, depósito potencial de nueva información o conocimiento. Esta forma de intercambio es la que Nichols (2011) denomina "pseudodiálogo" (p. 88), ya que el formato del encuadramiento y la entrevista prohíben la reciprocidad o equidad absolutas entre los participantes.

En el programa se invoca la pretensión de transmitir la "verdadera verdad histórica", y ese estatuto de verdad se construye mediante la legitimación de las fuentes entrevistadas, el uso de fotografías, clips de imágenes "demostrativas" producidos por el mismo programa, y reiteradas menciones a los documentos y a los archivos históricos como fuentes que sostienen esa formas de verdad. Hay literalidad en las referencias.

Esa objetividad es anunciada y mostrada junto al énfasis en la dimensión pedagógica, moralizante y civilizatoria de la buena semilla. No se alude o reflexiona, en cambio, sobre la propia posición o perspectiva en la argumentación para el ejercicio de esta intención de difusión de la (única) verdad. Sin embargo, esa posición queda audiovisualizada en el programa (en los tipos de encuadre, las apariciones y apariencias de los personajes, la alternancia entre estudio y notas grabadas, la escenografía y la estética de presentación y separadores). Se reafirma, además, en y por la estrategia general de presentar temas con el recurso principal de la palabra hablada. Es así que en el tono coloquial de los intercambios en el estudio entre el conductor, el partenaire y sus invitados e invitadas va narrándose en qué medida esa "verdadera verdad histórica" proviene del conjunto de fuentes legítimas ya señaladas, pero además se construye operativamente en las conversaciones entre parroquianos de idénticas confiterías de la ciudad, que se conocen unos/as a otros/as de larga data.

Esas imágenes exteriores también corresponden a personas entrevistadas, con nombres y apellidos que se incluyen en el zócalo, reconocibles hacia el interior de ese pequeño universo que allí se construye y a su grupo social de referencia. En el estudio, los invitados e invitadas pero también las referencias a algunos y algunas de las columnistas cuyas participaciones están grabadas, suelen nombrarse utilizando el apodo (la *Rana*, el *Pila*) o por diminutivos (*Martita* M., *Marito*). Ese juego con las imágenes y los nombres extiende ese conocimiento cercano de las personas (la idea de un grupo de referencia cotidiano) al conjunto de las audiencias. Se trata de personas "conocidas" para un conjunto determinado de la población de la ciudad, pero la presentación de su cercanía en un programa televisivo indica que se considera que son igualmente reconocidas para todo el conjunto de quienes ven el programa. Se extienden, de ese modo, los criterios y encuadres interpretativos de ese grupo, de un "nosotros" que se predica inclusivo de toda la comunidad.

JP14. *Jujuy Profundo.* Estilo de trato con los invitados: "El flaco [director de Cultura de la Municipalidad de San Salvador de Jujuy] tiene entradas para el Teatro". https://youtu.be/-dJ3MJrgvRA

Es decir que el conjunto de intervenciones de especialistas legitimados (por el propio programa) y el encuadre que da a la tarea el conductor y su partenaire establecen un tipo de relación con el discurso de verdad que fundamenta las ideas de objetividad periodística e histórica, pero al mismo tiempo señalan mediante sus estrategias de audiovisualización en qué medida esa objetividad se restringe a un pequeño universo social de referencias compartidas y entendimiento mutuo. *Jujuy Profundo* legitima actores y disimula el carácter ideológico de su propia posición en la elaboración de una específica versión del pasado para ejercer el poder de enmarcamiento que le permite definir un *sentido de ciudad con raíz* en el presente.

Este sentido de ciudad con raíz (profunda) está fuertemente ligado al territorio provincial y se articula en una única estrategia ideológica para comprender lo local. Una de las derivas posibles de esta modalidad de ejercicio del poder es defensiva, y se asemeja a lo que podríamos denominar, precisando la idea de Rita Segato (2004) al entorno territorial provincial, "totalitarismo provinciano": una situación en la que la elite local consolida su dominio sobre el espacio y legitima sus privilegios en una ideología primordialista de esta localidad, es decir, trabajando su identificación con un grupo étnico o con una herencia de civilización.[15] Segato (2004) describe como estrategia principal de este tipo de totalitarismo la de "prevenir a la colectividad de cualquier discurso que pueda ser tildado de no autóctono, no emanado y sellado por el compromiso de la lealtad interior" (p. 14).

En ese sentido, se transforma a lo "extranjero" y a lo "foráneo" en categorías de acusación y se confisca la posibilidad de hablar "desde afuera". Del mismo modo, el valor principal pasa por un concepto de "nosotros" concordante a esta percepción "atrincherada", y que por lo tanto se vuelve defensivo.

Aunque de otro modo y con menos virulencia (y, sobre todo, desde otro género), la serie *El viaje* reproduce esa voluntad de desplazar la conflictividad hacia afuera de los límites provinciales, ya que las dificultades del personaje se dan con oponentes que vienen "de afuera":[16] un camionero chileno que lo traslada pero al mismo tiempo lo vuelve objeto de abusos y chistes, unos "gringos" que compran en circunstancias dudosas el territorio comunal en el relato del primer conductor que sube a Gabriel en

---

15. La idea implica además la posición que en regiones con ordenamiento "parroquial" y no provincial –i.e., Gran Bretaña– se denomina, justamente, "parroquialismo" y que tiende a localizar procesos más amplios y complejos en el entorno próximo y a partir de lo inmediatamente conocido.

16. La misma serie retoma la preocupación por la definición de la nacionalidad como eje central para la determinación de límites entre actores en la interpelación que hace el camionero chileno a Gabriel: "sos un *argentinito falsificado*... sos un boliviano con documento argentino, sos un argentino falsificado, como si fuera un argentino de segunda categoría" (*El viaje*, capítulo 2, segunda parte, minuto 10:15 en adelante, ver minuto 10:33 hasta 11:08).

su coche, otro "gringo" involucrado en la trata y dueño del caba-
ret del que Gabriel rescata a Yoli, el padre salteño de Yoli que lo
discrimina al grito de "yuto", un turista rosarino que le ofrece un
aventón pero se aprovecha de su reciente amigo haciéndole cambiar la goma del auto mientras disfruta del paisaje sereno de La
Almona. Ese conjunto de oponentes materializan los conflictos
de clase, étnicos y nacionales mostrados y referidos a lo largo
del viaje iniciático de Gabriel (¿un viaje iniciático por la nación
como comunidad de pertenencia?), en el que los indígenas siguen
arando la tierra con azadón y realizando la minka mientras des-
creen de "los políticos".

En este sentido, el guionista de *El viaje*, en situación de entrevista, indica que la escena de conflicto étnico y su relación con el
contrapunto urbano-rural inicialmente prevista entre un policía
de San Salvador y una florista quebradeña se eliminó del guión
original y fue reemplazado por el comportamiento abusivo de un
turista con el personaje principal de la serie.

> Como búsqueda ahí quisimos hablar de estas *relaciones* que exis-
> ten *entre la gente que viene de afuera y la gente de acá*. (Entrevista
> a JoV, director de *El viaje*).

Si bien *El viaje* discute la propia posición de Gabriel en otros
tramos de la serie, la decisión de expulsar "el mal" hacia fuera de
los límites territoriales de la provincia alimenta un tipo de encuadramiento similar al del *totalitarismo provinciano*.

Sumada a la ausencia de reflexión sobre la propia posición en
Jujuy Profundo, ese tipo de totalitarismo se cierra sobre sí de un
modo en el que la primera víctima son los "otros interiores" de la
localidad, quienes son coaccionados para que sacrifiquen, callen
y posterguen su queja en el altar de la unidad sagrada y esencial
de la colectividad. Como sostiene Segato (2004, pp. 14-15): "la
retórica es la de un patrimonio cultural que ha de ser defendido
por encima de todo y la de una lealtad territorial que predomina
y excluye otras lealtades".

En su novela *Forastero*, Jorge Accame (2008) lleva al extremo del crimen ese juego entre interior y exterior constitutivos
inscripto en una modalidad particular de ejercicio del poder local,
y pone en boca de Nájar (personaje implicado en el ocultamiento
del asesinato de una joven que forma parte de la trama racista y
patriarcal local) la siguiente respuesta al protagonista de la novela
(un periodista metropolitano –presumiblemente porteño– que

visita la ciudad –probablemente San Salvador de Jujuy– y desea contar la historia):

> - ¿Por qué no *[pensaríamos que iban a creernos]*? Este es un mundo aislado. Somos bárbaros, no lo olvide. ¿A quién le importa algo sobre nosotros? Tenemos nuestras propias leyes. Mientras no molestemos demasiado, nos dan libertad para que resolvamos nuestros asuntos. Sólo que a veces viene algún entrometido como usted a perturbar el antiguo equilibrio que nos esforzamos en mantener. Pero no se preocupe. ¿Usted cree que nos afecta lo que hizo? Pronto el gobierno nacional olvidará todo. Como cuando un cuerpo cae al mar, las aguas se abren y al principio salpican un poco, pero en seguida la herida se cierra como si nada hubiese sucedido. A nadie le importa realmente. ¿Qué pensaba? ¿Que iba a convertirse en un nuevo héroe? Usted se irá en el próximo avión, pero nosotros nos quedamos. Y somos nosotros quienes hacemos y deshacemos las cosas aquí. Acostúmbrese: somos inexpugnables, porque a nadie le interesa cambiar nada. (2008, pp. 187-188)

La dimensión del poder del grupo que representa Najar (entre otras cosas, premiado por asociaciones culturales locales en una velada de gala desarrollada en el principal teatro de la ciudad) en este diálogo es reconocible en discursos cotidianos del grupo de referencia de ese personaje, aunque esa posibilidad de control (y, sobre todo, la posibilidad de enunciarla en los términos que lo hace el personaje con alguien que exceda un círculo de confianza relativamente estrecho al que ciertamente no pertenecería un periodista de Buenos Aires) aparece exacerbada para las condiciones presentes en la novela de Accame. Sin embargo, logra un efecto de síntesis (quizá justamente por llevar las posibilidades reales de ejercicio de poder al extremo) que nos parece oportuna para comprender el argumento.

En el cine, a su vez, la película *Deshora*, dirigida por la salteña Bárbara Sarasola Day (2013),[17] muestra una trama de dominación similar a la que narra Accame, y sobre un argumento parecido (ya que el protagonista es también alguien que viene de "afuera" a pasar un tiempo en esa provincia surandina), aunque en este caso es el forastero (joven, bisexual y extranjero) el Sacrificado. Por su parte, Jorge Paolantonio (2004), en *Algo en el aire*, ubica en tiempo pasado (*circa* 1950) el conjunto de acciones y reacciones vinculadas a un hombre que llega a trabajar a San Fernando

---

17. Trailers: https://www.youtube.com/watch?v=Q1iXHfyZUxA y https://www.youtube.com/watch?v=RcZXl05Qf78 https://www.youtube.com/watch?v=5rnk5r3recg.

del Valle de Catamarca (otra capital noroestina) y desencadena la trama moralizante y de impunidad del grupo que ejerce el poder local en la novela, ejercicio de dominación que llega hasta la muerte sacrificial de sus otros/as interiores.

En los tres casos mencionados un personaje que llega de otro sitio es quien descubre, observa o desencadena acciones inesperadas en un espacio controlado por un grupo específico, que desplaza el peligro hacia afuera. También los tres son ejercicios de la imaginación literaria o cinematográfica que llevan al extremo el tipo de posibilidades de control sobre la población de un territorio que posibilita esta configuración ideológica (del mismo modo que lo hace el artículo académico que citamos de Rita Segato, que se construye en base al análisis crítico de los femicidios de Ciudad Juárez). Pero sin embargo, los casos extremos que estos intelectuales imaginan o analizan son simbólicamente verosímiles o posibles por la trama en la que esos acontecimientos se inscriben, esto es, hay un conjunto de significaciones que operan como *precondición dóxica* para la posibilidad de crímenes sacrificiales contra lxs otrxs (interiores o exteriores) en tanto "último recurso" o "solución final" para restablecer un equilibrio que otorga poder local de manera sistemáticamente desigual en términos de género, clase, raza y nacionalidad (Bourdieu, 2000; 2007).[18]

Muy lejos del crimen, pero participando activamente en la doxa de la jujeñidad hegemónica, *Jujuy Profundo* mapea la ciudad recortándola por oposición a un exterior que presenta como amenazante o abusivamente injusto y organizando su espacio interior para definir de quién es la ciudad que se invoca cuando se la nombra como "nuestra".

En definitiva, las narrativas de *Jujuy Profundo* construyen –desde la palabra hablada y el reconocimiento de fuentes reconocidas por un grupo limitado de pertenencia– un *sentido de ciudad con raíz*, al proponer la fundación o el éxodo jujeño como dos cronotopos de origen que legitiman y fundamentan una específica producción del espacio urbano y de la dominación territorial (Bajtin,

---

18. Se entiende a la experiencia dóxica como sentido práctico de la experiencia "vivida" del mundo social, y su aprehensión como evidente por los agentes sociales que "excluye la cuestión de las condiciones de posibilidad de esa experiencia, a saber, la coincidencia de las estructuras objetivas y de las estructuras incorporadas que proporciona la ilusión de la comprensión inmediata, característica de la experiencia práctica del universo familiar, y excluye al mismo tiempo de esa experiencia toda interrogación sobre sus propias condiciones de posibilidad" (Bourdieu, 2007, p. 44).

1989). El vínculo con la religión (la fotografía del obispo fallecido en la mesa de la escenografía y las permanentes menciones a la religión católica), con la patria (la bandera argentina) y con la patria chica (representada en la misma mesa por la réplica de la bandera de Belgrano que se encuentra en Jujuy) refuerza el carácter sagrado de esta asociación de actores, tiempo y espacio y legitima el punto de vista que desde allí se construye.

¿De quién es la ciudad que construye este *sentido de ciudad con raíz*? Queda dicho que no es de quienes no son argentinos, ni de los indios, ni de los grafiteros, ni del ganado, ni de quienes son llevados con argollas, ni de quienes viven del otro lado del río Mojotoro, ni de los porteños que escriben la historia con tinta y no con sangre. Queda mostrado, en cambio, que es de los jujeños y jujeñas que conversan sobre su cultura y su historia en el estudio o en otros espacios de sociabilidad de clase media, por ser miembros reconocidos de la comunidad y además ser parte del grupo próximo que se nombra con diminutivos y apodos.

Si consideramos que la cultura es también una forma de poder y control en tanto simboliza "quién debe estar o pertenecer" (Zukin, 2005) a determinados lugares, "quién debe acceder a determinados recursos, quién debe ser reconocido y legitimado socialmente" (Bayardo y Lacarrieu, 1999, p. 13), el trabajo de selección de fuentes y el enmarcamiento del conductor de *Jujuy Profundo* muestra cómo prevalece una mirada del pasado restringida a un conjunto de personas de relación próxima, que se mueve entre el set de televisión, las instancias de representación legislativa, los archivos y las confiterías de la ciudad.

El programa se considera a sí mismo partícipe principal de una "ingeniería de las almas" basada en una pretensión normativa de definición y defensa de valores morales y sociales que se sostienen principalmente mediante el fortalecimiento de la provincia y la palabra autorizada de un grupo de sus habitantes, que no se problematiza como ideológica y se ofrece como objetiva (Williams, 1997).

El *sentido de ciudad con raíz* vincula la profundidad al pasado, y se basa en cronotopías de origen legitimadoras de un tipo específico de posesión territorial, que otorga derechos diferenciales a quienes tienen los lazos genealógicos y territoriales necesarios para construir un mapa con límites precisos, más allá (o más acá) de la vigencia de tales legitimaciones. Son estos actores quienes definen de quién es la ciudad cuando aluden a ella como "nuestra" en los términos de la frase de FeC reproducida como epígrafe de este capítulo.

Capítulo 5

Un sentido de ciudad *trajinante*: márgenes, murmullos y peligros

M6. *Es muy transitable la terminal. Murmullo*, historia de Romina. https://youtu.be/1PWlsZzEzcQ

En su trabajo sobre Quito durante las décadas de 1940 y 1950, Eduardo Kingman Garcés denomina "trajines callejeros" a un conjunto de prácticas frecuentes en las ciudades andinas:[1]

(L)os trajines callejeros brindaban la posibilidad de producir sentidos, consumos y publicidades subalternas en medio de la discriminación y la exclusión. El comercio permitía la circulación de una producción artesanal y manufacturera destinada a la población indígena y mestiza, o la incorporación de una producción venida de otras esferas de circulación pero adaptada a un sentido propio del gusto. (Kingman Garcés, 2016, p. 295)

Una de las maneras de la producción social del espacio en San Salvador de Jujuy se vincula con esos *trajines*, que producen

---

1. La construcción vincula a la calle (el espacio público por excelencia del mundo urbano) con la figura del trajinante andino, quien recorría diversos pisos ecológicos y espacios para intercambiar productos y experiencias.

un espacio que se clasifica de diversas maneras, en un abanico que incluye la celebración de su carácter colorido, alegre y fluido pero también la asociación con lo insalubre, lo ilegal, la "mala imagen" o la competencia desleal para comercios instalados en locales permanentes.

En los espacios informativos de los medios masivos locales, los vendedores ambulantes y feriantes de San Salvador de Jujuy son "feos, sucios y malos", y trasladan esos atributos al espacio que producen con sus prácticas (García Vargas y Bergesio, 2010). En cambio, dos de las producciones televisivas enmarcadas en planes de fomento eligen esos espacios y esas prácticas como locaciones representativas de la ciudad, en algunos casos como las más característicos. Es decir, resultan punto de interés, de identificación y de mercantilización para el intercambio audiovisual.

¿Qué programas del corpus audiovisualizan los *trajines callejeros* y los espacios que producen? ¿Cómo lo hacen? ¿Cuáles son los actores que se muestran, en qué relaciones y con qué identificaciones? ¿Con qué otros espacios se los vincula? ¿Con qué sonidos se los presenta? ¿Qué *croquis*[2] esbozan estas prácticas sobre los mapas oficiales de la ciudad, es decir, cómo se relacionan con la ciudad en su conjunto (si es que lo hacen)? Esto es, ¿qué sentidos de ciudad produce la audiovisualización de estos espacios?

El análisis realizado a partir de materiales específicos del período que va desde mediados del siglo XX hasta el entresiglo XX-XXI –tales como planos y mapas de San Salvador de Jujuy (García Vargas, 2003a), prensa gráfica local (García Vargas, 2001; García Vargas y Bergesio, 2010), normativas y discursos de funcionarios vinculados a los usos y la propiedad de la tierra urbana, o representaciones de los propios involucrados en instancias de autoorganización, negociación o expresión ciudadana ante los órganos municipales o en el espacio público (García Vargas, 2003b)– muestra que el trabajo en la calle se considera predo-

---

2. Como se ha indicado en el capítulo introductorio, Armando Silva (2000) analiza los imaginarios urbanos (entre otros recursos) oponiendo el "mapa" al "croquis". El primero refiere al "simulacro visual del objeto que se pretende representar" (p. 59), mientras que el *croquis* se asimila al territorio, y su reconstrucción es el objeto del o la analista cultural urbano, ya que se conecta con una "definición de la cultura (...) muy ligada al uso y evocación de los espacios habitados por los ciudadanos en su flujo del acontecer histórico" (p. 60).

minantemente como "invasión" al espacio público y/o a la ciudad en su conjunto.

A inicios del siglo XXI, y extendiéndose hasta hoy, el área de la antigua terminal de ómnibus, los predios de las ferias permanentes, y las prácticas de uso del espacio urbano por parte de vendedores ambulantes o feriantes se siguen representando / interpretando en los espacios informativos de los medios masivos y en la conversación cotidiana de parte de las clases medias mediante un discurso normativo higienista (son un "foco infeccioso" o "un criadero de ratas"), o de la subalternización mediante categorías nacionales, racializantes y/o de clase: son áreas "de los yutos", de quienes "parecen bolivianos", de "las cochalas", de "otra categoría". En ambos casos, la ajenidad de costumbres u objetos es un elemento esencial de la construcción, y se remiten al espacio de lo andino o al de la extranjería.

Ese trabajo de representación diferencial se intensifica cuando las prácticas de trabajo en la calle involucra a las áreas patrimonializadas y con efecto de centro en el imaginario urbano, es decir, a la zona que alberga la mayor parte de las prácticas administrativas estatales, de la gastronomía, el comercio y la hotelería formales, de los museos y monumentos históricos, de los trámites judiciales, financieros y bancarios y que se extiende entre los ríos Grande y Chico, *estirando* la condición de enclave civilizatorio colonial de la plaza y los edificios eclesiásticos y de gobierno desde la cuadrícula fundacional hasta el parque San Martín y las barrancas de Ciudad de Nieva.

En cuanto a la ciudad televisada por las señales locales (de cable y de aire), suma a esa construcción informativa de la "invasión" la escasa mostración de los espacios comunes y abiertos de la ciudad. Cuando la ciudad aparece, se ven los escenarios de presentaciones musicales, de desfiles y actos conmemorativos, en los cuales se la adivina como fondo, detrás del entrevistado o la entrevistada de los noticieros. Si los telediarios muestran el abigarramiento y los trajines, también lo narran como *invasión*.

En el conjunto de materiales periodísticos mencionado, la idea de *invasión* adscribe a los y las *trajinantes* (junto con otros grupos) a "espacios-problemas", que se constituyen como tales en términos *temporales*, ya que se configura un conjunto de atributos que vuelven anacrónicas a estas prácticas; *nacionales,* ya que quienes *irrumpen* así en el espacio urbano se presumen extranjeros; *estéticos*, ya que se los vincula a una "mala imagen" en relación con la ciudad en su conjunto; *de ajenidad*, ya que los productos y objetos que se venden en las ferias no son propios del ámbito urbano sino de lo rural o lo andino (que, como dijimos en el capítulo 3, presume su ubicación exclusiva en los espacios rurales de las tierras altas de Quebrada y Puna); y también como fuente de conflicto al interior del mismo agrupamiento (entre diferentes organizaciones o localizaciones de venta).

C15. *Jujuy es tan hermoso, pero la gente lo arruina* (testimonio de una transeúnte en "Vendedores ambulantes. La opinión de la gente", informe del telediario de Canal 4, 22/9/15), también disponible en el sitio TodoJujuy.com.[3]

Como mencionamos al inicio, el espacio de la antigua terminal de ómnibus en el que se concentran estas prácticas es la locación principal de la capital jujeña para *Murmullo* y *El viaje*, producciones televisivas realizadas en el marco de políticas de fomento. Esa elección muestra el parentesco distante (un lejano pero presente *aire de familia*) con las aproximaciones a otras experiencias urbanas de áreas andinas y enmarcadas en otras configuraciones estatales nacionales, pero también ubica a estas producciones dentro del marco nacional del Nuevo Cine Argentino, en la atención que presta ese movimiento a los espacios urbanos considerados marginales como escenarios casi constantes de sus historias. El *aire de familia* mencionado informa un tipo de audiovisualización que además se relaciona con otras dimensiones, de manera que esa "herencia" se actualiza, comprende y retoma en específicas

---

3. El informe que se ha elegido como epígrafe está disponible en: https://youtu.be/scFcZeMJEKI.

modalidades de producción del espacio y de elaboración de sentidos de ciudad en estas narrativas.

1. La ciudad periférica: el centro *desde* la terminal

La serie *El viaje* desarrolla su capítulo en San Salvador de Jujuy en el área de la antigua terminal de ómnibus, que además es el escenario vivo (único o compartido) de tres de los testimonios en *Murmullo*, documental que suma un cuarto testimonio vinculado a los trajines, emplazado en una de las ferias de Alto Comedero.

Desprendiéndose de la forma extendida de interpretación de los espacios de los trajines entre las clases medias y los telediarios locales mencionados en la introducción a este capítulo, las posiciones profesionales "independiente" y "militante" de la ciudad mediatizada jujeña (descriptas en el capítulo 1) los vinculan a la cultura de mezcla, que nombran como el "caos alucinante", la "mezcla", la "interculturalidad", y también los asocian a prácticas, objetos y lugares que se señalan como "populares" (como se ha indicado en el capítulo 2). Como veremos en lo que sigue, ninguna de esas categorías es inequívoca.

> La mirada que nosotros ponemos sobre San Salvador es tratar de mostrar *esta interculturalidad que hay* tanto en el mercado, en estos lugares, en la vieja terminal donde hay un mundo de situaciones y también dejar en claro lo expuestos que estamos a la *falta de seguridad*, el personaje sufre un robo y eso es lo más trascendental. Y la desigualdad que hay porque *Jujuy es un referente en eso, en el pueblo*. No quisimos centralizarnos en San Salvador pero dejamos ver eso, *esa cantidad de etnias que compone Jujuy*, sobre todo de *gente del norte* que *viene a trabajar* en *estos lugares* que quizá *son marginales pero también muy concurridos por todos, visitados por gente de distintas clases*. (Entrevista a JoV, director de *El viaje*, mi énfasis)

El reconocimiento de la "cultura de mezcla" local en el caso del director de *El viaje*, espacializa diferencialmente, racializándola, la zona de la terminal. La recorta como un lugar diferente, un espacio de mezcla marcado étnicamente y ubicado en la periferia. Así definida, la elige como locación principal del capítulo de la serie que se desarrolla en San Salvador de Jujuy.

> La verdad que Jujuy como ciudad, se la puede describir o comparar con otras ciudades siendo muy similar, quizás [en] esto sea muy trascendente o *las diferencias que se pueda destacar es esto,*

las personas que conviven ahí, que son de diferentes razas, eso se ve.
Y que predomina la nuestra, la de la gente del norte. (Entrevista a
JoV, director de *El viaje*, mi énfasis)

Por otro lado, se trata de áreas que se localizan al interior
del territorio urbano de San Salvador de Jujuy, que se recortan
específicamente oponiéndose (en la mayoría de los casos) pero
también compartiendo de manera tensa el vínculo con el pasado
heroico vinculado a la colonia o a las guerras de la independencia que representa el centro de la ciudad, cuyo mosaico de imágenes representativas tradicionales estaría conformado por la
plaza como centro de la cuadrícula colonial, la Iglesia Catedral,
las diversas invocaciones y figuras de Manuel Belgrano (predominantemente al frente de las columnas del éxodo jujeño), y el
Salón de la Bandera en la Casa de Gobierno.

> Cuando trabajé el capítulo de [San Salvador de] Jujuy intenté que
> aparecieran *lugares de la ciudad fácilmente reconocibles para los*
> *habitantes de la ciudad*, porque son escenarios de desarrollo de la
> vida cotidiana. *Pero son espacios urbanos diferenciados en los que*
> *emergen prácticas y actores diferenciados, por lo tanto emergen*
> *las desigualdades sociales, dadas fuertemente en términos étnicos.*
> *La terminal es un espacio donde aparecen los sectores populares*
> *residentes y migrantes, como el personaje, con prácticas propias de*
> *dichos sectores, como el consumo de api. La catedral es un lugar dife-*
> *rente, donde los sectores populares son menos preponderantes*, allí yo
> había situado un conflicto entre una florista y un policía. Emergían
> allí también las marcas de relaciones campo-ciudad (las flores eran
> de Maimará, etc.). (Entrevista a FeB, guionista de *El viaje*)

La ciudad, para el guionista de *El viaje*, es un espacio para la
búsqueda de locaciones que permitieran facilitar a las audiencias
locales el reconocimiento de lugares. Esa posibilidad actualiza los
sentidos de ciudad dominantes, en tanto representación de una
topología social sobre centro y periferia asociadas a la desigualdad
social. La acción del capítulo que se desarrolla en San Salvador
de Jujuy se localiza en lugares diferenciados como búsqueda de
evidenciar esa inequidad: la antigua terminal de ómnibus (que
funcionaba plenamente durante el rodaje y la emisión de la serie)
como escenario vinculado a los sectores populares (y también al
delito), por un lado, y el centro, alrededor de la plaza Belgrano
como lugar de trámites, transacciones, y de tránsito habitual y
de sociabilidad para los sectores medios. El guionista resalta el
componente de la desigualdad social por sobre la idea de mezcla.
Polariza esa desigualdad y la espacializa en dos lugares contra-

puestos: la terminal representa a la ciudad popular y el centro, a los sectores más acomodados.

El director de la misma serie brinda sentidos similares a los mismos espacios, pero pensando no en términos de reconocimiento de las audiencias sino en su asociación a la ciudad como objeto de la mirada del gran actor global en la percepción local: el turismo.

> Y esto del turista que es típico acá en Jujuy. Por ahí lo primero que viene a ver un turista, aparte del paisaje del norte, [lo que viene a ver] acá en la ciudad, lo más destacado –aparte de su riqueza histórica en cuanto a edificios, monumentos e historia misma, como lo que pasó en la guerra de la Independencia– es poder visitar estas ferias que te [podés] encontrar con artículos de diferentes partes y de origen andino, sobre todo. (Entrevista a JoV, director de *El viaje*)

La cita retoma parte de lo explicado en el capítulo 2, en este caso para resaltar en qué medida la apreciación sedimentada de la riqueza turística de la ciudad se plantea mediante la contraposición de dos secuencias espacializantes. Por un lado, construye un *sentido de ciudad con raíz*, vinculando el atractivo de San Salvador de Jujuy al origen colonial o patricio asociado a la serie de imágenes que mostrará rápidamente cuando Gabriel (el protagonista) va a almorzar a un restaurant del centro de la ciudad, invitado por turistas. La primera secuencia (el paseo) se muestra a través del patrimonio arquitectónico y el llamado "patrimonio material" (monumentos, edificios), y se equipara a la "historia misma". Se audiovisualiza de igual manera: edificios y monumentos como centro de la imagen, sin personas alrededor, en una especie de montaje de fotos que culmina con la excepción de los segundos finales en la peatonal, recorrida por transeúntes y artistas callejeros.

La terminal, por su parte, audiovisibiliza la *cultura de mezcla* de la ciudad, vuelve evidente la intersección nacional con el mundo andino, pero también con las formas populares de la globalización representadas ambas en la circulación de las heterogéneas mercancías que ofrecen los y las trajinantes. Esa secuencia se menciona a través de los "artículos" en venta en las ferias. Artículos del mundo popular que, a diferencia del planteo de Kingman Garcés (2016) para Quito en las décadas de 1940 y 1950, combinan los objetos y sabores de las tierras altas y de las áreas rurales con una multitud de otros objetos (videojuegos, gatos de la buena suerte, indumentaria de imitación clandestina de marcas globales, ropa de segunda mano de los containers que llegan a Chile desde el hemisferio norte, discos con copias de música y de películas-tanque norteamericanas y asiáticas, juguetes y objetos producidos en China, entre otros). A su vez, ambas secuencias se separan del "paisaje del norte" (los Andes, como se dijo, no se imaginan urbanos en Jujuy) para especificar qué es lo que "el turista" viene a ver en esta ciudad. Al audiovisualizarse, los puestos y objetos aparecen en relación permanente con una abigarrada multitud de personas (trajinantes, clientes, transeúntes, policías), tras las cuales aparecen frentes de comercios, oficinas, cables, semáforos, automóviles, cerros y calles.

El área "popular", a su vez, se audiovisualiza a través del recorrido que hace Gabriel (el héroe) por las veredas de las manzanas contiguas a la terminal, en medio de los diversos puestos instalados, fijos y semifijos. La dinámica es la de un paseo de (re) conocimiento de la diversidad de productos que encuentra allí (una parte de los que probablemente transportó sobre la espalda al cruzar la frontera con Bolivia en el capítulo 1 de la serie), mientras espera el horario del transporte que le permitirá continuar su viaje. Los diálogos y carteles indican que esos productos, especialmente los gastronómicos, son similares a los consumidos por el protagonista en su lugar de origen; por ejemplo, desayuna api con buñuelos en un pequeño local que también ofrece en un pizarrón platos populares en todo el país, como milanesas o lomitos, junto a viandas regionales, como picante de pollo. Se escucha un ritmo de cumbia chicha como parte del ambiente.

V7. Desayuno de Gabriel, *El viaje.* https://youtu.be/2e3PTnl5KLE

El climax del capítulo es el robo a una vendedora perpetrado por dos jóvenes caracterizados con la estética de los "pibes chorros" (gorra, ropa y zapatillas deportivas de marcas globales), seguido de una persecución en la que se desanda el trayecto de Gabriel, y se lo extiende más allá de la terminal, ascendiendo por el caracol hasta las escaleras de las barrancas del barrio Mariano Moreno. En la escena en la que el protagonista recupera la cartera de manos del asaltante, éste le vaticina un futuro similar al suyo en la frase: "con esa cara y con esa pinta, vos vas a terminar igual que yo" (V9).

En esa interpelación, se explicita una asociación entre la marginalidad delictiva urbana, y el trayecto migrante con origen en las tierras altas que materializa Gabriel en la presentación de sí.

V8. *El viaje*, final de persecución por el caracol.
https://youtu.be/GbNV5uwGbgE

Desde el lugar de ese intercambio entre Gabriel y el "pibe chorro" una parte del centro de la ciudad se ve a lo lejos.

El movimiento de la zona de la terminal, como área de los trajines en la que se suceden puestos de medicina natural, implementos domésticos, frutas, verduras, alimentos frescos y envasados, ropa y calzado, comidas, se muestra desde el montaje a partir de cámaras quietas. Quienes se mueven son los actores principales y secundarios, el conjunto de gente en el escenario natural, los autos, camiones y colectivos. La música que acompaña todo el capítulo se ejecuta con instrumentos de formaciones de cumbia, aunque se combina con tonadas andinas en ocasiones.

Luego de recuperar la cartera robada, Gabriel regresa y la devuelve a su dueña, a quien además le ofrece una parte del dinero que su familia acaba de brindarle, e intercambia pareceres con un turista que se encontraba en el puesto desde el momento del asalto. Ese mismo turista lo invita a almorzar en el centro de la ciudad. En ese otro paseo, el recorrido por el centro de la ciudad retoma las imágenes con las que se elige representarla en los discursos con orientación hacia el turismo y la patrimonialización: la plaza, la Casa de Gobierno y las estatuas de Lola Mora, más algunas vistas del perfil urbano con edificios de altura y la peatonal. En este caso, en un montaje de imágenes en cámara rápida, con música tradicional andina también en versión rápida.

V9. El centro de San Salvador de Jujuy en *El viaje*, capítulo 6, minutos 10:29 a 10:45. https://youtu.be/vdn9GPR1bkg

Los turistas que invitan a almorzar al protagonista de la serie lo transportan en el automóvil familiar hasta Salta (donde se desarrolla el siguiente capítulo). La amabilidad queda opacada en los comentarios del padre, y en su contemplación del paisaje mientras Gabriel cambia un neumático. El proceso de enclasamiento también se da en el tipo de trabajos que le ofrecen: jardinero o casero. El turista rosarino que conduce resalta la amabilidad de Gabriel y la menciona como característica de la *gente del norte*.

V10. *El viaje*, capítulo 6, minutos 15:46 a 17:55. https://youtu.be/riwuonNUfw0

Los trajines producen un tipo de espacio que se interpreta por su relación polar con el centro de la ciudad. Esa oposición opera en términos de clase, nacionales y étnicos, pero además la zona de la terminal asocia esos ejes estructurantes de la desigualdad y la diferencia al género y la edad, y configura de esa manera un espacio que superpone a los trajines el delito perpetrado por "pibes chorros" que podrían haberse visto en cualquier otra escena televisiva desarrollada en el país. Los espacios urbanos populares audiovisualizados en Argentina tienen un productor transversal en los personajes de los pibes chorros.

Como sostiene Lía Gómez y Juan Manuel Quintanilla (2006, p. 169): "en las películas argentinas, también se construye a la violencia/periferia como análogo de peligro para la ciudad".

Esa construcción reposa crecientemente en los "pibes chorros". En *El viaje* el "pibe chorro" se identifica con la trayectoria de Gabriel (étnica, nacional y geográfica). Gabriel, en cambio, asienta parte de su heroísmo en la resistencia a esa clasificación y el respeto a las leyes y la autoridad. En su largo viaje, no disputa nunca a la autoridad constituida sino que sólo confronta con los diversos delincuentes o abusadores con los que se encuentra a lo largo de la ruta 9. Tales enfrentamientos excluyen a su propia actividad y la de su familia (ya que el oficio de *bagayeo* transfronterizo del propio Gabriel no se cuestiona, y el tráfico de estupefacientes en pequeña escala de su primo es parte de la diversión durante el capítulo en San Pedro, oficio que además resulta justificado por razones familiares).

2. La ciudad "revelada": el lugar marginal

La elección del área de la terminal como espacio principal –aunque no exclusivo– de los trajines callejeros, se actualiza también en *Murmullo,* aunque en este caso ese lugar marginal va a combinar su potencial revelador de la desigualdad (y su asociación con prácticas de resistencia) con otras formas populares de producción social del espacio. Por otra parte, en *Murmullo* no hay "pibes con gorra" perpetrando asaltos, ni se muestra con profusión a la policía provincial.

El director de *Murmullo* indica que en su unitario buscó *revelar* los discursos encontrados en torno a la jujeñidad, por un lado, y la existencia de los seres que habitan la *periferia* o el *margen*, por el otro.

hay un discurso oculto, (…) no tanto de la ciudad sino de la jujeñidad, y eso fue el motor de *Murmullo*. (Entrevista a DiR, director
de *Murmullo*)

Esa ciudad "no turística", en el proyecto inicial, se mostraría
en base a un recorrido de un día por la ciudad, en un formato que
el realizador describe como "una *road movie*". Luego, el proyecto inicial fue transformándose hasta llegar a una narración que
se contaría a partir de personajes que no son "referentes" sino
quienes representan

la voz de aquellos que están invisibilizados. (Entrevista a DiR, director de *Murmullo*)

El director señala que

(lo) común a todos los entrevistados es que *todos tienen esa carga de (…) estar en la periferia* o en el *margen*. (Entrevista a DiR,
director de *Murmullo*)

En el caso de los y las trajinantes callejeros, el margen suma el
peso de la *carga* a los carros y espaldas en los que se acomodan
diariamente las mercancías. Esa forma de trabajo y su específica
manera de producción social del espacio se sufre.

La historia no pasa por ellos por lo extraordinario (…) sino *que lo
extraordinario o lo fantástico que tienen es que todos son invisibilizados en el discurso de lo que es la ciudad* y esa era la idea. (Entrevista a DiR, director de *Murmullo*)

Además de la *carga* –el peso negativo que asumen quienes
trajinan– en este argumento el margen se superpone a la invisibilización discursiva en la definición de la ciudad. Sin embargo,
como se ve en el epígrafe de este capítulo (correspondiente a un
telediario), en el conjunto de apreciaciones sobre prensa gráfica de los últimos quince años, y en la selección de la locación
por parte de dos de las producciones financiadas por fomento
para televisión digital, el área de la terminal de ómnibus no es
inaudiovisualizada sino más bien hiperaudiovisualizada en relación con los trajines. La invisibilización sólo se comprende en
relación con el discurso audiovisual del que se aparta *Murmullo*,
en la narración de un *sentido de ciudad con raíz* en los términos
descriptos en el capítulo 4, un sentido de ciudad vinculado a la
herencia colonial o patricia para la definición de una ciudad y una
cultura jujeñas (ambas, en singular) que se audiovisualiza desde
estudios televisivos o en confiterías del centro de la ciudad y sólo
se ve en las calles en ocasiones performáticas asociadas a esas

raíces o en la mostración de espacios patrimonializados vacíos (sin personas). Se trata de la relación polar en la que la idea de margen se opone a un centro constituido por los espacios patrimonializados de la cuadrícula colonial y el "kilómetro cero de la patria" y por los usos y las prácticas vinculados a la sociabilidad de las clases medias en procesos de espacialización que además se racializan y se adscriben a lo nacional y a lo étnico.

> En *Murmullo* está representada la economía informal, digamos, el comercio informal, la lucha piquetera o la lucha de los piquetes, la cuestión que tiene que ver con la religiosidad popular, lo que tiene que ver con la cultura gastronómica de la calle. (Entrevista a DiR, director de *Murmullo*)

Las cámaras de *Murmullo* registran flujos (de automóviles, de personas) y siguen a los personajes en sus espacios de trabajo diario. Pero la cámara no se mueve, sino que sigue a personas y objetos cuando registra ese flujo, ese movimiento, desde una posición fija y mientras toma el testimonio junto al sonido ambiente de fondo. Los personajes no interactúan entre sí, cada uno cuenta –en primera persona y usando su propia voz– su historia.

El conjunto de historias de vida que conforma *Murmullo* se registra en los lugares de trabajo: una feria, dos puestos en el área de la terminal de ómnibus, un asentamiento en la orilla del río Grande, diversas calles de la ciudad (céntricas y periféricas), un galpón que oficia de capilla para la imagen de la Virgen de Urkupiña (y al mismo tiempo es sitio de ensayo de los caporales y los tinkus que la adoran durante las procesiones). Cinco de esas historias se vinculan con los trajines: la de la feriante, la de la vendedora de comida en el área de la Terminal, la de la vendedora de objetos diversos en la misma zona, la del militante que completa sus ingresos vendiendo o intercambiando libros usados en el punto de ingreso al puente Lavalle que lleva de esa zona al centro, la del vendedor de películas que estudiaba en la universidad y que trabaja en pleno centro de la ciudad.

Las áreas de los trajines se filman con sonido ambiente, y se suceden en distintos momentos de la jornada que estructura la estrategia narrativa de "un día en la ciudad". Es la ciudad cotidiana, que se contrapone al acto festivo de los gauchos desfilando durante el éxodo jujeño, y a las imágenes quietas que muestran la fijeza desértica del patrimonio arquitectónico.

Murmullo comienza con imágenes de la Feria Virgen de Urkupiña a la madrugada, mientras se levantan los puestos.

M7. *Murmullo*. Amanecer en la Feria Virgen de Urkupiña (Barrio Alto Comedero). https://youtu.be/WAiKcpd2cBk

Las formas del margen en la voz de las y los protagonistas de este documental asumen el tono de la denuncia, y se describen en relación con el centro, y con conjuntos precisos de actores sociales e institucionales.

Marilyn, la feriante de la primera historia, narra su situación *marginal* a partir de expulsión del trabajo formal, de polarización de las condiciones de trabajo precarizadas. Es el relato de un trayecto autobiográfico de descenso social que sigue el camino espacial que va desde una peluquería instalada hasta el puesto de la feria. Implica su percepción de discriminación por el espacio que ocupa (estar aquí, con piso de tierra), y el detalle de las tareas y los tiempos que dedica diariamente al trabajo.

M8. *Murmullo*, Marilyn armando su puesto.
https://youtu.be/nQ4RDzA7pOs

En el caso de Guillermo, el relato es el del acceso a la vivienda y el de la manifestación callejera popular como parte de un trayecto vital de lucha política. Su narrativa encuentra como oponente al gobierno y al Estado, es a ellos a quienes reclama. Su lugar en el espacio de los trajines es un trabajo que complementa su ocupación principal, por un lado, y la militancia, por el otro.

M9. *Murmullo*, Guillermo en el puesto de libros usados.
https://youtu.be/IZAdQ_c7kxA

En el caso de Juan, el vendedor de películas, que trabaja en el centro, hay un relato autobiográfico heroico, que resalta la condición de trabajador sobre la de delincuente y la asocia a la paternidad.

M10. *Murmullo,* Juan con su puesto en calle Belgrano.
https://youtu.be/LRGM1by1wTk

Dionisia, la vendedora del caracol de la terminal de ómnibus, relata confrontaciones y remarca la disputa resistente contra el poder policial, contra el gobierno, contra la gendarmería que quiere confiscar mercadería en los viajes de aprovisionamiento, y contra la policía que le dice que no venda "abajo" (en la terminal propiamente dicha). Su relato es el de la búsqueda de ascenso social: *trajina* para que sus hijos estudien.

M11. *Murmullo*, testimonio de Dionisia. https://youtu.be/C-sdAssDXDA

Todo el negocio de Dionisia cabe en el carro en el que lleva su puesto cuando termina la jornada, mientras atardece en la terminal de ómnibus. Su posición de poder niega al Poder al producir su espacio de trabajo, su propia concepción de poder se verifica en términos de indiferencia a la normativa que circunscribe la venta en la calle a determinados espacios y horarios (Restrepo, 2013). Dice "lo mismo voy a vender", o relata cómo le explica al gendarme que ya le sacó mercadería otro día, así que ahora va a pasarla.

En *Murmullo*, la clave de estructuración del relato se encuentra en el contraste entre el espacio patrimonializado de las imágenes iniciales de la película y el espacio cotidiano del trabajo. El primero se ofrece monumentalizado, el segundo se trabaja "desde el punto de vista del actor" urbano, audiovisualizándose la calle, la feria o el galpón de la Virgen en planos generales que ubican a actores y actrices como parte de ese contexto que al mismo tiempo producen.

M12. Dionisia desarma el puesto y se va a su casa, abriendo la escena
final de *Murmullo*. https://youtu.be/fbElBFG0Uec

La confrontación de estas dos ciudades (la patrimonializada y
la cotidiana de quienes trabajan, protestan o celebran en las calles) se audiovisualiza mediante la edición y montaje del sonido
y de las imágenes. Desde el sonido, distorsionando el relato del
off de un documental clásico patrimonialista que indica los puntos centrales de la ciudad para la publicidad turística y superponiendo a ese sonido distorsionado los miles de sonidos diarios
del amanecer en la feria urbana. El sonido varía desde la locución
en off en estilo "neutro" del inicio, con un relato sobre la ciudad
patrimonializada, hasta las voces de cada entrevistado, que al final, junto con el atardecer, se entremezclan en un murmullo que
también incluye la locución "neutra" del off inicial. En las imágenes, ya que ese discurso publicitario patrimonialista que se cita
intertextualmente muestra la materialidad de lo construido sobre
la de lo vivido, al punto de preferir imágenes de calles, paseos
y edificios vacíos (sin gente) para audiovisualizar la ciudad. Esa
ciudad desértica se contrapone a todos los espacios de las historias de vida que estructuran el día narrado en *Murmullo* porque
estos aparecen en continua transformación, por el movimiento
de personas y por las modificaciones que los protagonistas les
imprimen constantemente. La combinación de ambos mediante
el recurso de la jornada urbana propone un documental en el que
que "la historia de un día engloba la del mundo y la de la sociedad" (Lefebvre, 1972, p. 11).

Los protagonistas nombran diversos espacios de la ciudad como la calle, la casa, la feria, locales comerciales instalados de manera permanente, la universidad (a la que asisten los hijos de la vendedora de la terminal, a la que no puede asistir el vendedor de películas y música piratas) que aparecen como puntos de su preocupación o su experiencia (pasada, presente o futura). Como ya se adelantó, en este unitario también se indican circuitos de llegada de objetos, o trayectorias por otros espacios que hablan de historias de vida en un presente urbano de una provincia argentina desde a un pasado sociobiográfico que lo vincula con otros espacios, muy diversos: lotes de zafreros en los ingenios azucareros de las Yungas, ciudades de Bolivia (como Cochabamba, de donde se trajo la imagen de la virgen de Urkupiña). En otros casos, la ciudad y el propio espacio de trabajo en la calle (como el caso de la vendedora de tamales y humitas) han sido desde el nacimiento uno de los escenarios de esas vidas.

Se espacializan los personajes de los testimonios en clave centro/periferia o –mejor– centro/terminal de ómnibus, dicotomía que en la voz de la feriante y la vendedora de tamales servirá para caracterizar a las personas "del centro" que compran en circuitos alternativos como la feria o los puestos de comida que rodean al Mercado de Abasto de Villa Gorriti. Los y las "del centro" proveen cierta legitimación, ya que incluso ellos y ellas (que viven en las áreas más valoradas de la ciudad) eligen un circuito de consumo que los involucra y que es sostenido por (al tiempo que sostiene a) los y las menos privilegiados/as de esa misma ciudad.

3. *¡Pucha, se me adelantó!*: la plaza y los trajines como expresión local de la "nueva" audiovisualidad nacional

(M)is referencias pasarían por cierto tipo de películas, digamos, y por el trabajo de montaje de cierto tipo de películas (Entrevista a DiR, director de *Murmullo*).

En inglés, *literacy* indica el estado o condición de ser *literate*, esto es, competente y listo para leer y escribir. Esa condición se ha traducido al español como "literacidad". Utilizo "audiovisualidad" en términos equivalentes a los asociados a la literacidad, para referirme a la relación con las prácticas de producción y uso de la audiovisualización, al conjunto de competencias necesarias para producirla y comprenderla en una comunidad determinada. Audiovisualidad designa "eso" que hacemos con la audiovisualización.

Mencioné al inicio que la mostración de un espacio marginal se repite en las producciones para la televisión digital abierta vinculadas a políticas de fomento (a la par, en sentido contrario o convergente con los telediarios locales), y adelanté que esas locaciones tienen un "aire de familia" con las elegidas para las narrativas del movimiento denominado Nuevo Cine Argentino (NCA).

Máximo Eseverri y Ezequiel Lucka (2003, cit. por Paulinelli, 2005) llaman "realismo sucio" (p. 20) a este "anclaje en la adscripción a los géneros cinematográficos tradicionales que conceden importancia a historias ubicadas en contextos sociceconómicos críticos o vulnerados que permiten cierto tono de denuncia o compromiso con el referente" (Paulinelli 2005, p. 22).

A su vez, Ricagno (2000, citado por Paulinelli 2005) nombra "neorrealismo aggiornado" (p. 22) a una lectura que borra los límites entre documental y ficción.[4] Se trata de un "aire de familia" compartido por buena parte de la producción destinada a la televisión digital producida en el marco de las políticas de fomento en el período 2010-2014, aunque esta apreciación es una intuición que merece ser profundizada en el futuro. Se reitera, en estas producciones, las locaciones de lugares "marginales" –muchas de ellas, urbanas– de todas las regiones del país.[5] Esto es, el "realismo sucio" o "neorrealismo aggiornado" de las producciones destinadas a televisión realizadas con el fomento federal de INCAA elige mayoritariamente locaciones urbanas *discrepantes* tanto con las áreas que producen efecto de "centro" en ciudades diferentes a Buenos Aires como con el conjunto paisajístico audiovisual que, como ya se ha mencionado, Fernando Tirri (2012) agrupa en el mapa de la "Argentina turística" (por oposición a "la" ciudad del cine nacional, Buenos Aires).

---

4. Son ejemplo de los contextos espaciales referidos por el Nuevo Cine Argentino el barrio de la familia del protagonista en *Un oso rojo*, la pensión de una historia en *Nueva época*, el video inicial con el que la protagonista muestra la ciudad a dos ancianos en *Buenos Aires viceversa*, el bar y la estación en *Bolivia*.

5. Por ejemplo, la serie de ficción *Las viajadas* (Cecilia Agüero y Gabriel Dalla Torre, 2011) de la que puede verse el tráiler en https://www.youtube.com/watch?v=wi-9b_u6g4o para el caso de la ciudad de Mendoza o el unitario documental *Tacos altos en el barro* (Rolando Pardo, 2013), cuyo tráiler puede verse en la siguiente dirección electrónica: https://www.youtube.com/watch?v=p8jLcxDUT50.

En el caso específico de las narrativas que producen sentidos de ciudad en el corpus de este libro, los realizadores de la serie de ficción y del unitario documental explicitan como referentes para su propia audiovisualidad a figuras del Nuevo Cine Argentino o a diversas variaciones del realismo que coinciden con las de este movimiento. El director de *Murmullo* cuenta que cuando vio *Pizza, birra y faso* (Caetano y Stagnaro, 1998) pensó: "¡Pucha, se me adelantó!". Ese director completa las referencias al Nuevo Cine Argentino con la mención a *La ciénaga* de Lucrecia Martel, película que comparte el contexto noroestino.

La aspiración a una construcción expresiva de "notorias diferencias y delgadas continuidades", propia del movimiento conocido como Nuevo Cine Argentino, puede resumirse en el carácter de ruptura vinculado al sentido de "suma de individualidades" (Ricagno citado por Paulinelli, 2005, p. 20), y encuentra una genealogía posible en "Historias breves" (1995), la obra colectiva que Paulinelli (2005, p. 15) propone como "manifiesto" de este movimiento. Los dos directores que menciona el director de *Murmullo* comparten el "aire de familia" correspondiente al NCA, tanto en su voluntad inicial de ruptura con formas narrativas previas, como en la consciente diversidad de sus miradas.

Ese "parentesco" está parcialmente vinculado a coincidencias y distancias biográficas, ya que ambos estudiaron cine, pero Caetano es un director nacido en Montevideo en 1969; y Martel una directora salteña nacida en 1966. Dentro de la heterogeneidad del amplio movimiento mencionado, la filmografía de ambos puede encuadrarse en las referencias a mundos y seres marginales o periféricos, aunque con una importante distancia entre sus opciones poéticas y elecciones formales. En el caso de Martel, el tema de la violencia sorda de las relaciones interétnicas en el contexto periférico del noroeste argentino (es decir, en un ámbito no metropolitano ni rioplatense de este país) son una referencia permanente de su filmografía (Rodríguez, 2003). Trabaja en los márgenes de la nación. En cambio, las obras de Caetano bucean en las formas rioplatenses de la marginalidad asociadas a la violencia urbana (o conurbana), y desde el centro de la producción de las formaciones (audiovisuales) de alteridad nacional.

DiR se considera parte de "esa generación" (la del NCA), aunque especifica que se sitúa temporalmente "un poquito después de esa generación, todos ellos salen del CERC". Pero, además, combina esa serie de referencias con otros nombres, de reconocimiento global pero vinculados al cine de autor, como Wim Wenders o Stanley Kubrick. Agrupa a Alejandro Agresti con ese conjunto, y no con las referencias argentinas, para señalar a "cierto tipo de películas" como referencias.

El director suma a ese conjunto referencial del Nuevo Cine Argentino los antecedentes locales para este documental, expresados en películas como *400 veces Jujuy*, de Miguel Pereyra (1992),[6] y su propia *Tacita* (2010), predecesora y preparatoria de *Murmullo*. Ese conjunto de referencias se agrupa en la idea de contar desde el montaje, de trabajar con sonido ambiente, y de elegir determinado tipo de contenidos:

> contar historias sobre el margen pero sobre todo lo cotidiano, [historias en las que] no pasa nada pero pasan muchas cosas. (Entrevista a DiR, director de *Murmullo*)

El margen y lo cotidiano de la marginalidad son, entonces, sus maneras de producción de un sentido de ciudad vinculado a las rutinas en las áreas de los trajines. Su audiovisualidad se constituye en diálogo con el Nuevo Cine Argentino, pero también con modalidades anteriores y paralelas de audiovisualización de la ciudad.

El viaje, a su vez, encuentra un punto de contacto con otra película de Pereyra (1988) –su gran película–, *La deuda interna*, que para numerosos autores inaugura el movimiento que luego se denominó "Nuevo Cine Argentino". El director de *El viaje* nombra a Pereyra como su referente.

Pero el contacto que deseo establecer con *El viaje* refiere al tipo de trayecto espacial del protagonista. Gabriel, como Veronico (el protagonista de *La deuda interna*), se desplaza desde las tierras altas hacia la ciudad de San Salvador de Jujuy. Las diferencias provienen de que el joven estudiante de Chorcán hizo un trayecto rural-urbano para buscar a su padre con el maestro mientras que Gabriel se desplaza solo desde la ciudad fronteriza de Bolivia en un camino urbano-urbano que además se estructura fuertemente entre ciudades. Gabriel es *bagayero*, término local que designa

---

6. Miguel Pereyra es un director de cine reconocido internacionalmente, que nació en Jujuy en 1957, realizó estudios universitarios en Inglaterra y regresó al país, donde filmó numerosas películas de ficción y documentales y desempeñó diversos cargos en entes estatales nacionales y provinciales vinculados a la cultura y la cinematografía. Ha obtenido siete premios internacionales, entre numerosas distinciones. Presidente de RTA (Radio y Televisión Argentina) durante la gestión de la Alianza Cambiemos.

a quien cruza la frontera cargando mercadería, y busca a su padre en un viaje iniciático que recorre la ruta 9 desde la Quiaca a San Salvador y luego sigue, pasando por Salta, hasta Tucumán.[7]

En ambos casos el contenido narrativo reposa en el tipo de relación con el paisaje y los lugares que se ha denominado "espacio emocional", que Ryan, Foote y Azaryahu (2016, p. 39) describen a partir del tipo de espacios que plantea la *Odisea*, específicamente en la relación del viaje iniciático con las experiencias de "estar en casa" y "estar fuera de casa", con la experiencia del hogar como sitio de las memorias y las historias (Rodríguez Fuentes, 2014). Tanto Gabriel como Veronico viajan de las tierras altas hacia San Salvador de Jujuy, y el contraste entre unas y otra se produce en una clave emotiva que informa el pasaje hacia la comprensión juvenil o adolescente del mundo (respectivamente). Veronico realiza el pasaje de la niñez a la adolescencia acompañado por el maestro que filtra y media el encuentro con el Estado terrorista de la última dictadura argentina. Gabriel experimenta todo tipo de aventuras construyendo un mapa de viaje en el camino de búsqueda de su padre, transitando en ese camino desde el hogar el trayecto temporal que va desde la adolescencia a la juventud, junto a diversos compañeros y una compañera.[8]

La audiovisualización de la ciudad de San Salvador de Jujuy como escala (en el caso de Gabriel) o sitio de un trámite puntual que habilita el momento del paseo (en el caso de Veronico) reitera el conjunto de íconos coloniales y patricios que configuran un "sentido de ciudad con raíz", reuniendo los edificios, símbolos y monumentos históricos principales de la colonia y las guerras de la independencia (el cabildo, la catedral, la bandera de la libertad civil) con los que fueron construidos para rememorar los acontecimientos que en ellos tuvieron lugar durante la celebración del centenario (el salón de la bandera, la casa de gobierno, las estatuas conmemorativas).

---

7.   En otro apartado, hemos señalado la relación de esa búsqueda del padre con la búsqueda de la patria, como específica modalidad de referir a la nación, que también podría establecerse en el camino de Veronico en la película *La deuda interna*.

8.   El espacio emocional implicado en el hogar (sea éste familiar o escolar, como el ámbito doméstico compartido de Veronico en *La deuda interna*) se superpone a la búsqueda de "la esencia" en las tierras altas que relata el director de *El viaje* para describir la búsqueda estética que emprende como realizador.

C16. San Salvador de Jujuy en *La deuda interna*, como escenario y en el relato de Veronico en la escuela de Chorcán. La imagen corresponde a la segunda secuencia. https://youtu.be/XF2CR405aKY

El viaje parte de la ciudad popular para luego realizar el paseo por el centro histórico con el que la mostró Pereyra, aunque Gabriel lo transita en cámara rápida. Su director nombra a Miguel Pereyra como el referente cinematográfico por excelencia de Jujuy, y a su película como la única reconocida en la provincia. El guionista, a su vez, se dice "cercano al cine etnográfico y al cine social". Ese sistema de referencias se vincula, otra vez, al realismo.

Murmullo, en cambio, se acerca a una producción posterior del mismo director, *400 veces Jujuy*, conmemorativa de los cuatrocientos años de la fundación de la ciudad. Su director señala explícitamente a esa película como antecedente para *Murmullo* y para su predecesora y preparatoria, *Tacita*.

¿Qué espacios se contraponen en uno y otro caso? El juego de *La deuda interna* es rural-urbano y los paisajes y las formas de representación de la ruralidad anacrónica en el trayecto de *El viaje* la recuerdan (aunque no el origen, como se dijo). En el caso de *Murmullo*, es la propia ciudad la que ofrece claves de oposición para espacializar la desigualdad y diferencia, en una narrativa que volverá marginal a la zona de la terminal para dar forma a San Salvador de Jujuy.

C16a. Fotograma de *La deuda interna*.

A su vez, tanto *Murmullo* como *La deuda interna* eligen que la perspectiva de las calles o contextos urbanos en los que se narra sea la del cuerpo humano, que representa habitualmente la experiencia vivida característica del espacio emocional (Ryan, Foote y Azaryahu, 2016).[9]

Las maneras de la audiovisualidad que ponen en acto estos realizadores se compone, entonces, del conocimiento y valoración de audiovisualizaciones sedimentadas que cristalizan ciertas discrepancias (y no otras) entre las audiovisiones de San Salvador de Jujuy: la contraposición campo-ciudad audiovisualizada mediante tierras altas-San Salvador de Jujuy; la valoración del centro con la audiovisualización de monumentos y edificios vinculados a la colonia y las guerras de la independencia (o su rememoración durante el centenario) y calles comerciales "modernas"; la marginalidad del espacio de los trajines también como imágenes y sonidos que la identifican con la antigua terminal de ómnibus.

Cabe preguntarnos cómo dialogarán estas nuevas producciones con las que se produzcan en el futuro. A pesar del indudable cambio implicado en la hipermedialidad y la transmedialidad, un conjunto de recientes producciones e intervenciones documentales transmedia permite notar que se verifica y crece esa

---

9. Se trata de un contraste llamativo con las perspectivas aéreas de los caminos de la Quebrada de Humahuaca que ofrece, por ejemplo, el spot del Festival de Cine de las Alturas que se ha analizado en el capítulo 3; pero también con los planos generales de calles y espacios abiertos de la ciudad de la recorrida de Gabriel por el centro.

preocupación por abordar las discrepancias, identificaciones y tensiones que pueden estudiarse a partir de los sentidos de ciudad. Ese tipo de exploraciones amplía y potencia audiovisualizaciones sedimentadas mediante modalidades interactivas que incluyen, entre otros recursos, el *mapping* de imágenes discrepantes sobre los muros "reales" de las áreas con efecto de centro de diversas ciudades, tal como puede verse en *Extremos – Viaje a Karukinka* (Molentino y Ferraro, 2014) para el caso de Ushuaia/ Tierra del Fuego o en el documental y la intervención transmedia *Tras los pasos del hombre bestia* (UNR, 2013), que visibiliza la articulación multimedial situada entre el cine, los archivos y los imaginarios urbanos ofrecida por el equipo universitario dirigido por Fernando Irigaray en la ciudad de Rosario.[10] Esas modalidades *hiper* y *trans* aún no han sido producidas en San Salvador de Jujuy. Pero estos programas realizados en el marco de políticas de fomento ya forman parte del repertorio disponible para explorarlas, pues las experiencias transmedia se realizan a partir de imágenes existentes y en la constitución de otras nuevas, que las integran como estas dos producciones integraron en el acervo que las hace posible –en la condición de audiovisualizados/as de sus realizadores– la memoria y las imágenes de quienes los y las precedieron en la audiovisualización de esta específica ciudad, en sus concretas y materiales tramas de relaciones con otros sitios.

4. Intersecciones, márgenes y centros: croquis urbanos del sentido común audiovisual local

El ejercicio de pareo que "recorta" a San Salvador de Jujuy de las "ciudades argentinas" se produce en paralelo con aquellos rasgos que la acercan a las bolivianas y la vinculan al espacio andino y a las prácticas coloniales e indígenas. El tejido de esta serie de oposiciones, identificaciones, lejanías y cercanías produce un efecto de intersección geográfica con el marco nacional, que espacializa consideraciones geopolíticas, étnicas y culturales. Esa situación de materialización significativa de múltiples *escalas activas intersectadas* en los sentidos de ciudad de San Salvador de Jujuy de productores y productora se estructura parcialmen-

---

10. Puede verse el trailer de *Extremos* en la siguiente dirección electrónica: https://www.youtube.com/watch?time_continue=38&v=CDlZjVoyCG4; e imágenes de la intervención transmedia en Rosario en este link: https:// www.youtube.com/watch?time_continue=6&v=nHoEXOOuHrl.

te en ejes metafóricos que se tienden entre pares de opuestos: naturaleza-civilización; rural-urbano; extranjero-nacional; andino-argentino; indios-gauchos; márgenes-centro; popular-elitista; *gente del norte*-ciudadanos; emoción-razón.

Ese juego de ejes estructurantes de la desigualdad y la diferencia para producir sentidos de ciudad (ciertamente, discrepantes) alude de manera general a la condición de cultura de mezcla o hibridación que San Salvador comparte con la mayoría de las ciudades latinoamericanas (e, incluso, con la mayoría de las ciudades), pero la especificidad relativa a la intersección con el espacio andino desde un marco nacional que se ha pensado históricamente a sí mismo como crisol de razas que vienen de los barcos (esto es, de las masivas oleadas inmigratorias ultramarinas predominantemente europeas de fines del siglo XIX y principios del XX)[11] acentúa un carácter mestizo en el cual el componente indígena tiende a "procesarse" en los términos planteados en el análisis de otras ciudades latinoamericanas ubicadas en el espacio andino.

Silvia Rivera Cusicanqui (2010) propone la categoría *"ch'ixi"* (p. 69, su énfasis) para referirse a la reivindicación del carácter mestizo en Bolivia:

> Personalmente, no me considero *q'ara* (culturalmente desnuda, usurpadora de lo ajeno) porque he reconocido plenamente mi origen doble, aymara y europeo, y porque vivo de mi propio esfuerzo. Por eso, me considero *ch'ixi*, y considero a ésta la traducción más adecuada de la mezcla abigarrada que somos las y los llamados mestizas y mestizos. La palabra *ch'ixi* tiene diversas connotaciones (...) Es ese gris jaspeado resultante de la mezcla imperceptible del blanco y el negro, que se confunden para la percepción sin nunca mezclarse del todo. La noción *ch'ixi*, como muchas otras (*allqa, ayuni*) obedece a la idea aymara de algo que es y no es a la vez, es decir, a la lógica del tercero incluido. (Rivera Cusicanqui, 2010, pp. 69-70, énfasis de la autora).

La autora sostiene que

> la modernidad que emerge de estos tratos abigarrados y lenguajes complejos y mezclados –Gamaliel Churata los llamó "una lengua con patria"– es lo que construye la hegemonía india al realizarse en los espacios creados por la cultura invasora –el mercado, el Estado, el sindicato. Al hacerlo, se funda un proyecto de modernidad más orgánica y propia que la modernidad impostada de las elites. (Ibíd., p. 73, comillas de la autora)

---

11. Véase Caggiano (2005); Adamovsky (2009).

La categoría resuena en la idea de "la puerta" o "La Paz chiquitita" que aluden al mestizaje de la capital jujeña en los sentidos de ciudad de los productores y la productora audiovisuales entrevistados cuando la ubican en geografías amplias (tal como se ha señalado en el capítulo 3), y también en la "interculturalidad" o la mención de las "diferentes personas que conviven ahí" de quienes refieren a los espacios populares producidos por los trajines. El término es especialmente indicado cuando esos lugares se contrastan contra las áreas patrimonializadas y los conjuntos edilicios, monumentales y de objetos coloniales y patricios sobre los que se construye un "sentido de ciudad con raíz".

Sin embargo, hay dos diferencias principales con la experiencia boliviana. Ante todo, no es menor que no se apele a la lengua aymara ni quechua en los discursos nativos de los productores y productora que describen el carácter mestizo de la ciudad de San Salvador de Jujuy (representado socioespacialmente por los trajines y metonímicamente por el área de la terminal de ómnibus y el mercado). Además, las categorías que aluden a la cultura de mezcla no se extienden al conjunto de la ciudad, ni del mercado, ni de la sociedad, sino que se aplican a algunas de sus áreas y se asocian a una parte de la experiencia urbana, fundamentalmente aquella vinculada al trabajo en la calle de sus sectores populares.

Esto es, la distancia con la categoría de la socióloga boliviana para definir esas otras ciudades y experiencias del mestizaje, al mismo tiempo, está dada por el carácter dominante que en la misma intersección tienen las formaciones nacionales y provinciales de alteridad en Argentina. En nuestro país una "República plurinacional" no resulta un proyecto político que forme parte principal de la agenda de debate político-partidario, ni de la sociedad civil, ni de la planificación del Estado, sino que la discusión y la confrontación, en todo caso, se abren primordialmente en torno a la equidad en el reconocimiento de derechos al interior de una sola nación. La producción constante de formaciones nacionales y provinciales de alteridad (Briones, 2005) reposa en el éxito histórico del carácter de "máquina aplanadora de las diferencias" (Segato, 1997) del proyecto estatal nacional, coproducido por el sentido común visual (Caggiano, 2012) y, como he intentado mostrar aquí, también por el audiovisual.

Esto es, el mestizaje es "marcado", en buena medida, por la eficacia en la legitimación de las normas y reglas estatales nacionales y provinciales para producir efectos de determinación (más simbólicos que materiales, pero definición al fin) en torno a las dinámicas de producción del espacio, y su asociación con la salud y la legalidad. Los sentidos de ciudad producidos por estas narrativas audiovisuales televisivas *sitúan* porque asocian a determinados actores (y no otros) a determinados espacios (y no otros) para pensar la ciudad; *filtran*, porque brindan determinados atributos a esos actores, relaciones y espacios; *enmarcan*, porque los ubican en tiempo y espacio; y *legitiman* a quienes tienen derecho a producirlos y difundirlos.

Pero, además, relacionan a ese espacio específico con otras áreas para coproducir el espacio de la ciudad como horizonte espacial o sitio en común. En esa actividad de marcación, recorte, relación y definición de la situación se dirime de quién es la ciudad y de quién la cultura que está en juego en cada narrativa. Es decir que, como ocurre en muchas otras ciudades, ese conjunto de prácticas populares asociadas al trabajo que producen espacio urbano es diversamente representado y experimentado, pero en San Salvador de Jujuy esa diversidad se ordena en la configuración común relativa a la (de)marcación de *su* carácter mestizo. Así, se espacializan diferencialmente a actores sociales específicos, asociándolos a la subalternidad, y se constituyen como áreas marginales, racializadas (ocupadas por "gente del norte"), determinadas por relaciones de clase (son "populares"), y vinculadas de manera tensa a la nación (porque no "encajan" en el conjunto modélico de las ciudades argentinas, pero los argentinos y argentinas de esas ciudades, sin embargo –o, quizás, a causa de ello–, vienen a verlas cuando están de paseo o cuando eligen producciones regionales para sus consumos televisivos).

Por otra parte, esos espacios que se narran para producir un sentido de ciudad popular son fuertemente audiovisualizados por dos equipos de audiovisualistas que viven en otras áreas de la ciudad, aunque eventualmente consuman o compren en esa zona. Esa ubicación relativa informa una parte de la descripción en términos de márgenes o de peligros (sentidos que son social e históricamente construidos, pero que se superponen a la propia experiencia de la ciudad). Su audiovisualidad es diferencialmente constituida en relación con la del conjunto de la población.

Esa diferencia indica la distancia entre clases medias urbanas (los realizadores) y los y las trajinantes que trabajan en la zona de la terminal y que son los audiovisualizados y audiovisualizadas (construidos por la mirada de los realizadores).

Al contrario de lo que ocurre con el personaje-héroe de *El viaje* pero también en la generación de un espacio de debate entre iguales y de genealogías inscriptas en apellidos que deberían ser "conocidos" para el conjunto de quienes miran el programa de *Jujuy Profundo*, *Murmullo* presenta al inicio de cada historia testimonial sólo los nombres de pila, sin apellidos. La idea de la construcción permanente y relativamente anónima de la ciudad, que se aborda mediante historias de vida que tejen su trama cotidiana, se muestra con esa aparición exclusiva de los nombres. El juego con los nombres es opuesto al de *Jujuy Profundo*, porque cada una de las historias no refiere a la genealogía del apellido sino a una biografía espacializada y espacializante que se construye en los márgenes de los centros de decisión, fuera de las imágenes turísticas o patrimonializantes.[12] Tampoco son "los nadies" de un discurso miserabilista como el del poema "No te rías de un coya" que muestra *Jujuy Profundo* a partir del video de su lectura en la Cámara de Diputados de la Nación por parte de FeC. Ni aquellos y aquellas que se esperarían reconocidos y reconocibles para el conjunto de la ciudad en el juego de los apodos y los diminutivos del mismo programa. Al mismo tiempo, y claramente, esas biografías pueden impactar en esos centros y en esas imágenes cuando se suman a las otras historias que pueblan abigarradamente los espacios urbanos, cuando se transforman en multitud, cuando el murmullo aturde.

Y aquí también se hace necesario mencionar la distancia de esta propuesta con la idea del camino del murmullo hacia la articulación de la palabra que señala Mata (2009) como situación de transformación posibilitada por los medios populares y alternativos. Se trata de una distancia equivalente (aunque no idéntica) con la que presupone la idea de sociedad abigarrada de Zavaleta Mercado o de *sectores ch'ixi* de Rivera Cusicanqui. Los autores bolivianos resaltan una característica similar a la que propone *Murmullo*. No es la posible *articulación correcta* de lo dicho, o la transformación eventual *del murmullo en palabra* sino *la posibilidad de observar la potencia hegemónica del murmullo mismo* lo que devendría en posibilidad emancipatoria, en una forma no unívoca de articulación de esos trayectos y esos decires

---

12. Y dentro de un tipo de interacciones en las que basta el nombre de pila (interacciones populares fundamentales para la vida, pero en las que no se necesitan documentos porque no implican situaciones tales como firmar documentos ni traspasar herencias).

para constituir unas maneras de ser urbanos. Una articulación igualitaria en los tonos, los volúmenes y las características de las voces y también en la lengua, las posiciones de enunciación y los modos de decir e interpelar. E igualitaria no en comparación con la palabra articulada hegemónicamente, sino como trazos continuos y colectivos pasibles de ser pensados como constructivos de una forma *ch'ixi*, múltiple, heterogénea, abierta, en movimiento y en mutua y constante fertilización para una forma de vida no necesariamente articulada en términos de bordes y fronteras sino como tejido constante, conflictivo, permanente, atento al contexto. Un *remixado* creativo un poco difuso, pero ciertamente transformador.

Al final de *Murmullo*, el realizador elige presentar los nombres y apellidos completos de cada uno de los "protagonistas" del documental en los títulos de cierre. Esa decisión, el *protagonismo*, se inscribe en el mismo camino de pensar quiénes son –en este documental– los y las que producen la ciudad y qué relación tienen (entre sí y en el conjunto de narrativas circulantes) con la posibilidad de disputar cómo hacerlo.

Finalmente, y en el resbaloso terreno de lo inaudiovisualizado, lo que este conjunto de narrativas televisivas no muestra son escenas como esta:

A1. "Mi ciudad en un minuto", video de Gustavo (estudiante, 25 años, visionado y conversación en situación de grupo).
https://youtu.be/qfz3IV0uB1E

La ciudad, para una proporción importante de sus habitantes, son los barrios populares en los que viven y muchas veces trabajan. Esos barrios se extienden por fuera de la antigua terminal de ómnibus y su abigarramiento, que rodea al centro de la ciudad como una cintura hipervisibilizada de otredad para el discurso patrimonialista del enclave civilizatorio colonial y patricio pero también para la búsqueda del margen en las modalidades de audiovisualización *independiente y militante*. Entre el "corazón" del sentido de ciudad con raíz, rodeado por las "trincheras" de otredad del sentido de ciudad asociado a las rutas y el movimiento de los y las trajinantes (por un lado) y los espacios de las ferias semipermanentes que se ven en *Murmullo* (por el otro), se despliega el compacto trazado de la ciudad de los barrios populares ubicados hacia el sudeste de la cuadrícula colonial, o de los más privilegiados del noreste y noroeste de ese espacio fundacional. Esa extensión profusamente habitada de la ciudad es foco de la audiovisualidad cotidiana de los y las habitantes. Allí se localiza buena parte de las experiencias urbanas que no se muestran en la televisión por cable ni en las producciones realizadas a partir del fomento estatal. También es el hogar de muchas de las familias destinatarias del *Plan Mi TV digital*, la política de diseminación tecnológica de decodificadores y antenas del Estado argentino para acompañar a la "población prioritaria" ante el apagón analógico de la televisión cuyo acompañamiento formó parte del trabajo de investigación para este libro. Pero esa es otra historia.

Conclusiones

Rutas, raíces, trajines: configuraciones urbanas del *lugar común*

Este libro abordó la conflictividad de lo social a partir del análisis de sentidos de ciudad en narrativas audiovisuales de circulación pública sobre San Salvador de Jujuy, relacionando la producción social del espacio con las disputas culturales que el conjunto heterogéneo de paisajes audiovisuales y mediáticos, actores e instituciones asociados a esas narrativas conforma.

El trabajo realizado con estos programas produjo una manera *económica* de nombrar la articulación de las experiencias de posiciones e identificaciones vinculadas a la ubicación (social y espacial) con los territorios socialmente construidos de los que forman parte. Se trata de la categoría "sentidos de ciudad" que asocia al sentido común (audio)visual (Caggiano, 2012) las sedimentaciones y emergencias de imágenes y sonidos en el proceso de definición de la ciudad y de construcción de sus espacios comunes; la heterogeneidad asociada a los ejercicios de ubicación de actores y actrices en esos espacios por esas narrativas audiovisuales y aquellas que refieren a las situaciones locales de producción cultural (Grossberg, 2012, Restrepo, 2010); y la conflictividad verificada en las disonancias (Massey, 2005a) o discrepancias (Segura, 2015) entre ambos conjuntos, en cada uno de ellos y en la relación de ambos con sus situaciones de producción. Entiendo que la categoría es contextualmente productiva, ya que logra especificar para el espacio urbano local las consideraciones de la geografía feminista sobre el sentido del lugar (Rose, 1995), asociándola fecundamente a consideraciones sobre la ciudad y sobre la comunicación/cultura que permiten ver a ambas como parte de los procesos conflictivos de producción social del espacio.

A través de las consonancias y disonancias entre sentidos de ciudad, intenté contar una historia sobre qué significa estar ubicados o ubicadas en lugares particulares, qué modalidades de identificación o interpelación habilitan esos lugares relativos y cómo se relacionan esos lugares, identificaciones e interpelaciones con otros sitios. Esa indagación, a primera vista simple, resultó clave para abonar una cuestión amplia desde materiales concretos: las narrativas televisivas producidas localmente forman parte de las experiencias urbanas relativas a los espacios públicos de la ciudad, a su definición como lugar identificable y a su relación con otros sitios, por lo que son informadas por y dan forma a las disputas socioculturales contemporáneas en torno a lo común y compartido de la ciudad, focalizando su ambigüedad constitutiva (Gorelik, 1998). Esto es, el análisis de narrativas televisivas de realización local mostró su productividad analítica, en tanto reservorio relevante y disponible de representaciones heterogéneas, concordantes y discrepantes sobre San Salvador de Jujuy que permitió describir de qué modos es una aun siendo múltiple (en tanto espacio común diversa y desigualmente representado y experimentado). Tal carácter manifiesta la dimensión política del espacio (urbano, provincial, nacional, subcontinental, global), como proceso conflictivo de producción, ya que múltiples posiciones en idéntico tiempo conllevan necesariamente conflictos, en una suerte de heterogeneidad que se articula y puede reconocerse al interior de un proyecto común, sedimentado (Massey, 1999).

Ahora bien, el recorrido realizado permite superponer la politicidad del espacio y la de la cultura, y en términos parecidos: la cultura, en tanto proceso conflictivo de producción también involucra múltiples posiciones en idéntico tiempo y conlleva necesariamente conflictos, en una heterogeneidad articulada y reconocible en el marco de una configuración cultural.

Los sentidos de ciudad son un efecto de poder (el poder espacializado y espacializante de representar) que a su vez organizan esas posiciones espacio-culturales. El proceso productivo de ubicaciones diferentes y desiguales mediante la audiovisualización televisiva enmarca y filtra (también) el espacio en el que está situado.

Sharon Zukin (2005) sostiene que

históricamente el poder sobre un espacio (o sobre un cuerpo o un grupo social) determina la habilidad de imponer una visión de ese espacio (...) Frecuentemente el poder de imponer una visión coherente de un espacio le permite a un grupo reclamarlo. Ese es un proceso de enmarcamiento (p. 277).

Es así que las narrativas relevadas *cartografían, urbanizan, edifican* y *distribuyen posiciones* sobre los mapas, la ciudad y los sitios patrimonializados o marginalizados que producen, y lo hacen a partir de experiencias de poder espacial y cultural vividas a diario. Realimentando las configuraciones culturales de las que forman parte, los sentidos de ciudad de estas narrativas audiovisuales locales dan forma a la heterogeneidad constitutiva de San Salvador de Jujuy, reproduciendo o proponiendo los diversos conjuntos de relaciones que, al enmarcarlas, sintetiza.

Las narrativas analizadas ofrecen visiones coherentes de la ciudad, construyen sentidos de ciudad, mediante operaciones de enmarcamiento que no se producen (solamente) como límites o "caja" de un específico "contenido previo" sino que se asientan en la posibilidad misma de realizar esa acción, como una de las manifestaciones de su poder productivo (cultural y espacial) que al mismo tiempo lo reafirma. Como explica Briones (2005) al analizar las formaciones nacionales de identidad, esos encuadres de interpretación son culturalmente performativos (Yúdice, 2002) porque "encauzan la significación del discurso y de los actos, no sólo desde la perspectiva de los marcos conceptuales y pactos interaccionales, sino también de los condicionamientos institucionales del comportamiento y de la producción de conocimiento" (Briones, 2005, p. 20). Los sentidos de ciudad asociados a las narrativas televisivas locales –como parte del sentido común o como *formas coherentes* que lo disputan– brindan encuadres de la experiencia urbana que, como intersección multiescalar, ofrece versiones de la coexistencia que abordan diversas formas de condensación de la regularidad en la dispersión (Foucault, 1996). Condensan, entonces, las formaciones de lo global, lo latinoamericano, lo nacional, lo provincial que conviven en el espacio de San Salvador de Jujuy.

Dado que el espacio es intersección de relaciones sociales, la coherencia de tales encuadres estará dada por la posibilidad de reconocer esas relaciones como evidentes (o, al menos, como posibles) al interior de una configuración sedimentada, y de representarlas audiovisualmente. Es decir que la reproducción de asociaciones naturalizadas de grupos, personas, actores sociales, instituciones, tiempos y lugares tiene asegurada un *zócalo de coherencia* para ser reconocida como síntesis de los conflictos asociados a la producción social del espacio, porque reitera –y, al hacerlo, reafirma– el *lugar común* (Silvestri, 2011).

En el material trabajado, la reproducción de las asociaciones históricamente exitosas que vinculan la ciudad a la raíz –fijándola a unos espacios determinados de la ciudad con la profundidad de unos hechos históricos que luego se vuelven motivo genealógico para que determinados grupos y actores ejerzan la dominación social– asegura no solo la coherencia necesaria para ser reconocida como *lugar común* recién mencionada sino, incluso, la posibilidad de habilitar un lugar de enunciación que se presume dado y continuo, estable, fuera de la conmoción política de cualquier ley o política redistributiva por la auto-evidencia que reafirma su capacidad *enraizada* de ejercer el poder simbólico audiovisualizando la ciudad. El *sentido de ciudad con raíz* que propone *Jujuy Profundo* se construye en asociación con la posición de "defender la verdadera verdad histórica" asociada a "una esencia genética" que el conductor y realizador de ese programa enuncia como garantía suficiente para su posición esclarecedora en el ámbito provincial. Ese lugar de enunciación se edifica metafóricamente como un bunker defensivo, porque es una trinchera ganada en la batalla siempre en curso para definir de quiénes es la ciudad (y, de paso, de quiénes la cultura). En la dinámica de distribución inequitativa del poder simbólico que representa, es una posición asegurada que al mismo tiempo protege, y que cuenta con un arsenal de imágenes y sonidos sedimentados para perpetuar el sentido común (audio)visual sobre la ciudad. Este conjunto (bunker-raíz) asociado fuertemente al terruño –y habilitador de la apropiación diferencial de la tierra en la historia local (Karasik, 2005)– es sitio seguro pero en conflicto: el *set* metafórico reconoce la existencia de una guerra en torno a la definición de ese encuadre. El mismo juego brinda la salida hegemónica con figuras igualmente profundas y territoriales: para evitar una confrontación última, hace falta *cultivar continuamente las imágenes que la vuelven evidente* (superponiendo al origen de la ciudad los orígenes de quienes la encuadran). Se completa, así, la ligazón en la profundidad genealógica para la lucha que reúne el bunker, la raíz y la siembra para mantener una posición, reasegurándola.

Sin embargo, el material analizado muestra que la *perpetuación* de estas geografías audiovisuales del poder convive con la *constitución* de nuevas o renovadas audiovisualidades y audiovisualizaciones (Sorlín, 1980). Nuevas asociaciones pueden producir (de hecho, producen) sentidos de ciudad *disonantes* combinando de maneras novedosas imágenes y sonidos sedimentados, o reproduciendo formas compositivas anteriores con imágenes y sonidos emergentes, o renovando ambos aspectos. Por ejemplo, el sentido de ciudad con raíz que se esgrime defensivamente desde el bunker simbólico de *Jujuy Profundo*, se utiliza como contraste necesario para mostrar la ciudad abigarrada de los trajines en *Murmullo* y en *El viaje* (que además la asocia a la seguridad), pero también se desacraliza como ámbito de los flujos peatonales cotidianos en *Maestros*.

Es que los *sentidos de ciudad* (como el sentido común, pero también como los sentidos alternativos, negociados o de oposición) ponen en relación las experiencias urbanas diferenciales de los distintos y desiguales actores involucrados en la producción audiovisual del espacio jujeño con un conjunto conflictivo y discrepante de lugares, relaciones, temporalidades y posiciones sociales que *diagraman* posibilidades de movilidad y/o de emplazamiento para esas experiencias (Grossberg, 2003) a partir de ejercicios de delimitación (que traza fronteras temporales y espaciales) y de conexión (que liga temporal y espacialmente).

Como se ha visto a lo largo de los capítulos del libro, San Salvador de Jujuy es *corazón, centro, margen, puerta, raíz, parte, escala, destino* u *origen* en sentidos de ciudad que la imaginan socialmente como parte de las geografías del poder implicadas en las diversas relaciones que en ella se intersectan, en operaciones audiovisuales de significación sobre el propio lugar que *la recortan contra sus otros espaciales y temporales* –constituyendo un "exterior constitutivo" no aleatorio– o que la *integran a geografías amplias de coexistencia* – poniéndola en relación de fertilización mutua y continua con esos mismos u otros sitios– mientras, al mismo tiempo, *cartografían* las dinámicas "propias" del espacio que –al imaginarla– delimita y/o vincula, lo *urbanizan* patrimonializando o marginalizando las áreas de ese mapa social y espacial y *ubican* a audiovisualizadores/as y a audiovisualizados/as.

Es así que las narrativas televisivas analizadas proponen, reiteran, subrayan o refutan la asociación entre determinados espacios y actores; aparean, contrastan o identifican a esos espacios y actores entre sí, estableciendo ejes para ordenarlos; relacionan, unen o separan a la ciudad de otros espacios (que a su vez proponen, junto a diversas figuras para aludir a sus intersecciones);

repasan, subrayan o renuevan vinculaciones de todos esos espacios y actores con el pasado, el presente y el futuro. Ese conjunto de relaciones y separaciones es sumamente productivo para definir el orden sociocultural, hasta el punto de construir categorías identificatorias como la de la *gente del norte* con la que el director de *El viaje* categoriza a partir de la asociación geográfica su ejercicio de ordenamiento de los rasgos propios de la ciudad por oposición a las tierras altas. Se trata de una categoría que combina la racialización y la etnicidad. En la entrevista, el director alude a la gente del norte como componente principal de "esa cantidad de etnias que compone Jujuy" que "*viene* a trabajar a la ciudad". La etnicidad romantizada varía con los desplazamientos: fuera de un lugar idílico donde los tiempos son otros (y son como *los de antes*) y las relaciones se construyen sobre la solidaridad y la entrega, la *gente del norte* ocupa la zona de los trajines en la ciudad, e imprime la diferencia en el conjunto urbano: el director indica que "las personas que conviven ahí, (...) son de diferentes razas, eso se ve [y] (...) predomina la nuestra, la de la gente del norte". La asociación gente-lugar geográfico está referenciada por la localización relativa respecto de la ciudad. Y la relación romantizada incluye la posibilidad de encontrar en el gran *otro espacial* así habitado una población originaria (literalmente) de tal espacio, pero también "la" fuente de inspiración e identificación esencial para la realización audiovisual de este director.

Es decir que, al diagramar y delimitar movimiento y emplazamiento, las narrativas audiovisuales analizadas producen conflictivamente un ambiente urbano en común. Como señala Rita Segato (2007):

> Los rituales de la comunicación erigen e instalan la comunalidad del ambiente en que tienen lugar y, en este sentido, se los podría llamar "rituales edilicios": materializan sus territorios compartidos, esculpen el espacio común, mediante un trabajo de selección y realce (p. 78).

Los "rituales edilicios" de los programas trabajados participan del proceso general que Harvey (1989) denomina "urbanización de la conciencia" desde las especificidades de la producción de la cultura y la(s) cultura(s) de la producción (Nigus, 2005) espacializadas y espacializantes de Jujuy. Si, como señalé en el capítulo inicial, el mundo se urbaniza y las desigualdades en y entre las ciudades se profundizan mientras la multiplicación de imágenes y sonidos sobre las relaciones sociales en contextos urbanos distribuye constantemente posiciones, y lo hace desde posiciones y lugares también diversos (tales como aquellos que se han sistematizado en el capítulo 1), el análisis de estos programas indica que en Jujuy esa capacidad de ejercicio del poder simbólico –que al mismo tiempo depende de aquello que produce y habilita reclamar aquellos espacios a los que se refiere– se estructura fuertemente en torno a la *ubicación local* y, al mismo tiempo, refiere a ella. La ubicación no es (solamente) un asunto de lugares, sino de relaciones entre espacios y de distribución de actores y posiciones en ellos.

La ubicación importa

Los planos de identificación y pertenencia espacial mencionados ubican socialmente a actores y actrices en determinadas posiciones "cada una de las cuales permite y restringe las posibilidades de la experiencia, de representar esas experiencias y de legitimar esas representaciones" (Grossberg, 2003, p. 167). El conjunto de esos mapas superpuestos sobre los que a su vez se trazan las líneas y puntos de los croquis de la audiovisualización y la audiovisualidad que conforman a esta ciudad (Silva, 2000) indica que *la ubicación importa* (Grossberg, 1996; Restrepo, 2012).

La ubicación importa porque ser audiovisualizado/a o poder audiovisualizar en Jujuy se relaciona con una localización geocultural que la coloca en situación de latinoamericana asimetría con el norte próspero del mundo, desigualdad intermediada y multiplicada por la experiencia de las condiciones productivas en una capital de provincia alejada de "la" ciudad mediatizada argentina, Buenos Aires, sede de los grupos concentrados y del gobierno federal. Al mismo tiempo, esta localización urbana la constituye como "ciudad mediatizada" jujeña. Es decir que la ciudad localiza y produce conflictos asociados a la participación en las desiguales geografías del poder vinculadas a las prácticas de producción de conocimiento en general (Mato, 2001); a aquellas vinculadas a la producción cultural mediatizada (Ford, 2005), y específicamente a sus variantes visuales y audiovisuales (Arancibia, 2014; Caggiano, 2012; García Vargas, 2014; Orozco y Vasallo de Lopes, 2010).

En segundo lugar, las ubicaciones institucionales de producción y distribución intersectan con las posiciones de la *ciudad mediatizada jujeña*: instituciones productoras periféricas, independientes y conformadas con figuras sin fines de lucro, que emiten sus producciones autogestivas pagando el espacio en señales locales del cable o de la televisión abierta, o en circuitos alternativos vinculados al arte o a la militancia, ven transformada la inserción de sus narrativas por políticas de fomento subsidiadas por el estado nacional, que amplifica la distribución hacia la televisión abierta, un canal educativo nacional, y las plataformas digitales del Estado (Landi, 1987; Ford, 1996; Terbeck, 2007).

Finalmente (pero no por ello menos importante), los lugares de enunciación al interior de la ciudad mediatizada distribuyen posiciones en los mapas urbanos que al mismo tiempo construyen: hablar *con* algunos sujetos y grupos y no otros que se toman como fuentes, hablar *por* el conjunto de la ciudadanía o un grupo específico, hablar *desde* San Salvador de Jujuy, el Noroeste, la región andina o Argentina, hablar *de* la ciudad, hablar *sobre* los distintos grupos y actores que se relacionan en ella. El bunker simbólico, el refugio creativo o el barrio militante, en tanto espacios desde los cuales se piensa la propia práctica; o la generación federal, como referencia generacional que se superpone a la experiencia productiva ligada a las políticas estatales de producción audiovisual como parte de la soberanía y/o los planes de industrialización culturales en el marco nacional, constituyen específicos espacios de enunciación que se vinculan conflictivamente al interior de San Salvador de Jujuy como (*otra*) *ciudad mediatizada* y también lo hacen con las prácticas intelectuales y políticas latinoamericanas en general (Restrepo, 2012; Richard, 1997); con los procesos comunicacionales mediatizados (Burgos, 2014; Caggiano, 2005; Ford, 1996; Grimson, 1999b); y, en ellos, con los vinculados a la audiovisualización (Arancibia, 2015; García Vargas, 2014; Gonzalez, 2014; Nicolosi, 2014; Paulinelli, 2005).

Los distintos componentes de la ubicación recién expuestos (geocultural, nacional, institucional y de enunciación) revelan su politicidad en la específica coyuntura de realización de los programas analizados. Como se ha visto en el capítulo 1, la ciudad mediatizada jujeña se asienta históricamente en la tensión constitutiva de su carácter doblemente excéntrico. Esto es, en la condición que la concentración geográfica de producción de contenidos para medios y redes especifica para lo audiovisual de aquella tensión permanente entre Buenos Aires y las provincias que estructura la desigualdad y la diferencia en Argentina. Las experiencias productivas vinculadas al fomento de INCAA (*El viaje*, *Murmullo*, *Maestros*) que se han analizado se inscriben conflictivamente sobre un mapa en el que pocos actores producen la mayor parte de los contenidos. Como se ha expuesto en el capítulo 1, esa estructura histórica concentra geográficamente la producción y la decisión sobre la programación y los flujos que diseminan el audiovisual televisivo nacional en la ciudad de Buenos Aires (en tanto capital nacional y sede de los grupos y conglomerados que los producen). La desigual geografía nacional se superpone a la igualmente urbana producción provincial localizada en San Salvador de Jujuy. La producción jujeña muestra nuevamente a pocos actores que producen baja cantidad de contenidos, en circuitos consolidados o alternativos que sin embargo tienen en común la dependencia de fondos estatales o gubernamentales (por políticas o planes de subsidio cultural o industrial, o por pauta publicitaria oficial).

Al momento del trabajo de campo, tal estructuración permanece pero se ve conmocionada tanto en su aspecto relativo a las dinámicas de la producción cultural argentina como en su carácter visual (esto es, en cómo *aparece* esta tensión constitutiva en pantalla). La conmoción referida se expresa en las confrontaciones entre las propias posiciones de enunciación de los productores y productoras sistematizadas en términos espaciales y generacionales como parte de la ciudad mediatizada jujeña en el capítulo 1. Esas posiciones refieren a la desigualdad en términos de ejercicio del poder simbólico, y al hacerlo produce un juego de interpelaciones e identificaciones tanto con el Estado como con la nación.

En términos de lo audiovisualizado, tal conmoción se aprecia en las disputas sobre cómo deberían aparecer (y si deberían hacerlo) los símbolos nacionales, el Estado Nacional y las propias políticas que subsidian la realización de los programas descriptos en el capítulo 2 pero también en las discusiones en las pantallas sobre el origen de la ciudad, su relación con los próceres y los acontecimientos históricos que se trabajan en el conjunto de los capítulos, como parte de las acciones patrimonializantes que *cercan* los *lugares* audiovisuales *de la memoria* para proyectar diferencialmente el centro histórico-político que se erige audiovisualmente alrededor de la plaza Belgrano (Nora, 2008).

Es así que el juego de placas, trapos y banderas que se analizan en el capítulo 2, muestra por lo menos dos conjuntos significantes sobre el problema referido que permiten contrastar el sentido de ciudad con raíz y el sentido de ciudad trajinante como encuadres preferidos en el programa de cable y en los realizados con el fomento estatal de INCAA. Efectivamente, *Jujuy Profundo* (cable) insiste en la vinculación entre la nación (la enseña argentina), la patria chica (la reproducción de la bandera de la libertad civil donada por Belgrano que se exhibe en la casa de gobierno provincial) y la religión católica institucionalizada (el retrato del conductor del programa con el obispo jujeño) desde el estudio y refuerza la asociación de ese trío poderoso con la colonia y las guerras de la independencia en informes especiales y columnas sobre la fundación de la ciudad y la bandera de la libertad civil (y también de la bandera de Macha). En las producciones del fomento INCAA, en cambio, las placas obligatorias iniciales muestran la presencia estatal-nacional de las instituciones gubernamentales involucradas, en el vínculo productivo con las "casas productoras" locales, y ya a lo largo de las narrativas dispone al símbolo nacional en juegos dominados por el movimiento. Es así que combina audiovisualmente la enseña argentina con el paisaje andino (en la presentación de *El viaje*); con la idea de la nación-pueblo (en el conjunto de esa misma enseña con las banderas de las organizaciones sociales de la manifestación en *Murmullo*); y con la de la frontera como contacto intercultural definido a partir del eje nacional mediado por el culto católico como territorialidad religiosa popular transfronteriza (en la convivencia de las banderas argentina y boliviana expresada en la celebración de la Virgen de Urkupiña que audiovisualiza el mismo unitario). La serie documental *Maestros* es sobria en banderas, los escritores que componen los cuatro capítulos refieren eventualmente a la nación, pero ante todo a la región para pensarse. Sin audiovisualizar específicamente banderas, esta serie incluye al Estado Nacional y sus organismos burocráticos asociados al fomento en las placas del inicio, y es acompañada por la sobreimpresión en el margen superior izquierdo de la pantalla del logotipo de canal Encuentro (en el que la bandera se constituye con tres trazos de tiza) cuando es emitida por el canal educativo.

El primer juego, el de *Jujuy Profundo*, fija y localiza mediante las banderas que remiten a acontecimientos históricos precisos vinculados a relatos consolidados o hegemónicos. El segundo también localiza, pero lo hace siempre en relación al movimiento y a espacios amplios que contienen a la ciudad o a la experiencia local y política de la producción cultural nacional. Ambos conforman un conjunto disonante de narrativas sobre idéntico reclamo de inclusión nacional en igualdad. En la primera, la ciudad se asocia a la nación en la historia de quienes estuvieron "siempre" (en una concepción de esa persistencia que comienza en la historia colonial o patricia). Mientras que la segunda se construye sobre una idea de la ciudad como un lugar al que todo el tiempo llega gente (que trae diversas banderas).

En cuanto a la centralidad audiovisual del igualmente central espacio histórico-político patrimonializado alrededor de la plaza Belgrano, el sentido de ciudad con raíz recién mencionado participa en procesos de construcción social del pasado selectivos que eligen sólo a la colonia o a las guerras de la Independencia como períodos a rememorar, y –si bien encuentra en *Jujuy Profundo* el *bunker* que asegura su reproducción– se reitera en el conjunto de los programas analizados, ya sea como extremo hegemónico en la polaridad centro-márgenes o como espacio de condensación de las referencias para interpretar el lugar relativo de Jujuy en la construcción de la nación (política o audiovisual) por los audiovisualistas. Es decir, esa centralidad *fija* de *Jujuy Profundo* se extiende en diferentes relaciones en las representaciones sobre la ciudad de las demás producciones. En el capítulo 5, el director de *El viaje* indica que "lo primero que *viene a ver* un turista" se vincula tanto al espacio de la plaza como al de los trajines. Podríamos extender la cita para hacer notar que *lo que viene a ver* en la ciudad *pero también en la televisión* quien no participa de su producción cotidiana incluiría necesariamente esas referencias históricas consolidadas. El tema, claro, es que esas representaciones tienen una circulación eminentemente provincial que reafirma el sentido común (audio)visual local sobre la ciudad como enclave civilizatorio.

El conjunto de las discrepantes posiciones en la ciudad mediatizada del capítulo 1 muestra que la conmoción asociada a la LSCA intensifica situaciones previas sobre el derecho a la audiovisualización. Los reclamos por inclusión nacional en igualdad no son idénticos, pero coinciden en un punto: narrar televisivamente desde San Salvador de Jujuy implica *remontar* una posición históricamente desigualada de ejercicio del poder simbólico en la escala nacional. Se reclama al estado por políticas que forman parte del pedido de inclusión en igualdad en términos de derecho a la mirada (estrictamente, a la audiovisualización desde las audiovisualidades locales); se reclama a la nación como gran espacio de identificación en términos de reconocimiento de la propia nacionalidad. En el material analizado, esas tensiones emergen del conjunto de las placas que señalan la presencia estatal en la consecución de los programas o en las banderas que –lejos de ser idénticas– solas o acompañadas por otras insignias señalan una cantidad de posibilidades de identificación y reconocimiento en torno a la nación.

Cartografiar: la ciudad como *enclave civilizatorio*

Como se ha analizado en el capítulo 3, los "otros espaciales" dan forma a la ciudad de dos maneras. La más evidente es la contrastación con otros sitios que produce un ejercicio de pareo constante para dar forma a la experiencia urbana. Concretamente, el material muestra dos conjuntos de *otros espaciales*: las tierras altas (los Andes) y las demás ciudades argentinas. El área andina es *el otro natural* de la ciudad, contra la cual es posible pensar a San Salvador de Jujuy como ciudad en términos de *enclave civilizatorio*. En cambio, el otro espacial constituido por el conjunto de ciudades argentinas aparece como una selección de rasgos modélicos de los que San Salvador de Jujuy se aparta. Esos rasgos refieren tanto a la dinámica de la producción cultural (el "capital audiovisual" y las posibilidades de audiovisualizar) como a las características que se predican estereotípicamente de lo urbano-argentino (lo audiovisualizado). Esas posibilidades de identificación por oposición se complementan con la actualidad de aquellas abiertas por la coexistencia de esos mismos puntos para constituir geografías amplias que también brindan sentido a la ciudad, ya no como *otros* contra los cuales identificarse sino como aquellos que posibilitan unas formas específicas de convivencia espacial que alimentan la experiencia de la ciudad como intersección culturalmente productiva. Esas modalidades de los mapas amplios de la producción cultural se producen en distintas escalas, son parte de las socio-biografías profesionales de realizadores y realizadoras y también son parte de las historias de vida de los escritores y de los paisajes audiovisuales que retoman o proponen los programas locales. La ciudad es, en ese juego, escala, puerta, parte de caminos y regiones que le dan forma ya no por oposición sino por continuidad. Esto es, la ciudad articula o es articulada en espacios amplios que estructuran la producción audiovisual pero también los paisajes nacionales y globales del turismo y el intercambio cultural.

Entre esas opciones, la imagen de la puerta brinda *centralidad en el espacio del margen*, porque la ciudad se vuelve lugar principal de regulación del acceso o del encuentro en una configuración espacial de la interculturalidad que la organiza a partir de los límites nacionales. Esto es, la ciudad resulta punto de intermediación entre dos marcos diversos de producción y gestión del espacio urbano que intersectan en ella. Como puerta, lugar de pasaje, punto de contacto, San Salvador pide luz cenital para pensar audiovisualmente la articulación latinoamericana –vía el mundo andino o la nación boliviana– desde Argentina.

Dentro del conjunto de estas narrativas televisivas, la ciudad obtiene tal luz cenital en *Murmullo* y (sobre todo) en el spot del Festival de Cine de las Alturas que se utilizó como guía y contraste del capítulo 3. Esto es, desplazada o marginada en el marco nacional *vuelve a ser centro* en tanto corazón que late en otra configuración, aquella cuya intersección de escalas en torno a la producción audiovisual la geolocaliza en Latinoamérica, o en tanto *murmullo abigarrado* que trae entre las palabras que lo componen la mención a los caminos y lugares que trazan las biografías espacializadas de los y las trajinantes o los orígenes y trayectos de los objetos trajinados.

En el material analizado, San Salvador recupera la centralidad supuestamente perdida cuando espacializa el proceso de fertilización mutua entre el marco nacional y el marco latinoamericano como sede del festival de cine. En las imágenes, es el corazón que da vida al conjunto andino. Como sostiene Gonzalo Aguilar (2016) "el cine siempre fue un medio excepcional para la difusión global de las ciudades en, por lo menos, dos sentidos: como exhibición de imágenes urbanas en movimiento y como estrategias de las ciudades para convertirse en sedes privilegiadas de esta circulación" (p. 405).

Dije ya que la ubicación geocultural importa: la producción local se realiza desde Latinoamérica (lejos del norte próspero), pero en el material analizado esa situación excéntrica y no-privilegiada de San Salvador de Jujuy adquiere características específicas. Incluso cuando la ciudad se audiovisualiza como localización urbana de la industria cinematográfica, ubicándola al centro de una subregión que se recorta dentro de la producción cinematográfica latinoamericana, esa relación con el territorio andino la proyecta hacia lo orgánico y las emociones: San Salvador *late* en el centro de los Andes. Las películas *bombeadas* por el corazón urbano de la capital jujeña la vinculan a una figura de la naturaleza para imaginar la circulación de imágenes y sonidos de ciudades del conjunto de países que participan de la muestra (en una región preexistente y, al mismo tiempo, reafirmada por la propia selección del festival). La ciudad es *corazón* si la *columna* de ese cuerpo-espacio son los Andes, y si se la imagina audiovisualmente en términos de pertenencia nacional que intersecta con las banderas de países que conforman la Patria Grande.

El reclamo fuertemente espacial de margen y centro en términos de participación en el mapa de ciudades nacionales esgrimido principalmente desde *Jujuy Profundo* no encuentra respuesta en el territorio nacional, pero tiene una salida en la intersección espacial latinoamericana que se abre hacia la ubicación geocultural de la Latinoamérica andina.

La centralidad articulatoria de la capital jujeña proviene de la fertilización cruzada y el contacto propios de la experiencia cultural audiovisual urbana. Como arena cultural, entonces, también se superpone productivamente a las geografías amplias que delinean *relaciones profesionales con acento* para la ciudad mediatizada, si tal acento corresponde al lugar de formación de realizadores y realizadoras, o los reúne para reivindicaciones comunes en el contexto noroestino. Y ese acento regional participa en igualdad con los demás acentos regionales, en tanto el NOA es un fragmento espacial constituyente del mapa-mosaico del INCAA asociado a las políticas federales de fomento junto a las demás regiones argentinas, en momentánea situación de equivalencia.

Como sostienen Fernanda Areas Peixoto y Adrián Gorelik (2016) la ciudad, en tanto arena cultural "es lugar de germinación, de experimentación y de combate cultural" (p. 11). Este lugar, si se quiere novedoso, que muestra a la ciudad en su carácter de arena cultural (audiovisual) que espacializa un proceso productivo articulatorio remite a la centralidad perdida que se reclama en clave política en *Jujuy Profundo* y a la participación nacional en igualdad pedida por audiovisualistas independientes y militantes cuando solicitan la distribución de fondos de fomento productivo. Aunque con relativas posibilidades de incidencia en una u otra geografía extensa, la ciudad participa a través de la audiovisualización y las audiovisualidades en el conjunto orgánico de Latinoamérica o en el mosaico regulado nacionalmente de las regiones INCAA. San Salvador de Jujuy, esta pequeña ciudad, puede ser imaginada como enclave civilizatorio audiovisual en tanto ciudad mediatizada.

Urbanizar/edificar: patrimonialización y marginalización

Recortada contra o coexistente junto a sus otros espaciales, las narrativas analizadas *urbanizan* a San Salvador de Jujuy *edificando* áreas patrimonializadas y marginalizadas y ofreciendo una topología social urbana (definida tanto por sus relaciones con las geografías amplias o contrastivas ya mencionadas como por las que establece al interior de sus límites). Los ejercicios de definición de esta ciudad también operan en el juego entre las posiciones de quienes audiovisualizan, quienes son audiovisualizados/as y las audiovisualidades que producen para establecer un contraste entre los polos del eje metafórico centro/periferia que juega con el adentro/afuera y la profundidad/superficie que ya se mencionó como parte de la batalla hegemónica. El material muestra que en San Salvador de Jujuy ambos conjuntos conforman el par de opuestos que se ha descripto en los capítulos 4 y 5 como *sentido de ciudad con raíz* y *sentido de ciudad trajinante*. Discrepantes entre sí, se vuelven complementarios para la *urbanización audiovisual* de la ciudad, para su zonificación espacial y social, y para la ubicación relativa de hombres y mujeres en ella.

Tanto la raíz como los trajines están espacializados, pero mientras que la urbanización del espacio central se vincula a la estabilidad de lo construido, de lo monumentalizado –en ejercicios de patrimonialización que la conciben como emergente de la historia y la profundidad– y a la ausencia de personas en tales monumentos, el mapeo del área de la antigua terminal y las ferias audiovisualizan el movimiento, cierta inestabilidad (o, al menos una estabilidad cuya instalación y deconstrucción debe reiterarse cada día con elementos que también se trajinan), unas construcciones que ocupan la superficie pero no hunden raíces en ella. Las imágenes muestran, en cambio, estacas que construyen las carpas o elementos con los que se arman/desarman los puestos por los que circulan objetos-mercancías de diversos orígenes. Como muestra *Murmullo*, la ciudad de los trajines es una ciudad de un día, aunque tales días se repitan incluso intergeneracionalmente en la misma esquina.

Sin embargo, tanto el sentido de ciudad con raíz como el de los trajines diagraman emplazamientos y movilidades para construir ubicaciones diferenciales, y un efecto de las narrativas que los audiovisualiza es señalar quiénes están "desubicados" o "desubicadas". El cartografiado es de larga data, pero la (relativa) novedad que trajo la "conmoción" de la ciudad mediatizada asociada a las políticas de distribución de fondos para producción televisiva es la audiovisualización de la ciudad de los trajines. Incluso con los límites asociados a la polarización centro/márgenes para explicar la experiencia urbana, al visibilizarla como parte histórica y conflictiva de la producción social del espacio jujeño *Murmullo y El viaje* encuadran y filtran al área de la antigua terminal como parte de la imaginación social televisivamente disponible sobre San Salvador de Jujuy.

Una vez construido como margen, la antigua terminal será el espacio para la confluencia de la audiovisualidad de productores locales formados en el entrecruzamiento de referencias del Nuevo Cine Argentino –con el "realismo sucio" que equipara al delito con el pibe con gorra explorado en el capítulo 5– sobre los jóvenes de extracción popular, y las condiciones racializantes que dicha extracción asume en Argentina, con la centralidad que tienen los orígenes y los trayectos espaciales para definir el peligro asociado a la alteridad en Jujuy, pero también para entender la posibilidad de mercantilización de aquellos objetos y rastros del paisaje andino que se ofrecen al turismo. Ese joven que se vuelve peligroso en los bordes de la antigua terminal en la serie *El viaje* podría ser el mismo que –vistiendo textiles andinos tradicionales y ubicado en las tierras altas– fuera exhibido para alentar el turismo en el spot de Turismo del estado provincial. Y es el mismo (de hecho, es Gabriel, el personaje de la serie) que no resulta tan "peligroso" (ni está en tan grave peligro) cuando trajina mercancías en la frontera de La Quiaca, como *bagayero* en el primer capítulo. Su presencia en el espacio urbano superpone las históricas formaciones nacionales de alteridad con las que ofrece el Nuevo Cine Argentino y con el ejercicio de espacialización en "el" margen urbano de San Salvador de Jujuy. Aún en los márgenes, la ciudad es el lugar del "desubique" que torna peligroso a ese joven trabajador informal de origen andino y fronterizo.

Por su parte, una vez construido como centro, la plaza y el conjunto de calles y edificios que la rodean serán la clave de comprensión del poder asociado a las formaciones provinciales de alteridad (en sus relaciones dobles y complejas de gestionar la diversidad "interior" junto a aquella que la vincula a las matrices nacionales de producción de otredades). El sentido de ciudad con raíz encuadra desde una situación de poder tan poderosa que se reproduce pasando de un medio a otro, en diferentes soportes y, en las nuevas producciones audiovisuales, permanece como parte del ambiente comunicacional, y sigue fundamentando posiciones y ubicaciones. La preservación y la necesidad de recordar el (un) pasado se espacializan audiovisualmente en la plaza en todas las producciones analizadas, aún cuando se lo haga para proponerla como una base contra la cual construir nuevos sentidos de ciudad. Ha sido y sigue siendo, literalmente, piedra basal de la organización social de las relaciones que se superponen en el espacio urbano.

Similar al juego de opuestos que acontece en otras ciudades a la hora de imaginarlas, en San Salvador de Jujuy los ejes metafóricos centro/periferia y adentro/afuera se superponen a una polarización propia que se traza entre la raíz y los trajines. El conjunto de programas analizados selecciona e hipervisibiliza pocas manzanas de la ciudad, mientras que quedan inaudiovisualizadas otras, y las encuadra en dos sentidos de ciudad contrapuestos (y, al mismo tiempo, complementarios) que le dan forma. Urbaniza, así, parte de las formas en las que lo nacional, lo andino y lo latinoamericano se imaginan localmente.

Ubicar: los otros ¿internos?

La producción y distribución de imágenes y sonidos que se consolidan como referencias naturalizadas de actores, tiempos y espacios en procesos de identificación e interpelación reiterados y constantes que informa los *sentidos de ciudad* en narrativas televisivas locales –como formas específicas del "sentido común (audio)visual" (Caggiano, 2012, mi agregado)–, muestran, en el juego hegemónico de límites y presiones que expresan, diversas experiencias urbanas inscriptas en específicas geografías del poder.

Los programas producen una ciudad que se recorta como tal de la Naturaleza o el paisaje turístico de los Andes, al mismo tiempo que intersecta al mundo andino con la nación argentina y, al hacerlo, se vuelve puerta para el ingreso a Latinoamérica (en una composición que combina la naturalización de los Andes con los usos abigarrados del espacio público urbano estereotípicamente andinos). Una vez definida, se urbaniza esa ciudad mediante los ejes metafóricos recién enunciados.

Los procesos de pareo, mapeo, espacialización y caracterización de actores, jerarquización de espacios, o trazado de trayectos que incluyen a San Salvador de Jujuy como punto del itinerario social y biográfico de diversos actores in-forman y son in-formados por procesos conflictivos, que combinan imágenes y sonidos sedimentados y emergentes para componer audiovisualmente narrativas disonantes y consonantes de la ciudad. Se trata de disonancias y consonancias que se definen en relaciones recíprocas entre los programas analizados y al interior de una disposición general sedimentada sobre los lugares relativos de diversos actores. Las disonancias y consonancias señalan en qué medida esos sentidos de ciudad implican relaciones de poder porque distribuyen, posibilitan o impiden ocupar sitios específicos en campos determinados.

¿Qué lugares y espacios y qué modalidades de distribución de posiciones se observan en los sentidos de ciudad producidos por las narrativas audiovisuales locales? Y, en ese conjunto, ¿cómo transforman, perpetúan o reproducen los programas televisivos vinculados al fomento (por lo tanto, a la producción televisiva rearticulada con el marco estatal nacional a partir de las políticas asociadas a la LSCA) esas cartografías de posiciones históricamente distribuidas?

Una de las conclusiones de lo dicho a lo largo de los capítulos precedentes se comprende mejor mediante la comparación con una película citada por los realizadores como parte de la genealogía de sus propias producciones. Concretamente, con *La deuda interna*, en tanto film icónico estrenado en 1988. Dirigida por Miguel Pereyra, la película es referenciada por los directores de *Murmullo* y *El viaje* como parte de su formación audiovisual y fue utilizada como material de contraste a lo largo de la tesis.

Como se ha señalado en capítulos precedentes, la representación de San Salvador de Jujuy en *La deuda interna* se realiza desde dos locaciones, una urbana y una rural. La película incluye una escena en la que Veronico conoce la ciudad y otra en la que relata esa experiencia a su compañera Juanita, ya de regreso y en el aula de la escuela. De esa manera, el sentido de ciudad "a lo lejos" que corresponde a quien no la habita, y su relación con las formaciones provinciales de alteridad (Briones, 2005), incluye una escena que muestra la ciudad y otra en la que es un lugar referido, parte de una experiencia de lo urbano narrada desde el aula de la escuela rural.[1]

---

1. La primera escena se presenta, mediante el "sintagma alternado" (Carlón, 2006, p. 97, y siguiendo a Metz) como presentación de la simultaneidad entre la experiencia de Veronico y la del maestro por los sitios del poder que se

La audiovisualización de la ciudad que produce Miguel Pereyra en el *sight-seeing* de Veronico que se ha trabajado en el capítulo 4 correspondiente a la primera escena se desarrolla en la plaza Belgrano, una de las locaciones más elegidas por el cine y la televisión. Es el escenario de películas filmadas en Jujuy para representar acciones históricas desarrolladas en los sitios en los que tuvieron lugar; y también forma parte de los cuatro programas analizados: la plaza es escenario de la recorrida por la ciudad que hace Gabriel con el turista en *El viaje;* el de parte de la escena inicial que remeda un documental patrimonialista en *Murmullo*; el de una de las caminatas de Ernesto en *Maestros del Norte*; y también se ofrece en imágenes fijas para los separadores y la presentación de *Jujuy Profundo*. La intensa audiovisualización de la plaza retoma y al mismo tiempo refuerza su carácter de espacio que representa metonímicamente a la ciudad en la imaginación paisajística provincial, como "lugar común" (Silvestri, 2011) urbano de la provincia. Su carácter icónico del poder es desafiado continuamente desde la década de 1990 por numerosas protestas que confluyen en ella o la toman en "acampes" de diversa extensión.

Dijimos, además, que la plaza Belgrano es el corazón simbólico del *sentido de ciudad con raíz*, reúne a su alrededor al poder eclesiástico, político y coercitivo (incluyendo el sitio que atesora la bandera de la Libertad Civil) y presenta en el centro el monumento a Belgrano. El maestro de *La deuda interna* indica a Veronico dónde están la catedral y la casa de gobierno (que aloja el salón de la bandera), señala "y nada más" y luego cruza hacia el cabildo en el que funciona la policía.

En *La deuda interna*, San Salvador de Jujuy se muestra y luego se relata a través del recorrido de ese espacio condensado y condensatorio del efecto de centro por un preadolescente que vive en Chorcán, en las tierras altas y en ambiente rural. El juego visual de monumentalización que propone Pereyra al relacionar el tamaño, permanencia y "solidez" de la iglesia Catedral y la Casa de gobierno con la corporalidad de ese niño que las recorre produce un sentido de ciudad en el que se encuadra un tipo de experiencia urbana de las geografías del poder que conviven en la plaza.

---

ubican alrededor de la plaza: Veronico recorre las veredas, visita la Catedral y la Casa de Gobierno; el maestro se adentra en los pasillos laberínticos de la estación de policía (ubicada en el edificio del cabildo colonial) para preguntar por el padre del niño (un obrero del ingenio azucarero presumiblemente desaparecido).

La deuda interna produce narrativamente un sentido de ciudad por pareo con el espacio rural andino desde la experiencia socioespacial del territorio provincial de Veronico, como habitante de las tierras altas. En ese relato, que se produce en la segunda escena citada, las formas de la cultura masiva (como la disponibilidad tecnológica de los aparatos de televisión y la existencia de las salas de cine, prácticamente inaccesibles en la Puna al momento de realización de este film) se entretejen con los monumentos y los automóviles en la caracterización de San Salvador de Jujuy. El relato de Veronico suma una capa industrial-cultural a la experiencia urbana mediada por monumentos de su capital provincial. Ese relato asocia la ciudad a la nación, expone la idea de la ciudad como enclave civilizatorio en las formaciones nacionales de alteridad, y vincula a ambas con (la disponibilidad) del cine y la televisión.

Si articulamos ambas ideas –*la plaza* y los edificios adyacentes como espacio que condensa metonímicamente la representación audiovisual de la ciudad por su asociación histórica a la fundación (es decir, a la colonia y a la evangelización) y con las guerras de la independencia (es decir, a la patria) y *la ciudad* como enclave civilizatorio por contrastación con la frontera (es decir, en pareo que reafirma a la propia nación) y con las tierras altas (es decir, por oposición a la región andina)– es posible comprender en qué medida y con qué consecuencias la ciudad se define audiovisualmente como enclave civilizatorio en las formaciones provinciales de alteridad a partir de distribuir posiciones (esto es, lugares relativos en el tiempo y el espacio) que intersectan nacionalidad, etnicidad, genealogía y religión para sujetos y grupos.

Sin audiovisualizarlo como tema, esa definición de la ciudad involucra al género en una *pedagogía de la ausencia* (Delmas, 2015):[2] así como no hay directoras ni guionistas mujeres que audiovisualicen este juego, en las narrativas seleccionadas no hay heroínas en el recorrido de las tierras altas a la ciudad, escritoras que relaten su experiencia situada en el campo cultural, ni tampoco turistas mujeres que conduzcan y planifiquen el recorrido por ella. La consideración puede extenderse a las películas que usamos como contraste. Con la única excepción de *Murmullo*, hay pocas mujeres en pantalla y, cuando se presentan, no están solas sino que comparten ese espacio con varones, a quienes acompa-

---

2.   La autora aplica la consideración de Boaventura de Souza Santos (2010) al ejercicio de violencia simbólica implicado en la invisibilización de las mujeres que forma parte de los dispositivos epistémicos sexistas de los medios masivos.

ñan y escuchan o por quienes son rescatadas, piropeadas, besadas, reprendidas, abusadas.[3]

Ahora bien, si experimentamos la ciudad desde posiciones que nos definen espacialmente en relación con otros y otras, y al narrar esa experiencia proponemos sentidos de ciudad que implican modos de pertenencia –esto es, de involucramiento o de separación, de identificaciones y afiliaciones (Gilroy, 1993)–, las disonancias y consonancias entre narrativas sobre San Salvador de Jujuy como *lugar común* permite observar los antagonismos pero también las potenciales articulaciones entre diferentes mapas de existencia espacial. Al decir de Grossberg (2003) "la agencia, como la identidad, no es meramente un asunto de lugares sino más bien de relaciones espaciales de lugares y espacios y de la distribución de la gente dentro de ellos" (p. 172).

¿Qué es lo que no permite ver la espacialización polarizada de actores en las narrativas televisivas analizadas, aun cuando se reconozca el potencial transformador de la audiovisibilización de los trajines? Pues lo que sí mostró *La deuda interna* en este fotograma:

C16b

---

3. La heteronormatividad, por su parte, presenta como excepción a la serie *El viaje* que incorpora como personaje secundario al primo homosexual de Gabriel en el capítulo 5 que se desarrolla en la ciudad de San Pedro de Jujuy. Al contrario de la representación de las mujeres en la serie y en el conjunto del material analizado (excepto *Murmullo*), este es un personaje que lleva adelante la acción, pues conduce a Gabriel en un paseo iniciático por diversos rituales juveniles urbanos vinculados a la noche y la fiesta. Por otro lado, que "la noche" y la fiesta se haya asociado a la ciudad del Ramal jujeño es parte de las geografías simbólicas provinciales (y ameritan ser exploradas en otro momento).

Veronico sentado en un sillón del Salón de la Bandera en la
casa de gobierno es una imagen que abre otra articulación posible sobre los lugares de la memoria y los de la concentración
simbólica del poder estatal. El que se ha sentado allí es un niño
que parecía *colar* su pequeña figura en el espacio monumental de
ese salón y de la Catedral durante su paseo por la ciudad (como
lo muestra el fotograma perteneciente a esta misma escena que
se ha reproducido en el capítulo 5).

Con otra estrategia *Murmullo* se acerca al tipo de rearticulación que refiero mediante la confluencia de historias de vida, relatos, costumbres, moviéndose *abigarradamente* en la calle y con
voces conjuntas que pueblan el sonido ambiente que reúne las
voces de los protagonistas de la película con el relato del locutor
del documental patrimonial al final del unitario. Ese movimiento
refiere a la toma de otro espacio, el de la calle, como gestos específicos de resistencia (religiosa, política, económica) en momentos determinados y en relación con aquellos lugares contra los
cuales se recorta. Es una forma de producción del espacio que
confronta con la dominante polarizadamente: ofrece un desayuno
de api con buñuelos, mercancías chinas, ropa de segunda mano
y tejidos andinos, no muestra monumentos sino edificios o vías
de uso intensivo por grandes cantidades de población. El centro
de la ciudad, en cambio, es espacio de un restaurant con menús
urbanos clásicamente argentinos (en *El viaje*, los jóvenes de la
mesa eligen milanesas con papas fritas), una plaza, numerosos
monumentos y edificios patrimonializados. El encuadre de *Murmullo*, el sentido de ciudad trajinante, no se explica en su lógica
de resistencia por fuera de la oposición con el sentido de ciudad
con raíz, pero no los intersecta en su ejercicio de enmarcamiento
como lo hace *La deuda interna*. La película de Pereyra, al *ubicar*
a Veronico en ese sillón produce un efecto de intersección que
muestra la conflictividad y abre una articulación novedosa.

Ahora bien, ¿cuál es la clave? ¿Es el *murmullo* o es Veronico
sentado en el lugar de autoridad del Salón de la Bandera ubicado exactamente al frente de esa reliquia? Esto es, ¿es la potencia
de las múltiples voces yuxtapuestas en el espacio sonoro urbano
junto al abigarramiento de cuerpos y objetos en tránsito o movimiento por las calles de la ciudad, o es la imagen de la ocupación
de los lugares ya existentes y socialmente más valorados por
aquellos y aquellas que el sentido común audiovisual espacializa
exclusivamente en las tierras altas o en la zona de los trajines (o

directamente no espacializa, porque no las audiovisualiza)? ¿O son ambas, alternativa y/o sucesivamente, las figuras audiovisuales de la coexistencia que permitirían repensar el poder en Jujuy?

Auditiva o visualmente, ambas opciones indican en qué medida las reivindicaciones nacionales reclamadas en términos de perpetuación de relaciones de poder podría alterarse invocando, también, a la patria y a la historia, desmontando los procesos hoy hegemónicos de formaciones provinciales y nacionales de alteridad para rearticularlos en nuevas relaciones, con otras lógicas, sean estas las del *murmullo abigarrado* o las de la ocupación del lugar central. En ambos casos, son lógicas que pasan por la ocupación de espacios precisos. Son reubicaciones con distintas percepciones de la politicidad del espacio: la lógica del murmullo refiere a una suerte de nivel no estatal de resistencia que toma la calle como espacio de convivencia de trajinantes, gauchos y discurso patrimonialista con salida incierta por la misma presencia conjunta; la del sillón, en cambio, alude plenamente a la conducción estatal y su relación con la nación.

Si los sentidos de ciudad implican una experiencia de poder vivida a diario, las maneras de la audiovisualización que polarizan San Salvador de Jujuy mediante la espacialización de actores al interior de los eventuales "límites" del espacio central y el marginal reducen las posibilidades de ver posibles rearticulaciones asociadas a la intersección de relaciones conflictivas en un espacio común.

Inaudiovisualizaciones e hiperaudiovisualizaciones: estrategias espaciales de la multiculturalidad

Si en la década de 1940 la producción cultural y periodística buscaba –o, incluso, *ostentaba* (Angulo, 2015)– la modernidad para Jujuy desde la ciudad capital como *enclave civilizatorio* vinculado a la participación en la cultura nacional (García Vargas, 2004; 2006), en el comienzo de siglo tal civilización –igualmente orientada hacia la intervención en el diálogo cultural y la economía simbólica– se asocia a la multiculturalidad. La multiculturalidad es aquello que se busca y que se muestra audiovisualmente para participar en los paisajes visuales de la nación y del mundo global.

Esa búsqueda de otra cosa, sin embargo, contiene vestigios de la anterior en las características del movimiento, ya que es (sigue siendo) esencialista cuando asocia la etnicidad a la "naturaleza" en un movimiento que continúa el proceso de racialización de las relaciones de clase a nivel provincial –aunque lo renueve con la superposición de ambas líneas de definición de la otredad en un mosaico desigualado en el que la ciudad es escala– y es (sigue siendo) regionalista en la búsqueda de fortalecimiento de posiciones que la ubiquen en el ejercicio del poder simbólico.

Esa multiculturalidad encontrará una clave de sustentación y su principal alimento en una versión esencialista del mundo andino, que se contrapone como *otro espacial* que brinda alimento y esencia para la producción cultural y, al mismo tiempo, las imágenes para sustentar la posibilidad de intercambio de lo producido.

Para la participación en las escalas deseadas de producción cultural *la ciudad sigue necesitando a ese otro étnicamente marcado* definido como indígena, asociado a la naturaleza, vinculado a un origen que no otorga derechos a la ciudad ni a la audiovisualización sino a una esencia incontaminada que constituye fuente de inspiración y objeto de audiovisualización. Sigue necesitándolo para explotarlo desde la situación relativa que ocupa, ahora desde la multiculturalidad invocada y requerida por el estado nacional y los organismos multilaterales culturales o de crédito (Ramos, 1992). Sigue necesitándolo para erigirse como enclave civilizatorio que conduzca y organice (también, audiovisualmente) las formaciones provinciales de alteridad (Briones, 2005). Ese otro interno incómodo es más llevadero si permanece en las tierras altas del norte (donde está la esencia que permitirá a los seres urbanos filmarlos para participar de los paisajes audiovisuales y mediáticos nacionales o globales) o en el área de los trajines. En uno u otro sitio, se audiovisualiza y se ofrece como mercancía, y es una forma de ser parte de un movimiento mayor, que adhiere a la estética del realismo o a la del romanticismo mientras perpetúa la dominación.

La producción audiovisual de una San Salvador de Jujuy multicultural se recorta contra la naturaleza andina y se asocia territorialmente a los trajines de quienes producen la ciudad leve (pero permanente) de las estacas y los carros, la ciudad de los objetos de largos recorridos por caminos que la reúnen con el mundo andino, pero también con la república de Bolivia y con la ciudad de Buenos Aires. No es la ciudad edificada, no hay raíz sino estaca, sólo tiene la profundidad necesaria para sostenerla durante el día y a lo largo de los días. No es raíz, no es bunker, no siembra las imágenes que dan batalla para conservarla en la patrimonialización de lo edificado. Sin embargo, hoy lleva consigo la experiencia del viaje, la sabiduría de los maestros y la potencia del murmullo. Sin agotar la conflictividad de la producción social del espacio urbano en la capital jujeña, estas experiencias discrepantes alimentan las disonancias y consonancias audiovisualmente disponibles para los procesos siempre abiertos de imaginarla socialmente y de disputarla políticamente.

Coda

No disponible (Argentina, 2017)

S i se busca en 2017 los programas del corpus de esta tesis en el sitio *web* de Contenidos Digitales Argentinos (CDA) en el que estaban alojados, se encuentra un mensaje que anuncia "en construcción":

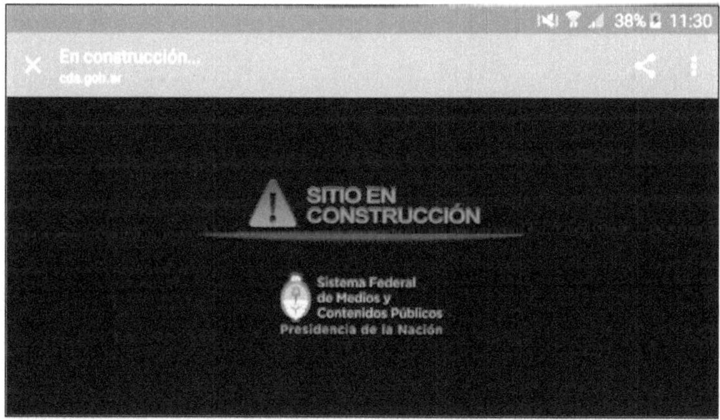

Captura de pantalla www.cda.gob.ar.

La tentación de poner sólo esta imagen de captura de pantalla como coda que intenta dar cuenta de las variaciones en la situación del audiovisual televisivo en dimensión regional y local es grande. Sin embargo, la eludiré con la misma voluntad que lo hice en el conjunto de la investigación que condujo a este libro.

¿Por qué *desalojar* los contenidos producidos en el marco de políticas de fomento de los sitios que los volvían disponibles para el conjunto de los públicos y audiencias (o, incluso, levantar esos sitios)?

Como se dijo, porque la ubicación importa. Y la localización en una y otra pantalla o plataforma pública dice qué es admisible en ellas, en una disponibilidad tramitada (o cancelada) por instituciones estatales. El desalojo se extiende a otros sitios, como los asociados al canal Encuentro que programó la serie *Maestros* en 2012:

Captura de pantalla de la Plataforma virtual de Canal Encuentro.

¿Por qué cambiar el logo de *Encuentro*? Como se dijo, porque las banderas importan. En las pantallas televisivas las placas, los logos y las banderas bailan una coreografía que señala audiovisualmente una pertenencia nacional y al mismo tiempo in-forman las modalidades de esa pertenencia. La serie *Maestros* fue emitida en 2012 por el canal *Encuentro*, dependiente del Ministerio de Educación de la nación en ese momento, y quedó a disposición en la plataforma *Educ.ar* asociada a esa señal. El logo de ese canal al momento de la emisión combinaba los colores de la bandera argentina reproduciéndola en tres trazos de tiza. Y mostrar la E de *Encuentro* (y de Educación) junto a los colores de la bandera en una recomposición gamada pone en imagen el proyecto de cambio para la televisión educativa (al interior del conjunto de los medios públicos) del gobierno nacional.

La señales *Paka Paka*, *Encuentro*, *DeporTV*, *Acua Mayor* y *Acua Federal* se transfirieron al Sistema Federal de Medios y Contenidos Públicos (jefatura de Gabinete) mediante el decreto 1222/16 firmado por el presidente Mauricio Macri en diciembre de 2016. De ese modo, dejaron de pertenecer al Ministerio de Educación de la Nación, con lo que las finalidades educativas de esos canales se perdieron junto a su transformación en una señal cultural del grupo de medios públicos. Hasta la transferencia, esas señales formaban parte de *Educ.ar* y tenían objetivos pedagógicos contemplados por la Ley Nacional de Educación. Por otra parte, un artículo de la disposición abre la posibilidad de la privatización total o parcial de esos medios.

El mismo decreto pasó a idéntico ente el Banco Audiovisual de Contenidos Universales Argentinos (BACUA). En el mes de enero de 2017, ese banco dejó de estar disponible, junto al sitio Contenidos Digitales Argentinos (CDA) en el que podía verse en línea la producción realizada con políticas de fomento, durante las veinticuatro horas. Tres de las producciones que se analizan en la tesis obtuvieron financiamiento INCAA, por lo que se encontraban en el BACUA y en CDA, y la serie *Maestros* fue emitida por canal Encuentro en junio de 2012 (como se señaló recién).

Mi investigación tomó como punto de partida producciones audiovisuales destinadas a televisión realizadas en Jujuy en 2012, como modo de abordar localizadamente y a partir de materiales concretos las variaciones en la circulación del audiovisual televisivo asociadas a la configuración que se extiende aproximadamente desde los acontecimientos que combinan el "cambio de estatuto" de la televisión digital y la conmoción político-comunicacional asociada a la Ley 26.522 de Servicios de Comunicación Audiovisual hasta las sustanciales modificaciones que le introdujeron los decretos 13, 236 y 267 en diciembre de 2015. Sin embargo, resulta oportuno hacer los señalamientos recién mencionados sobre las pequeñas pero efectivas transformaciones en la disminución de las intensidades de la desigualdad del mapa de la producción audiovisual durante el período analizado, como incipientes variaciones que fueron canceladas junto a la profundización de aquellos procesos que refuerzan las desigualdades regionales, urbano-rurales, de ingresos y de posiciones específicas de conjuntos importantes de la población en el marco de restauración neoliberal del gobierno de la Alianza Cambiemos.

En un balance del impacto de los tres decretos de diciembre de 2015 sobre la Ley 26522, Martín Becerra (2016) sostiene que:

> La etapa que abrió el gobierno de Macri con sus decretos (en particular el DNU 267), demandará nuevos exámenes sobre la concentración como arquetipo de regulación de facto del sector que produce, transporta, comercializa y exhibe los flujos masivos de información y comunicación y que, en consecuencia, troquela parte importante de la organización social (p. 9).

El reemplazo de AFSCA (Agencia Federal de Servicios de Comunicación Audiovisual) por ENACOM (Ente Nacional de Comunicaciones) impactó en una configuración incipientemente democratizadora, reforzando aquellos aspectos del mapa de medios que no fueron transformados durante el ciclo anterior (aún con la ley vigente), sobre todo en términos de la redistribución de espectro que quedó idéntica a la anterior a la ley, y que en el último período de gobierno refuerza la tendencia a la privatización de ese recurso común, pues puede ser transferido entre particulares.

Ese conjunto de medidas señala que la televisión digital abierta perdió el carácter prioritario en términos de punto de ingreso a la cultura digital y la sociedad del conocimiento que le otorgara el estado argentino al momento de planificar la migración (Arroyo y otros, 2012). Para el nuevo gobierno, la tecnología que debe diseminarse para el acceso son los teléfonos celulares, por lo que se generó un plan estatal para la adquisición de teléfonos inteligentes, en cuotas sin interés y a precio controlado. El "Programa de Acceso a Internet Móvil" duró pocos meses ya que finalizó junto con el plan de consumo "Ahora 12". Se vendieron un total de seiscientos teléfonos en el marco de ese plan desde su implementación en agosto de 2016 hasta la baja el 31 de enero de 2017 (Valle, 2017). Los servicios de acceso a conexión de esos teléfonos son provistos exclusivamente por un mercado oligopólico en Argentina.

El conjunto de medidas golpeó especialmente a los medios del sector privado sin fines de lucro, a las pequeñas y medianas productoras (especialmente, aquellas del territorio no metropolitano) y al sistema de medios públicos (que incluye los universitarios). De manera que se refuerzan medidas a favor de la propiedad privada, acercando la situación a la del momento de plena vigencia de la ley de la dictadura modificada por el menemismo para asegurar la concentración y la transnacionalización de esa tendencia.

En términos de representación la modificación de la LSCA implicó la disolución del Consejo Federal de Comunicación Audiovisual (COFECA) y la reducción de participación de los medios alternativos en el Consejo Federal de Comunicaciones (COFECO). El conjunto de políticas y programas de fomento o apoyo a medios comunitarios, como las de fomento a la producción en general quedaron en un estado de *impasse* que generó incertidumbre, o fueron desmantelados.

La publicidad oficial se restringió y se aplicó un nuevo reglamento imposible de cumplir para los medios pequeños y medianos. Los convenios con universidades nacionales se suspendieron, y se denunciaron como viciados de corrupción. En el caso de las políticas de fomento, se atrasó el pago del Fondo de Fomento Concursable para Medios de Comunicación Audiovisual (FOMECA) adeudados del período anterior, y no se realizó convocatoria en 2016.

Se designó a Guillermo Jenefes (PJ/FPV) como representante de la minoría en ENACOM, pese al pedido de un conjunto de diputados nacionales del mismo Frente para la Victoria que denunció el conflicto de intereses con ese cargo (ya que su grupo familiar directo es propietario de Radio Visión Jujuy SRL, como se ha señalado en el apartado del capítulo introductorio dedicado a la dinámica de los medios locales).

La señal *TeleSur* se desalojó de la grilla de la Televisión Digital, por lo que no es posible acceder a sus contenidos en la modalidad de televisión abierta. El material analizado en estas páginas incluyó como material de contraste *Milagro en Jujuy* (transmitido por esa señal). Hoy, la frecuencia está ocupada por La Nación TV (señal del periódico de referencia dominante del mismo nombre).

En el caso específico de las políticas de fomento de INCAA para televisión que financiaron tres de los cuatro programas analizados en esta tesis, la convocatoria 2017 impactó directamente en el incipiente mapa federal descripto en el capítulo introductorio. En primer lugar, redujo las áreas concursables que toman como criterio distributivo a las regiones. Si bien puede acordarse la operatividad de sumar parámetros como algunos de los que se han incorporado (género fantástico o impacto en audiencias por grupos etarios), esos criterios no se articulan con el objetivo de distribución federal de fondos. De las diez líneas abiertas en 2017, sólo cuatro son federales (en los términos distributivos por regiones que estructuraron estas convocatorias durante el kirchnerismo).

La conformación de jurados (especialmente en la sección "Blood window") incluye de manera exclusiva y excluyente a jurados internacionales de gran prestigio. La ausencia de referentes que conozcan las dinámicas territoriales de la producción local, que en principio se considerarían imprescindibles para acciones que buscan fomentar el desarrollo de la producción en situaciones específicas, también impacta en la distribución regional. En ese sentido, la reducida convocatoria 2016 (limitada a series animadas) se declaró desierta en varias regiones y no hubo respuesta sobre los criterios o estándares de evaluación para los productores y productoras que hicieron reclamos formales. La convocatoria 2017, además, muestra la ausencia de géneros de efectivo desarrollo en el país. Por ejemplo, de documentales (excepto docuficción) que –como se indicó en la tesis– es un género de producción constante de muchos años de desarrollo en la mayor parte del país, permanencia que se articula con la importancia histórica de ese género en Latinoamérica (densidad que incluye una genealogía entroncada con la tradición del cine militante y contestatario en el subcontinente), pero también con los costos y formación necesarios para producirlos.

Por otra parte, la convocatoria INCAA para televisión 2017 no plantea medidas que contrarresten las dificultades históricas en la distribución de estos productos (que se multiplican exponencialmente para productores y productoras pequeños o medianos de áreas no metropolitanas) y suma unas condiciones de asociatividad por aportes económicos cuyos montos son de difícil cumplimiento por fuera de las instituciones de gobierno locales en sitios como Jujuy, donde la producción comercial es reducida y predomina la pauta oficial como modalidad de financiamiento.

Recientemente, se ha señalado incluso la posibilidad de suprimir la autarquía del INCAA mediante la eliminación de impuestos a las entradas de cine y a las antenas. Ese cambio implicaría el fin de los fondos necesarios para la producción audiovisual nacional (tanto de cine como de TV), para el financiamiento del instituto y para el sostenimiento de la Escuela Nacional de Realización Cinematográfica (ENERC) cuya sede NOA funciona en San Salvador de Jujuy.

C17a. Spot del Festival Internacional de Cine de las Alturas 2016.[1]
https://youtu.be/JQpwbCfDhSk

C17b. Spot del Festival Internacional de Cine de las Alturas 2016.

En términos de continuidades, el Festival de Cine de las Alturas siguió realizándose en San Salvador de Jujuy. En el spot de 2016 se muestra la plaza Belgrano desde un dron, y luego se eligen y editan imágenes de paisajes de las tierras altas, deshabitados o donde aparecen un par de personas. El cine como hacer, el oficio, el trabajo, no se audiovisualiza, sólo se nombra en los títulos. Tampoco hay imágenes de ciudades andinas habitadas.

Hay un cambio que marca la continuidad del festival que puede verse en el *spot* con el que se (auto) presenta. Cuando esta pieza

---

1. Disponible en https://www.youtube.com/watch?v=JU0ZnuO4nd4

ubica a Jujuy en el conjunto del territorio amplio de la audiovisualidad y la audiovisualización andina elige hacerlo con el conjunto sedimentado de imágenes tradicionales: la plaza (el corazón de la histórica *ciudad isleña*[2]) y las tierras altas (que cercan temporal y espacialmente la etnicidad, espacializando el proceso de racialización de las relaciones de clase para configurar las imágenes de unas específicas formaciones provinciales de alteridad).

C17c. Spot del Festival Internacional de cine de las Alturas 2016.

El proceso de cambio ha sido un proceso de restauración de las situaciones y condiciones productivas anteriores a la LSCA, que también restaura la economía simbólica del paisaje.[3] Cabe señalar que el spot de 2016 mantiene la música del original (¿una última esperanza de ver el conjunto y el ritmo que esa geografía amplia *imprime* a la producción social del espacio urbano en Jujuy cuando ese proceso conflictivo se aborda desde el análisis cultural del audiovisual?).

---

2. Como explica Mónica Ulloa (2010) en relación con el crecimiento de la mancha urbana a partir de la cuadrícula colonial ubicada entre los dos ríos que se ha mencionado en los capítulos precedentes.

3. Mientras el gobierno provincial del Frente Cambiemos reprime la posibilidad de alterar la geografía del poder asociada a este paisaje, por ejemplo deteniendo a Milagro Sala durante un acampe en esa misma plaza, y desalojando a quienes sostenían esa protesta en enero de 2016; o desalojando a los vendedores y vendedoras ambulantes de la zona de la antigua terminal de ómnibus durante diferentes operativos que abarcan el período 2016-2017.

Puedo terminar la *coda* aquí, pero no quiero. En algún momento indiqué que el trabajo de campo se realizó *al calor* de un conjunto de experiencias y posiciones institucionales y geolocalizadas asociadas a la discusión sobre los servicios de comunicación audiovisual en Argentina por la sanción de la LSCA y la implementación de políticas productivas relacionadas. Desde ese lugar, personal y colectivo, el ambiente comunicacional de Argentina en 2017 es inhóspito. Intento *abrigarme* en la convicción de su eventual transformación por la voluntad, la acción y la organización colectiva de quienes lo construimos diariamente, pero hace mucho frío.

AGRADECIMIENTOS

El diálogo con Sergio Caggiano fue fundamental para guiar la investigación que sustenta este libro. A través de Alejandra Cebrelli, Pampa Arán, Marcelo Casarín, María Paulinelli, Vanina Papalini y Ximena Triquell agradezco a la Universidad Nacional de Córdoba por generar en el Doctorado en Comunicación un espacio de formación receptivo y atento a diversos trayectos y localizaciones socioprofesionales. Los aportes de Elena Bossi, Javier Campo y Belén Espoz enriquecieron la investigación de la tesis que se transformó en este libro. Las Universidades Nacionales de Jujuy y de Salta han sido el contexto posibilitador de este trabajo y han apoyado esta investigación específicamente con fondos de estímulo para finalización de tesis y para formación docente.

Por compartir generosamente sus experiencias y sus sentidos de ciudad agradezco, ante todo, a los productores y la productora entrevistados. Por los libros y cafés compartidos en el ámbito de la universidad pública que elegimos habitar, agradezco a mis compañeras, compañeros y colegas de la UNJu y de la UNSa. Por el camino en común, a mis compañeras y compañeros de viajes e itinerancias. Por las alegrías y desazones en la militancia para la sanción, plena vigencia, aplicación y defensa de la LSCA, a mis compañeras y compañeros de RENAU (2012-2016), de REDCOM (2012-2016) y del Programa Polos (2011-2014). Por el diálogo estimulante y generoso, a mis colegas del GT "Comunicación y Ciudad" de ALAIC (2010-2016) y a las compañeras de "Ciudades reveladas".

Son numerosas las personas que me facilitaron el acceso a los documentos y datos que se utilizan en la introducción. Agradezco a todas y cada una de ellas, pero deseo mencionar especialmente la paciencia y compañía, en el inicio de esta investigación, del personal de la Dirección Provincial de Estadísticas y Censos de la provincia de Jujuy (Carlos Cerone, Mónica Nicola y la señora

Gabriela) y de la Municipalidad de San Salvador de Jujuy (Raúl Acosta, Adriana Díaz y Belén Quiroga Mendiola).

Del mismo modo, el acceso al material audiovisual ha sido facilitado por los propios productores (y por ello agradezco a Diego Ricciardi y Ariel Ogando); por la Gerencia de Acción Federal de INCAA (Ariel Direse) o por la Televisión Pública Argentina (Ana Guerín, i.m.). Las emisiones de *Jujuy Profundo* se grabaron de canal 4 (Cablevisión Jujuy) durante la emisión de su ciclo 2012, y se consultó el archivo de la productora para completar la muestra (agradezco a Nicolás Solares su intermediación para acceder a ese archivo).

Este libro no sería posible sin el apoyo incondicional de Moncho y Anaclara, con quienes día a día construimos amorosamente el espacio biográfico compartido y con quienes edificamos nuestra casa mientras escribía la tesis.

Mis padres, Jorge y Elena Amelia, además de sostener todos mis proyectos, han sabido compartir conmigo su amor por el cine, los libros y la buena mesa con extensa conversación, pasiones que luego se han multiplicado al calor del diálogo siempre renovado con mis suegros Edit y Felipe. Mi tía Lilila, mis tíos Marcelo y Cuca, mis primos Carlitos y Puli y mis primas María Marta y Paola son presencias constantes y amorosas en mi vida, igual que mi ahijada Guadalupe y mis sobrinos Emma, Gervasio y Simón (junto a sus papás Julián y Ramiro, y sus mamás Laura y Vicky). Florencia y Reina (desde su posición "lateral" pero fundamental en la casa de mis padres) apoyan con dedicación y afecto la cotidianeidad de mi familia.

Desde hace mucho tiempo, algunos de los temas de la tesis y casi todos los temas de la vida son parte de una constante conversación con mis amigos y amigas Marianita; Gra; Vivi y Vespa; Juan; Agustina, David, Olivia y Renata; Checho; Alejandro; Elena; Marta; Patria; Gerardo y María Ángela; Bichín; Víctor (i.m.) y Ale; Marcela; Diego y Mariana; Susi; Karina y Ricky; Luis; Fernando, Emi, Ciro y Simón; Ana, Ari, Laura y las Lilis. Cada unx de ellxs, lo mejor de cada casa.

Mis jóvenes compañeros y compañeras de cátedras y de proyectos de investigación (en adscripciones, becas y tesis), desafían día a día cualquier certeza que amenace anquilosarse: ¡gracias Melina, Andrea, Gonzalo, Verónica, María Rosa, Nata, Gabi, Cecilia, Silvana, Franca, Romina, Gustavo Javier, Pedro, Diego, Nicolás, Gonzalo B., Paula, José María, Gabriela, José, Lihué, Camila, Franco, Álvaro, Malena, Carla, Valeria, Eliana, Jimena, Maricel, Beatriz, Rocío, Agustina, Micaela, Bárbara, Ailín, Florencia, Yamila, Jimo, Marisa, Dianita, Marcela, Milagros, Joel, Camila B. y Ana Laura!

Bibliografía

Abu Lughod, L. (1991). Writing against culture. En R. Fox (Ed.): *Recapturing Anthropology: Working in the Present* (137-154). Santa Fe, USA: The School of American Research.

Abu Lughod, L. (2006). Interpretando la(s) cultura(s) después de la televisión: sobre el método. Íconos (24), 119-141.

Adamovsky, E. (2009). *Historia de la clase media argentina, apogeo y decadencia de una ilusión 1919-2003.* Buenos Aires, Argentina: Planeta.

Adorno, T. y Horkheimer, M. (1987). *Dialéctica del iluminismo*, Buenos Aires, Argentina: Sudamericana.

Autoridad Federal de Servicios de Comunicación Audiovisual (AFSCA). (2012). *Informe anual sobre contenidos de la Televisión Abierta argentina. Período 2011.* Recuperado de: http://www.afsca.gob.ar/2012/06/informe-anual-sobre-contenidos-de-la-television-abierta-argentina-periodo-2011/

Agüero, A. C. y García, D. (2010): Introducción. En A. C. Agüero y D. García (Ed.): *Culturas interiores: Córdoba en la geografía nacional e internacional de la cultura* (15-28). La Plata, Argentina: Al margen.

Aguilar, G. (2006). *Otros mundos: un ensayo sobre el nuevo cine argentino.* Buenos Aires, Argentina, Arcos.

Aguilar, G. (2016). Buenos Aires. El Bafici: festivales y transformaciones urbanas. En: A. Gorelik y F. Arêas Peixoto (Comp.), *Ciudades sudamericanas como arenas culturales.* Buenos Aires, Siglo XXI.

Alabarces, P. (enero-junio de 2014). Transculturas pospopulares. Las culturas populares, las hibridaciones y lo nacional-popular. *Oficios Terrestres, 30* (30), 109-128.

Alabarces, P., Salerno, D., Silba, M. y Spataro, C. (2008). "Música popular y resistencia: los significados del rock y la cumbia". En: P. Alabarces y M. G. Rodríguez (compiladores). *Resistencias y mediaciones. Estudios sobre cultura popular.* Buenos Aires, Argentina: Paidós.

Altamirano, T. e Hirabayashi, L. R. (1997): The Construction of Regional Identities in Urban Latin America. En T. Altamirano y L. R. Hirabayashi (Ed.), *Migrants, Regional Identities and Latin American Cities* (7-23). Society for Latin American Anthropology, Vol 13, 1997.

Alvarez Leguizamón, S. (2010): Los `pioneros modernos`, hacedores invisibles de una ciudad a medias. En Rabey, M. y Jerez, O. (editores), *Procesos de Urbanización en Argentina: una mirada antropológica* (59-109). Jujuy, Argentina: EDIUNJU.

Amatriain, I. (Coord.). (2009). *Una década de cine argentino (1995-2005).* Buenos Aires, Argentina: Ciccus.

Angulo, F. (2015). La "ostentación" de la modernidad en Jujuy (1936-1940). En A. García Vargas (Ed.), *Territorios y sentidos de ciudad. San Salvador* de Jujuy, la capital provincial (301-316). Jujuy, Argentina: EDIUNJu/REUN.

Antezana, L. (2009). Dos conceptos en la obra de René Zavaleta Mercado: Formación abigarrada y democracia como autodeterminación. En L. Olivé, B. de Sousa Santos, C. Salazar de la Torre, L. H. Antezana, W. Navia Romero, L. Tapia, G. Valencia García, M. Puchet Anyul, M. Gil, M. Aguiluz Ibargüen y H. J. Suárez, *Pluralismo epistemológico* (pp. 117-142). La Paz, Bolivia: CLACSO/Muela del Diablo Editores. Recuperado de: http://biblioteca.clacso.edu.ar/ar/libros/coedicion/olive/07antezana.pdf

Appadurai, A. (2001). *La modernidad desbordada. Dimensiones culturales de la globalización.* Buenos Aires, Argentina: Trilce/Fondo de Cultura Económica.

Aprea, G. (2008). Periodizaciones en las historias de los lenguajes audiovisuales argentinos: cine, televisión y video. En O. Steimberg, O. Traversa y M. Soto (Ed.), *El volver de las imágenes. Mirar, guardar, perder* (53-66). Buenos Aires, Argentina: La Crujía.

Arancibia, V. (2014). Confrontaciones distributivas en el campo audiovisual. Hacia la construcción de visibilidad(es) en la diversidad. En A. P. Nicolosi (Comp.), *La televisión en la década kirchnerista. Democracia audiovisual y batalla cultural* (139-151). Buenos Aires, Argentina: Universidad Nacional de Quilmes.

Argumedo, A. (1987). *Los laberintos de la crisis.* Buenos Aires, Argentina: Puntosur-ILET.

Armus, D. (Comp.). (1990). Mundo urbano y cultura popular. Estudios de Historia Social Argentina. Buenos Aires, Argentina: Sudamericana.

Arroyo, L., Becerra, M., García Castillejo, A. y Santamaría, O. (2012). *Cajas Mágicas. El renacimiento de la televisión pública en América Latina.* Madrid, España: Tecnos.

Bajtín, M. (1989). *Teoría y estética de la novela.* Madrid, España: Taurus.

Baranchuk, M. (2009). Canales 11 y 13: La primera privatización de la década menemista. En G. Mastrini (Ed.), *Mucho ruido, pocas leyes. Economía y políticas de comunicación en la Argentina (1920-2004)* (215-237). Buenos Aires, Argentina: La Crujía.

Basualdo, E. y Arceo, N. (2009). Características estructurales y alianzas sociales en el conflicto por las retenciones móviles. En E. Arceo, E. Basualdo y N. Arceo, *La crisis mundial y el conflicto del agro* (51-83). Buenos Aires, Argentina: La Página.

Bayardo, R. y Lacarrieu, M. (1999). Presentación. Nuevas perspectivas sobre la cultura en la dinámica global/local. En R. Bayardo y M. Lacarrieu (Comp.), *La dinámica global/local. Cultura y comunicación: nuevos desafíos* (pp. 9-24). Buenos Aires, Argentina: Ciccus/La Crujía.

Becerra, M. (14/1/2016). Quipu. Políticas y tecnologías de comunicación. Bernal: UNQ. Recuperado de: https://martinbecerra.wordpress.com/2016/01/14/restauracion/

Becerra, M. y López, S. (2009). La contienda mediática. Temas, fuentes y actores en la prensa por el conflicto entre el gobierno y las entidades del campo argentino en 2008, *Revista de Ciencias Sociales*, (16), 9-30.

Belli, E. y Slavutsky, R. (1994). Flores, reinas y carrozas. Reflexiones sobre la identidad en San Salvador de Jujuy. En Karasik, G. (Comp.), *Cultura e identidad en el Noroeste argentino* (pp. 120-145). Buenos Aires, Argentina: Centro Editor de América Latina.

Beltrán, L. R. (2007). La comunicación para el desarrollo en América Latina: un recuento de medio siglo. En D. Loreti, G. Mastrini y M. Baranchuk (Comp.), *Participación y democracia en la Sociedad de la Información. Actas del III Congreso Panamericano de Comunicación* (pp.

149-187). Buenos Aires, Argentina: Prometeo.

Benjamin, W. (2010). *Libro de los Pasajes*. Madrid, España: Akal.

Berger, J. (2005). *Mirar*. Buenos Aires, Argentina: Ediciones de La Flor.

Bergesio, L., Golovanevsky, L. y Marcoleri, M. E. (2009). *Construcción social de la ciudad. San Salvador de Jujuy desde el barrio Alto Comedero*. San Salvador de Jujuy, Argentina: EDIUNJu.

Bergesio, L. y García Vargas, A. (2006). Orden cartográfico y desorden en las veredas. Trabajo en las calles y espacios públicos en San Salvador de Jujuy durante la década de 1990. En *UNIrevista 1* (3), 1-22.

Bergesio, L. y García Vargas, A. (1999). Croquis en movimiento. Vendedores ambulantes y feriantes en San Salvador de Jujuy. En *Actas de la III Reunión de Antropología del MERCOSUR*. Misiones, UNAM.

Bergesio, L.; García Vargas, A.; Golovanevsky, L. (2008). Continuidades, desplazamentos y rupturas en los procesos de estructuración/ desestructuración espacial en San Salvador de Jujuy. En *V Jornadas de Sociología de la UNLP. Actas*. La Plata, Argentina: UNLP. Recuperado de: http://www.memoria.fahce. unlp.edu.ar/trab_eventos/ev.5886/ ev.5886.pdf

Bermúdez, N. (verano-otoño de 2011), Conmemoración y memoria colectiva en el discurso político contemporáneo, *Pensamiento de los confines*, (27), 57-66.

Bertoni, J., Boid, X., Servidio, M. y Shilman, F. (2000). Situación laboral y representaciones de la vida cotidiana en San Salvador de Jujuy. En M. Panaia y otros (Coords.), *Trabajo y población en el Noroeste Argentino* (261-301). Buenos Aires, Argentina: La Colmena.

Bizberge, A. (2010), *Televisión Digital Terrestre. ¿Cambio de estatuto de la radiodifusión?* Buenos Aires, Argentina: Prometeo.

Boleda, M. (1999). *Ciudades del Noroeste Argentino*. Buenos Aires, Argentina: Alianza.

Bolle, W. (2007). Metrópolis y megaciudad: sobre el ordenamiento del saber en los *Pasajes* de Walter Benjamin. En R. Buckenhorst y M. Vedda (Ed.), *Walter Benjamin y las Nuevas Ciudades* (17-52). Buenos Aires, Argentina: Gorla.

Borello J. y González, L. (2012). *La producción audiovisual en la Argentina. (Resultado de una Encuesta)*. Los Polvorines, Argentina: Instituto del Conurbano, Universidad Nacional General Sarmiento. Recuperado de: http://www.ungs.edu.ar/ms_ico/ wp-content/uploads/2012/08/ UNGS-La-producci%C3%B3n-audiovisual-en-la-Argentina.pdf.

Borja, J. y Castells, M. (1999). *Local y global. La gestión de las ciudades en la era de la información*. Madrid, España: Taurus.

Bourdieu, P. (2000). *La dominación masculina*. Barcelona, España: Anagrama.

Bourdieu, P. (2007). *El sentido práctico*. Buenos Aires, Argentina: Siglo XXI.

Braudel, F. (1997). *El Mediterráneo y el mundo mediterráneo en la época de Felipe II*. Tomo I. México DF, México: FCE.

Braudel, F. (1968). *Historia y Ciencias Sociales*. Madrid, España: Alianza.

Briones, C. (2005). *Cartografías argentinas: políticas indigenistas y formaciones provinciales de alteridad*. Buenos Aires, Argentina: Antropofagia.

Briones, C. (2008). Diversidad cultural e interculturalidad: ¿de qué estamos hablando? En C. García Vázquez (Comp.), *Hegemonía e interculturalidad. Poblaciones originarias y migrantes* (pp. 35-58). Buenos Aires, Argentina: Prometeo.

Brunet, M. (2013). *Propaladoras. Su contribución a la consolidación de la estructura mediática en Jujuy (1937-1986)*. Tesis de Doctorado en Comunicación, Universidad Nacional de La Plata.

Brunsdon, C. (2007). *London in cinema: the cinematic city since 1945.* Londres, Gran Bretaña: BFI.

Buch, E. (1994). *O juremos con gloria morir. Historia de una épica de Estado.* Buenos Aires, Sudamericana.

Burgos, R. (2014). *Fútbol y política. El club Gimnasia y Esgrima y la construcción de una identidad jujeña (1975-2011).* Tesis de Doctorado en Comunicación, Universidad Nacional de La Plata.

Burgos, R. (2015). (Ed.). *Comunicación Popular y Alternativa en contextos de frontera. Mapeo de actores y experiencias en sectores populares de Salta,* Córdoba, Argentina: Editorial Gráfica 29 de Mayo.

Burgos, R. y García Vargas, A. (2008): El irrenunciable desafío de trabajar por Jujuy y su gente. Actores, cultura e identidad en el suplemento '50 aniversario de Pregón'. *Oficios terrestres, 21*, 80-91

Caggiano, S. (2005). *Lo que no entra en el crisol.* Buenos Aires, Argentina, Prometeo.

Caggiano, S. (2007). *Lecturas desviadas sobre Cultura y Comunicación.* La Plata, Argentina: EDULP.

Caggiano, S. (2012a). Inmigrantes en la ciudad de Buenos Aires: demarcaciones y recorridos. En A. Huffschmid y V. Durán (Ed.), *Topografías conflictivas: memorias, espacios y ciudad en disputa* (211-241). Buenos Aires, Argentina: Nueva Trilce.

Caggiano, S. (2012b). *El sentido común visual. Disputas visuales en torno a género, "raza" y clase en imágenes de circulación pública.* Buenos Aires, Argentina: Miño y Dávila.

Calvetti, F. (2012): *Jujuy Profundo.* 5ta Temporada [magazine cultural para televisión]. San Salvador de Jujuy: Fernando Calvetti / Canal 4.

Calvino, I. (1991). *Las ciudades invisibles.* Barcelona, España: Minotauro/Hermes.

Canessa, A. (2006). Todos somos indígenas: Towards a New Language of National Political Identity. *Bulletin of Latin American Research, 25,* (2), 241-263.

Canessa, A. (2007). El indio desde adentro, el indio desde afuera: ciudadanía, raza y sexo en una comunidad boliviana. *La manzana de la discordia, (4),* 7-23.

Carlón, M. (2008). Sujetos telespectadores y memoria social. En O. Steimberg, O. Traversa y M. Soto (Ed.), *El volver de las imágenes. Mirar, guardar, perder.* Buenos Aires, Argentina: La Crujía.

Carrillo, H. (1989). *Jujuy. Apuntes de su Historia Civil.* San Salvador de Jujuy, Argentina: EDIUNJu.

Carman, M. (2006). *Las trampas de la cultura. Los "intrusos" y los nuevos usos del barrio de Gardel.* Buenos Aires, Argentina: Paidós.

Carman, M. (2011). *Las trampas de la naturaleza. Medio ambiente y segregación en Buenos Aires.* Buenos Aires, Argentina: Fondo de Cultura Económica.

Cebrelli, A. y Arancibia, V. (2005). *Representaciones sociales. Modos de mirar y de hacer.* Salta, Argentina: CEPIHA/CIUNSa.

Chamorro, A. (2011). *Argentina, Cine y Ciudad. El espacio urbano y la narrativa fílmica de los últimos años.* Mar del Plata, Argentina: EudeM.

Chamosa, O. (2010). Entre la zamba y el foxtrot: la elite tucumana frente al desafío de la cultura de masas, primera mitad del siglo XX. En F. Orquera (Ed.), *Ese ardiente Jardín de la República. Formación y desarticulación de un 'campo' cultural: Tucumán, 1880-1975* (73-106). Córdoba, Argentina: Alción.

Chartier, R. (1992). *El mundo como representación. Estudios sobre historia cultural,* Madrid, España: Gedisa.

Chaterjee, P. (2008). *La Nación en tiempo heterogéneo y otros estudios subalternos,* Buenos Aires, Argentina: Siglo XXI/CLACSO.

Chiu-Han Lai, L. (2007). Whither the walker goes. Spatial practices and negative poetics in 1990s Chinese Urban Cinema. En Zhang Zhen (Ed.), *The Urban Generation: Chinese Cinema and Society at the Turn of the Twenty-first Century* (205-237). Durham, Estados Unidos: Duke University Press.

Conti, V., Kindgard, A. y Ulloa, M. (1998). *Jujuy en la historia: 100 años en imágenes,* San Salvador de Jujuy, Argentina: UNHIR.

Coraggio, J. L. (1999). *Política social y economía del trabajo. Alternativas a la política neoliberal para la ciudad.* Madrid, España: Miño y Dávila Editores.

Cuenya, B. y Herzer, H. (Ed.). (2004). *Fragmentos sociales. Problemas urbanos de la Argentina.* Buenos Aires, Argentina: Siglo XXI.

Daicich, O. y Lattanzi, J. P. (2011). Memorias y fragmentos. Los desaparecidos en el cine argentino: sobre *M,* de Nicolás Prividera. En L. Siri, Laura y G. Vázquez Villanueva (Comps.), *Casos concretos. Comunicación, información y cultura en el siglo XXI* (133-152). Buenos Aires, Argentina: La Crujía.

Davis, D. (2005). Cities in global context: A brief intellectual history", *International Journal of Urban and Regional Research, 29* (1), 92-109.

De Ípola, E. (1989). Ruptura y continuidad. Claves parciales para un balance de las interpretaciones del peronismo, *Desarrollo Económico,* (115), 331-358.

Delmas, F. (2015). Tramas de la violencia simbólica. *Con X,* (1), 19-45.

Delgado, F., Fandos, C y Boto, S. (2006). "Mundo urbano y agrario: los Valles centrales". En A. Teruel y M. Lagos (Dir.), *Jujuy en la historia. De la colonia al siglo XX.* Jujuy, Argentina: EDIUNJu.

de Moraes, D. (2011). *La cruzada de los medios en América Latina. Gobiernos progresistas y políticas de comunicación.* Buenos Aires, Argentina: Paidós.

De Souza Santos, B. y otrxs (s/f). *Alice. Espelhos estranhos, lecoes imprevistas.* Recuperado de: http://alice.ces.uc.pt/en/?lang=pt.

Decreto Nº 830/1989. Privatizaciones. Llamado a concurso público para la adjudicación de las licencias para la prestación y explotación, en la Capital Federal, de las emisoras de televisión LS 84 TV Canal 11 y LS 85 TV Canal 13, *Boletín Oficial de la República Argentina,* año XCVII, N° 26.726, 26 de septiembre de 1989. Recuperado de: http://www.boletinoficial.gov.ar/Inicio/Index.castle.

Decreto N° 1148/09 (31/8/2009). Televisión Digital. Créase el Sistema Argentino de Televisión Digital Terrestre, *Boletín Oficial de la República Argentina,* año CXVII, N° 31.727, 1 de septiembre de 2009. Recuperado de: http://www.boletinoficial.gov.ar/Inicio/Index.castle.

Decreto Nº 1771/1991. Radiodifusión. Modificación de la Ley 22.285, aprobada por el Decreto 286/81, *Boletín Oficial de la República Argentina,* año XCIX, N° 27.214, 6 de septiembre de 1991. Recuperado de: http://www.boletinoficial.gov.ar/Inicio/Index.castle.

Dirección Provincial de Estadísticas y Censos de la Provincia de Jujuy (DIPEC). (2010). *Barrios de Jujuy. Censo 2010.* Jujuy, Secretaría General de Gobernación. Recuperado de: http://www.dipec.jujuy.gov.ar/barrios.html.

Dorfman, A. y Mattelart, A. (2002). *Cómo leer el Pato Donald. Comunicación de masa y colonialismo.*Buenos Aires, Argentina: Siglo XXI.

Du Gay, P., Hall, S., Janes, L., Mackay, H. y Nigus, K. (1999). *Doing Cultural Studies. The Story of the Sony Walkman.* Londres, Gran Bretaña: Sage y Open University.

Elahik, T. y Markus, G.E (2012). Diseño curatorial en la poética y política de la etnografía actual: Una Conversación entre Tarek Elahik y George E. Markus. Íconos, 42, 89-104.

Elías, N. (1993). *El proceso de la civilización. Investigaciones sociogenéticas y psicogenéticas.* Buenos Aires, Argentina: Fondo de Cultura Económica.

Escobar, A. (2007). Worlds and Knowledge Otherwise, *Cultural Studies, 21* (2), 179-210.

Exeni, J. L. (1998). *Políticas de comunicación. Andares y señales para no renunciar a la utopía.* La Paz, Bolivia: Plural.

Feinmann, J. P. (1986). *Filosofía y Nación.* Buenos Aires, Argentina: Legasa.

Ferreyra, A. (2001). Lugares, banderas e hinchas, *Razón y palabra*, 23, s/p. Recuperado de: http://www.razonypalabra.org.mx/anteriores/n23/23_aferreyra2.html

Ferro, M. (1980). *Cine e Historia.* Barcelona, España: Gustavo Gili.

Ford, A. (1987). Aproximaciones al tema de federalismo y comunicación. En O. Landi (Comp.), *Medios, transformación cultural y política* (59-87). Buenos Aires, Argentina: Legasa.

Ford, A. (1996). *Navegaciones. Comunicación, Cultura y Crisis,* Buenos Aires, Argentina: Amorrortu.

Ford, A. (2005). *Resto del mundo. Nuevas mediaciones de las agendas críticas internacionales.* Buenos Aires, Argentina: Norma.

Foucault, M. (1996). *La arqueología del saber.* Méjico, Siglo XXI.

Fournier, J. M. (2011). Órdenes y desórdenes en las ciudades argentinas, el ejemplo de Alto Comedero, San Salvador de Jujuy. En L. Bergesio, L. Golovanevsky y M. E. Marcoleri: *Construcción social de la ciudad. San Salvador de Jujuy desde el Barrio Alto Comedero* (171-199). San Salvador de Jujuy, Argentina: EDIUNJu.

Fox, E. (1987). Televisión y comunidad: cinco falacias. En O. Landi (Comp.), *Medios, transformación cultural y política* (pp. 163-191). Buenos Aires, Argentina: Legasa.

Gago, V. (2015). *La razón neoliberal. Economías barrocas y pragmática popular.* Buenos Aires, Argentina: Tinta Limón.

Gaona, M. (2017). *Experiencia popular, ciudad e identidad en el Noroeste Argentino. La organización social Tupac Amaru.* Oxford, Peter Lang.

García Canclini, N. (1990). *Culturas Híbridas: Estrategias para entrar y salir de la modernidad.* México DF, México: Grijalbo.

García Canclini, N. (1995). *Consumidores y ciudadanos. Conflictos multiculturales de la globalización.* México DF, México: Grijalbo.

García Canclini, N. (1999). *Imaginarios urbanos.* Bue.nos Aires, Argentina: EUDEBA.

García Canclini, N., Castellanos, A. y Mantecón, A. R. (1996) *La ciudad de los viajeros,* México DF, México: Grijalbo.

García Moritán, M. (1997). *Campo Verde. Un proyecto urbano basado en la auto organización. Un sueño hecho realidad.* San Salvador de Jujuy, Argentina: EDIUNJu / Municipalidad de San Salvador de Jujuy.

García Vargas, A. (1999). *Señores, el Mercado es la cara de cada pueblo.* El uso de la Banca XIII en relación con el conflicto por la privatización del Mercado Central Municipal de San Salvador de Jujuy. En *Actas de la Tercer Reunión de Antropología del MERCOSUR (III RAM).* Posadas, Universidad Nacional de Misiones.

García Vargas, A. (1999). *"La fundación de San Salvador de Jujuy en la prensa gráfica jujeña. 1943/1998".* En *Actas III ENDICOM – EMPECOM.* Río Cuarto, Universidad Nacional de Río Cuarto.

García Vargas, A. (2000). Acción colectiva, visibilidad y espacio público en la construcción de la ciudadanía/Los cortes de puentes de mayo del '97 en San Salvador de Jujuy", *Revista Latina de Comunicación Social,* (35), recuperado de: http://

www.ull.es/publicaciones/latina/argentina2000/13gvargas.htm

García Vargas, A. (2001). Cuerpos a diario. Representaciones del cuerpo en la prensa gráfica jujeña. En Bossi, E. (Dir): *Cuerpos* (97-108). Jujuy, Argentina: EDIUNJu–REUN.

García Vargas, A. (julio-diciembre de 2003a). La iconicidad como estrategia metodológica: mapas y planos de San Salvador de Jujuy. *Signo y Pensamiento*, (43), 152-163.

García Vargas, A. (2003b). Visibles e invisibles. Periodistas, ciudadanos y cartógrafos en la construcción simbólica de San Salvador de Jujuy. En A. Teruel, M. Lacarrieu y O. Jerez (Comp.), *Fronteras, Ciudades y Estados* (81-103). Córdoba, Argentina: Alción.

García Vargas, A. (2004), Crónicas de fantasmas. Periódicos locales e imaginarios urbanos de San Salvador de Jujuy. *Cuadernos* (24), 123-144.

García Vargas, A. (2005). Historias de papel. La fundación de San Salvador de Jujuy en la prensa gráfica jujeña. (1943-1998). En D. Santamaría (Comp.), *Jujuy. Arqueología, Historia, Economía, Sociedad* (484-493). Jujuy, Argentina: Centro de Estudios Indígenas y Coloniales.

García Vargas, A. (2006). En construcción. Geografías del poder y sentidos del lugar en San Salvador de Jujuy. En *UNIrevista 1* (3), 1-16.

García Vargas, A. (2010a). Memorias de un piloto, Plan Piloto, Serie *Tesis. Actualidad en contexto*. PAT 3, Subprograma de Polos y Nodos, ms.

García Vargas, A. (primer semestre de 2010b). *'Tan lejos, tan cerca...'* Medios masivos e inmigración boliviana en San Salvador de Jujuy, *Con-Sciencias Sociales*, (2), 83-93.

García Vargas, A. (2011). Tiempo, espacio y actores en la construcción de un nuevo espacio audiovisual para Argentina. La experiencia del nodo Jujuy. En *Actas del XIII Congreso Anual de REDCOM* [CD ROM]. Tartagal, REDCOM/UNSa-SRTGarcía

Vargas, A. (2009). La desigualdad a la vuelta de la esquina. San Salvador de Jujuy durante la década de 1990. En M. Lagos (Dir.), *Jujuy bajo el signo neoliberal. Política, economía y cultura en la década de los noventa* (357-399). San Salvador de Jujuy, Argentina: EDIUNJu.

García Vargas, A. (2010). San Salvador de Jujuy: *una, otra, esta* ciudad. En A. García Vargas, Alejandra (Ed.), *Ciudad. San Salvador de Jujuy como texto* (13-22). Jujuy, Argentina: EDIUNJu.

García Vargas, A. (2014). La biblioteca, el mapa y el territorio. Notas *situadas* sobre el campo de la Comunicación. En: Bergesio, L., R. Burgos. y C. González Pérez (Ed.), *Mapas comunicacionales y territorios de la experiencia. XV Congreso REDCOM* (19-33). San Salvador de Jujuy, Argentina: EDIUNJU.

García Vargas, A. (2014). Mapas comunicacionales y territorios de la experiencia. Notas espaciales sobre San Salvador de Jujuy, Murmullo que aturde. En A. P. Nicolosi (Comp.): *La televisión en la década kirchnerista. Democracia audiovisual y batalla cultural* (163-184). Buenos Aires, Argentina: Universidad Nacional de Quilmes.

García Vargas, A. (2015). Dinámicas de la comunicación para el cambio social en coyuntura: el caso de Wayruro Comunicación Popular (Jujuy, NOA, 1994-2014). En E. Nos Aldás, A. I. Arévalo Salinas y A. Farné (Ed.), *#comunicambio: Comunicación y Sociedad Civil para el cambio social* (399-410). Madrid, España: Fragua.

García Vargas, A. y Román Velázquez, P. (2006). *Ciudades ordinarias*. Entrevista a Jennifer Robinson. *Población y Sociedad*, (12/13), 203-226.

García Vargas, A., Arrueta, C. y Brunet, M. (2009). Medios masivos: tramas y complicidades en Jujuy. Una mirada desde la década del 90. En M. Lagos (Dir.), *Jujuy bajo el signo Neoliberal. Política, economía y cultura en la década de los noventa* (503-545).

San Salvador de Jujuy, Argentina: EDIUNJu.

García Vargas, A. y Bergesio, L. (2010). "Las penas son de nosotros, las veredas son ajenas". Espacio y conflicto en la representación del trabajo en las calles de San Salvador de Jujuy durante la década de 1990. En A. García Vargas (Ed.), *Ciudad. San Salvador de Jujuy como texto* (143-157). Jujuy, Argentina: EDIUNJu

García Vargas, A. y Román Velázquez, P. (2011). Latin American Urban Cultural Studies. *Westminster Papers in Communication and Culture, 8* (1), 113-131.

García Vargas, A., Ficoseco, V., Gaona, M. D., López, A. N. y Zubia, G. (2014). Democratización, políticas de acceso y vida cotidiana. Experiencias de reconocimiento de la TDA en contextos populares urbanos (Jujuy, Argentina, 2012), *Oficios Terrestres*, (31), pp. 143-169.

García Vargas, A., Gaona, M. & López, A. (2016). Intersecciones: espacio físico, social y mediático en la construcción cotidiana de una "ciudad ordinaria" (San Salvador de Jujuy, Argentina). *Comunicación y Medios, 25* (33), 89-114. doi:10.5354/0719-1529.2016.37236.

Germani, G. (1969), *Sociología de la Modernización. Estudios Teóricos, Metodológicos y aplicados a América Latina*, Buenos Aires, Argentina: Paidós.

Gibson, T. (2007). *Urban Communication: Production, Text, Context*. Plymouth, Estados Unidos: Rowman & Littlefield.

Gil Montero, R. (2006). La Puna: población, recursos y estrategias. En A. Teruel y M. Lagos (Dir.), *Jujuy en la historia, de la Colonia al Siglo XX* (373-401). San Salvador de Jujuy, Argentina: EDIUNJu.

Gilder, George (1994). *Life after Television. The Coming Tranformation on Media and American Life.* New York, Estados Unidos: Norton.

Ginsburg, F. D., Abu-Lughod, L. y Larkin, B. (2002). Introduction. En F. D. Ginsburg, L. Abu-Lughod y B. Larkin (Ed.), *Media Worlds. Anthropology on New Terrain* (1-36). Berkeley, Estados Unidos: California University Press.

Golovanesvky, L. (2008), *Vulnerabilidad y transmisión intergeneracional de la pobreza. Un abordaje cuantitativo para Argentina en el siglo XXI.* Colección de Tesis Doctorales, Año 2, N° 1. Buenos Aires, Argentina, UBA.

Gómez, L. (2010). El susurro de la mirada: la representación de la subjetividad en el cine de Lucrecia Martel, *Question*, 1, (27), s/p.

González Bernaldo de Quirós, P. (2001). *Civilidad y política en los orígenes de la Nación Argentina. Las sociabilidades en Buenos Aires, 1829-1862.* Buenos Aires, Argentina: Fondo de Cultura Económica.

Gorelik, A. (1998). *La grilla y el parque. Espacio público y cultura urbana en Buenos Aires, 1987-1936.* Buenos Aires, Argentina: Universidad Nacional de Quilmes.

Gorelik, A. (2016). Buenos Aires. La ciudad y la villa. Vida intelectual y representaciones urbanas en los años 1950 y 1960. En A. Gorelik y F. Arëas Peixoto (Comp.), *Ciudades sudamericanas como arenas culturales* (324-173). Buenos Aires, Argentina: Siglo XXI.

Graham, S. (2004). Beyond the Dazzling Light: From Dreams of Transcendence to the Remediation of Urban Life: A Research Manifesto. *New Media & Society, 6*, (1), 16-25.

Graham, S. y Marvin, S. (1996), *Telecommunications and the city: Electronic spaces, urban places.* Londres, Gran Bretaña: Routledge.

Graham, S. y Marvin, S. (1997). Telecommunications and the Future of Cities: Debunking the Myths. *Cities 14*, (1), 21- 29.

Grimson, A. (1999). *Relatos de la diferencia y la igualdad*, Buenos Aires, Argentina: Eudeba.

Grimson, A. (2007). Introducción. En: Grimson, A. (Comp.) *Pasiones nacionales. Política y cultura en Brasil y Argentina* (13-48). Buenos Aires, Argentina: EDHASA.

Grimson, A. (2009). La experiencia argentina y sus fantasmas. En A. Grimson (Comp.), *La cultura en las crisis latinoamericanas* (177-193). Buenos Aires, Argentina: CLACSO/ASDI.

Grimson, A. (2011). *Los límites de la cultura. Crítica de las teorías de la identidad.* Buenos Aires, Argentina: Siglo XXI.

Grimson, A. (2013), Introducción. En A. Grimson y K. Bidaseca (Coord.), *Hegemonía cultural y políticas de la diferencia* (9-20). Buenos Aires, Argentina: CLACSO.

Grimson, A. (septiembre-octubre de 2014), Comunicación y configuraciones culturales, Versión. *Estudios de Comunicación y Política,* (34), 116-125. Recuperado de: http://version.xoc.uam.mx/.

Grimson, A. (2015). La pregunta por la derrota cultural. *Anfibia.* Recuperado de: http://www.revistaanfibia.com/ensayo/la-pregunta-por-la-derrota-cultural/

Grimson, A., Amati, M. y Kodama, K. (2007), La nación escenificada por el Estado. Una comparación de rituales patrios. En A. Grimson (Comp.), *Pasiones nacionales. Política y cultura en Brasil y Argentina* (413-499). Buenos Aires, Argentina: EDHASA.

Grimson, A., Ferraudi Curto, C. y Segura, R. (Comp.) (2009). *La vida política en los barrios populares de Buenos Aires.* Buenos Aires, Argentina: Prometeo

Grimson, A. y Caggiano, S. (2015). Introducción. Los pensamientos críticos argentinos. En S. Caggiano y A. Grimson (Coord.) *Antología del pensamiento crítico argentino contemporáneo* (11-31). Buenos Aires, Argentina: CLACSO.

Grimson, A. y Varela, M. (1999). *Audiencias, cultura y poder. Estudios sobre la televisión,* Buenos Aires, Argentina: EUDEBA.

Grossberg, L. (1993). Cultural studies and/in new worlds, *Critical Studies in Mass Communication,* (10), 1-22.

Grossberg, L. (1996). The space of culture, the power of space. En I. Chambers y L. Curti (Ed.), *The postcolonial question. Common skies, divided horizons* (169-188). Londres, Gran Bretaña: Routledge.

Grossberg, L. (2003). Identidad y estudios culturales: ¿no hay nada más que eso? En S. Hall y P. du Gay (Comp.), *Cuestiones de identidad cultural* (148-180). Buenos Aires, Argentina: Amorrortu.

Grossberg, L. (2006). Does cultural studies have futures? Should it? (or what's the matter with New York?). Cultural Studies, Contexts and Conjunctures. *Cultural Studies, 20,* (1), 1-32.

Grossberg, L. (2012). *Estudios culturales en tiempo futuro. Cómo es el trabajo intelectual que requiere el mundo de hoy,* Buenos Aires, Argentina: Siglo XXI.

Gutiérrez, L. y Romero, L. A. (1995). *Sectores populares, cultura y política. Buenos Aires en la entreguerra,* Buenos Aires, Argentina: Sudamericana.

Guzmán, J. A. (2009). Emergencias religiosas. El caso de la Virgen de Urkupiña. En M. Lagos (Dir.), *Jujuy bajo el signo neoliberal. Política, economía y cultura en la década de los noventa* (473-501). San Salvador de Jujuy, Argentina: EDIUNJu.

Hale, C. (septiembre-octubre de 2004). Rethink Indigenous Politics in the Era of the 'indio permitido'", *NACLA Report of theAmericas,* 2 (38), 16-37. doi.10.1080/10714839.2004.117245

Hall, S. (1995). New Cultures for Old. En D. Massey y J. Pat (Ed.). (1995). *A place in the World? Places, culture and Globalizaton* (175-213). Oxford,

Gran Bretaña: Oxford University Press/Open University.

Hall, S. (1996a). Coding/Decoding. En S. Hall, D. Hobson, A. Lowe, and P. Willis (Ed.), *Culture, Media, Language. Working Papers in Cultural Studies, 1972-79* (128-138). Londres, Gran Bretaña: Routledge.

Hall, S. (1996b). The Problem of Ideology: Marxism without Guarantees. En D. Morley y K. Hsing Chen (Ed.), *Stuart Hall. Critical Dialogues in Cultural Studies* (25-46). Londres, Gran Bretaña: Routledge.

Hall, S. (1999). *The Hard Road to Renewal. Tatcherism and the Crisis of the Left.* Londres, Gran Bretaña: Verso.

Hall, S. y Grossberg, L. (1996). On Postmodernism and Articulation. An Interview with Stuart Hall edited by Lawrence Grossberg. En D. Morley y K. Hsing Chen (Ed.), *Stuart Hall. Critical Dialogues in Cultural Studies* (pp. 45-60). Londres, Gran Bretaña: Routledge.

Hall, S. y Mellino, M. (2011). *La cultura y el poder. Conversaciones sobre los Cultural Studies.* Buenos Aires, Argentina: Amorrortu.

Hardoy, J. E. (1972). *Las ciudades en América Latina. Seis ensayos sobre la urbanización contemporánea.* Buenos Aires, Argentina: Paidós.

Harvey, D. (1989). *The urban experience.* Baltimore, Estados Unidos: John Hopkins UP.

Harvey, D. (2000). Possible Urban-Worlds, Megacities Lecture (4). Recuperado de: http://www.megacities.nl/.

Harvey, D. (2005). Contested cities: Social Process and Spatial Form. En R. T. Le Gates y F. Stout (Ed.), *The City Reader, Third Edition* (227-234). Londres, Gran Bretaña: Routledge.

Herrera, S. y Sáez, M. F. (1992). *Situación general de las comunidades marginales,* San Salvador de Jujuy, Argentina: Dirección de Desarrollo Urbano y Vivienda, (Secretaría de Obras Públicas, Municipalidad de San Salvador de Jujuy).

Hidalgo, E. (2011). *Datascapes* o los paisajes visuales de la globalización. Los Googlegrams de Joan Fontcuberta y Technophobia de Gordon Cheung, *La Trama de la Comunicación,* (15), 13-27.

Horkheimer, M. y Adorno, T. (1971). *Dialéctica del Iluminismo,* Buenos Aires, Argentina: Sur.

Huidobro, N. (2007). *El lugar perdido.* Buenos Aires, Argentina: Alfaguara/Clarín.

Iñigo Carrera, N. y Cotarelo, C. (1998). Los llamados "cortes de ruta". Argentina 1993-97. *PIMSA Documentos y Comunicaciones 1998,* (2), 141-147.

Instituto Nacional de Estadísticas y Censos (INDEC), Censos Nacionales 1895; 1914; 1947; 1960; 1970; 1980; 1991; 2000; 2010.

Instituto Nacional de Estadísticas y Censos (INDEC), *Encuesta Nacional sobre Acceso y Uso de Tecnologías de la Información y la Comunicación (ENTIC).* Recuperado de http://datospublicos.gob.ar/data/dataset/encuesta-de-tics/resource/0a28f1f3-376b-4cb5-a0ac-86e102d58b0c.

Instituto Nacional de Cine y Artes Audiovisuales (INCAA). (2010a). *Plan operativo de fomento y promoción de contenidos audiovisuales digitales del SATVD-t. Bases y condiciones para el concurso "Series Federales de ficción".* Recuperado de http://www.incaa.gov.ar/castellano/assets/images/b_series_federales_ficcion.pdf.

Instituto Nacional de Cine y Artes Audiovisuales (INCAA). (2010b). *Plan operativo de fomento y promoción de contenidos audiovisuales digitales del SATVD-t. Bases y condiciones para el concurso "Series de Documentales Federales".* Recuperado de http://www.incaa.gov.ar/castellano/assets/images/b_s_documentales_federales.pdf.

Instituto Nacional de Cine y Artes Audiovisuales (INCAA). (2010c). *Plan operativo de fomento y promoción de contenidos audiovisuales digitales del SATVD-t. Bases y condiciones para el concurso "Nosotros (Unitarios Documentales)"*. Recuperado de http://www.incaa.gov.ar/castellano/assets/images/b_nosotros.pdf.

Instituto Nacional de Cine y Artes Audiovisuales (INCAA). (2011a). *Plan operativo de fomento y promoción de contenidos audiovisuales digitales del SATVD-t – Segunda edición 2011. Bases y condiciones para el concurso "Series de Ficciones Federales"*. Recuperado de http://www.incaa.gov.ar/castellano/home/concursos_tvdigital/produccion_contenidos/1_ficcion_federal2011.pdf.

Instituto Nacional de Cine y Artes Audiovisuales (INCAA) (2011b). *Plan operativo de fomento y promoción de contenidos audiovisuales digitales del SATVD-t. Bases y condiciones para el concurso "Series de Documentales Federales"*. Recuperado de http://www.incaa.gov.ar/castellano/home/concursos_tvdigital/produccion_contenidos/2_documentales_federales2011.pdf.

Instituto Nacional de Estadísticas y Censos (INDEC). (2012). "Encuesta Nacional sobre Acceso y Uso de Tecnologías de la Información y la Comunicación (ENTIC). Resultados del tercer trimestre de 2011". Recuperado de http://www.indec.gov.ar/nuevaweb/cuadros/novedades/entic_11_12_12.pdf.

Islas, Octavio (2010). "El fin de la televisión". Recuperado de: http://www.razonypalabra.org.mx/espejo/ESPEJO_2010/elfindelatelevision.html

Jaguaribe, B. (2016). Río de Janeiro. La ciudad mediática: telenovelas y mundo urbano. En A. Gorelik y F. Aröas Peixoto (Comp.), Ciudades sudamericanas como arenas culturales (424-439). Buenos Aires, Argentina: Siglo XXI.

James, D. (1990). *Resistencia e integración. El peronismo y la clase obrera argentina*, Buenos Aires, Argentina: Sudamericana.

Jameson, F. (1995). *La estética geopolítica. Cine y espacio en el sistema mundial.* Barcelona, España: Paidós.

Jerez, O., Bergesio, L., Gaggero, D. y García Vargas, A. (1999). Salud en la provincia de Jujuy-1999, *Informe Nacional de Desarrollo Humano* (157-171). Buenos Aires, Argentina: Senado de la Nación Argentina.

Jess, P. y Massey, D. (1995). The contestation of place. En D. Massey y P. Jess (Ed.), *A place in the World? Places, culture and Globalizaton* (133-174). Oxford, Gran Bretaña: Oxford University Press/Open University. Mi traducción.

Kaliman, R. (enero-junio de 2010). La razón transformadora. Reflexiones sobre la posición de saber de los estudios culturales. *Tabula Rasa*, (12), 253-272.

Kanitscheider, S. (2007). Diferenciación socioespacial en la periferia argentina, el ejemplo de San Salvador de Jujuy. *Revista Geográfica Norte Grande*, (37), 23-33. Recuperado de http://www.scielo.cl/scielo.php?script=sci_arttext&pid=S0718-34022007000100002&lng=en&nrm=iso

Karasik, G. (1994). Plaza Grande y Plaza Chica: Etnicidad y poder en la Quebrada de Humahuaca. En: Karasik, G. (Comp.), *Cultura e identidad en el Noroeste argentino* (37-75). CEAL, Buenos Aires, Argentina: Centro Editor de América Latina.

Karasik, G. (2000), Tras la genealogía del diablo. Discusiones sobre la nación y el Estado en la frontera argentino-boliviana. En Grimson, A. (Comp.), *Fronteras, naciones e identidades. La periferia como centro* (pp. 152-184). Buenos Aires, Argentina: CICCUS/La Crujía.

Karasik, G. (2005). *Etnicidad, cultura y clases sociales. Procesos de formación histórica de la conciencia colectiva en Jujuy, 1970-2003.* (Tesis de Doctorado en Ciencias Sociales). Universidad Nacional de Tucumán, San Miguel de Tucumán.

Kaufman, A. (2007). Diálogos 1. *El río sin orillas,* (1), 102-123.

Kejval, L. (2014), Radios comunitarias, populares y alternativas: reflexiones, preguntas y desafíos a partir de la institucionalización de la demanda por democratizar las comunicaciones. En L. Bergesio, R. Burgos y C. González Pérez (Ed.), *Mapas comunicacionales y territorios de la experiencia. XV Congreso REDCOM* (243-260). San Salvador de Jujuy, Argentina: EDIUNJu.

Kessler, G. (2014). *Controversias sobre la desigualdad. Argentina, 2003-2013.* Buenos Aires, Argentina: Fondo de Cultura Económica.

Kindgard, A. (2005). *Los sectores populares de San Salvador de Jujuy en los años de la Restauración Conservadora. Condiciones de la vida material y cambio social (1930-1943)* (Tesis de Doctorado en Historia). Universidad Nacional de Tucumán, San Miguel de Tucumán.

Kingman Garcés, E. (2016). Quito. Trajines callejeros: ciudad, modernidad y mundo popular en los Andes (años 1940 y 1950). En A. Gorelik, y F. Arëas Peixoto (Comp.), *Ciudades sudamericanas como arenas culturales* (286-305). Buenos Aires, Argentina: Siglo XXI.

Kinsley, S. (2016). Vulgar geographies? Popular cultural geographies and technology. *Social & Cultural Geography, 17* (6), 793-797. doi: 10.1080/14649365.2016.1152394.

Kohan, M. (2004). *Zona urbana. Ensayo de lectura sobre Walter Benjamin,* Buenos Aires, Argentina: Norma.

Kracauer, S. (1985). *De Caligari a Hitler. Historia Psicológica del Cine Alemán.* Barcelona, España: Paidós.

Kriger, C. (2009). *Cine y peronismo. El Estado en escena.* Buenos Aires, Argentina: Siglo Veintiuno

Lacarrieu, M. (1988). "A Madonna... yo le hago un monumento". Los múltiples y diversos usos de la historia en la ciudad de México. *Alteridades 8* (16), 43-59.

Landi, O. (1987). Medios, procesos culturales y sistema político. En O. Landi (Comp.), *Medios, transformación cultural y política* (89-133). Buenos Aires, Argentina: Legasa.

Lefevbre, H. (2013). *La producción del espacio.* Madrid, España: Capitán Swing. Traducción de Emilio Martínez.

Lello, I. (2015). Jujuy en el NOA y los barrios en la ciudad: desarrollo con desigualdad. En A. García Vargas (Ed.), *Territorios y sentidos de ciudad. San Salvador de Jujuy, la capital provincial* (127-136). Jujuy, Argentina: EDIUNJu/REUN.

Lenarduzzi, V. (enero-junio de 2014). Comunicación y cultura: un archivo. *Oficios Terrestres, 30,* (30), 17-70.

Ley de Fomento de la Actividad Cinematográfica Nacional Nº 17.741. Recuperado de: http://fiscalizacion.incaa.gov.ar/images/normativas/Ley_17741_to_2001.pdf.

Ley de Servicios de Comunicación Audiovisual. Ley N° 26.522 (Senado de la Nación Argentina, 10 de octubre de 2009). Regúlanse los Servicios de Comunicación Audiovisual en todo el ámbito territorial de la República Argentina. *Boletín Oficial de la República Argentina*, año CXVII, N° 31.756. Recuperado de http://www.boletinoficial.gov.ar/Inicio/Index.castle.

Lindón, A. (2004). Las huellas de Lefebvre sobre la vida cotidiana. *Veredas,* (8), 39-60.

Lindón, A. (2008). Los giros de la geografía urbana: frente a la pantópolis, la microgeografía urbana. *Scripta Nova, XII,* 270 (62). Recuperado de http://www.ub.edu/geocrit/-xcol/81.htm.

Lovisolo, J. (invierno-primavera de 2010). La imprudencia de ser Borges. Buenos Aires y otras obsesiones. *Pensamiento de los confines,* (26), 171-184.

Machado, A. y Lucía Vélez, M. (2013). El programa de TV como un acontecimiento singular. En O. Rincón, Omar (Ed.), *Zapping TV (el paisaje de la tele latina). Documento N° 13/ FES* (27-38). Bogotá, Colombia: FES.

Maigret, E. (2005). *Sociología de la comunicación y de los medios*. Bogotá, Colombia, Fondo de Cultura Económica.

Manzanal, M. (1999). La cuestión regional en la Argentina de fin de siglo, *Realidad Económica*, (166), 70-99.

Mapas de Jujuy (2016). *Geográficos, políticos, hidrográficos y planos*. Recuperado de: http://www.losmejoresdestinos.com/destinos/jujuy/jujuy_map.htm

Marino, S. (2013). *Políticas de comunicación del sector audiovisual: las paradojas de modelos divergentes con resultados congruentes. Los casos de la televisión por Cable y el cine en Argentina entre 1989-2007* (Tesis de Doctorado en Ciencias Sociales). Universidad de Buenos Aires, Buenos Aires.

Marino, S., Mastrini, G. y Becerra, M. (2010). El proceso de regulación democrática de la comunicación en Argentina. *Oficios Terrestres*, (25), 11-24.

Martel, L. (2010): *"Nueva Argirópolis"* en *25 miradas 200 minutos. Los cortos del bicentenario* [video]. Disponible en: http://www.25miradas.gob.ar/.

Martín-Barbero, J. (1998). *De los medios a las mediaciones*. Bogotá, Colombia: Convenio Andrés Bello.

Martínez Estrada, E. (2010). *La cabeza de Goliat*. Buenos Aires, Capital Intelectual.

Martucelli, D. y Svampa, M. (1997). *La plaza vacía. Las transformaciones del peronismo*, Buenos Aires, Argentina: Losada.

Masrany, R. (2016). *The reel city: London, symbolic power and cinema* (Tesis doctoral) Department of Media and Communications of London School of Economics, Londres.

Recuperado de: http://etheses.lse.ac.uk/3342/. Mi traducción.

Massey, D. (1995). The conceptualization of place. En D. Massey y P. Jess (Ed.), *A place in the World? Places, culture and Globalizaton* (45-85). Oxford, Gran Bretaña, Oxford University Press/Open University. Mi traducción.

Massey, D. (2000). Imagining Globalisation: Power Geometries of Time-Space. En A. Brah, M. Hickman & M. M. Gaill (Ed.), *Global Futures: Migration, Environment and Globalization* (27-44). Basingstoke, Gran Bretaña: Macmillan. Mi traducción.

Massey, D. (2005a). *For Space*. Londres, Gran Bretaña: SAGE. Mi traducción.

Massey, D. (2005b). La filosofía y la política de la espacialidad: algunas consideraciones. En L. Arfuch (Comp.), *Pensar este tiempo. Espacios, afectos, pertenencias* (101-127). Buenos Aires, Argentina: Paidós.

Massey, D. y Jess, P. (Ed.). (1995). *A place in the World? Places, culture and Globalizaton*. Oxford, Gran Bretaña, Oxford University Press/Open University. Mi traducción.

Massey, D. (1979). In what sense a regional problem? *Regional Studies, 13*, 233-243. Mi traducción.

Massey, D. (junio de 1991). A global sense of place, *Marxism Today*, s/ N°, 24-29. Mi traducción.

Mastrini, G. y Becerra, M. (2002), Dejar hacer, dejar concentrar: economía y política en la historia de la TV latinoamericana, Revista Zigurat, (3), 78-89.

Mastrini, G. y Loretti, D. (2009), Políticas de comunicación: un déficit de la democracia. En S. Sel (Comp.), *La comunicación mediatizada. Hegemonías, alternatividades, soberanías* (59-70). Buenos Aires, Argentina: CLACSO.

Mata, M. C. (2009). Comunicación comunitaria en pos de la palabra y la visibilidad social. En Área de Comunicación Comunitaria (Comp.): *Construyendo comunidades... Re-*

flexiones actuales sobre comunicación comunitaria (21-34). Buenos Aires, Argentina: La Crujía y Universidad Nacional de Entre Ríos.

Mato, D. (2001). Introducción: Cultura y transformaciones sociales en tiempos de globalización. En: Mato, D. (Comp.), *Estudios Latinoamericanos sobre cultura y transformaciones sociales en tiempos de globalización* (13-29). Buenos Aires, Argentina: CLACSO/ASDI.

Mattelart, A. (1983). *La comunicación masiva en el proceso de liberación.* México DF, México: Siglo XXI.

Mattelart, A. (2010), Estudiar comportamientos, consumos, hábitos y prácticas culturales. En L. A. Albornoz (Comp.), *Poder, Medios, Cultura. Una mirada crítica desde la Economía Política de la Comunicación* (157-176). Buenos Aires, Argentina: Paidós.

Mattelart, A. y Mattelart, M. (1997). *Historia de las Teorías de la Comunicación.* Buenos Aires, Argentina: Paidós.

Mattelart, M. (1982). *Mujeres e industrias culturales.* Barcelona, España: Anagrama.

Mestman, M. (2013), Las masas en la era del testimonio. Notas sobre el cine del 68 en América Latina. En M. Mestman y M. Varela (Coord.), *Masas, pueblo, multitud en cine y televisión* (179-215). Buenos Aires, Argentina: EUDEBA.

Ministerio de Planificación de la Nación (2009): *Planificación estratégica para la implementación del SATVD-T.* Recuperado de http://www.minplan.gob.ar.

Morábito, F. (2007). *La ola que regresa (Poesía reunida).* México DF, México: Fondo de Cultura Económica.

Moragas, M. (1986). *Sociología de la comunicación. Vol. 2 Estructuras, funciones y efectos.* Barcelona, España: Gustavo Gili.

Morley, D. (2005). Pertenencias: Lugar, espacio e identidad en un mundo mediatizado. En L. Arfuch (Ed.), *Pensar este tiempo. Espacios, afectos, pertenencias* (129-168). Buenos Aires, Argentina: Paidós.

Muraro, H. (1987). La comunicación masiva durante la dictadura militar y la transición democrática en la Argentina, 1973-1986. En O. Landi (Comp.), *Medios, transformación cultural y política* (13-57). Buenos Aires, Argentina: Legasa.

Nancy, J-L. (2013). *La ciudad a lo lejos.* Buenos Aires, Argentina: Manantial.

Negroponte, N. (1995). *Ser digital.* Buenos Aires, Argentina: Atlántida.

Nichols, B. (2011). *La representación de la realidad. Cuestiones y conceptos sobre el documental.* Barcelona, España: Paidós.

Nicolosi, A. P. (2014). La ficción televisiva a partir de la LSCA. "Des-centrando" la producción y la empleabilidad técnica. En A. P. Nicolosi (Comp.), *La televisión en la década kirchnerista. Democracia audiovisual y batalla cultural* (47-62). Buenos Aires, Argentina: Universidad Nacional de Quilmes.

Nigus, K. (2005). *Los géneros musicales y la cultura de las multinacionales.* Barcelona, España: Paidós.

Nora, P. (2008). *Pierre Nora en Les Lieux de mémoire o lugares de la memoria.* Montevideo, Uruguay: Trilce.

Ogando, A. (director) (2011): *Maestros del Norte.* San Salvador de Jujuy [serie documental federal para televisión]. San Salvador de Jujuy: Wayruro Comunicación Popular/ INCAA.

Orozco Gómez, G. y Vassallo de Lopes M. I. (Coord.) (2010). *Convergencias y transmediación de la ficción televisiva. OBITEL 2010.* San Pablo, Brasil: Globo.

Orquera, F. (2010). Crisis social y reconfiguración simbólica del lugar de pertenencia: sentidos de la 'tucumanidad' en un contexto de crisis (1966-1973). En F. Orquera (Ed.), *Ese ardiente Jardín de la República. Formación y desarticulación de un 'campo' cultural: Tucumán, 1880-*

1975 (pp. 267-294). Córdoba, Argentina: Alción.

Ortiz, R. (1996). *Otro territorio. Ensayos sobre el mundo contemporáneo.* Bernal, Argentina: Universidad Nacional de Quilmes.

Pagden, A. (1997). *Señores de todo el mundo. Ideologías del imperio en España, Inglaterra y Francia (en los siglos XVI, XVII y XVIII).* Barcelona, España: Península.

Paiva, R. y Sodré, M. (2004). *Cidade dos artistas. Cartografia da televisãoe da fama no Rio de Janeiro.* Río de Janeiro, Brasil: Mauad.

Panaia, M. (2005). Apuntes para la rediscusión del concepto de región en la Argentina actual. *Revista de Estudios Regionales y Mercado de Trabajo,* (1), 225-246.

Paolantonio, J. (2004). *Algo en el aire.* Buenos Aires, Argentina: Seix Barral.

Papalini, V. (2006). *Anime. Mundos tecnológicos, animación japonesa e imaginario social,* Buenos Aires, Argentina: La Crujía.

Papalini, V. (2010). Hermenéutica crítica: apuntes y reflexiones para la investigación en Comunicación. En C. Arrueta, M. Brunet y J. Guzmán (Comp.), *La Comunicación como objeto de estudio* (95-130). Jujuy, Argentina: Editorial UCSE.

Paulinelli, M. (Coord.). (2005). *Poéticas en el cine argentino. 1995-2005.* Córdoba, Argentina: Comunicarte.

Portes, A., Roberts, B. y Grimson, A. (Ed.). (2005). *Ciudades Latinoamericanas. Un análisis comparativo en el umbral del Nuevo siglo.* Buenos Aires, Argentina, Prometeo.

Pratt, M. L. (1992). *Imperial eyes. Travel writing and transculturation.* Londres, Gran Bretaña: Routledge.

Proyecto Cultivos Andinos (2007). *La Quebrada en cifras. Estudio cuantitativo marco del perfil económico-productivo de la Quebrada de Humahuaca.* San Salvador de Jujuy, Argentina: Fundandes.

Rabey, M. y Jerez, O. (Ed.). (2010). *Procesos de urbanización en la Argentina: La mirada Antropológica.* Jujuy, Argentina: UNJu.

Rama, A. (1998). *La ciudad letrada.* Montevideo, Uruguay: Arca.

Rama, A. (2008). *Transculturación narrativa en América Latina,* Buenos Aires, Argentina: El Andariego.

Ramírez, I. (julio de 2013). Los mapas y el territorio. Cómo es la relación entre el gobierno y los sectores medios, Le Monde Diplomatique, (169), 4-6.

Ramos, A. (1992). The hyperreal indian. *Serie Antropología,* (135), 1-17.

Reguillo, R. (1991). *En la calle otra vez. Las bandas: identidad urbana y usos de la comunicación.* Tlaquepaque, Jalisco, México: ITESO.

Reguillo, R. (1996). *La construcción simbólica de la ciudad. Sociedad, desastre y comunicación.* Guadalajara, México: Iteso/Universidad Iberoamericana.

Reguillo, R. (enero-junio de 2008). Saber y poder de representación: la(s) disputa(s) por el espacio interpretativo, Nueva Época, (9), 11-33.

Resolución 1785/2009. Ministerio de Planificación Federal, Inversión Pública y Servicios. Apruébase el Acuerdo para la conformación del Consejo Asesor del Sistema Argentino de Televisión Digital Terrestre. Recuperado de: http://servicios. infoleg.gob.ar/infolegInternet/ anexos/155000-159999/158008/ norma.htm.

Restrepo, E. (2010). Respuestas a un cuestionario: posiciones y situaciones. En N. Richard (Ed.) (2010), *En torno a los estudios culturales. Localidades, trayectorias y disputas* (107-119). Santiago, Chile: ARCIS/ CLACSO.

Restrepo, E. (2012). *Antropología y Estudios culturales. Disputas y confluencias desde la periferia,* Buenos Aires, Argentina: Siglo XXI.

326

Restrepo, E. (2013), Articulaciones de negridad: políticas y tecnologías de la diferencia en Colombia. En A. Grimson y K. Bidaseca (Coord.), *Hegemonía cultural y políticas de la diferencia* (147-163). Buenos Aires, Argentina: CLACSO.

Richard, N. (julio-septiembre/1997), Intersectando Latinoamérica con el latinoamericanismo: discurso académico y crítica cultural. Revista Iberoamericana LXIII (180), pp. 345-361.

Richard, N. (2010), Introducción. En N. Richard (Ed.). (2010). *En torno a los estudios culturales. Localidades, trayectorias y disputas* (9-13). Santiago de Chile, Chile: ARCIS/CLACSO.

Ricciardi, Diego (director) (2011). *San Salvador de Jujuy, Murmullo que aturde* [unitario documental federal para televisión] San Salvador de Jujuy, Wayruro Comunicación Popular/INCAA.

Rincón, O. (2006). *Narrativas mediáticas. O cómo se cuenta la sociedad del entretenimiento*, Barcelona, España: GEDISA.

Rivera Cusicanqui, S. (2010), *Ch'ixinakaxUtxiwa. Una reflexión sobre prácticas y discursos descolonizadores*, Buenos Aires, Argentina, Tinta Limón.

Roberts, B. (2005). Globalization and Latin American Cities, *International Journal of Urban and Regional Research*, (29.1), pp. 110-23.

Robinson, J. (2006). *Ordinary cities. Beyond modernity and development*. Londres y Nueva York, Gran Bretaña y Estados Unidos: Routledge.

Robinson, J. (2004). A world of cities. *The British Journal of Sociology, 5* (4), 569-574.

Rodríguez, Susana (2003). Imágenes de la exclusión social representadas en el filme *La ciénaga* de Lucrecia Martel. Cuadernos de Humanidades, (14), 179-188.

Rodríguez Fuentes, C. (2014), Espacio cinematográfico. *La casa familiar alude a nuestro primer universo.* En C. Rodríguez Fuentes (Coord.), *Cuadernos Artesanos de Comunicación N° 68. Reflexiones y análisis sobre textos audiovisuales* (145-162). La Laguna, España: Sociedad Latina de Comunicación Social.

Rofman, A. (1999). Modernización productiva y exclusión social. *Realidad Económica*, (162), 107-136.

Román Velázquez, P. (1999), *The making of Latin London. Salsa music, place and identity*, Londres, Gran Bretaña: Ashgate.

Román Velázquez, P. y García Vargas, A. (julio-diciembre de 2008). *Hay que traer el espacio a la vida.* Entrevista a Doreen Massey, *Signo y Pensamiento*, (53), 327-343.

Roman-Velazquez, P. (2014). Claiming a place in the global city: Urban regeneration and Latin American spaces in London. Special Issue: City, architecture, culture and financial systems, *Political Economy of Technology, Information & Culture Journal (EPTIC), 16*, (1). Recuperado de: http://www.seer.ufs.br/index.php/eptic/issue/view/182/showToc.

Romero, A. (2010). Estética y orden como sinónimos de belleza. El caso de San Salvador de Jujuy. En García Vargas, A. (Ed.), *Ciudad. San Salvador de Jujuy como texto*. San Salvador de Jujuy, EDIUNJu.

Romero, J. L. (2001). *Latinoamérica: las ciudades y sus ideas.* Buenos Aires, Argentina: Siglo XXI.

Ronsino, H. (2013). *Lumbre.* Buenos Aires, Argentina: Eterna Cadencia.

Rose, G. (1995). Place and identity: a sense of place. En D. Massey y P. Jess (Ed.). (1995). *A place in the World? Places, culture and Globalizaton* (87-132). Oxford, Gran Bretaña: Oxford University Press & Open University.

Rose, G. (2016a). Cultural geography going viral, *Social & Cultural Geography, 17* [6], 763-767. doi: 10.1080/14649365.2015.1124913.

Rose, G. (19/9/2016b). Ten top tips for making a smart city promotional [video]. *Visual Method*

Culture. Recuperado de: https://visualmethodculture.wordpress.com/2016/09/19/ten-top-tips-for-making-a-smart-city-promotional-video/

Rosenthal, A. B. (2000). Spectacle, fear and protest, *Social Science History, 24*(1), 3-72.

Rossi, D. (2009). La Radiodifusión entre 1990-1995: Exacerbación del modelo privado-comercial. En G. Mastrini (Ed.), *Mucho ruido, pocas leyes. Economía y políticas de comunicación en la Argentina (1920-2004)* (239-259). Buenos Aires, Argentina: La Crujía.

Ruiz, S. y Triquell, X. (junio de 2010). El estatuto semiótico de las imágenes, *Pensares, 6*, 137-148.

Sábato, H. (1988). El pluralismo cultural en la Argentin a: un balance crítico. *Historiografía Argentina. 1958-1988*. Buenos Aires, Argentina: Comité Internacional de Ciencias Históricas/Comité Argentino.

Sala, G. (2005). Redistribución espacial y procesos migratorios. En D. Santamaría (Comp.), *Jujuy. Arqueología, Historia, Economia, Sociedad* (452-475). Jujuy, Argentina: CEIC/Cuadernos del duende.

Sala, G. (2012). Acciones sanitarias dirigidas a los migrantes bolivianos residentes en Jujuy durante los años noventa, Cuadernos, (41), 273-292.

Sanjinés, J. y Ukamau (1979). *Teoría y práctica de un cine junto al pueblo*. Buenos Aires, Argentina: Siglo XXI.

Santos, M. (2000). *La naturaleza del espacio*. Barcelona, España: Ariel.

Sarlo, B. (1999). *Una modernidad periférica. Buenos Aires 1920 y 1930*. Buenos Aires, Argentina: Nueva Visión.

Sarmiento, D. F. (1986). *Facundo*. Bogotá, Colombia: Oveja Negra.

Sassen, S. (2001). *The global city*. Princeton y Oxford, Estados Unidos: Princeton UP.

Sautu, R. (2005). *Todo es teoría. Objetivos y métodos de investigación*. Buenos Aires, Argentina: Lumiere.

Schmucler, H. (1997). *Memoria de la comunicación*. Buenos Aires, Argentina: Biblos.

Scolari, C. (2008): *Hipermediaciones. Elementos para una teoría de la Comunicación Digital Interactiva*. Barcelona, España: Gedisa.

Segato, R. (entrevistada por Mateu, C. y Spiguel, C.) (otoño/1997). Una aplanadora homogeneizante. *Revista La Marea*, (9).

Segato, R. (2004). Territorio, soberanía y crímenes de segundo estado: la escritura en el cuerpo de las mujeres asesinadas en Ciudad Juárez. *Serie Antropología*, (362), 1-20.

Segato, R. (2007). *La Nación y sus Otros. Raza, etnicidad y diversidad religiosa en tiempos de Políticas de la Identidad*. Buenos Aires, Argentina: Prometeo.

Segura, R. (2015), *Vivir afuera. Antropología de la experiencia urbana*, San Martín, Buenos Aires, UNSAM.

Segura, R. (2006). Territorios del miedo en el espacio urbano de la ciudad de La Plata: efectos y ambivalencias, Revista Question, (12). Recuperado de: http://perio.unlp.edu.ar/question/numeros_anteriores/numero_anterior12/nivel2/editorial.htm.

Segura, R. (2008). Escritura, autoría e interpretación cultural en Ciencias Sociales. A propósito de *Tras los hechos* de Clifford Geertz, Revista Question, (17). Recuperado de: http://sedici.unlp.edu.ar/handle/10915/31845.

Semán, P. y Merelson, S. (2007). ¿Cómo se dividen brasileños y argentinos? Construcción de mapas sociales en Brasil y Argentina. En: Grimson, A. (Comp.) *Pasiones nacionales. Política y cultura en Brasil y Argentina* (189-210). Buenos Aires, Argentina: EDHASA.

Sigal, S. (2006), *La Plaza de Mayo. Una crónica*, Buenos Aires, Argentina, Siglo XXI.

Sigal, S. y Verón, E. (2003), *Perón o muerte. Los fundamentos discursivos del fenómeno peronista*, Buenos Aires, Argentina, EUDEBA.

Silva, A. (2000). *Imaginarios urbanos. Bogotá y Sao Paulo: cultura y comunicación urbana en América Latina.* Bogotá, Colombia: Tercer Mundo/Norma.

Silvestri, G. (2011). *El lugar común. Una historia de las figuras de paisaje en el Río de la Plata.* Buenos Aires, Argentina: Edhasa.

Slack, J. D. (1996), The theory and method of articulation in cultural studies. En D. Morley y K.-H. Chen (Ed.), *Stuart Hall. Critical Dialogues in Cultural Studies* (pp. 112-127). Londres, Gran Bretaña: Routledge.

Smith, A. (2003), ¿Gastronomía o Geología? El papel del nacionalismo en la re-construcción de las naciones. En A. Smith, Anthony y R. Máiz: *Nacionalismo y movilización política.* Buenos Aires, Argentina: Prometeo

Sodré, M. (1998). *Reinventando la cultura. La comunicación y sus productos.* Barcelona, España: Gedisa.

Solanas, F. y Getino, O. (1973). *Cine, cultura y descolonización.* Buenos Aires, Argentina: Siglo XXI.

Sorá, G. (2010). Prólogo. Interiorizar y objetivar, o la centralidad de la periferia cordobesa. En A. C. Agüero y D. García (Ed.), *Culturas interiores: Córdoba en la geografía nacional e internacional de la cultura* (11-14). La Plata, Argentina: Al margen.

Sorlin, P. (1985). *Sociología del cine. La apertura para la historia de mañana.* México, México: Fondo de Cultura Económica.

Sosa, L. (2007). La conformación hegemónica del modelo de televisión hertziana en la frontera norte de Argentina. En S. Zegada, E. Gutiérrez y L. Sosa, *Estudios de comunicación en la frontera* (61-92). San Salvador de Jujuy, Argentina: EDIUNJu.

Stumpo, G. (1992). Un modelo de crecimiento para pocos. El proceso de desarrollo de Jujuy entre 1960 y 1985. En A. Isla (Comp.), *Sociedad y articulación en las tierras altas jujeñas. Crisis terminal de un modelo de desarrollo* (41-144). Buenos Aires, Argentina: ECIRA/ASAL/MLAL.

Subprograma de Polos y Nodos Audiovisuales Federales (2011). Presentación Río Content Market de Eva Piwowarsky (archivo ppt). Ministerio de Planificación de la Nación. Mimeo.

Svampa, M. (1994). *El dilema argentino: civilización o barbarie. De Sarmiento al revisionismo peronista*, Buenos Aires, Argentina: El cielo por asalto.

Svampa, M. (2001). *Los que ganaron. La vida en los countries y barrios privados*, Buenos Aires, Argentina: Biblos.

Svampa, M. (2005). *La sociedad excluyente. La Argentina bajo el signo del Neoliberalismo.* Buenos Aires, Argentina: Taurus.

Svampa, M. y Pereyra, S. (2004). *Entre la ruta y el barrio. La experiencia de las organizaciones piqueteras.* Buenos Aires, Argentina: Biblos.

Terbeck, E. (2007). Notas sobre la circulación del documental militante en la Ciudad de Buenos Aires desde la década del '90. En S. Sel (Comp.), *Cine y fotografía como intervención política* (67-87). Buenos Aires, Argentina: Prometeo.

Thompson, E. P. (1995). *Costumbres en común*, Barcelona, España: Crítica.

Thompson, J. (octubre de 1991). La comunicación masiva y la cultura moderna. Contribución a una teoría crítica de la ideología, Versión. Estudios de comunicación y política, (1), 43-74.

Tirri, N. (2012). *El transeúnte inmóvil. La perspectiva urbana en el cine*, Buenos Aires, Argentina: Paidós.

Troncoso, C. A (2009). El retrato cambiante de la Quebrada de Humahuaca. Transformaciones y permanencias en sus atractivos turísticos. En R. Bertoncello, *Turismo y Geografía* (17-42). Buenos Aires, Argentina: La Crujía.

UBACYT S-104 (2009), Catálogo de colectivos, grupos y realizadores de documentales y audiovisuales de intervención política (1990-2006). En S. Sel (Comp.), *Cine y fotografía como intervención política* (197-265). Buenos Aires, Argentina: Prometeo.

Ulloa, M. (2010): Ciudad e historia, un largo camino. En A. García Vargas (Ed.), *Ciudad. San Salvador de Jujuy como texto* (43-54). Jujuy, Argentina: EDIUNJu/REUN.

Valle, L. (Abril 2017). *Newsletter Comunicaciones Electrónicas.* Buenos Aires: Comunicaciones Electrónicas. Recuperado de http://comunicacioneselectronicas.com/

Vargas, Jorge (director) (2011): *El viaje, 9 días buscando Norte* [serie de ficción federal para televisión]. San Salvador de Jujuy: Fundación Séptimo Arte/INCAA.

Vernik, E. (2010), *Mirando políticos por televisión. Argentina, 1983-1991. Una etnografía de la interpretación,* Buenos Aires, Argentina, EUDEBA.

Vidal Beneyto, J. (1986). El espacio público de referencia dominante, en G. Imbert y J. Vidal Beneyto, *El País o la referencia dominante* (17-24). Barcelona, España: Mitre.

Vila, P. (diciembre de 1997). Hacia una reconsideración de la Antropología visual como metodología de investigación social, *Estudios sobre las Culturas Contemporáneas, III,* (6), 125-167.

Villagrán, A. J. (2014). Entre historia y tradición. Reflexiones a partir del proceso de folclorización del pasado en Salta, *Corpus,* Vol 4, (1), 1-16. Doi: 10.4000/corpusarchivos.793

Visacovsky, S. E. (2001). *El Lanús. Memoria, política y psicoanálisis en la Argentina,* Buenos Aires, Argentina: Infomed.

Webster, F. y Robins, K. (1986). *Information technology: a luddite analysis.* Norwood, Gran Bretaña: Abblex.

Williams, R. (1997). *Marxismo y literatura.* Barcelona, España: Península.

Williams, R. (2001). *El campo y la ciudad.* Buenos Aires, Argentina: Paidós.

Williams, R. (2011). *Televisión. Tecnología y forma cultural.* Buenos Aires, Argentina: Paidós.

Wolf, S. (2002). Las estéticas del nuevo cine argentino: el mapa es el territorio. En H. Bernades, D. Lerer y S. Wolf (Ed.), *El nuevo cine argentino: temas, autores y estilos de una renovación* (29-39). Buenos Aires, Argentina: FIPRESCI.

Yúdice, G. (2002). *El recurso de la cultura. Usos de la cultura en la era global.* Barcelona, España. Gedisa.

Zarowsky, M. (otoño de 2007). En torno al vínculo saber-política en los trabajos de Armand y Michèlle Matellart en el período chileno. *Cuadernos Críticos de Comunicación y Cultura,* (2), 21-40.

Zavala, L. (s/d). *Elementos de análisis cinematográficos.* Recuperado de: http://www.sepancine.mx/attachments/Elementos_de_anlisis.pdf.

Zubieta, A. M. (Dir.). (2000). *Cultura popular y cultura de masas. Conceptos, recorridos y polémicas.* Buenos Aires, Argentina: Paidós.

Zukin, S. (2005). *The Culture of Cities.* Cornwall, Gran Bretaña: Blackwell.

Videofilmografía

Amat, E. (productora ejecutiva). (2012). *Aquí te lo contamos* [Canal 7 – Radio Visión Jujuy]. San Salvador de Jujuy. Temporada 2.

Buj, M. y Palumbo, E. (directores). (2012). *Tupac Amaru, algo está cambiando.* San Salvador de Jujuy: Palumbo y Buj.

Burton, T. (director). (1990). *El joven Manos de Tijera.* Estados Unidos: 20th Century Fox.

Calvetti, F. (productor general). (2012). *Jujuy Profundo* [Canal 4 - Unicable]. San Salvador de Jujuy. Temporada 5.

Ipiña, L. (director) (2012). Éxodo [Canal Encuentro]. Buenos Aires: Secretaría de Turismo y Cultura de Jujuy / Encuentro.

Irigaray, F. (director). (2013). *Tras los pasos del hombre bestia* [documental multimedial interactivo digital]. Rosario: DCM Team Producciones.

Martel, L. (directora). (2001). *La ciénaga.* Argentina / España / Francia: 4k films-Cuatro Cabezas / Wanda Visión / TS Productions

Molentino, F. y Ferraro, J.M. (directores). (2014). *Extremos Viaje a Karukinka* [video]. Argentina: Panal de Ideas.

Mugica, R. (director). (1971). *Bajo el signo de la patria.* Buenos Aires: Mundial Cine.

Ogando, A. (director). (2012). *Maestros del Norte. 4 escritores, 4 historias.* [Canal Encuentro]. Buenos Aires.

Pereyra, M. (director). (1988). *La deuda interna.* Argentina/Reino Unido: IN-CAA/BFI.

Pereyra, M. (director). (1992). *400 veces Jujuy* [cinta cinematográfica]. Argentina: Municipalidad de San Salvador de Jujuy.

Ricciardi, D. (director). (2010). *Tacita* [video]. Argentina: EDIUNJu.

Ricciardi, D. (director). (2011). *San Salvador de Jujuy, Murmullo que aturde* [Contenidos Digitales Argentinos]. San Salvador de Jujuy.

Saraceni, J. (director). (1949). *Nace la libertad.* Buenos Aires: Sincca Films.

Sarasola Day, B. (directora). (2013). *Deshora.* Argentina/Colombia/Noruega: Pucara/ Antorcha/ Faction / Werner

Seggiaro, D. (directora). (2010). *Nosilatiaj. La belleza.* Argentina: Vista Sur Films.

Vargas, J. (director). (2013). *El viaje. 9 días buscando Norte.* [LW8 Canal 7 Jujuy] San Salvador de Jujuy.

La información sobre medios televisivos locales se ha recuperado de archivos públicos (AFSCA) y de las siguientes direcciones electrónicas:

Radio Visión Jujuy, titular Eulalia Quevedo de Jenefes. Decreto 95/98, disponible en: http://infoleg.mecon.gov.ar/infolegInternet/anexos/45000-49999/48873/norma.htm. Accedido: 25 de noviembre de 2014 y http://www.indec.mecon.ar/ftp/cuadros/sociedad/engho_25_04_14.pdf. Accedido: 26 de noviembre de 2014.

Canal 2 Nortelevisa S.A., disponible en: http://www.canal2jujuy.com/pdf/afsca.pdf. Accedido 25 de noviembre de 2014.

Canal 4 UNICABLE, su titular Claudio Jaquet Matillon fue candidato a diputado provincial por el Frente para la Victoria en las elecciones 2013. Disponible en: http://ar.linkedin.com/pub/claudio-gast%C3%B3n-jacquet-matillon/52/662/5.

Imágenes mencionadas o analizadas en la tesis que se incluyen en el dispositivo adju nto

RRef.	PPág.	Título	Origen	Descripción breve	Link
C1	133	Alocución de Milagro Sala en acto de la Organización Barrial Tupac Amaru (Barrio Alto Comedero, San Salvador de Jujuy)	*Milagro en jujuy* (Pereyra, 2007)	Banderas en producción AV de organización social	https://youtu.be/bm_o4KeLKIQ
C2	137	Desagregado de animación obligatoria inicial: CA/INCAA/Arg	INCAA	3 fotogramas de la animación	https://youtu.be/9g2eAMws3VA
M1	137	Placas iniciales de programas del fomento	*Murmullo*	Placas iniciales y fotogramas	https://youtu.be/9VqvBOkmatg
V1	-	Placas iniciales de programas del fomento	*El viaje*	Placa casa productora	https://youtu.be/KHjsOmmG8rY
JP1	142	Banderas en escenografía de *Jujuy Profundo*	*Jujuy Profundo* E1-T5	Banderas y retrato en escenografía	https://youtu.be/1i5S3b3Mjpc
C3	144	Bicentenario del éxodo: legado belgraniano	Programado en todos los canales televisivos locales de San Salvador de Jujuy durante 2012	Spot 5/6 de la Municipalidad de San Salvador de Jujuy	https://www.youtube.com/watch?v=NBYkocDKztU
JP2	145	Bandera de Macha "En ese entonces el territorio no era marginal, era el centro"	*Jujuy Profundo* E3-T5	Columna Arq. Grenni	https://youtu.be/3EM1lXonlBI
C4	147	*Bajo el signo de la patria* (René Mugica, 1971).	Emisión en Televisión Pública Argentina	Bendición de la bandera	https://www.youtube.com/watch?v=mU97hkBOmWw
V2	149	"Sos un argentinito trucho, no soi argentino vos"	*El viaje* Capítulo 2	Nacionalidad marcada	https://youtu.be/oxOyhT_QwCg
V3	149	Presentación de la serie "El viaje"	*El viaje* Capítulo 6	Animación completa	https://youtu.be/2R2CU4b0890
M2	151	Escena inicial	*Murmullo*	Banderas	https://youtu.be/43fcNwaeKXY
M3	152	Banderas en el vestido de la Virgen de Urkupiña	*Murmullo*	Fotogramas de la virgen de Urkupiña	https://youtu.be/m7bhMM6Z_p4
M4	153	Trajes de bailarines y bailarinas	*Murmullo*	Bailarines adorando a la Virgen	https://youtu.be/H-r5faFecLY
M5	154-155	Banderas en Manifestación	*Murmullo*	Manifestación desde preparación en el barrio hasta columnas en la recova del Cabildo	https://youtu.be/4lMWfTLBioU
C6	156	*Tupac Amaru, algo está cambiando* (Magalí Buj y Federico Palumbo, 2012)	Programado por la señal TeleSur (accesible en grilla TDA) 8/3/15	Celebración del Inti Raymi en el Barrio de la Tupac Amaru (Alto Comedero)	https://youtu.be/b4y10GWEPks

C7	165	*Festival Internacional de Cine de las Alturas 2014*	Programado por todas las señales locales durante octubre de 2014 https://vimeo.com/105597093?lite=1	Spot de presentación y difusión del festival	https://youtu.be/pkwW4kUdZBw
C8	169	*Vivo en Argentina*	TV Pública, programa transmitido el 2/04/12	Valija para ir a Jujuy	https://youtu.be/Rv7Ei530yMY
C9	170	*Soy Pachamama, soy Jujuy, soy jujeño*	Programado por todas las señales locales durante 2013 https://www.youtube.com/watch?v=0nbX4VgXSh8	Spot de la Dirección de Cultura y Turismo de la Provincia de Jujuy (2013)	https://youtu.be/x7BOxBGi6r0
C9a; C9b; C9 c	171; 171; 172	Fotogramas C9	Ver C9	Fotogramas de C9	https://youtu.be/x7BOxBGi6r0
C10	173	Festival de los Reyes Magos Tupac Amaru / Ternura en Jujuy	Canal 4 de Jujuy	Transmisión en vivo del Festival de los Reyes Magos organizado por la Organización Tupac Amaru (Canal 4, 2012)	https://youtu.be/0AOLxXumnJw
V5	175	Terminal de ómnibus	*El viaje, 9 días buscando Norte*	Llegada a San Salvador y compra de pasaje	https://youtu.be/UmNFDtOhx64
V6	176	Panorámica de la Terminal	*El viaje, 9 días buscando Norte*	Recorrida por la Terminal de ómnibus	https://youtu.be/56vJ4-BWe50
JP3	191	"Jujuy era el centro"	*Jujuy Profundo* E3-T5	Columna Arq. Grenni	https://youtu.be/7qIkEbAMAOg
MN1	202	Trayecto de Ernesto Aguirre Jujuy-Tucumán como universitario	*Maestros del Norte* capítulo 1	Testimonio de Ernesto Aguirre	https://youtu.be/motavdY_sWM
MN2	203	Mangieri sobre el trayecto de Fidalgo	*Maestros del Norte* capítulo 2	hasta "quién no pasó por ahí"	https://youtu.be/SjYby6nomw8
JP4	211	"Nosotros seríamos Madre de Ciudades en el Norte Argentino"	*Jujuy Profundo* E4-T5	Columna Eduardo Uriondo	https://youtu.be/FN_JFMqAA_4
JP5	215	"En Jujuy nació la Patria"	*Jujuy Profundo* E1-T5	Lema del programa	https://youtu.be/_HKEQitsUhs
C11	216	La historia de la Historia	*Exódo*, serie canal Encuentro capítulo 4 http://encuentro.gob.ar/programas/serie/9582/4459?temporada=1	Cap. 4	https://youtu.be/PTxvOmyie_U

C11a	218	Fotograma C11	*Exódo*, serie canal Encuentro capítulo 4 http://encuentro.gob.ar/programas/serie/9582,/4459?temporada=1	Cap. 4	https://youtu.be/PTxvOmyie_U
C12	218	"Nace la libertad"	Canal Volver (cable)	Fotograma de la escena del éxodo	No está disponible en línea
C13	220	Informe sobre la serie Éxodo	*Aquí te lo contamos*, 23/8/13, canal 7 de Jujuy	Informe especial sobre el programa de Encuentro	https://youtu.be/24KtkCKj-h4
C14	221	Entrevista a Irene Ballatore (Instituto Belgraniano de Jujuy)	*Aquí te lo contamos*, 23/8/13, canal 7 de Jujuy	Crítica a la serie del canal Encuentro	https://youtu.be/etHmB-Wifog
JP6	223	Intervención del conductor en audiencia pública municipal por ubicación de monumento conmemorativo del Bicentenario del Éxodo jujeño	*Jujuy Profundo* E7-T5	Registro y emisión de la intervención del conductor	https://youtu.be/hZrxJfqNqas
JP7	225	"Ustedes no nos sirven como ciudadanos"	*Jujuy Profundo* E3-T5	Editorial por vandalismo urbano	https://youtu.be/66dsmSgMMLE
JP8	226	"No son argentinos"	*Jujuy Profundo* E7-T5	Nota al Secretario de Cultura de la Municipalidad por vandalismo urbano	https://youtu.be/BSXaFB1F8Ss
JP9	225	"Imbéciles, basura, vándalos"	*Jujuy Profundo* E4-T5	Fragmento del informe por vandalismo urbano	https://youtu.be/eeFo4ekkGMM
JP10	228	La siembra	*Jujuy Profundo* E7-T5	Editorial en piso	https://youtu.be/2h89VwznsG4
JP11	229	Escenografía	*Jujuy Profundo* E1-T5	Presentación en piso de la temp 5	https://youtu.be/RrVh1C-wKtY
JP12	231	Presentación del programa Jujuy Profundo	*Jujuy Profundo* E1-T5	Apertura del programa	https://youtu.be/RrVh1C-wKtY
JP13	234	El "pacto de Carena"	*Jujuy Profundo* E1-T5	Aniversario del programa	https://youtu.be/p1KM7RjGqs0
JP14	235	Apodos y estilo de trato con invitadxs y columnistas	*Jujuy profundo* E7 T5	Trato coloquial con invitados	https://youtu.be/-dJ3MJrgvRA
M6	241	Espacios referidos	*Murmullo*	Zona de la terminal / Testimonio de Romina	https://youtu.be/1PWlsZzEzcQ
C15	244	"Vendedores ambulantes en distintos lugares. La opinión de la gente"	Telediario canal 4 y TodoJujuy.com, 22/9/15	Todo Jujuy	https://youtu.be/scFcZeMJEKI
V7	248	Productos de la terminal	*El viaje* Capítulo 6	Desayuno con api	https://youtu.be/2e3PTnl5KLE

V8	249	Persecución en antigua terminal	*El viaje* Capítulo 6	Canal 7	https://youtu.be/GbNV5uwGbgE
V9	250	Paseo por el centro de la ciudad	*El viaje* Capítulo 6	Recorrido por el centro de la ciudad	https://youtu.be/vdn9GPR1bkg
V10	250	Viaje en auto con turistas	*El viaje* Capítulo 6	Trayecto Jujuy-Salta	https://youtu.be/riwuonNUfw0
M7	254	Amanecer en la feria, con música original de fondo	*Murmullo*	Feria Virgen de Urkupiña	https://youtu.be/WAiKcpd2cBk
M8	254	Historia de Marilyn	*Murmullo*	Espacio referido: la peluquería instalada	https://youtu.be/nQ4RDzA7pOs
M9	255	Historia de Guillermo	*Murmullo*	Guillermo en el puesto de libros	https://youtu.be/lZAdQ_c7kxA
M10	255	Historia de Juan	*Murmullo*	Juan camina con su puesto	https://youtu.be/LRGM1by1wTk
M11	256	Historia de Dionicia	*Murmullo*	De los lotes zafreros a la terminal	https://youtu.be/C-sdAssDXDA
M12	257	Dionicia desarma el puesto	*Murmullo*	Inicio de la escena final	https://youtu.be/fbElBFG0Uec
C16	263	San Salvador de Jujuy en *La Deuda Interna*	La deuda interna	Veronico en la ciudad y la ciudad en el relato a Juanita	https://youtu.be/XF2CR405aKY
C16a	293	Fotograma de C16	La deuda interna	Veronico en el salón de la Bandera	https://youtu.be/XF2CR405aKY
A1	270	"Mi ciudad en un minuto"	Gustavo (25 años) Grupos focales / audiencias	Videominuto realizado por estudiante universitario	https://youtu.be/qfz3IV0uB1E
C17	305	Spot del Festival de Cine de las Alturas 2016	*Festival Internacional de Cine de las Alturas 2016*	Spot promocional	https://youtu.be/JQpwbCfDhSk

Nota: En la columna "Referencias" y en el conjunto de citas audiovisuales la letra "C" corresponde a citas del "Material de contraste"; la "M" a *San Salvador de Jujuy, Murmullo que aturde*; y la "V" a *El viaje. 9 días buscando Norte*. El conjunto "MN" refiere a *Maestros del Norte*; y "JP" a *Jujuy Profundo*. La letra "A" indica material generado por audiencias.

Siglas utilizadas

AFSCA: Agencia Federal de Servicios de Comunicación Audiovisual

ANPCyT: Agencia Nacional de Promoción Científica y Tecnológica de la República Argentina

BACUA: Banco Audiovisual de contenidos Universales Argentinos

COMFER: Comité Federal de Radiodifusión

CASATVD-t: Consejo Asesor del Sistema Argentino de Televisión Digital Terrestre

COFECA: Consejo Federal de Comunicación Audiovisual de la República Argentina

COFECO: Consejo Federal de Comunicaciones de la República Argentina

ENACOM: Ente Nacional de Comunicaciones

FH: Facultad de Humanidades

FHYCS: Facultad de Humanidades y Ciencias Sociales

FOMECA: Fondo de Fomento Concursable para Medios de Comunicación Audiovisual

I+D: Investigación y Desarrollo

INCAA: Instituto Nacional de Cine y Artes Audiovisuales

LSCA: Ley de Servicios de Comunicación Audiovisual

MinPlan: Ministerio de Planificación e Infraestructura de la República Argentina

NCA: Nuevo Cine Argentino

NOA: Noroeste Argentino

SPAT: Subprograma de Polos Audiovisuales Tecnológicos

PICTO: Proyecto de Investigación Científico-Tecnológica Orientado

POPFCAD: Plan Operativo de Promoción y Fomento de Contenidos Audiovisuales Digitales

SALCo: Sindicato Argentino de Locutores y Comunicadores

SATVD-t: Sistema Argentino de Televisión Digital Terrestre

SATSAID: Sindicato Argentino de Televisión, Telecomunicaciones, Servicios Audiovisuales, Interactivos y de Datos

TDA: Televisión Digital Abierta

TDT: Televisión Digital Terrestre

TIC: Tecnologías de la Información y la Comunicación

TV: Televisión

UBA: Universidad de Buenos Aires

UNC: Universidad Nacional de Córdoba

UNCa: Universidad Nacional de Catamarca

UNJu: Universidad Nacional de Jujuy

UNRa: Universidad Nacional de Rafaela

UNSa: Universidad Nacional de Salta

UNSaM: Universidad Nacional de San Martín

UNSE: Universidad Nacional de Santiago del Estero

UNT: Universidad Nacional de Tucumán

ANEXOS

Tabla sintética de características generales de los programas del corpus

PROGRAMA	Jujuy Profundo (JP)	San Salvador de Jujuy, Murmullo que aturde (M)	El viaje. 9 días buscando Norte (V)	Maestros del Norte (MN)
Género	Revista semanal periodístico – cultural	Unitario documental	Serie de ficción	Serie documental de cuatro capítulos
Duración	Una hora en la programación (aproximadamente 50 minutos efectivos)	Capítulo único de media hora televisiva (26 minutos)	8 capítulos de media hora televisiva (26 minutos)	4 capítulos de media hora televisiva (26 minutos)
Realizador/es/as entrevistados/as	FeC (conductor y realizador integral del ciclo)	DiR (director y guionista) ArO (productor general) PaK (asistente de producción, de guión y de sonido; foto fija)	JoV (director) FeB (guionista)	ArO (director y guionista de la serie; director del capítulo 2) DiR (productor general) PaK (productora)
Financiamiento	Auto-gestivo	INCAA POPFCAD Convocatoria Federal 2010 Modalidad: unitarios docuementales federales "Nosotros" / Jujuy	INCAA POPFCAD Convocatoria Federal 2010 Modalidad: Ficciones federales / Región NOA	INCAA POPFCAD Convocatoria Federal 2010 Modalidad: Series Documentales Federales / Región NOA
Distribución (canal que lo emite, plataforma que lo aloja y/o exhibición alternativa)	Canal 4 Jujuy	BACUA Plataforma CDA (2012-2015) Exhibición en muestras audiovisuales: Jujuy Cortos 2013; Itinerancia Jujuy de la I Muestra Internacional de Cine Ciudades Reveladas (Octubre 2014).	Canal 7 de Jujuy (televisión abierta local de alcance provincial, también disponible en los dos servicios de televisión por cable de la ciudad) / Marzo-Abril 2013 BACUA Plataforma CDA 2012-2016 Exhibición de versión sintética en programación especial de Teatro Mitre (avant premiere)	Canal Encuentro (señal disponible en la grilla de TDA con alcance nacional y en los dos servicios de televisión por cable de la ciudad) / Junio de 2012 BACUA Plataforma CDA (2012-2016) Exhibición de la serie completa en Jujuy cortos 2013 y del capítulo 1 en al Itinerancia Jujuy de la II Muestra Ciudades Reveladas (2016)

Año de realización	2012	2011	2011	2011
Año de estreno y canal o plataforma	2008 Canal 4	2012 Plataforma CDA	2012 Canal 10 Tucumán 2012 Colsecor 2012 Canal Cooperativo de Neuquén 2013 Canal 7 de Jujuy	2012 Canal Encuentro
Lugar de realización	San Salvador de Jujuy	San Salvador de Jujuy	San Salvador de Jujuy	San Salvador de Jujuy
Locaciones	San Salvador de Jujuy	San Salvador de Jujuy	Villazón (Bolivia) Diversas locaciones de las provincias de Jujuy, Salta y Tucumán (Argentina) San Salvador de Jujuy (capítulo 6)	San Salvador de Jujuy (capítulos 1 y 2) San Miguel de Tucumán (capítulo 3) Catamarca (capítulo 4)
Programas analizados	Emisiones 1; 3; 4 y 7 de la 5ta temporada, en relación con la temporada completa que incluyó 24 programas	Completo	Capítulo 6, en relación con la serie de ocho capítulos completa	Capítulos 1 y 2, en relación con la serie de cuatro completa
Sinopsis o presentación publicada	La historia está hecha para ser contada! (sic) Y qué mejor que aprenderla de la mano de especialistas en la materia, "Jujuy Profundo" es un programa que te permitirá conocer la rica historia de nuestro terruño, rememorando hechos, fechas y acontecimientos que fueron importantes para la patria pero también para forjar nuestro camino como provincia	Las fachadas barrocas de San Salvador de Jujuy, en conjunto con las artesanías en cerámica y coloridos tejidos que rebalsan de las tiendas remontan a su pasado pre-incaico así como a la colonia española. Así es como esta ciudad cautiva a miles de turistas ávidos de relatos románticos de dichas épocas. Estos de alguna manera ocultan los conflictos actuales que conforman la verdadera identidad de la ciudad. Hoy se imponen los que ganaron, pero los otros están, siempre creando nuevas formas de representatividad, en un murmullo constante, casi silencioso, pero que en realidad aturde.	Solo y casi sin esperanzas, Gabriel emprende un viaje a la Argentina en busca de su familia. La serie es un relato que nos introduce en el temperamento de los habitantes de los pueblos de frontera, su mirada sobre la vida en la inmensidad del paisaje y sus aspiraciones a una vida mejor en la ciudad.	Vida y obra de cuatro escritores del noroeste argentino: Ernesto Aguirre, Andrés Hidalgo, Eduardo Perrone y Luis Franco. Palabras clave en plataforma de Encuentro: Literatura / Escritor / Literatura argentina / Escritor argentino

Tabla 2. Posesión en el hogar de un aparato de televisión que funcione según quintil del ingreso familiar per cápita del hogar (teniendo en cuenta los ingresos de la jurisdicción)

Región y jurisdicción	Quintil del IPCF de la Jurisdicción (EAHU)					
	Quintil 1	Quintil 2	Quintil 3	Quintil 4	Quintil 5	Total
Metropolitana						
Cdad. Bs.As.	96,5	94,7	99,4	96,8	97,7	97,0
GBA	97,4	96,7	99,1	98,1	100,0	98,2
NOA						
Catamarca	95,6	96,2	95,4	95,2	95,4	95,6
Jujuy	95,5	93,9	91,9	97,3	96,0	94,9
S.S. de Jujuy – Palpalá	95,4	95,7	93,7	99,3	99,5	96,9
Resto de Jujuy	95,5	92,4	89,8	94,8	89,7	92,7
Salta	94,9	98,4	94,1	97,0	97,4	96,4
Gran Salta	96,7	98,1	94,1	97,6	97,3	96,8
Resto de Salta	93,8	98,7	94,1	96,2	97,5	95,9
S. Estero	94,0	98,3	97,9	98,2	98,9	97,5
Tucumán	96,2	96,9	92,5	97,0	97,5	96,0
NEA						
Corrientes	95,5	92,6	92,0	95,6	99,2	95,0
Chaco	95,5	98,0	97,5	94,9	98,8	97,0
Formosa	90,5	92,3	92,9	92,2	97,7	93,1
Misiones	94,8	87,5	85,4	90,8	98,0	91,3
Cuyo						
La Rioja	95,1	96,1	97,1	96,8	95,9	96,2
Mendoza	97,6	98,6	98,5	98,1	98,8	98,3
San Juan	97,6	99,3	99,9	95,3	95,8	97,6
San Luis	93,4	93,5	96,7	97,5	97,4	95,7
Pampeana						
Bs.As. Resto	97,0	95,3	96,7	97,7	97,3	96,9
Córdoba	97,6	98,3	98,9	96,5	99,2	98,1
Entre Ríos	94,4	93,5	96,1	96,5	96,5	95,4
La Pampa	94,1	93,0	97,4	95,7	98,2	95,7
Santa Fe	97,1	98,3	98,2	98,7	97,6	98,0
Patagonia						
Chubut	93,5	98,4	97,6	97,8	99,1	97,3
Neuquén	96,8	96,3	96,2	97,4	95,4	96,4
R. Negro	90,2	97,4	94,6	96,5	97,0	95,1
Santa Cruz	99,2	98,8	98,7	98,5	99,7	99,0
T. del Fuego	100,0	97,4	95,4	99,0	99,0	98,2
Total País	96,6	96,3	97,4	97,2	98,3	97,2

Fuente: Elaboración propia en base a microdatos de ENTIC y EAHU relevados en 2011(INDEC)